Heinz Kammeier
Maßregelrecht

Maßregelrecht

Kriminalpolitik, Normgenese und systematische Struktur einer schuldunabhängigen Gefahrenabwehr

von

Heinz Kammeier

1996

Walter de Gruyter · Berlin · New York

Dr. *Heinz Kammeier*,
Pfarrer im Diakonischen Werk
der Evangelischen Kirche von Westfalen in Münster,
zuvor 15 Jahre Krankenhauspfarrer
am Westfälischen Landeskrankenhaus Eickelborn
bzw. am Westfälischen Zentrum für Forensische Psychiatrie
Lippstadt

♾ Gedruckt auf säurefreiem Papier,
das die US-ANSI-Norm über Haltbarkeit erfüllt.

Die Deutsche Bibliothek – CIP-Einheitsaufnahme

Kammeier, Heinz:
Massregelrecht ; Kriminalpolitik, Normgenese und systematische Struktur einer schuldunabhängigen Gefahrenabwehr / von Heinz Kammeier. – Berlin ; New York : de Gruyter, 1996
Zugl.: Bremen, Univ., jur. Diss. 1995
ISBN 3-11-014850-1

Printed in Germany
Druck: WB-Druck GmbH, Rieden am Forggensee
Bindearbeiten: Dieter Mikolai, Berlin
Umschlagentwurf: Thomas Beaufort, Hamburg

Ein Maler zu K.:
"Es gibt drei Möglichkeiten, nämlich die Freisprechung, die scheinbare Freisprechung und die Verschleppung."

Ein Geistlicher zu K.:
"Richtiges Auffassen einer Sache und Mißverstehen der gleichen Sache schließen einander nicht vollständig aus."

Franz Kafka, Der Prozeß

Vorwort

Am 1. Januar 1934 trat das durch den nationalsozialistischen Gesetzgeber mit dem sogenannten Gewohnheitsverbrechergesetz ins Reichsstrafgesetzbuch eingefügte Maßregelrecht in Kraft. Damit führte auch Deutschland nach rund fünfzigjähriger Diskussion und zahlreichen Vor- und Gesetzentwürfen neben anderen Regelungen die Anordnung der Maßregel der Sicherung und Besserung in einer Heil- oder Pflegeanstalt und damit den psychiatrischen Maßregelvollzug ein.

Hiervon betroffen waren Täter, denen infolge psychischer Krankheit keine Verantwortung und deshalb im strafrechtlichen Sinn keine Schuld zugerechnet werden konnte. Soweit von ihnen krankheitsbedingte Wiederholungen rechtswidriger Taten erwartet wurden, galten sie als gefährlich. Von Strafe freigesprochen, hatten sie sich aufgrund dieser ihnen zugeschriebenen 'Gefährlichkeit' im Interesse des Schutzes der Allgemeinheit staatlichen Sicherungs- und im Hinblick auf ihre 'Krankheit' Besserungszwängen zu unterwerfen. Aus denselben Gründen konnte die psychiatrische Maßregel auch gegen vermindert schuldfähige Personen zusätzlich zur Strafe angeordnet werden.

Vor 1933 war das geplante Recht der psychiatrischen Maßregel im wesentlichen darauf ausgerichtet gewesen, krankheitsbedingt 'gefährliche' Kriminelle gesellschaftlich auszugrenzen. Nach 1933 bauten die Nationalsozialisten dieses Konzept der Ausgrenzung in der Gestalt eines legalen Gesetzes in ihr System der Vernichtung von 'Volksschädlingen' ein.

Selbst nach 1945 blieb das Maßregelrecht in seiner nationalsozialistisch geprägten Grundstruktur in Geltung. Daran änderte auch die bundesdeutsche Strafrechtsreform nichts. Schuldfähigkeits- und Anordnungsvoraussetzungen hielten trotz neugefaßten Wortlauts im großen und ganzen an der überkommenen Struktur fest; modifiziert wurden lediglich einige vollstreckungsrechtliche Gestaltungselemente des Maßregelrechts. Ein insoweit praktisch relevanter Zugewinn an Beweglichkeit, insbesondere durch eine gewisse Konvergenz mit dem Strafvollzug, führte aber auf der dogmatischen Ebene nur noch tiefer in Widersprüche und Aporien hinein, aus denen das Maßregelrecht trotz langjähriger Diskussion, Normierung und Reform nicht hatte herausgeführt werden können.

Inzwischen mehren sich Stimmen, die zunehmend Zweifel an der verfassungsrechtlichen Legitimation des geltenden Rechts der psychiatrischen Maßregel nach § 63 StGB anmelden. Diese Zweifel entspringen überwiegend der realen Gestaltung der Vollzugswirklichkeit. Desolate und menschenunwürdige Unterbringungsbedingungen, fehlende therapeutische und rehabilitative Angebote, überlange und damit unverhältnismäßige Unterbringungsdauern, nicht nur individuell betrachtet, sondern auch im deliktspezifischen Vergleich zur Dauer des Strafvollzugs, sowie die erhebliche Varianzbreite der durchschnittlichen Unterbringungsdauern in den einzelnen Bundesländern sind nur einige der aus diesem Bereich ins Auge springenden Stichworte. Hinzu kommen Probleme mit der rechtlich geforderten Bestimmtheit von Prognosen und Wahrscheinlichkeiten, der Bestimmung des Grades an erforderlicher bzw. zulässiger Eingriffsintensität und der Prägnanz und Zeitgemäßheit des Begriffs Psychiatrisches Krankenhaus angesichts einer sich tiefgreifend wandelnden Struktur der psychiatrischen Behandlung und Versorgung.

Diesen Erscheinungen liegt aber die prinzipielle Frage zugrunde, ob die psychiatrische Maßregel als Eingriff in das Freiheits- und Persönlichkeitsgrundrecht des Betroffenen ausschließlich oder überwiegend an der begangenen Tat oder aber in Anordnung und Vollzug allein an der je aktuellen bzw. prognostizierten 'Gefährlichkeit' zu orientieren und in der Dauer zu bemessen ist und in wieweit die Erwartung bzw. die Toleranz der Allgemeinheit gegenüber erneuter Rechtsgutverletzung hierauf Einfluß nehmen darf.

Die hier vorgelegten Studien behandeln in drei Querschnitten den jeweiligen Stand von Theorie und Struktur der psychiatrischen Maßregel. Damit stellen sie gleichsam diskursive und normative Sedimentablagerungen ihrer Zeit dar, nicht ohne dabei Entwicklungslinien erkennbar werden zu lassen, die Anhaltspunkte für eine notwendige, weiterführende Diskussion des Maßregelrechts abgeben. Bei einem so weit gefaßten Thema konnte im Rahmen dieser Arbeit nur an einigen zentralen Punkten weiter ins Detail gegangen werden. Dennoch sind auch dort die Probleme nicht erschöpfend behandelt. An anderen Stellen galt es, sich darauf zu beschränken, relevante Aspekte anzusprechen und kurz zu skizzieren. Sie bedürfen weiterer Vertiefung.

Erste Anregungen und Förderungen zur wissenschaftlichen Beschäftigung und Auseinandersetzung mit Problemen von Maßregelvollzug und Maßregelrecht verdanke ich Herrn Prof. Dr. Günter Blau, Bochum/Frankfurt. Die hier vorliegende Arbeit hätte aber nicht begonnen und kaum in dieser Gestalt zum Abschluß gebracht werden können ohne die jederzeit wohlwollend-kritische und freundlich-sachkundige Begleitung und Beratung durch die Herren Professoren Dr. Johannes Feest und Dr. Lorenz Böllinger, Bremen, denen ich hiermit meinen besonderen Dank ausspreche. Sie haben auch die Gutachten im Rahmen des Promotionsverfahrens am Fachbereich Rechtswissenschaften der Universität Bremen im Sommersemester 1995 erstellt. Den benötigten Freiraum zum Schreiben dieser Arbeit habe ich durch das großzügige Entgegenkommen der Evangelischen Kirche von Westfalen erhalten; dafür sei den Verantwortlichen Dank. Aller wissenschaftlichen Arbeit und aller äußeren Unterstützung vorausgegangen sind aber die tiefen Eindrücke und die bleibenden Erfahrungen von menschlichem Leid und von rational nicht begründbarer Hoffnung auf ein menschenwürdigeres Leben, die ich in den vielfältigen Begegnungen mit den Menschen im Westfälischen Zentrum für Forensische

Psychiatrie in Lippstadt-Eickelborn gewonnen habe. Der Dank dafür läßt sich nicht in Worte fassen. Möge es mir gelingen, ihn in meinem Leben, Denken und Handeln seinen Ausdruck finden und konkrete Gestalt gewinnen zu lassen.

Lippstadt, 24. November 1995 Heinz Kammeier

Inhaltsverzeichnis

1. Teil

Historische und systematische Aspekte der Entwicklung des Maßregelrechts aus der Verbindung von strafrechtlicher Sanktion und polizeirechtlicher Prävention unter aktiver Mitwirkung der Psychiatrie in Kaiserreich und Weimarer Republik

1.1 Prävention und Strafrecht

1.1.1 Franz von Liszt: Prävention als Strafzweck

Mit der Aufnahme sichernder Maßnahmen in den schweizerischen[1], österreichischen[2] und die deutschen[3] Entwürfe zur Reform der Strafgesetzbücher schien für Exner im Jahre 1914 "die neuere Kriminalpolitik der Erfüllung des modernen Programms entgegen" zu gehen: Dieser neuen Kriminalpolitk habe "*von Liszt ... das Ziel, Stooß den Weg gewiesen*"[4]. Dabei hat sich von Liszt kaum mit dem Institut der Maßregeln befaßt, eher hat er sich spöttisch und abqualifizierend über diese Idee geäußert[5]. Dennoch ist rückblickend festzustellen, wie sehr gerade durch von Liszt Ausgangspositionen und Ziele der Diskussion um die Einführung des Instituts der Maßregeln ins deutsche Rechtssystem bestimmt wurden.

Im sogenannten Marburger Programm[6] entfaltet von Liszt seine Vorstellungen über erweiterte Aufgaben des Strafrechts. Angesichts der sozialen Situation seiner Zeit, insbesondere unter dem Eindruck steigender Kriminalität durch Mehrfach- und Rückfalltäter[7] ist er unzufrieden mit der Leistungsfähigkeit des Strafrechts. Die Bestrafung allein der Tat nach dem Maß der Schuld greift für ihn zu kurz. In der Wahrung des Gerechtigkeitsprinzips durch eine tatadäquate Vergeltung mangelt es ihm am notwendigen Schutz der Gesellschaft. Strafe darf sich nicht in Vergeltung erschöpfen. Eine reine, zweckfreie Vergeltung[8], wie sie die sogenannte klassische

---

[1] Stooß 1893a

[2] Österreichische Regierungs-Vorlage 1912

[3] Vorentwurf 1909; Gegenentwurf 1911; Kommissionsentwurf 1913

[4] Exner 1914,239

[5] cf. Frisch 1982,565

[6] Gemeint ist seine programmatische Antrittsrede an der Universität Marburg im Jahre 1882; hier als Textgrundlage die ein Jahr später veröffentlichte Fassung: von Liszt 1883.

[7] von Liszt 1883,37f. Obwohl er die Unvollkommenheit der von ihm herangezogenen Statistiken einräumt, sieht er es doch als bewiesen an, "daß mindestens die Hälfte aller jener Personen, welche Jahr aus, Jahr ein unsere Strafanstalten bevölkern, unverbesserliche Gewohnheitsverbrecher sind". Weitere diesbezügliche Nachweise zu von Liszt bei Frisch 1990,346,FN9.

[8] von Liszt 1883,7ff. spricht der Vergeltung dann ihre Berechtigung ab, wenn sie zweckfrei ist, keinen kriminalpolitischen Absichten dient.

Schule[9] vertritt, lehnt von Liszt ab. Sein kriminalpolitisches Anliegen ist die Verbrechensbekämpfung[10], insbesondere der Kampf gegen das Gewohnheitsverbrechertum[11].

Deshalb fordert er die "Strafe als Prototyp der Reaktion auf eine Straftat in den Dienst der rationalen Verbrechensbekämpfung zu stellen"[12]. Verbrechensbekämpfung bedeutet für von Liszt in erster Linie Verhütung von weiteren Straftaten durch den straffällig Gewordenen selbst, also *Spezialprävention*[13]. Und dann nennt er die drei Mittel, die er zur Erreichung seiner Strafzwecke für geeignet und erforderlich hält und die die ganze Diskussion um die Einführung der Sicherungsmittel in den nächsten Jahrzehnten bestimmen werden: "*Besserung, Abschreckung, Unschädlichmachung*"[14].

Mit der Anwendung dieser Mittel reagiert die Strafe konsequenterweise nicht mehr auf die Tat oder einen abstrakten Verbrechensbegriff, sondern auf den Täter, den Verbrecher: "Nicht der Begriff wird gestraft, sondern der Täter"[15]. "Tat und Täter sind keine Gegensätze, wie der verhängnisvolle juristische Irrtum annimmt; sondern die Tat ist des Täters"[16]. Bei einem in dieser Weise auf den Täter umgelenkten Strafzweck wird aus der Vergeltungsstrafe eine Schutzstrafe: "Die einzig haltbare und fruchtbare Form der Vergeltungsstrafe ist die Schutzstrafe"[17]. In ihr vereinen sich Repression und Prävention, sie sind keine Gegensätze mehr[18]. "Die Strafe ist Prävention durch Repression; oder ... Repression durch Prävention"[19].

---

[9] Zur klassischen Schule und deren "Häuptern" Binding und von Birkmeyer cf. Eb.Schmidt 1965,368ff. Wie weit die Vergeltungstheorien des 19. Jh. tatsächlich mit Hegels Standpunkt übereinstimmen, auf den sie zurückgeführt werden, untersucht Seelmann 1979,687.

[10] Strafe ist nicht Tatschuldvergeltung, sondern soll einzig der Verbrechensverhütung dienen, cf. Kaenel 1984,6.

[11] Es ist für heutige Leser schon bemerkenswert, mit welcher Selbstverständlichkeit und Leichtigkeit dieser Ausdruck damals gebraucht wurde, so, als handele es sich um eine objektivierbare ontologische Kategorie.

[12] Frisch 1982,566. - Nach Eb.Schmidt 1965,374 sieht von Liszt die Weiterbildung der Strafe durch den Zweckgedanken als Ergebnis der bisherigen Entwicklung und als Forderung der Zukunft.

[13] von Liszt 1883,7,18,21ff.,34ff.

[14] von Liszt 1883,34. - "Unschädlichmachung", dies damals übliche Wort kann "nach Auschwitz" eigentlich nur Abscheu und Widerwillen hervorrufen. Gemeint im Sprachgebrauch der Jahrhundertwende ist damit ein Freiheitsentzug, der den Betroffenen daran hindert, seine Gefährlichkeit durch die Begehung erneuter Straftaten zu realisieren; von Liszt 1883,39: "Einschließung auf unbestimmte Zeit"; im Original gesperrt.

[15] von Liszt 1883,44

[16] ibid.; im Original teilweise gesperrt

[17] von Liszt 1883,43; im Original teilweise gesperrt

[18] von Liszt 1883,44

[19] von Liszt 1883,45

Den drei genannten Präventionsstrategien ordnet von Liszt drei Kategorien von Verbrechern zu[20]: Besserung für die besserungsfähigen und besserungsbedürftigen Verbrecher, Abschreckung der nicht besserungsbedürftigen und die Unschädlichmachung der nicht besserungsfähigen Verbrecher[21]. In der ersten Gruppe, den Besserungsbedürftigen aus Ererbung oder erworbenen Anlagen, sieht er die "Anfänger auf der Verbrecherlaufbahn"[22], aus denen sich das Gewohnheitsverbrechertum rekrutiert. An ihrem Schicksal und Lebensweg trägt die Gesellschaft den "Löwenanteil an der Schuld"[23]; so soll zwar eine Freiheitsstrafe für diese Personen nicht unter ein Jahr absinken, aber mit staatlicher Unterstützung haben private Vereine für eine wirkungsvolle Rehabilitation nach der Entlassung aus der Besserungsanstalt zu sorgen[24]. Die zweite Gruppe besteht für ihn überwiegend aus episodenhaften Gelegenheitsverbrechern, denen mit zeitiger Freiheitsstrafe eine "handgreifliche Warnung, ein 'Denkzettel'"[25] zur Abschreckung verpaßt werden soll.

Kriminalpolitisches Hauptanliegen von Liszts ist die Unschädlichmachung der Unverbesserlichen. In ihnen sieht er das bedeutendste und gefährlichste Glied "in jener Kette von sozialen Krankheitserscheinungen, welche wir unter dem Gesamtnamen des Proletariats zusammenzufassen pflegen"[26]. Gegen sie "*muß die Gesellschaft sich schützen*"[27]. Und da hängen, köpfen und deportieren - mit einem gewissen Bedauern - nicht infrage kommen, bleibt nur, aber damit auch unumgänglich, die Einsperrung auf unbestimmte bzw. auf Lebenszeit[28]. Zu vollziehen ist diese Strafe als "Strafknechtschaft"[29] in Zucht- und Arbeitshäusern, wobei nur ausnahmsweise eine Entlassung an ihrem Ende stehen soll.

Auffällig an der Konzeption von Liszts in seinem Marburger Programm ist die aus ihr sprechende Sicherheit, mit der er scheinbar selbstverständlich und unproblematisch die Grenze zwischen einerseits den Verbrechern, die noch zu bessern sind und nur abgeschreckt zu werden brauchen zieht, und andererseits den Unverbesserlichen und Gewohnheitsverbrechern, die unschädlich zu machen, aus der Gesellschaft im wahrsten Sinne des Wortes auszuschließen sind. Während er bei den einen auch die Sozialisationsanteile an ihrem Lebensweg beachtet und dementsprechend auf die gesellschaftliche Verantwortung für diese Menschen hinweist, fällt

---

20 Ohne empirische Nachweise für die Kriterien der von ihm vorgenommenen Abgrenzungen, einzig mit pauschalen Hinweisen auf Statistiken und auf Arbeiten von Lombroso und Ferri, von Liszt 1883,35. Eine Seite weiter unten, Anm. 1: "Der Gewohnheitsverbrecher existiert, auch wenn wir keine gute Definition von ihm haben."

21 von Liszt 1883,36ff.

22 von Liszt 1883,40

23 von Liszt 1883,41

24 ibid.

25 von Liszt 1883,42

26 von Liszt 1883,36

27 von Liszt 1883,38

28 ibid.

29 von Liszt 1883,40 unter Hinweis auf Mittelstädt

hinsichtlich der anderen seine Unproportionalität zwischen dem massiven Ausmaß des sichernden Eingriffs und dem Rechtsschutzinteresse des betroffenen Einzelnen auf[30]. Auch wenn er sich rund zehn bzw. zwanzig Jahre später zur strafrechtlichen Zurechnungsfähigkeit[31] und zum Schutz vor gemeingefährlichen Geisteskranken[32] expressis verbis differenzierter äußert, scheint er in seiner Marburger Antrittsvorlesung an Ergebnissen empirischer Kriminalitäts-, Persönlichkeits- und Prognoseforschung noch uninteressiert zu sein. Jeder Verbrecher, der zum drittenmal wegen eines enumerativ benannten Eigentums- oder Sittlichkeitsverbrechens[33] verurteilt wird, macht damit per definitionem evident, daß er unverbesserlich ist. Fragen von Zurechnungs- oder Besserungsfähigkeit stellen sich dann nicht. In der Theorie seiner Strafzwecke von 1882 bedeutet Individualprävention nicht Besserung des Einzelnen, damit dieser sicher - im Sinne von sozialadäquat handelnd - und ungefährlich wird, sondern Schutz der Gesellschaft durch individualisierte, gegen den Einzelnen gerichtete, ihn ausstoßende sozialhygienische Maßnahmen: Für ihren Schutz und ihre Sicherheit hat die Gesellschaft - außer den Verwahrkosten - nichts einzusetzen, der Einzelne aber büßt durch prinzipiell lebenslangen Freiheitsentzug alle Lebenschancen und Entfaltungsmöglichkeiten seiner Person ein.

1.1.2 Carl Stooß: Sichernde Maßnahmen als Erweiterung des Sanktionensystems

Anders als für von Liszt sind für Stooß "in vielen Fällen schuldangemessene Strafe und Präventionsbedürfnis nicht auf einen Nenner zu bringen"[34]. Nach seiner Grundüberzeugung ist das Strafrecht auf den Rechtsgüterschutz beschränkt. Da der Staat nicht "die Totalität der sittlichen Idee"[35] verkörpert, muß er sich damit begnügen, die äußere Ordnung zu schützen und das gesellschaftliche Zusammenleben zu regeln und zu überwachen. Daraus folgt, daß staatliche Reaktionen und Maßnahmen auf abweichendes Verhalten zweckmäßig sein müssen, um ihre kriminalpolitische Funktion zu erfüllen[36]. Nach Stooß' Ansicht ist im Bewußtsein des Volkes die Vergeltung als Wesen der Strafe historisch fest verankert[37]. Und daran will er nicht rütteln; auch bei seinen weiterführenden kriminalpolitischen Überlegungen hält er an dieser Prämisse fest. Demnach hat die Strafe ihr Maß in der Proportionalität zur begangenen Tat. Insoweit diese Proportionalität zum Verbrechen eingehalten wird, ist die Strafe gerecht. Herstellung dieser Gerechtigkeit ist aber

[30] Cf. Frisch 1982,591, der in diesem Zusammenhang auch den "bessernden" Eingriff nennt, was mir aber im Blick auf andere Arbeiten von Liszts unzutreffend erscheint.
[31] von Liszt 1905a
[32] von Liszt 1905b und ders. 1905d
[33] von Liszt 1883,39
[34] Kaenel 1984,10
[35] Stooß 1896,269
[36] cf. Kaenel 1984,8
[37] cf. Stooß 1924,23

nicht Zweck der Strafe, sondern die Gerechtigkeit ist eine Eigenschaft[38] von ihr. Neben allgemein generalpräventiver Wirkung[39] sieht er die Zweckmäßigkeit der Freiheitsstrafe darin, auf den Täter im Interesse des Rechtsgüterschutzes einzuwirken.

Aber genau an diesem Punkt erkennt auch Stooß die Grenze der Funktionsfähigkeit der Vergeltungs- bzw. schuldadäquaten Strafe. Zahlreiche Delinquenten sind noch nicht oder nicht mehr empfänglich für eine Freiheitsstrafe; sie würden besser behandelt oder unschädlich gemacht als bestraft[40], insbesondere dann, wenn der "kriminalpolitisch bedenkliche Zustand"[41] des Täters die Strafe überdauert. Deshalb setzt an diesem Punkt seine Aufgabe an, durch die Erweiterung des Sanktionensystems "die Strafe dort abzulösen, wo sie zweck- und damit sinnlos erscheint"[42]. Mit von Liszt stimmt Stooß im Leitmotiv seines Handelns überein: "eine wirksamere Bekämpfung des Verbrechens durch eine bessere Kriminalpolitik"[43] zu erreichen. In diesem Sinne nimmt er auch die Intention auf, die von Liszt mit seiner Konzeption der Zweckstrafe propagierte. Aber zur Lösung der anstehenden Probleme schlägt er der Kriminalpolitik einen neuen Weg vor: die Einführung sichernder Maßnahmen neben oder anstelle von Strafe. Sein Vorentwurf zu einem Schweizerischen Strafgesetzbuch[44] enthält erstmalig[45] in der Rechtsgeschichte die systematische Einarbeitung von sichernden Maßnahmen ins Strafrecht.

Trotz Übereinstimmung mit von Liszt in der kriminalpolitischen Zielrichtung bleibt Stooß in seinem theoretischen Ansatz der sogenannten klassischen Schule nahe. Denn er hält unumstößlich am Grundsatz "Keine Strafe ohne Schuld, Strafe nur nach Maß der Schuld"[46] und somit am Schuldprinzip als der tragenden Grundlage des Strafrechts fest. Obwohl Stooß wiederholt von der Strafempfänglich- bzw. -unempfänglichkeit her argumentiert[47], unterscheiden sich Strafe und sichernde Maßnahmen bei ihm bereits im grundlegenden dogmatischen Ansatz: "Der Strafanspruch und der Sicherungsanspruch sind *dem Wesen nach* verschieden, auch wenn

---

[38] cf. Stooß 1901,390
[39] cf. Stooß 1912,372
[40] cf. Stooß 1893b,51 und 1925,147
[41] Stooß 1930,159
[42] Kaenel 1984,9
[43] Kaenel 1984,4
[44] Stooß 1893a. Dieser Vorentwurf war auch dazu bestimmt, die bloß verwaltungsrechtlich bestehenden, kantonal unterschiedlichen Sicherungsmaßnahmen durch ein einheitliches schweizerisches Bundes-Strafrecht abzulösen, cf. Stooß 1912,368.
[45] Allerdings hatte bereits E.F.Klein im ALR von 1794 spezialpräventiv orientierte Sicherungsmittel neben die Strafe gestellt. Diese frühe Form der "Zweispurigkeit" wurde aber bereits durch Zirkularverordnung vom 26.02.1799 zugunsten unbestimmter Strafhaft "bis er wirklich gebessert sei" aufgegeben, cf. Eb.Schmidt 1965,252f. - Zu früheren Ansätzen von Zweispurigkeit cf. Baur 1988,4ff.,11ff. und B.Wagner 1992a,13ff.
[46] Stooß, Selbstbiographie, in: Planitz, Die Rechtswissenschaft der Gegenwart in Selbstdarstellungen, 1925,214, zitiert nach Kaenel 1984,10,Anm.56.
[47] cf. Kaenel 1984,10

Strafe und sichernde Maßnahme gemeinsam dem kriminalpolitischen Zweck dienen, Verbrechen hintanzuhalten"[48]. Auf der Basis des fortgeltenden Schuldstrafrechts ist Strafe die Rechtsfolge einer bestimmten Handlung, die das Gesetz in ihren Merkmalen normiert[49]; sie ist wesentlich auf die in der Vergangenheit liegende Tat bezogen. Die sichernde Maßnahme unterscheidet sich hiervon, da sie sich auf den Zustand der Person des Täters zur Zeit der Entscheidung bezieht[50]. Sie enthält einen Tadel allenfalls hinsichtlich der Tat, nicht aber bezüglich der Tatverantwortung[51].

Das von Stooß im Schweizer Vorentwurf von 1893 entwickelte Konzept der Erweiterung des Sanktionensystems im Strafrecht sieht folgendermaßen aus:

Art. 9 führt die verminderte Zurechnungsfähigkeit ein. Liegt sie beim Täter vor, ist die Strafe zu mildern.
Die Strafe entfällt, wenn der Täter verwahrt oder als psychisch Kranker, intellektuell Minderbegabter oder geistig Behinderter versorgt wird.
Art. 10: Für Unzurechnungsfähige oder vermindert Zurechnungsfähige ordnet das Gericht die Verwahrung an, wenn die öffentliche Sicherheit es erfordert. Ebenfalls das Gericht verfügt eine Entlassung. Voraussetzung dafür ist, daß der Grund der Verwahrung weggefallen ist.
Art. 11: Das Gericht überweist Unzurechnungsfähige oder vermindert Zurechnungsfähige an die Verwaltungsbehörde zu angemessener Versorgung, wenn der Zustand des Betreffenden - in der damaligen Ausdrucksweise: irrenärztliche - Behandlung in einer Anstalt erfordert.
Art. 23 und 40 regeln die Verwahrung von zurechnungsfähigen rückfälligen Verbrechern, die durch Strafe nicht von weiteren Verbrechen abzuhalten sind, wo Strafe also zwecklos ist, durch eine Bundesbehörde. Die Verwahrung soll in der Regel zehn bis zwanzig Jahre dauern[52] und in einem ausschließlich für diesen Zweck bestimmten separaten Gebäude stattfinden.

Auffallend an diesem Entwurf ist zunächst, daß Stooß offensichtlich innerhalb der Gruppen der Unzurechnungsfähigen und vermindert Zurechnungsfähigen zwischen solchen Personen unterscheidet, die 'nur' krank, aber nicht gefährlich sind, und solchen, die er als "gemeingefährliche Geisteskranke"[53] bezeichnet. Während die Ersteren nach Art. 11 SchwVE an die Verwaltungsbehörde überwiesen und von dort in gleicher Weise wie nicht straffällig gewordene psychisch Kranke zur Versorgung in die kantonalen Einrichtungen gebracht werden sollen, ist die zweite Gruppe gemäß Art. 10 SchwVE durch Gericht ebenfalls in Irrenanstalten unterzubringen. Ihre

[48] Stooß 1912,369
[49] cf. Stooß 1912,371
[50] cf. Stooß 1912,371f.
[51] cf. Kaenel 1984,11, Anm.59 und 15f.,Anm.85
[52] cf. Stooß 1893a und 1893b
[53] Stooß 1893b,24

Unterbringung bezeichnet er als Verwahrung. Diese Personen gehören nach seiner Ansicht nicht in die Strafanstalten; sie sollen auch bei nur verminderter Zurechnungsfähigkeit nicht bestraft werden[54].

Im Unterschied zu dem von Lisztschen Programm der Zweckstrafe, das alle kriminalpolitischen Fliegen mit einer Klappe schlagen sollte, hat man allgemein das von Stooß entwickelte Konzept der Sicherungsmaßnahmen, das in seinen Grundzügen in die Strafgesetzgebungen zahlreicher Länder eingegangen ist[55], als Zweispurigkeit bezeichnet. Zweispurigkeit müßte dem Wortsinn nach eine alternative Reaktion des Strafrechts zulassen: entweder Strafe oder Maßregel, möglicherweise als richterliche Wahl- oder Ermessensentscheidung nach finalen bzw. Zweckmäßigkeitsgesichtspunkten. Doch dieser Ausdruck ist zumindest im Blick auf den SchwVE von 1893 unpräzise. Stooß' Grundlage ist, wie oben bereits ausgeführt, das Schuldstrafrecht: "Strafe nach dem Maß der Schuld" ist der Regelfall staatlicher Reaktion. Abweichungen müssen durch das Sieb dieser Regel hindurch, sie sind die Ausnahmen. Das heißt aber, sichernde Maßnahmen kommen erst dann in Betracht, wenn Strafen nicht zum Zuge kommen. So ist erstens nach Art. 8 SchwVE das Handeln von Unzurechnungsfähigen von vornherein nicht strafbar; zweitens entfällt die Strafe bei Personen, die nach Art. 10 SchwVE aus Gründen der öffentlichen Sicherheit verwahrt werden; gleiches gilt drittens für Personen, die wegen psychischer Krankheit nach Art. 11 SchwVE zur Versorgung an die Verwaltungsbehörden überwiesen werden; und viertens wird bei den in Art. 40 SchwVE bezeichneten zu verwahrenden Rückfalltätern, die als Zurechnungsfähige prinzipiell zu bestrafen wären, aus Zweckmäßigkeitserwägungen durch gesetzliche Anordnung auf einen Strafausspruch verzichtet. Der Einsatz von Sicherungsmaßnahmen ist somit in einem gestuften System[56] davon abhängig, daß Strafe nicht ausgesprochen werden kann oder nicht ausgesprochen werden soll oder zwar ausgesprochen, aber nicht vollstreckt wird. Sichernde Maßnahmen sind demnach subsidiär[57]. Gleichwohl können sie ebenso Zwecke der Generalprävention erfüllen wie der Vollzug von Freiheitsstrafen[58].

Die Konsequenz der konzeptionellen Subsidiarität sichernder Maßnahmen bei Stooß erfordert eine dogmatisch andere Bewertung der Anordnungs- oder An-

---

[54] ibid.

[55] cf. Mezger et al. 1955

[56] zur Zweistufigkeit s. u. Abschnitt 1.4.3.2

[57] Auf den Subsidiaritätscharakter der sichernden Maßnahmen bei Stooß weist auch Kaenel 1984,12f. hin. Allerdings scheint mir seine Ansicht, die Maßnahmen unterschieden sich von der Strafe nur durch ihre längere Dauer, zu vordergründig zu sein. -
Stooß selbst wehrt sich 1928,54f. gegen die von Kohlrausch vorgebrachte Erklärung, er habe vor, mit seinem System der sichernden Maßnahmen den Dualismus - dieser Begriff geht noch über den der Zweispurigkeit hinaus - ins Strafrecht einzuführen. Richtig sei vielmehr, daß er vorgeschlagen habe, den Gewohnheitsverbrecher nicht zu strafen, sondern die Verwahrung an die Stelle der Strafe treten zu lassen. Das sei das Gegenteil von Dualismus.

[58] cf. Stooß 1912,372

knüpfungsvoraussetzungen, als sie bei von Liszt gegeben ist. Für diesen ist die tendenziell lebenslängliche Unschädlichmachung der Unverbesserlichen mittels der Sicherungsstrafe die unvermeidliche Rechtsfolge bei dritter Verurteilung nach Verwirklichung der gesetzlich als gewohnheitsmäßig begehbar definierten Tatbestände[59]. Keine wesensmäßige Unterscheidung hierzu läßt er für die Verwahrung unheilbarer und gemeingefährlicher Geisteskranker[60] gelten. Er strebt als "schwerste Unrechtsfolge ... die völlige Ausstoßung aus der Gesellschaft, die dauernde Verwahrung im abgeschlossenen Raum, welchen Namen dieser auch tragen mag"[61] an. Die gegebene Objektivität der Verletzung solcher Tatbestände, die qualitativ eine normativ fixierte Gemeingefährlichkeit indizieren, in Verbindung mit einer ebenfalls normativ quantifizierten Rückfälligkeit, erweist den Täter objektiv als durch das Strafrecht nicht motivierbar. Eine in dieser Weise gesetzlich definierte und damit objektivierbare Nicht-Motivierbarkeit wird von von Liszt als Gemeingefährlichkeit bezeichnet. Sie ist somit ein normatives Merkmal und als solches mit der schwersten strafrechtlichen Unrechtsfolge zu belegen. Quasi erst auf der Rechtsfolgen- bzw. Vollzugsebene kann nach Ursachen wie geistiger Krankheit oder Persönlichkeitsdefiziten, nach Zurechnungs-, verminderter Zurechnungs- oder Unzurechnungsfähigkeit, nach Sicherungsstrafe oder Verwahrung, nach Besserungsbemühungen oder bloßer Sicherung differenziert werden. Erforderlich scheint ihm eine solche Differenzierung aber nicht[62], eher ist sie grundsätzlich zu verwerfen[63]. Sicherungsstrafe und Verwahrung sind in dieser Konzeption also strafschärfende[64] Rechtsfolgen innerhalb des Strafrechtssystems, aber keine den Bereich des Strafrechts transzendierende Maßregeln.

Dagegen ist in der Konzeption von Stooß im Anschluß an die Verwirklichung gesetzlicher Straftatbestände zu prüfen, ob bei Beachtung der Subjektivität der individuellen Täterpersönlichkeit ein Zustand erkennbar wird, der in Art und Ausmaß derartig defizitäre Persönlichkeitsmerkmale erkennen läßt, daß eine Bestrafung, und das heißt hier nichts anderes als eine normativ festgelegte systemimmanente Strafrechtsfolge gesperrt ist. Dies gilt auch für die nach Art. 40 SchwVE durch Strafe nicht motivier- und therapierbaren Rückfalltäter[65]. Die dann subsidiär zum Einsatz kommenden Maßnahmen der Versorgung oder Verwahrung stehen somit

---

[59] cf. von Liszt 1883,39
[60] cf. von Liszt 1905a,226f.
[61] von Liszt 1905a,227
[62] cf. von Liszt 1905a,224ff.
[63] cf. von Liszt 1905a,227
[64] cf. von Liszt 1883,40
[65] An diesem Punkt denkt Stooß ähnlich wie von Liszt, daß wiederholte Rückfälligkeit Unempfänglichkeit gegen die Strafwirkung bedeute und konsequenterweise zur Unschädlichmachung führe, cf. Stooß 1893b,50f.

außerhalb des Strafrechts[66]. Sie erhalten ihre Legitimation aus der kriminalpolitischen Präventionsabsicht des Schutzes der Allgemeinheit[67] angesichts des gegenwärtigen Zustandes der Täterpersönlichkeit, nicht aber aus der Tatsache verwirklichter Straftatbestände. Die Tatverwirklichung gibt also nur den Anlaß für die Maßnahmen. Insoweit sind sie aber um des Rechtsschutzes des Betroffenen willen nicht nur hinreichende, sondern auch unabdingbar notwendige Anknüpfungsvoraussetzungen[68].

Aus dem dogmatischen Bezug der Maßregeln auf den Zustand des Täters, nicht aber auf das Maß von Schuld oder verwirkter Strafe, bestimmt sich für Stooß auch die Vollstreckungsreihenfolge, wenn Strafe und Maßregel gleichzeitig verhängt werden. Für ihn ist es zweckmäßig[69], die sichernde Maßnahme vor der Strafe zu vollstrecken, da es ja gerade auf die Besserung des bedenklichen Zustandes des Verurteilten ankommt. Ebenfalls in diesem Sinne äußert sich von Liszt, aber nicht von der dogmatischen Stellung der Maßregel her argumentierend, sondern unter vollzugspraktischen Gesichtspunkten des Behandlungserfordernisses von Gemeingefährlichen[70]. Dabei hält von Liszt an der Kumulation von Strafe und Maßregel fest und betont damit den Strafcharakter beider Rechtsfolgen, während Stooß nach dem Vollzug der angeordneten Maßregel das Gericht über eine eventuell noch notwendige Strafvollstreckung erneut entscheiden lassen will[71]. Bei dieser Vikariierung geht die Strafe in der Maßregel auf.

Auch hinsichtlich der Vollzugsgestaltung unterscheiden sich von Liszt und Stooß. Bei von Liszt soll insbesondere für die Unverbesserlichen der Vollzug in einer "Strafknechtschaft"[72] bestehen, auch die Prügelstrafe möchte er als Disziplinarelement nur ungern missen. Für Stooß dagegen sollen die Verwahrten zwar "*streng* zur Arbeit angehalten werden; doch soll jede unmenschliche Behandlung ausgeschlossen sein. Auch in dem verwahrungsbedürftigen Verbrecher ist der Mensch zu achten."[73]

---

[66] "Da die Strafe und die sichernden Maßnahmen dem Wesen nach verschieden sind, so richtet sich die sichernde Maßnahme *nicht* nach den Grundsätzen des *Strafrechts*." Stooß 1912,373.
"Die Freiheitsentziehung, die die sichernde Maßnahme mit sich bringt, wird dem Behandelten allerdings *nicht* zur Strafe wegen seines Verbrechens auferlegt; sein *Zustand* erfordert sie." Stooß 1912,372. Wegen dieser stringenten Anknüpfung an den gegenwärtigen Zustand des Täters statt an seine rechtswidrige Tat finden dogmatisch konsequent auch Verjährung und Begnadigung im System des Maßregelrechts keinen Platz, Stooß 1912,373f.

[67] cf. Stooß 1893b,35; Stooß 1912,371f.

[68] Nach Frisch 1982,586 gilt dies aber auch für die Position von Liszts: "Ohne das Erfordernis begangener Straftat(en) wäre die Freiheit des einzelnen angesichts der Unzulänglichkeit prognostischer Verfahren ante delictum prinzipiell gefährdet."

[69] cf. Stooß 1912,372

[70] cf. von Liszt 1905d,14f.

[71] cf. Stooß 1912,373

[72] von Liszt 1883,40

[73] Stooß 1893b,51

Aus diesen unterschiedlichen Ansätzen heraus kommen von Liszt und Stooß auch zu voneinander abweichenden Ansichten über die Dauer der Verwahrung. Reicht bei von Liszt für die von ihm so bezeichneten Besserungsbedürftigen eine Verwahrdauer von ein bis fünf Jahren[74], so will er bereits Gelegenheitsverbrecher von sechs Monaten bis zu zehn Jahren verwahrt wissen[75]. Schließlich sollen die von ihm als unverbesserlich Charakterisierten auf unbestimmte Zeit[76] eingeschlossen werden. Die Hoffnung auf Rückkehr in die Gesellschaft "müßte eine ganz entfernte, die Entlassung eine ganz ausnahmsweise sein"[77], sagt er, auch wenn er alle fünf Jahre eine Überprüfung der Entlassungsmöglichkeit zugesteht[78].

Stooß schlägt für die nach Art. 23, 40 SchwVE nicht zu bestrafenden Gewohnheitsverbrecher eine Verwahrdauer von zehn bis zwanzig Jahren[79] vor; doch soll bei erster Unterbringung eine bedingte Entlassung bereits nach fünf Jahren möglich sein[80]. Da eine Entlassung von Geisteskranken, wenn sie zu früh erfolgt, die öffentliche Sicherheit gefährden kann, soll sie nach seinem Vorschlag nur durch das einweisende Gericht und auch nur dann vorgenommen werden dürfen, wenn die Gefährdung der öffentlichen Sicherheit als Unterbringungsgrund weggefallen ist[81]. Somit hängt die Dauer der Versorgungsmaßnahme letztlich von ihrem Erfolg[82] ab. Sie ist erst aufzuheben, wenn sie entweder ihren Zweck erreicht hat, oder "offenbar nicht zum Ziele führt"[83].

Eine neue Funktion kommt nach den Vorschlägen von Liszts und Stooß' den Strafrichtern im Hinblick auf die Anordnungskompetenz präventiver Sicherungsmaßnahmen zu. Während ein Teil der klassischen Schule, beeinflußt durch Feuerbach, auf der Grundlage des Prinzips der Gewaltenteilung die Zuständigkeit für Präventivmaßnahmen bei der Polizei und den Verwaltungsbehörden angesiedelt wissen wollte[84], wies von Liszt mit seinem Konzept der Zweckstrafe dem Strafrichter auch die Aufgabe der Prävention, insbesondere der Rückfallverhütung zu. Damit zog er auch an diesem Punkt den Widerstand der klassischen Schule auf sich. Stooß argumentierte diesbezüglich unter Rückgriff auf kantonale Traditionen[85] geschickter. Kenntnisstand und Verfahrenspraxis kantonaler Polizei und Verwaltungsbehörden ließen es ihm ratsam erscheinen, diesen nicht zuviel Macht

---

[74] cf. von Liszt 1883,41
[75] cf. von Liszt 1883,42
[76] cf. von Liszt 1883,39
[77] von Liszt 1883,40
[78] ibid.
[79] cf. Stooß 1893b,51
[80] Cf. Stooß 1893b,52. In einer hierauf Bezug nehmenden Bemerkung bedauert von Liszt, daß eine lebenslängliche Verwahrung "mithin leider ausgeschlossen" ist, von Liszt 1905c,124.
[81] cf. Stooß 1893b,25
[82] cf. Stooß 1912, 372; ebenso Kaenel 1984,12
[83] ibid.
[84] cf. Frisch 1982,569
[85] cf. Stooß 1912,368

einzuräumen[86]. Eingriffe von solchem Gewicht in bürgerliche Freiheiten, wie sie die präventiven Sicherungsmaßnahmen mit sich bringen, sollten durch den Richter und nicht durch die Polizei oder die Verwaltung vorgenommen werden[87]. Und da der Strafrichter ohnehin im Verfahren ausführlich mit der Person des Täters und der zu behandelnden Materie befaßt ist, sind es schließlich Zweckmäßigkeitserwägungen[88], ihm auch diese - eigentlich polizeilichen - Maßnahmen anzuvertrauen.

[86] cf. Stooß 1893b,35 und Kaenel 1984,4
[87] cf. Stooß 1912,370
[88] cf. Stooß 1893b,35; ders. 1912,369 und Kaenel 1984,4

1.2 Zeitgeisttendenzen: Die Medizinisierung der Sozialen Frage im ersten Drittel des 20. Jahrhunderts am Beispiel der Psychiatrie

Der von von Liszt und anderen bereits vor der Jahrhundertwende entfachte Kampf gegen das sogenannte Gewohnheitsverbrechertum, das sich ihnen symptomatisch in steigender Kriminalität und durch zunehmende Rückfallquoten darstellte, ist nur eine - die kriminalpolitische - Facette im Ringen um die Aufrechterhaltung einer bürgerlichen Ordnung, wie sie sich infolge ökonomischer Prosperität und politischer Restauration im 19. Jahrhundert herausgebildet hatte. Bevor die kriminalpolitische und strafrechtliche Diskussion um die theoretische Begründung eines Sicherungsrechts und seine gesetzliche Einführung weiterverfolgt wird, soll zunächst der gesellschafts- und sozialpolitische Hintergrund hierzu, insbesondere am Segment Psychiatrie, dargestellt werden.

1.2.1 Die bürgerliche Gesellschaft und die Soziale Frage

Das Entstehen der bürgerlichen Gesellschaft im 19. Jahrhundert ist entscheidend durch die fortschreitende Industrialisierung bedingt worden. Die Staats- und Gesellschaftspolitik ließ hierbei der sich umformenden Gesellschaft weitgehend freien Lauf. Dieser Prozeß der Umformung konnte nicht ohne Brüche und Verwerfungen ablaufen. So schien die bürgerliche Ordnung aus dem Blickwinkel der sich ihr zugehörig fühlenden Bürger nicht nur hinsichtlich der Kriminalitätsentwicklung gefährdet. Auch in anderen gesellschaftlichen Bereichen knirschten die 'mahlenden' Zähne des Umbruchs und trugen zu einer allgemeinen Verunsicherung bei. Die Ursache hierfür lag in der Industrialisierung selbst, die zu einer Spaltung der Gesellschaft in zwei Systeme führte[89]: in ein Wirtschaftssystem der industriell brauchbaren und in ein Sozialsystem der industriell unbrauchbaren Menschen. Erst die Industrialisierung schuf also die "Sociale Frage"[90], indem die "Eignung", die industrielle Brauchbarkeit, zur zentralen Norm des Arbeits-Menschen wurde[91]. Während die Arbeiterklasse, erst recht soweit sie sich organisierte und selbstbewußt auftrat, den Prototyp dieser Norm verkörperte, wurden an ihrem Maßstab gemessen die Nichtleistungsfähigen, Minderwertigen, Entarteten und Untermenschen

---

[89] Hier folge ich im wesentlichen Dörner 1988,21ff. und Dörner 1990,36.

[90] Cf. Dörner 1988,21. - Nach dem Brockhaus des Jahres 1898,7f. spricht man "überall da von Socialer Frage, wenn die ökonomische Lage gewisser gesellschaftlicher Klassen nicht den Ansprüchen genügt, die die betreffenden Angehörigen der Klasse nach ihrer socialen Bedeutung zu stellen sich berechtigt glauben; oder wenn die ganze Lage der Angehörigen der Klasse oder eines großen Teils derselben gedrückt ist. In dieser Fassung giebt es eine Sociale Frage zahlreicher Stände, des Handwerkerstandes, des Bauernstandes, Arbeiterstandes ... der Frauen usw." Blasius 1986c,155 fügt in diesem Sinne hinzu: "...auch eine soziale Frage der Irren."

[91] cf. Dörner 1988,21f.

zum "Lumpenproletariat"[92] herabgedrückt. An ihnen verschärfte sich die Soziale Frage zur Wert-Frage[93].

Beispielhaft kann dies am Irrenwesen als dem hier interessierenden Teilbereich der zu bewältigenden Sozialen Frage dargestellt werden. Nach dem Inkraftreten des ALR 1794 machte die Gemeinschaft in der Praxis "psychisch Auffällige 'unschädlich', indem sie sie zusammen mit Straftätern und Armen in unspezifizierte Verwahrhäuser"[94] abschob. Sieht Blasius[95] in dieser Einschließung von Irren zu Beginn des 19. Jahrhunderts noch einen "Akt der Hinwendung zum Irren", so trägt seiner Meinung nach dieselbe Verhaltensweise am Ende des Jahrhunderts "Züge von Sozialdisziplinierung"[96]. Es findet ein quantitativer Sprung im Umgang mit dem Wahnsinn statt. "Der Gesichtspunkt der Sozialkontrolle gewinnt eine neue historische Verbindlichkeit, Normalität wird zum Zentrum des Normengefüges der entstehenden bürgerlichen Gesellschaft. Damit aber verändert sich die Toleranzschwelle gegenüber denen, die als Geistesschwache unfähig sind, in einer Welt zu bestehen, die dem einzelnen vor allem Geistesstärke abverlangt."[97]

So machten sich im letzten Viertel des 19. Jahrhunderts, einer ökonomischen Krisenphase der Gesellschaft[98], sozialpsychologische Unsicherheiten und bürgerliche Ängste breit, die zur Motivationsbasis für das Beharren auf der bestehenden Ordnung und für den Kampf gegen alle Erscheinungen und Bestrebungen[99] wurden, die diese Ordnung infragestellten. Diese Ängste "hingen mit dem Zuwachs bürgerlicher Schichten und der politischen Herausforderung durch die sich formierende Arbeiterbewegung zusammen. Das Bürgertum glaubte seine gesellschaftliche Position gefährdet."[100] Insbesondere schätzte es die niederen Klassen als diejenigen ein, von denen eine Gefährdung der bürgerlichen Gesellschaftsordnung zu befürchten war. "Revolutionsfurcht" wurde zum starken Motivationsstrang bei den Lösungsversuchen der Sozialen Frage im ausgehenden 19. Jahrhundert[101].

---

[92] Dörner 1988,27f.

[93] cf. Dörner 1988,28

[94] Rüping 1988, 404. - Zur Psychiatriegeschichte des 18. und 19. Jahrhunderts insgesamt: cf. Dörner 1975.

[95] Blasius 1986a,53

[96] ibid.

[97] Blasius 1986a,39

[98] cf. Blasius 1980,94

[99] Siehe hierzu das Gesetz gegen die gemeingefährlichen (sic!) Bestrebungen der Sozialdemokratie vom 21.10.1878, RGBl.,351.

[100] Blasius 1986a,54

[101] Cf. Blasius 1986d,155. - Für das letzte Viertel des 19. Jahrhunderts sieht Blasius 1986a,54 eine Konvergenz zwischen der Repression gegen die politische Arbeiterbewegung und dem repressiven Charakter der Fürsorgepolitik.

Was zunächst noch unter dem bürgerlichen Leitgedanken einer human begründeten Fürsorgepflicht auch für arme und verarmte Irre als eine gewisse Irrenreform[102] erscheinen konnte, stellte sich in Wirklichkeit als staatsautoritäre Absicherung der scheinbar bedrohten Ordnung dar. Als politisch handelnder Repräsentant der bürgerlichen Schichten und als reagierender Exponent ihrer Ängste trat dabei zunehmend die Bürokratie auf den Plan. Während in der zweiten Hälfte des 19. Jahrhunderts kein "Sinken des *gesellschaftlichen* Toleranzgrades gegenüber Geisteskrankheit"[103] erkennbar war, reagierte die Bürokratie gegen dieses tolerante Volksempfinden, in städtischen Bereichen stärker noch als in ländlichen[104], ausgesprochen restriktiv. So wurde zum Beispiel die Familienpflege armer und geistig kranker Angehöriger, die bis dahin selbstverständlich dem Volksempfinden kongruent war, gegen dieses Empfinden bürokratisch zurückgedrängt[105]. Kranke Irre wurden aus den Verhältnissen, in denen sie, - nach der Behördenmentalität -, irre wurden[106], entfernt und ebenso wie die zunehmende Zahl von Armen in Anstalten asyliert[107]. Im Blick auf die Familien bedeutete dies, daß die "alte Gewohnheit der häuslichen Pflege ... nicht Opfer einer neuen Familienkonfiguration, sondern weitgehend von der Bürokratie zerstört (wurde), die eigene Ansichten von der Steuerung des gesellschaftlichen Modernisierungsprozesses und vom Modellieren moderner Gesellschaft hatte."[108] Angesichts der bürokratischen Lösungsversuche der Sozialen Frage im Kaiserreich der Jahrhundertwende erscheint das Irresein als ein Definitionsvorgang, der auf die Definierenden und ihre Interessen[109] zurückverweist. "Irresein wurde einfach an auffälligem Verhalten festgemacht, das noch nicht einmal den Charakter von abweichendem Verhalten haben mußte."[110]

In diesem Zusammenhang läßt sich auch der enorme institutionelle Ausbau der Irrenversorgung in den Jahrzehnten um die Jahrhundertwende sehen und bewerten. Als Beispiel: Während in Preußen in den Jahren von 1880 bis 1910 die Bevölkerungszahl um 48% wuchs, stieg im gleichen Zeitraum die Häufigkeit der Anstaltsfälle um 429%[111]. Im gesamten Deutschen Reich wuchs in den Jahren von 1877 bis 1904 die Zahl der psychiatrischen Anstalten von 142 um 177 auf insgesamt 319 an; dies stellt einen Zuwachs von 125% dar. Hierbei stieg die Zahl der Anstaltspflegeplätze, in damaligem Sprachgebrauch: der Betten, von 17.422 auf 74.192; bei guter Verdoppelung der Zahl der Anstalten hatten sich die Anstaltsplätze also mehr als

---

[102] cf. Blasius 1980,92
[103] Blasius 1980,77
[104] cf. ibid.
[105] cf. Blasius 1980,90ff.
[106] cf. Blasius 1980,92
[107] cf. Blasius 1980,90ff.
[108] Blasius 1980,75
[109] cf. Blasius 1980,80
[110] Blasius 1980,102
[111] Cf. Blasius 1980,82. - Bezogen auf 100.000 Einwohner wurden 1880 nur 98 Fälle in Irrenanstalten behandelt, 1910 waren es bereits 356 Fälle, ibid. - "Die Angst vor der Begegnung mit der Geisteskrankheit bedingte die Größe der Anstalten", Blasius 1986b,101.

vervierfacht[112]. Obwohl in den Landeskrankenhäusern vier Verpflegungsklassen mit der Möglichkeit zur Versorgung auf eigene Kosten in den oberen Klassen bestand, befand sich das Gros der Insassen in der unteren "Normalklasse". Die Anstalten für die Irren standen somit in der Kontinuität der früheren Armenhäuser, einer Kontinuität auch der alten Repressionsmechanismen gegenüber den sozialen Unterschichten[113]. Nicht nur das, sie waren damit auch zum Medium der Gesellschaftskontrolle[114] aufgerückt. Die bürgerlichen Schichten wußten die Verwaltung auf ihrer ordnungspolitischen Linie: "...indem sie (sc. die Verwaltung) das Irrenhaus als Sanktionsmechanismus für nicht angepaßtes Verhalten einführte und auch erfahrbar machte, trug sie zur Absicherung einer herrschaftlich vorgegebenen Verhaltensdisziplin bei"[115]. Angesichts existentieller Unsicherheiten und Bedrohungen der bürgerlichen Ordnung und Normen erwies sich die Bürokratie als Sicherheitsgarant[116]. In den gesellschaftlichen und sozialen Umwälzungen und ihren sozialpolitischen Herausforderungen durch die Soziale Frage gab sie auf ihre Weise die Antwort. "Das, was die 'bürgerliche Gesellschaft' in ihrer optimistischen Phase an psychiatrischen Fürsorgeeinrichtungen zur Verfügung gestellt hatte, machte sich ... als Sicherheitskalkül eines Staates verfügbar, der soziale Probleme in 'Pathologie' umdeutete und dessen Herrschaftsstruktur es nicht zuließ, auf diese Probleme mit sozialen Reformen zu reagieren."[117]

1.2.2 Die Etablierung der Psychiatrie als medizinische Disziplin

Bis in die letzten Jahrzehnte des vorigen Jahrhunderts hinein wurde den Ärzten im allgemeinen Volksempfinden keineswegs die unangefochtene Autorität zuerkannt, einzige Repräsentanten medizinischen Fachwissens zu sein, wie dies dann im 20. Jahrhundert zur breit getragenen Selbstverständlichkeit wurde. Erst die erstaunliche Erfolgsbilanz der Chirurgie aufgrund antiseptischer Wundbehandlung verschuf dem ärztlichen Handeln seit den 1870er Jahren einen deutlichen Vorsprung an Autorität vor dem Laien[118]. Entsprechendes gilt für die Innere Medizin. Beispielhaft sei auf die Erfolge in der Bekämpfung der Volkskrankheit Tuberkulose

---

[112] cf. Moeli 1908, zit. nach Herzog 1981,324

[113] cf. Blasius 1980,21f.

[114] Cf. Blasius 1980,96. - Eine verbesserte Staatskontrolle hatte zB. auch die Zentralisierung der Leitung des Gesundheitswesens aufgrund der Befürwortung von Militärärzten zum Ziel, cf. Weindling 1989,52.

[115] Blasius 1980,95

[116] cf. Blasius 1980,94

[117] Blasius 1980,104. - Nach Güse/Schmacke 1976,154 trat damit das Ordnungs- und Sicherheitsinteresse des Staates" in den Vordergrund der Bemühungen und ließ "das Leiden des einzelnen sekundär werden." Und im Blick auf den Psychiater schreiben sie 1976,113: "...der Psychiater entlastet die Gesellschaft vom Gefühl der Unsicherheit, die der Kranke durch seine nicht einfühlbaren sowie sozial nicht integrierbaren Handlungen und Denkweisen auslöst. Der Psychiater wird zum Sachwalter der öffentlichen Sicherheit".

[118] cf. Huerkamp 1989,64

nach der Entdeckung des Tuberkuloseerregers durch Robert Koch im Jahre 1882 hingewiesen. Diese und eine Vielzahl vergleichbarer Entdeckungen waren aber nicht nur Einzelereignisse mit positiven Folgerungen. Vielmehr trugen sie mit weitreichender gesellschaftlicher Relevanz zum Wandel von Krankheitsverständnis und Heilbehandlung bei. Die eindeutig - gleichsam mit mathematischer Exaktheit und Vorausberechenbarkeit - reproduzierbaren Verfahren der Mikrobiologie und Bakteriologie lösten die Erklärung von Krankheit mittels anderer als naturwissenschaftlicher Denk- und Wertsysteme ab. "Die Erkenntnis des spezifischen Krankheitskeimes ermöglicht(e), das Problem Krankheit zu individualisieren und rein medizinisch zu lösen."[119]

In diesen naturwissenschaftlich begründeten Erfolgen in Diagnostik und Therapie in der somatischen Medizin sahen die Irrenärzte vor und nach der Jahrhundertwende ein Vorbild und Paradigma, dem die Psychiatrie als gleichberechtigte Teildisziplin der Medizin nachgestaltet und als gesellschaftlich anzuerkennende Realität durchgesetzt werden sollte. Exemplarisch schien diese Transformation im Blick auf die Progressive Paralyse[120] möglich. Ihr Endstadium zeigte weitgehend diesselben Symptome und Verhaltensweisen, wie sie auch bei wahnkranken Irren anzutreffen waren. Aus der Entdeckung, daß diesen Symptomen und dieser Krankheit naturwissenschaftlich nachweisbar eine Infektion zugrundeliegt, entstand die Vermutung[121], die sich alsbald zu einer stark motivierenden Forschungshypothese auswuchs, daß auch die Wahnkrankheiten auf biologisch erklärbare Infektionen, Stoffwechselstörungen o.ä. zurückzuführen seien. Damit begann die Okkupation eines medizinisch-positivistischen Modells: Wie Infektionskrankheiten beispielsweise Flecken hervorrufen, so äußern sich Geisteskrankheiten in psychiatrischen Symptomen[122]. "Der Geisteskranke war nicht mehr ein Mensch, der *sich* abnorm *verhielt*, sondern nur ein Organismus, der schlecht *funktionierte*"[123].

Wie die naturwissenschaftlich geprägte somatische Medizin den Menschen auf Körperlichkeit reduzierte und ihn objektivierte, so engte auch die sich als Naturwissenschaft entwickelnde Psychiatrie ihren Wahrnehmungshorizontes auf den Körper ein. Die soziale Einbindung des Menschen verschwand aus dem Blick der

---

[119] Labisch 1989,22

[120] Trenckmann 1988,212: "Das Vorgehen bei der Progressiven Paralyse gibt im klinischen Ansatz das Lösungsmuster vor, nach dem >Verrücktheit< enträtselt werden soll."

[121] cf. Dörner/Plog 1989,470

[122] Trenckmann 1988,209f. spricht in diesem Zusammenhang von zeitgenössisch nicht problematisierter Erkenntnistätigkeit, wenn beim "rückwärtigen Aufspulen einer Ursache-Wirkungs-Kette die Ebenen (ge)wechselt" werden. "Dies ist dann der Fall, wenn man von Erscheinungen auf der psychischen Ebene oder der Ebene des sozialen Verhaltens auf Somatisches zurückschließt."

[123] Jervis 1978,51. - Dementsprechend war auch die Therapie ausgerichtet. Ihr ">Gegenstand< ... ist das Gehirn, das wie ein gebrochenes Bein behandelt wird: es wird absolut ruhiggestellt", bis hin zu einem "fast totalen Kommunikationsverlust", Güse/Schmacke 1976,129.

Medizin; er wurde enthistorisiert[124]. In die entstandenen Vakanzen trat die naturwissenschaftlich-objektivierende Fallbeobachtung[125] mit Diagnose und Klassifikation ein. Auch wenn sich, vor allem bei dem wohl einflußreichsten der in der Forschung tätigen Psychiater seiner Zeit, Emil Kraepelin, ein "nosologischer Fundamentalismus"[126] herausbildete, so verstand sich die Psychiatrie um 1900 insgesamt doch "mit unreflektierter Selbstverständlichkeit als naturwissenschaftliche Aufklärung"[127]. Im wissenschaftlichen Selbstverständnis der Psychiatrie und in der zunehmenden Welterklärung auf den Grundlagen naturwissenschaftlich-objektivierender Erklärungsmodelle waren aus Wahn und Irresein psychiatrische Krankheiten geworden, nach deren biologischen Ursachen es zu forschen galt. Die *Geisteskrankheit* war geboren. Damit trat ein Begriff in den allgemeinen Sprachgebrauch, mit dem auch das BGB von 1896/1900 die Ausdrücke "Wahnsinn" und "Blödsinn" aus dem ALR ersetzte[128].

Mit dem Ende des 19. Jahrhunderts hatte sich die Psychiatrie als Unterdisziplin der Medizin etabliert. Als Nachweis für diese Aussage führen Dörner/Plog[129] fünf Gründe an: 1. die Überzeugungskraft körpermedizinischer Erklärungen, 2. die Kombination von naturwissenschaftlichem und antiphilosophischem Denken mit liberal-humaner Einstellung und Fortschrittsglauben, 3. die Füllung des Begriffs 'human' mit der Definition des Irreseins als Körperkrankheit und der gleichzeitigen Entlastung von Schuldgefühlen aufgrund vermeintlichen religiösen oder moralischen Versagens, 4. die beginnende Suche nach hirnorganischen Ursachen seelischer Störungen im Anschluß an die Erfolge bei der Entdeckung der Spirochäteninfektion als Ursache für die Progressive Paralyse und 5. die zunehmende Anerkennung und Befriedigung der berufspolitischen Interessen durch Vermehrung der Anstalten, der akademischen Lehrstühle etc.[130].

---

124 Güse/Schmacke 1976,155: "Die Geschichte des Kranken wird in Wirklichkeit zu einer Geschichte seiner >Symptome<."

125 cf. Dörner/Plog 1989,470

126 Keupp 1990,78

127 Dörner 1975,337. - Nach Blasius 1980,94 zeigen sich in der Wissenschaftsgeschichte der Psychiatrie um die Jahrhundertwende Bruchlinien, insofern als der auf den einzelnen Menschen bezogene Heilsoptimismus Griesingers verflogen war und die deskriptive Psychiatrie Kraepelins herrschte.

128 cf. Herzog 1981,331 unter Hinweis auf Mendel 1897,830

129 cf. Dörner/Plog 1989,470

130 Daß dieser erreichte Bewußtseinsstand sich keineswegs breit, gleichmäßig und selbstverständlich durchsetzte, zeigt der Appell Rixens 1921,99: "Wir müssen endlich das noch in sehr vielen Köpfen spukende Wahngebilde aus der Welt schaffen, daß Sünde und Schuld die Ursachen geistiger Störungen sind, wir müssen dahin wirken, daß psychische Erkrankungen genauso als Krankheiten bewertet werden, wie innere und chirurgische Krankheiten".

1.2.3 Vom therapeutischen Nihilismus beim Individuum zur Heilsutopie für die Gesellschaft

Die Erfolge der somatischen Medizin und die weitgehende Etablierung der Psychiatrie als Teilgebiet der Medizin lassen aber auch Schatten des Fortschritts erkennen, die im ersten Drittel dieses Jahrhunderts länger und breiter werden, um sich in der Zeit des Nationalsozialismus tief schwarz einzufärben. An die Erfolge der Körpermedizin versuchte sich die Psychiatrie mit ihrer Suche nach biologischen Ursachen psychischer Krankheit ebenso anzuhängen, wie mit umfangreichen Beobachtungen und Klassifikationen von auffälligen körperlichen Merkmalen, auffälligen sozialen Verhaltensweisen und genealogisch nachweisbaren Krankheitserscheinungen psychisch Kranker. Tatsächliche und vermeintliche theoretische Erfolge der Forschung ließen aber bald die erhofften und erwarteten praktischen Möglichkeiten der Therapie hinter sich. Die Orientierung am Objektiven ging auf Kosten des psychisch Kranken als Subjekt: Auf die Begeisterung über Erkenntnisse naturwissenschaftlicher Forschung bzw. das, was man in der Psychiatrie dafür hielt und ausgab, folgte "therapeutischer Nihilismus"[131].

Aus dieser Enttäuschung bot sich ein Ausweg an, den Virchow bereits 1848 eröffnet hatte. Nach ihm ist die Medizin "eine soziale Wissenschaft, und die Politik ist nichts weiter als Medizin im Großen."[132] Was damals allgemein über die Medizin gesagt wurde, entwickelte sich zum Selbstbildnis der Ärzte. Sie verstanden sich forthin nicht nur als Anwälte der Armen, sondern der physisch-psychischen Bedürfnisse der Gesamtgesellschaft, die systematisch als Einheit gedacht und aufgefaßt wurde[133]. So gelangten zunehmend biologische Metaphern in den allgemeinen Sprachgebrauch, in denen zum Beispiel von "Kontrolle und gezielter Beeinflussung des gesellschaftlichen Stoffwechsels"[134] die Rede war. "Gesundheit" war nicht mehr nur ein auf ein einzelnes Individuum bezogenes wissenschaftliches Konstrukt, sondern transformierte sich zu einem allgemein akzeptierten sozialen Konstrukt[135], es wurde zu einem allgemein anerkannten und erstrebten Gut und Wert. "Gesundheit" als Ziel sich selbst regulierender Entwicklung sowie sozial- und gesundheitspoliti-

---

[131] Cf. Dörner/Plog 1989,471. - Ebenso Engelhardt 1989,79.

[132] Zit. nach Göckenjahn 1989,96. - Der Philosoph Dessoir verlangte 1895 vom Arzt, daß ihm "die allgemeine Volkswohlfahrt höchstes Gesetz sein muß, daß er nicht ausschließlich an die physische Gesundheit der Patienten denken soll, daß die Medizin in Zusammenhang mit Sociologie und Pädagogik für die Lebensbedingungen der jetzigen und der kommenden Geschlechter zu sorgen hat"; zit. nach Engelhardt 1989,83. An gleicher Stelle schreibt Engelhardt: "In der Aufhebung der Schweigepflicht bei Seuchen und Geschlechtskrankheiten verlagert sich der Schwerpunkt des ärztlichen Handelns vom Patienten auf die Gesellschaft."

[133] cf. Göckenjahn 1989,96

[134] ibid. - Kihn 1932,387 gebraucht den Ausdruck "Volkskörper". Zum Bild der chirurgischen Therapie des "Volkskörpers" greift Stransky 1918a,34: "Was *unabwendbar* faul und menschenfeindlich ist, gehört am besten mit dem scharfen Löffel ausgekratzt".

[135] cf. Labisch 1989,25

scher Steuerungsmaßnahmen war nicht umstritten, allenfalls die einzuschlagenden Wege und die erforderlichen Organisationsformen[136].

Im Zuge der Psychogenese der Zivilisation verändern sich Verhaltensweisen[137]. Soweit die darauf im allgemeinen Homogenisierungsprozeß bezogenen Erwartungen nicht mehr hingenommen oder verdrängt werden können, werden sie medizinisch erklärt, in der Folge therapeutisiert und öffentlich verwaltet: "Kindheit, Alter, Sexualität allgemein, Prostitution und Homosexualität im besonderen, werden zu medizinischen Definitions- und Interventionsfeldern bzw. zu medizinisch umgrenzten und handhabbaren Randgruppen."[138] Jervis hebt in diesem Zusammenhang besonders den biologischen Hintergrund sozialer Beobachtungs- und Deutungsversuche hervor: selbst anti-soziales Verhalten wurde unter damaligem Blickwinkel zu rein biologischem Schaden und als solcher "zugleich Folge und Ursache von Handlungen gegen die bürgerliche Ordnung und die Gesellschaft."[139] "Der Landstreicher, der Schwärmer, der Bettler, aber vor allem der Kriminelle, sie alle *mußten* das Resultat eines dunklen, dem des Wahnsinns analogen Determinismus sein, das Resultat eines schicksalhaft ablaufenden Mechanismus, der in der körperlichen Konstitution des Individuums selbst begründet lag. Die Gesellschaft mußte sich also schützen"[140]. Und nicht nur das. In dem Maße, in dem beim Individuum erhoffte und erwartete therapeutische Erfolge ausblieben und Bemühungen darum nachließen, richtete sich das Interesse vor allem der Psychiater auf eine "Heilung der Gesellschaft"[141]. An der Wende zum 20. Jahrhundert entwickelte Morel aus umfangreichen Familienforschungen eine kulturpessimistische Degenerationstheorie. Lombroso erfand den "geborenen Verbrecher", J.L.A. Koch beschrieb die psychopathische Minderwertigkeit, aus der der "moralisch Schwachsinnige" und später der Psychopath wurde. Schließlich war es Rüdin, der aus

---

136 Cf. ibid. - Nach Weindling 1989,51 wurden zum Beispiel in den 1890er Jahren "die freien Gesundheitsorganisationen Teil einer Bewegung, deren Ziel es war, die >Volksgesundheit< zu verbessern."

137 zum Zivilisationsprozeß cf. ausführlich Elias 1976

138 Labisch 1989,29f. mwN. - Weindling 1989,54: "Alkoholismus, Prostitution und chronische Krankheiten wurden als medizinische Probleme gedeutet." Nach Dörner 1988,33 diente ab den 60er Jahren des 19. Jahrhunderts auch der Intelligenzquotient als Gradmesser sozialer Anpassung bzw. zur weiteren Aussonderung.

139 Jervis 1978,52. - "Selbst der Pauperismus, die Armut, konnte nur das Ergebnis einer natürlichen biologischen Auslese sein", aaO.,53.

140 Jervis 1978,51f.

141 Dörner/Plog 1989,472, - Für Kraepelin entsteht durch das Zusammenwirken von Psychiatrie und Staat die Möglichkeit einer "Psychiatrie im Großen", die eine umfassende Verhütung der Geisteskrankheiten ermöglicht; ihre Aufgabe ist die "Überwachung und richtige Deutung der ... Äußerungen der Volksseele", zit. nach Güse/Schmacke 1976,168. Horkheimer/Adorno 1971,9 zeichnen den Weg der Aufklärung so nach: "Was dem Maß von Berechenbarkeit und Nützlichkeit sich nicht fügen will, gilt der Aufklärung als verdächtig." Schließlich "schneidet (sie) das Inkommensurable weg", aaO.,15, und zwingt damit Menschen und Gesellschaft zur "realen Konformität", ibid.

Erblichkeitsforschungen heraus Psychosen zu "Erbkrankheiten" vereinseitigte[142]. So präsentierte sich schließlich eine "soziale Medizin" auf der Grundlage von gesellschaftpathologischen Vorstellungen, die im Kern nicht sozialpolitisch ausgerichtet, sondern biologistisch und sozialdarwinistisch war und sich auf dem Weg zu rassenhygienischen Konzepten[143] befand. Ihre Bemühungen und Aussagen lassen sich als "Sehnsucht nach einer Gesellschaft ohne seelische Leiden"[144] verstehen.

1.2.4 Die Psychiatrie auf dem Weg in den Faschismus

Der rasante Ausbau der psychiatrischen Anstalten in den Jahrzehnten um die Jahrhundertwende und die hochschnellenden Zahlen der Insassen lassen das Bild einer zweigeteilten Gesellschaft entstehen, deren Angehörige in prinzipiell unterschiedlichen Lebensweisen und Lebenswelten nebeneinanderher leben. Da befinden sich auf der einen, 'normalen' Seite die Gesunden und sozial Angepaßten, die ihr Leben in Freiheit gestalten können. Ihnen stehen auf der anderen 'unnormalen' Seite die Kranken, Minderwertigen und Antisozialen gegenüber, deren Platz und Lebenswelt in der Anstalt und damit in Unfreiheit ist. Und da diese Anstalten, trotz der Verwahrpsychiatrie, die in der Folge des "therapeutischen Nihilismus"[145] in ihnen stattfindet, als Krankenhäuser organisiert sind und ärztlich geleitet werden[146], ist der vornehmste Aufenthaltsort und Lebensraum ihrer Insassen das Bett. Jeder neu aufgenommene Patient gehört für längere Zeit dort hinein[147].

Aber diese Anstalten funktionierten nicht in dem ihnen zugedachten Sinn als 'Reparaturwerkstätten' der Gesellschaft. Das Scheitern aller medizinischen Behandlungsversuche und die nihilistische Resignation ließen ihnen nur die Funktion von 'Mülleimern' der Gesellschaft übrig. Mit dieser Reduktion gaben sich die nach medizinischer und wissenschaftlicher Anerkennung strebenden Psychiater aber nicht zufrieden. Sie wollten, "wenn schon keine Therapie und Befreiung des einzelnen Patienten möglich (war), ... wenigstens die staatstragende Therapie und Befreiung der Gesellschaft von den psychisch Kranken"[148] - gleichsam die Entsorgung und schließlich Entbehrlichkeit der Mülleimer - bewirken. Der Immanenz ärztlichen Denkens entsprechend bedeutete dies den Übergang von symptomatischer zu kausaler 'Behandlung' der Gesellschaft. Spätestens in den 20er und 30er Jahren dieses

---

[142] cf. Dörner/Plog 1989,471
[143] cf. Göckenjahn 1989,96f.
[144] Dörner/Plog 1989,472
[145] cf. Blasius 1980,95
[146] Nach Blasius 1980,93 dringen seit dem Ende des 19. Jahrhunderts die Behörden auf die Einstellung von Ärzten als Leiter von Anstalten.
[147] Diese Position vertritt beispielgebend Kraepelin, zit. nach Güse/Schmacke 1976,120.
[148] Dörner/Plog 1989,472

Jahrhunderts suggerierte die "fortschrittliche" Psychiatrie einen "Mythos der Heilbarkeit ... auch der Sozialen Frage"[149].

In diesem Sinn hatte bereits Forel[150] nach eigenen Angaben[151] ab den 90er Jahren medizinische Indikationen zur Sterilisierung vorgeschoben, um die von ihm propagierte eugenische Sterilisation voranzutreiben und durchzusetzen. Durch die Aufnahme des aus der Biologie übernommenen Erklärungsmusters der Erblichkeit in die psychiatrische Krankheitslehre schien der Psychiatrie der Übergang von oftmals erfolgloser Therapie des Individuums zu gesellschaftlicher Eugenik und Prävention möglich: Sterilisierung in eugenisch-präventiver Absicht sollte "für die Gesellschaft kostensparend und segensreich wirken."[152]

Damit verband sich für manche Psychiater ein grandioser kulturpolitischer Auftrag. Die Psychiatrie sei berufen, kulturfördernd zu wirken[153], ja mehr noch, gerade im Gerichtssaal habe der Psychiater seine "Sendung als Menschheitserzieher" zu erfüllen und damit einen "*ärztlichen Imperialismus*, der *Kulturimperialismus* ist"[154], wahrzunehmen. "Der Psychiater muß vor Gericht ... *selbständige* Kulturpolitik treiben."[155]

Vergleichbar den bürgerlichen Ängsten gegen Ende des 19. Jahrhunderts[156] machten sich nach dem verlorenen Weltkrieg Ängste vor dem kulturellen Untergang breit. Die kulturelle Bedeutsamkeit eines Volkes wurde mit hohem rassischem Wert gleichgesetzt. So stellte sich für Kihn die Frage, ob das Volk entarte, "ob es ärztlich so etwas wie einen drohenden Untergang des Abendlandes gebe."[157] Dabei bestand für ihn kein Zweifel daran, "daß unser Volkstum in Deutschland zurzeit aufs höchste bedroht"[158] sei. Schutz "vor der hohen seelischen Infektiosität"[159] hieß deshalb die Parole. Und dieser Schutz schien durch die stringente Anwendung von Rassenhygiene[160] erreichbar. Die Verbindung von "Gesellschaftsschutz und Rassenhygiene" hatte oberstes Ziel der Arbeitsinteressen der Ärzte zu sein[161]. Bis hin zu Omnipotenzphantasien wuchs sich für Stransky der Sendungsauftrag aus, wenn

[149] Dörner 1988,40
[150] Nach Dörner 1988,30 "einer der berühmtesten europäischen Ärzte der Wende zum 20. Jahrhundert und mit Sicherheit der bekannteste medizinische Sozialreformer und Experte für die Soziale Frage".
[151] Forel 1913, zit. nach Dörner 1988,31f.
[152] Dörner 1988,30
[153] cf. Stransky 1918a,23
[154] Stransky 1918a,35
[155] Stransky 1918a,32
[156] s. o. Abschnitt 1.2.1
[157] Kihn 1932,388
[158] Kihn 1932,389
[159] Stransky 1918b,179
[160] Dieser Begriff geht nach E.Klee 1989,17 auf Alfred Ploetz und das Jahr 1895 zurück.
[161] cf. Stransky 1918a,29

er forderte, daß der Psychiater nicht bloß Arzt, "sondern in erster Linie ein Diener der großen Ideen des Menschen*schutzes* und der Menschen*verbesserung*"[162] zu sein habe.

Dies blieben keineswegs bloß pathetische Phrasen. Als hohes und edles Ziel der Wissenschaft von der Rassenhygiene und Eugenik forderte Stemmler detaillierter "die friedliche, schmerzlose Ausschaltung der geistig und körperlich Schwachen, der Kranken und Bösen, unter gleichzeitiger Heranbildung von Menschengeschlechtern, die immer stärker, gesünder und edler, somit auch glücklicher sein sollen."[163]

Um dies Ziel zu erreichen, empfahl Kraepelin der Psychiatrie, an die Öffentlichkeit zu treten, um die Volksgenossen auf die ihre eigene Wohlfahrt bedrohende Gefahr aus einer "Verschlechterung der Rasse"[164] hinzuweisen. Soweit dann bei der Durchführung des Programms der Rassenhygiene zwischen Interessen des einzelnen und der Gemeinschaft abzuwägen sei, könne, nach Kraepelin[165], "ein vorübergehendes persönliches Glück nicht entscheidend in die Waagschale fallen". Indem der Arzt aufgefordert wird, sich auf diese Weise über den einzelnen Kranken, dem er verpflichtet ist, hinwegzusetzen, geht der "Weg in die ärztliche Rassenethik, dem Bild des 'guten Chirurgen' entsprechend, 'der um das Wohl des Ganzen willen einzelne Teile wegoperiert'"[166].

Eine radikale Wendung nahm diese Diskussion infolge der Erfahrungen des Weltkriegs. Nicht nur in populären, sondern auch in wissenschaftlichen Kreisen wurde die Frage diskutiert, welche Konsequenzen aus der Tatsache zu ziehen seien, daß die Besten auf dem Schlachtfeld verbluteten, während die Minderwertigen am Leben blieben[167]. Da auch die Nachkriegssituation noch in weiten Teilen des Reiches von Hunger und Elend bestimmt war, zog Gaupp hieraus die Folgerung, daß diese

---

[162] Stransky 1918a,32

[163] Stemmler 1925,438

[164] zit. nach Güse/Schmacke 1976,161

[165] ibid.

[166] Göckenjahn 1989,91. - Güse/Schmacke 1976,172 erwähnen in diesem Zusammenhang eine Aussage Rüdins, nach der Kraepelins Einfluß auf die Entwicklung der sog. Rassenhygiene "enorm gewesen" sei.

[167] Dörner 1988,39 weist in diesem Zusammenhang daraufhin, daß mit großer Wahrscheinlichkeit auch die Insassen geschlossener Institutionen (Heil- und Pflegeanstalten, Gefängnisse, Heime) ihren Tribut an den Tod zu leisten hatten. Durch kriegsbedingte Kürzungen der Lebensmittelrationen sei von einer Zunahme der Sterblichkeit um 20 - 50 % auszugehen. Insoweit dies den tatsächlichen Verhältnissen entspricht, läßt sich durchaus von einem Vorlauf der späteren NS-'Euthanasie', hier in Gestalt des >Hunger-Tötens<, reden.

Situation "den Blick für die Wahrnehmung falscher Humanität, die wertlose Leben hätschelt und pflegt"[168], geschärft habe.

Die bereits vor der Jahrhundertwende dem gesellschaftlichen Wandel infolge der Industrialisierung inhärente Frage nach dem Wert menschlichen Lebens unter dem Aspekt seiner industriellen Brauchbarkeit und Verwertbarkeit wurde schließlich im Jahre 1920 mit der Programmschrift von Binding und Hoche, "Die Freigabe der Vernichtung lebensunwerten[169] Lebens", mit einem radikalen Lösungsvorschlag beantwortet. Nach Meinung beider Autoren gehören unter anderem die "unheilbar Blödsinnigen" zu den Menschen, die zur Tötung in Betracht kommen: "Sie haben weder den Willen zu leben, noch zu sterben... Ihr Leben ist absolut zwecklos, aber sie empfinden es nicht als unerträglich... Ihr Tod reißt nicht die geringste Lücke."[170] Aus heutiger Sicht erscheint es wie blanker Zynismus und den Menschen zum dinglichen Objekt degradierende Verachtung, wenn Binding/Hoche weiter formulieren: "Wir werden vielleicht eines Tages zu der Auffassung heranreifen, daß die Beseitigung der geistig völlig Toten kein Verbrechen, keine unmoralische Handlung, keine gefühlsmäßige Rohheit, sondern einen erlaubten, nützlichen Akt darstellt."[171] Hier wird das Menschsein nicht mehr durch die menschliche Geburt konstituiert[172] und garantiert, sondern am gesellschaftlichen Leistungswert gemessen. Wer danach beurteilt nicht einmal mehr Minimalwerte erreicht, besitzt weder Lebensrecht noch subjektive Rechtsqualität: "Ein geistig Toter ist ... nicht imstande, innerlich einen subjektiven Anspruch auf Leben erheben zu können"[173].

Während in der allgemeinmedizinischen Fachpresse und in der wissenschaftlichen Diskussion die Reaktion auf Binding und Hoche schwach blieb[174], nahmen die Psychiater die Vorschläge überwiegend mit lebhaftem Interesse auf[175]. So bewertete der Psychiater K. Klee die Tötung "passiver" (Geisteskranker) und "aktiver Schädlinge" (Verbrecher) nüchtern als "sozialhygienische Maßnahme"[176], und nach Kihn ist "im Kampf gegen die Minderwertigkeit ... jede Maßnahme erlaubt, die billig erscheint und wirksam ist. Feste Normen des Rechts und der Humanität, nach denen zu verfahren ist, wird es ... hier nie geben."[177] Zusammenfassend sehen Gü-

---

[168] Gaupp 1920, zit. nach Güse/Schmacke 1976,418. Stransky 1918b,179 meint in diesem Zusammenhang, "unser Mitleid (müsse) *hygienisch* orientiert sein, nicht philosophisch oder sentimental, denn philosophasternde Sentimentalität ist stets ein Verfallszeichen."

[169] Dieser Ausdruck stammt nach E.Klee 1989,20 originär von Binding und Hoche selbst.

[170] Binding/Hoche 1922,31

[171] Binding/Hoche 1922,57

[172] Zur historischen Entwicklung des Person-Begriffs und der subjektiven Rechtsfähigkeit cf. Hattenhauer 1982,405ff.

[173] Binding/Hoche 1922,58

[174] Nach Güse/Schmacke 1976,417 bewegten sich ihre Thesen offensichtlich durchaus im Rahmen des Denkbaren.

[175] cf. Güse/Schmacke 1976,418

[176] zit. nach E.Klee 1989,25

[177] Kihn 1932,403

se/Schmacke[178] drei Hauptmotivstränge, die die positive offene Diskussion unter den Psychiatern kennzeichneten: 1. ein sozialdarwinistisch begründetes Eintreten gegen eine vermeintliche Entartung der biologischen Substanz; 2. nationalistische Gefühle der Rettung eines Volksganzen und 3. 'Mitleid' mit den Kranken.

Darüberhinaus tauchte in der psychiatrischen Diskussion jener Zeit ein weiterer Aspekt auf: die Kostenfrage. Das seit den 80er Jahren des vorigen Jahrhunderts im Aufbau befindliche Sozialversicherungssystem trug nicht nur zur Vergesellschaftung des Risikos und der individuell eintretenden Realität von durch Krankheit, Arbeitslosigkeit und Invalidität bedingter Not bei, sondern es stellte auch die öffentliche und private Kostenlast der industriell unbrauchbaren Gruppen der Gesamtbevölkerung als gut administrativ und finanziell berechenbar[179] dar. Als Schlußfolgerung hieraus bezeichneten Binding/Hoche die "Vollidioten" in wirtschaftlicher Hinsicht als diejenigen, "deren Existenz am schwersten auf der Allgemeinheit lastet."[180] Dabei bedauerten sie das "Maß von oft ganz nutzlos vergeudeter Arbeitskraft, Geduld und Vermögensaufwand (, den) wir nur darauf verwenden, um lebensunwerte Leben so lange zu erhalten, bis die Natur - oft so mitleidlos spät - sie der letzten Möglichkeit der Fortdauer beraubt."[181] Während an der Schwelle zur Machtübernahme des Faschismus Psychiater wie Bratz in der Kostendiskussion noch vor dem "Hinausdrängen der Geisteskranken aus der geschlossenen, fortpflanzungsverhindernden Anstalt" warnen, da dies letztlich keine Sparmaßnahme wäre, sondern nur "ungezählte neue Seelisch-Abnorme"[182] liefere, und eher für eine umfassende Sterilisierung plädieren, scheint für Kihn zur Vermeidung von unnötigen Ausgaben zur Erhaltung von "Ballastexistenzen" "keine andere Möglichkeit zu bestehen als die radikaleren Vorgehens gegen die Minderwertigen"[183]. Die Vernichtung "lebensunwerten Lebens" ist für ihn eines der "ärztlichen Mittel zur Beeinflussung des Volkes"[184]. Damit macht sich eine weitere Psychiaterstimme für das bemerkbar, was Lifton im Blick auf die Tätigkeit von Psychiatern in der NS-Zeit als "therapeutisches Töten"[185] bezeichnet.

1.2.5 Zusammenfassung und Bewertung

In der Mitte des 19. Jahrhunderts setzte ein grundsätzlicher Wandel im Selbstverständnis und in der sozialanthropologischen Bedeutung und Bewertung des Irreseins und in Selbstbild und gesellschaftlicher Funktion von Psychiatrie ein. Natur-

178 cf. Güse/Schmacke 1976,419
179 Hierauf weist Dörner 1988,22 hin.
180 Binding/Hoche 1922,53
181 Binding/Hoche 1922,27
182 Bratz 1932,26
183 Kihn 1932,394
184 Kihn 1932,391
185 Lifton 1986 pass.

wissenschaftliches Denken und Handeln prägte nicht nur die Allgemeinmedizin, sondern wurde auch von den Psychiatern für ihren Bereich als Erklärungs- und Handlungsmodell herangezogen. Die Beanspruchung von Behandlungskompetenz und Behandlungsauftrag lösten die bloße Betreuung irrer Menschen ab. Zentrale Behandlungsorte wurden das Krankenhaus und das Krankenbett, - wie in der somatischen Medizin. Diese Verengung des Blickwinkels ließ die Psychiatrie zu einer "Insassenwissenschaft"[186] werden. Eine solche "anstaltsförmige Irrenpflege"[187] versperrte aber den Blick für die Entstehung psychischer Störungen. Trotz aller Bemühungen blieben der Psychiatrie die grandiosen Behandlungserfolge der somatischen Medizin versagt. Es entstand ein therapeutischer Nihilismus, eine "praktische Hilflosigkeit im elenden Alltag der Anstalt", die "zunehmend aggressive Fantasien gegenüber Irren, Psychopathen und schwachsinnigen Krüppeln"[188] erzeugte. Diese negative Entwicklung versuchte die Psychiatrie mit einer positiven Variante zu kompensieren. "Aus der Logik einer für den Einzel-"Fall" nicht möglichen Hilfe erwuchsen Heilsversprechen an alle."[189] Sie gipfelten in den Forderungen und Programmen zu Eugenik, Rassenhygiene und 'medizinisch' indizierten Tötungen sog. Minderwertiger[190].

Eine entscheidende Ursache für diese Fehlentwicklung der Psychiatrie sieht Dörner[191] im Verlust des psychisch Kranken im Menschenbild der Gesellschaft seit der zweiten Hälfte des 19. Jahrhunderts. Psychiatrie sei keine medizinische Wissenschaft, sie bedürfe vielmehr einer philosophisch-anthropologischen Fundierung und Verankerung[192]. Aus diesem Grunde scheint es im "Rahmen des medizinischen Modells ... kaum Barrieren zu geben, die vor inhumanen, verletzenden und tendenziell vernichtenden Maßnahmen Einhalt gebieten."[193] Hierin liegt das Versagen auch der reformerisch orientierten Psychiatrie am Ende der Weimarer Zeit: "Es wurde versäumt, eine grundsätzlich andere Position zum irren Menschen zu finden, die diesen insgesamt als gleichwertig anerkennt, akzeptiert und behandelt."[194] Bei der inneren Logik einer so auf die naturwissenschaftliche Medizin ausgerichteten Psychiatrie verwundert es nicht, daß sie sich von Seiten der Bürokratie als staatlicher Sicherheits- und Ordnungsfaktor okkupieren ließ, um sich im Gegenzug ihrer-

---

[186] Dörner 1988,35 unter Hinweis auf Kraepelin

[187] Stolz 1983,68. "Die klinischen Psychiater beobachteten den einzelnen Geistesgestörten wie er ihnen losgelöst von den Beziehungen zur Außenwelt in der Irrenanstalt entgegentrat", ibid.

[188] ibid.

[189] Trenckmann 1988,236, wobei er fortfährt: "Eugenik und Euthanasie-Verbrechen haben eine Wurzel im Somatizismus klinischer Psychiatrie."

[190] Dazu Güse/Schmacke 1976,173: "Die Kontinuität der Kraepelinschen Psychiatrie zu den Zwangssterilisierungen und Massenmorden des Faschismus an den Geisteskranken läßt sich vor dem Hintergrund des therapeutischen Nihilismus und prognostischen Fatalismus schwerlich leugnen."

[191] cf. Dörner 1988,25f.

[192] cf. Dörner 1983,108

[193] Siemen 1987,127

[194] Siemen 1987,124

seits als Ausweg aus dem therapeutischen Nihilismus der staatlichen Gesellschaftspolitik einschließlich der Verbrechensbekämpfung mittels des Strafrechts anzudienen[195].

[195] Strasser 1978b,6: "Als mit der Errichtung der ersten großen Irrenanstalten die Psychiatrie zu einer Institution von expansivem Gepräge wurde, hatten deren prominenteste Vertreter ein vitales Interesse an der Ausweitung ihrer institutionellen Macht. Dabei bot sich die Strafjustiz als ein mögliches Feld der Machterweiterung für den Psychiater geradezu an."

1.3 Diskussionen um Begriffe und Gesetzentwürfe zur Einführung des Maßregelrechts in das StGB bis zum Ende der Weimarer Republik

1.3.1 Verbrechensbekämpfung durch Strafrecht und Psychiatrie als kriminalpolitische Forderung

In den Motiven zum Vorentwurf seines Schweizerischen Strafgesetzbuches von 1893 hatte Stooß geschrieben, daß sich die öffentliche Meinung mit Recht darüber beklagt habe, daß "gefährliche Geisteskranke nach ihrer Freisprechung freigelassen werden, und ihnen so Gelegenheit gegeben wird, neuerdings die öffentliche Sicherheit zu gefährden."[196] Auf diese "*Lücke der Gesetzgebung*" hätten ihn die Schweizer Irrenärzte "dringend aufmerksam gemacht und festgestellt, daß nicht nur vollkommen Unzurechnungsfähige, sondern auch vermindert Zurechnungsfähige öfters die öffentliche Sicherheit in hohem Grade gefährden und ihre Verwahrung in der Irrenanstalt ein Gebot der öffentlichen Sicherheit sei."[197] Dieses Stichwort griff auch von Liszt auf, als er schrieb, in den Fällen des § 51 RStGB hätte sich "eine Lücke in unserer Gesetzgebung besonders fühlbar gemacht"[198], und diese "Lücke im Gesetz" müsse möglichst sofort und nicht erst in zehn oder zwanzig Jahren ausgefüllt werden, wenn gemeingefährliche Geisteskranke freigesprochen würden oder ihre Unschädlichmachung "im kräftigsten Mannesalter"[199] beendet sei. Dennoch mußte Mezger rund zwanzig Jahre später und nach Vorliegen von bereits vier Entwürfen zur Reform des deutschen Strafrechts[200] im Blick auf die geforderte Maßregel der Unterbringung in einer Heilanstalt feststellen: "Das Fehlen einer solchen Maßregel im geltenden Recht wird als schwerwiegende Lücke empfunden und erschüttert - man denke an den Freispruch des Unzurechnungsfähigen nach schwerer Tat - das öffentliche Rechts- und Sicherheitsbewußtsein."[201]

Tatsächlich gab es für den Strafrichter keine gesetzliche Handhabe zur Unterbringung in einer Heil- und Pflegeanstalt. Der § 51 RStGB regelte auf der normativen Ebene nur die Unzurechnungsfähigkeit und den daraufhin zu erfolgenden Freispruch eines Geisteskranken. Angesichts der dem Strafrichter fehlenden rechtlichen Handhabe der Sicherung einer gefährlichen oder Unterbringung einer geisteskranken Person bemerkte von Liszt spitz, "er wird nur zu leicht geneigt sein, trotz bedrückender Bedenken gegen die Zurechnungsfähigkeit des Angeklagten, diesen zu

---

[196] Stooß 1893b,24

[197] ibid.; Sperrung von mir, Ka.

[198] von Liszt 1905b,505. - Von Lilienthal sprach 1910b,235 von einer "oft schmerzlich empfundenen Lücke des Gesetzes".

[199] von Liszt 1905d,8

[200] VE 1909, GE 1911, KE 1913 und E 1919. - In der Begründung zu § 65 VE 1909 heißt es, dieser Paragraph, der die Unterbringung in einer Heil- und Pflegeanstalt regelt, soll "eine Lücke des geltenden Gesetzes" ausfüllen, VE 1909-Begründung,236. - Bleuler 1905,93 spricht von "Lücken der jetzigen Strafgesetzgebung"; ebenso bezieht sich Lutz 1930,11 auf eine "Lücke, die durch die Reformarbeit geschlossen werden muß."

[201] Mezger 1923a,267

verurteilen, wenn die Verurteilung das einzige Mittel ist, das gemeingefährliche Individuum unschädlich zu machen."[202] Allerdings konnte der Richter die zuständige Polizeibehörde über den Freispruch eines geisteskranken und gefährlichen Täters informieren[203]. Auch für Beschuldigte, die aufgrund von § 203 RStPO außer Verfolgung gesetzt wurden, bestand wegen fehlender gesetzlicher Vorschriften keine strafrichterliche oder -prozessuale Unterbringungsmöglichkeit[204].

Die Unterbringung von gemeingefährlichen[205] Geisteskranken war Aufgabe der Polizei. Sie mußte sich mangels spezialgesetzlicher Regelungen in Preußen auf die Generalklausel der Gefahrenabwehr in § 10 II 17 ALR stützen, um "die nötigen Anstalten zur Erhaltung der öffentlichen Ruhe, Sicherheit und Ordnung und zur Abwendung der dem Publico oder einzelnen Mitgliedern desselben bevorstehenen Gefahr zu treffen." Darüberhinaus verpflichtete § 344 II 18 ALR den Staat zur Aufnahme und Verwahrung von gefährlichen Geisteskranken, wenn entsprechende Bemühungen von Vormund oder Verwandten erfolglos blieben[206]. Die Beaufsichtigung von "Wahn- oder Blödsinnigen" zur Vermeidung von Selbst- oder Fremdschädigung regelte in diesem Zusammenhang § 341 II 18 ALR[207]. Ähnliche Regelungen bestanden auch in anderen Ländern des Reiches[208]. Damit gehörte die Unterbringung gefährlicher Geisteskranker ausschließlich in den Bereich des Verwaltungs-, spezieller des Polizeirechts. Dies wurde durch das Königlich Preußische Oberverwaltungsgericht mehrfach[209] bestätigt. Zudem verpflichtete ein Erlaß des

---

202 von Liszt 1905b,505. - Aschaffenburg 1912,17f. ist - als Psychiater - der Ansicht, die Richter würden eher auf den Gutachter hören, wenn sie selbst unterbringen könnten. - Auch Rixen 1921,73 - ebenfalls Psychiater - meinte, die Richter würden leichter auf Unzurechnungsfähigkeit erkennen, wenn sie anschließender Internierung des Angeklagten sicher sein könnten: "Das ist in der Tat ein wunder Punkt in unserem Rechtsleben."

203 Cf. Metzdorf 1930.21. Eine Mitteilungspflicht wird von Metzdorf verneint. - Aschaffenburg 1924,16 sieht den Machtbereich des Strafrichters mit dem Augenblick der Zuerkennung des § 51 RStGB enden, "...und wenn er darüberhinaus noch den Freigesprochenen der Polizei übergibt, so überschreitet er tatsächlich seine vorgeschriebenen Rechtsbefugnisse."

204 Cf. Aschaffenburg 1912,19. - Durch Erlaß des preußischen Justizministers vom 25.10.1882 (prJMinBl.,325) war lediglich die Meldepflicht der Justizbehörden an die Polizei bei Entlassung oder Außerverfolgungsetzung eines geisteskranken Untersuchungsgefangenen geregelt worden. Cf. dazu die Kritik von Aschaffenburg 1912,28. - Eine vergleichbare Regelung galt in Württemberg aufgrund der Verfügung des Justizministers vom 21.04.1913, zit. bei B.Wagner 1992a,16,FN78.

205 zur "Gemeingefährlichkeit" s. u. Abschnitt 1.3.2

206 Hierauf geht Baumann 1966,18f. erstaunlicherweise nicht ein.

207 Ausführliche Darstellung bereits bei Metzdorf 1930,11ff. - Etwas unklar in diesem Zusammenhang Baur 1988,15f.

208 Nachweise bei Metzdorf 1930,15ff.

209 Besonders deutlich PrOVGE 77,342, nach der "nötigenfalls im sicherheitspolizeilichen Interesse die Unterbringung ... anzuordnen" ist. - B.Wagner 1992a,14 sieht unter Außerachtlassung der §§ 344, 341 II 18 ALR in dieser Entscheidung eine spezielle Ermächtigungsgrundlage für die Polizei.

preußischen Innenministers[210] die Anstalten zur Aufnahme auch solcher Personen, die aus ärztlicher Sicht nicht hospitalisiert zu werden brauchten, wenn sie die Sicherheit anderer Personen gefährdeten.

Offensichtlich blieben aber in der allgemeinen Meinung, mindestens in den fachöffentlichen Äußerungen von Juristen und Psychiatern, die von den Polizeibehörden vorgenommenen Unterbringungen hinter dem Sicherheitsbedürfnis der Öffentlichkeit zurück. Dreyer hielt es für allgemein bekannt, "daß die Polizei von ihrer Befugnis zur Internierung nur in ganz unzureichender Weise Gebrauch" mache[211]. Hierfür wurden folgende Gründe genannt: Zum einen werde von den Sachverständigen der Begriff der Gemeingefährlichkeit zu eng gefaßt, zum anderen werde die Unterbringungsnotwendigkeit von anderen Behörden und Sachverständigen aus anderen Gesichtspunkten heraus entschieden als vom Strafgericht[212]. Die zuständigen Beamten erhielten trotz vorausgegangenen Strafverfahrens meist keine ausreichende Kenntnis von der Gefährlichkeit des Betroffenen, da der Informationsgehalt der Strafakten zu gering sei und es ihnen außerdem an psychiatrischen Kenntnissen mangele[213]. Desweiteren wurde die ungenügende Zahl der Irrenanstalten und deren chronische Überfüllung[214], sowie die fehlende Eignung dieser Anstalten zur Verwahrung von Verbrechern[215] angeführt. Insbesondere haben aber wohl auch die von den Gemeinden und Kommunalverbänden zu tragenden Kosten eine nicht zu unterschätzende Bremswirkung auf die polizeilichen Unterbringungsanordnungen gehabt[216].

Die seit Ende des 19. Jahrhunderts von vielen Seiten immer wieder vorgetragene kriminalpolitische Forderung nach größerer Sicherheit der Gesellschaft bezog sich auf unterschiedliche Personengruppen. Neben den eindeutig geisteskranken Tätern, die freigesprochen oder außer Verfolgung gesetzt wurden, wurden zusätzliche Sicherungen für Rückfalltäter[217], Gewohnheits- bzw. Berufsverbrecher[218], für soge-

---

210 Cf. Blasius 1980,105. - Blasius stellt in diesem Zusammenhang heraus, daß die Polizei und nicht die Medizinalverbände die Vorauswahl traf und festlegte, "welcher Personenkreis zu überwachen und möglicherweise in Anstalten zu überführen sei", 1980,102. Sein Fazit: Die psychiatrischen Anstalten hatten sich dem >sicherheitspolitischen Interesse< unterzuordnen, 1980,107.

211 Dreyer 1911,28

212 Delbrück 1905,122

213 cf. Dreyer 1911,28

214 cf. ibid.

215 cf. Delbrück 1905,122

216 Cf. hierzu Delbrück 1905,122 und Dreyer 1911,28. - Dieser Aspekt wird unten, Abschnitt 1.4.9, noch einmal angesprochen.

217 Cf. Kahl 1904,200 zur "Zunahme der Rückfallziffern"; Kraepelin 1907, 263; Lilienthal 1910,231; Hoberg 1918,205

218 Cf. von Liszt 1883,36; Kraepelin 1907,263; Mezger 1923b,135,161ff.; Heindl 1927 pass. - 1925,156 sah Aschaffenburg in der "Wandlung der Anschauung über die Notwendigkeit der Sicherungsmaßnahmen gegenüber dem Gewohnheitsverbrechertum" bereits einen großen Fortschritt.

nannte Psychopathen[219] und für geistig Minderwertige[220] reklamiert. Als Hauptargument für weitergehende Sicherungen der Gesellschaft diente den Diskussionspartnern vorwiegend der allgemeine Kriminalitätsanstieg[221]. Er erschüttere und untergrabe das Rechtsbewußtsein der Gesellschaft. Auch verfrühte Entlassungen wurden als Bedrohung der öffentlichen Sicherheit[222] genannt. Eine Gefährdung der Öffentlichkeit durch Entweichungen wurde dagegen kontrovers beurteilt[223].

Insgesamt vermittelt ein Überblick über die veröffentlichte kriminalpolitische Diskussion im ersten Drittel dieses Jahrhunderts ein sehr diffuses Bild über tatsächliche oder nur vermeintliche Bedrohungen der Gesellschaft durch zunehmende Kriminalität, über Ängste vor realer Zunahme gefährlicher Personen und deren Handlungen. Man gewinnt den Eindruck einer Empfindung von Schutzlosigkeit, Preisgegebensein und zunehmend bedrückender machenden Unsicherheiten in einer sich wandelnden Gesellschaft, deren bisher stabilisierende Institutionen und Strukturen angesichts neuer Herausforderungen durch das Verbrechertum versagten. Am nüchternsten in der Beurteilung der Situation und der anzufassenden Aufgaben wirkte noch Exner[224], indem er betonte, es gehe nicht um Verbrechensverhütung, sonst wäre auch ein Übermaß der Mittel gerechtfertigt, sondern um eine relative Minderung der Verbrechensfälle. Selbst von Liszt wirkte gemäßigt, als er forderte: "Gegen Personen, die infolge ausgeschlossener oder verminderter Zurechnungsfähigkeit[225] als gemeingefährlich erscheinen, muß die Gesellschaft anders als bisher geschützt werden."[226] Hatte er doch in seiner Marburger Antrittsvorlesung[227] noch diagnostiziert: "Wie ein krankes Glied den ganzen Organismus vergiftet, so frißt der Krebsschaden des rapid zunehmenden Gewohnheitsverbrechertums sich immer tiefer in unser soziales Leben." "Verbrechertum", dieser auch

[219] Nach Güse/Schmacke 1976,169 hatte Kraepelin bereits 1913 die "Sterilisierung von Psychopathen, konkret die Gruppe der >Gesellschaftsfeinde< als durchaus diskutabel" hingestellt.

[220] cf. Kahl 1904,200; Longard 1907,98

[221] Cf. von Liszt 1883,37; Hoberg 1918,2o1. - Eine drastische Zunahme registrierter Straftaten am Beispiel des einfachen Diebstahls in den Jahren 1917-23 und 1929-32 führt P.Wagner 1991,243 an. - Allerdings hatte Aschaffenburg schon 1912,215 daraufhingewiesen, daß Kriminalität nicht mit dauernder Gemeingefährlichkeit gleichzusetzen sei. Nach seinen Beobachtungen und Recherchen kam damals auf 50.000 Einwohner ein gefährlicher Kranker, der besonderer Sicherung bedurfte, 1912,220. - Mit der Rückfallstatistik argumentiert auch Rixen 1921,123, wenn er bemerkt: "Es kann nicht in Abrede gestellt werden, daß unser Strafrecht und Strafvollzug in dem Kampf gegen das Verbrechertum versagt haben und versagen."

[222] Cf. Dreyer 1911,72, der auf die hierin liegende Gefahr trotz ministerieller Erlasse von 1901 und 1904 und der Mitwirkung der Polizei bei der Entlassung hinweist.

[223] Dreyer 1911,78 mwN. führt einen großen Umfang an Entweichungen an, während Aschaffenburg 1912,13 und 204 die Entweichungen nicht für bedenklich hält.

[224] cf. Exner 1914,7

[225] zur Problematik der verminderten Zurechnungsfähigkeit s. u. Abschnitt 1.3.3

[226] von Liszt 1905d,9

[227] von Liszt 1883,36. - 1893 spricht er vom "kräftigen Schutz der Gesellschaft gegen dieses Heer von Parasiten", von Liszt 1905c,127.

von anderen verwendete Ausdruck[228], erscheint wie die Hypostasierung einer diffusen, aber bedrohlich empfundenen sozialen Masse. Er suggeriert die objektive Eingrenzbarkeit des gemeinten Phänomens und des ihm zugehörigen Personenkreises[229]. In der Form des "Gewohnheits- bzw. Berufsverbrechers" kennzeichnet dieser Ausdruck dann bereits einen habituellen Zustand eines Menschen, gleichsam einen Persönlichkeitstypus. So wundert es nicht, wenn in der Konsequenz dieser Linie vom "Wesen des Berufsverbrechertums" gesprochen wird, aus dessen "innerer Einstellung" heraus der "mit Erbitterung geführte Kampf gegen die Gesellschaft"[230] ausgetragen wird. Verbrecher sind damit Gesellschaftsfeinde[231]. Angesichts von Feinden ist auch die Militarisierung des Sprachgebrauchs nicht verwunderlich. "'Schutz der Gesellschaft', das ist der Schlachtruf, der heute lauter als je überall, insbesondere auch bei uns in Deutschland ertönt."[232] Dementsprechend ist ein "Kampf"[233] gegen das Verbrechen zu führen, ist vom "Hauptkampfmittel" gegen das verbrecherische Individuum[234] und von "jeder Maßnahme, die zur Gesundung des Volkes führt" als einer "Waffe im *Kampfe* gegen das *Verbrechertum*"[235] die Rede. Deshalb sei es besser, solche Menschen unterzubringen und leiden zu lassen, als daß "der Staat und die Gesellschaft zugrunde"[236] gehe. Und schließlich ist es nach Kraepelin[237] gesellschaftlich unerträglich, wenn es vor gefährlichen Tätern und Verbrechern keinen anderen Schutz gibt außer durch Auslieferung eines neuen Opfers.

Einig waren sich alle am kriminal- und gesellschaftspolitischen Diskurs und am Ruf nach Reformen Beteiligte eigentlich nur in der Feststellung, daß die von der Strafe

---

[228] zB. Dreyer 1911,30; Aschaffenburg 1923,254. - Adler 1923,46 bezeichnet Verbrecher als "menschliche Scheusale". - Im Jahre 1931,264 fordert Aschaffenburg ein Vorgehen gegen "Schädlinge der Gesellschaft".

[229] Nach Heindl stellten die Berufsverbrecher tatsächlich eine organisierte Macht dar, sie seien somit gleichzeitig eine identifizierbare Gruppe, cf. P.Wagner 1991,230.

[230] Hagemann 1931,20f.

[231] Cf. Kraepelin 1907,265. - Nach Güse/Schmacke 1976,178 hat Kraepelin ein Konzept der gesunden Gesellschaft entwickelt, dem vom "klassenbewußten Proletarier über Kriegs- und Rentenneurotiker bis zu den Psychopathen, minderwertigen Geisteskranken und schließlich den Gewohnheitsverbrechern ... die Skala der Volksschädlinge (reicht), welche der >normalen< gesellschaftlichen Entwicklung im Wege stehen."

[232] Hoberg 1918,205

[233] Aschaffenburg 1905,7; cf. Kraepelin 1907,269: Schutz der Gesellschaftsordnung durch "Bekämpfung" des Verbrechens.

[234] cf. Aschaffenburg 1905,7

[235] Aschaffenburg 1923,254; und nach Aschaffenburg 1923,278 soll vom Standpunkt der "Notwendigkeit der Selbsterhaltung, die für jeden individuellen und sozialen Organismus gilt" (im Original gesperrt), der Kampf gegen die Verbrecher geführt werden. - Auch Kraepelin fragt 1907,259 nach wirksameren Waffen zur Bekämpfung des Verbrechens. - Nach Metzdorf 1930,52 muß das Gesetz dem Strafrichter eine Waffe in die Hand geben, "und zwar eine in diesem Kampfe brauchbare Waffe".

[236] Aschaffenburg 1925,166

[237] cf. Kraepelin 1907,265

auch erwartete Generalprävention nicht oder nicht mehr die erwartete Wirkung entfalte, nämlich abzuschrecken. Der Zweck der geltenden, auf dem Schuldprinzip aufbauenden Straftheorie lag hauptsächlich in der Vergeltung, klassisch formuliert durch Birkmeyer[238]: "Die Strafe ist Repression eines Verbrechens durch die Staatsgewalt, welche dadurch erfolgt, daß dem Verbrecher für seine Rechtsgüterverletzung eine verhältnismäßig gleiche Rechtsgüterverletzung aufgrund strafrichterlichen Urteils zugefügt wird." Als Äquivalent für das Verbrechen soll sie Sühne für begangene Taten bewirken und das erschütterte Gleichgewicht der Rechtsordnung und damit Gerechtigkeit wiederherstellen[239]. Nach Dohna[240] wird von der klassischen Schule auf das allerentschiedenste bestritten, daß sie über diesen Zweck hinaus noch irgendeinen anderen verfolge. Aber an dieser liberal-rechtsstaatlichen Selbstbegrenzung des Strafrechts zeigte sich auch ihre Krise. "Die Strafrechtstheorien, die die herrschende Ordnung stützen und absichern sollten, gerieten in Widerspruch zur Wirklichkeit."[241]

Zunächst war es, wie gezeigt[242], von Liszt, der diese Diskrepanz strafimmanent durch eine Änderung und Erweiterung der Strafzwecke überwinden wollte. Die offensichtlich gewordenen Schutzdefizite der Gesellschaft, vor allem vor Rückfalltätern und Gewohnheits- bzw. Berufsverbrechern sollten durch eine primär spezialpräventiv ausgerichtete Zweckstrafe beseitigt werden, die als Schutzstrafe kaum noch oder gar nicht mehr Vergeltung bezwecken, sondern die betroffenen Individuen aus der Gesellschaft ausstoßen[243] sollte. Konsequent sah diese Theorie auch die Aufhebung des festen Strafmaßes zugunsten einer absolut oder relativ unbestimmten Verurteilung[244] vor. Folgerichtig war sie weniger retrospektiv an der Tat als vielmehr prospektiv an der Wirkung des Strafvollzugs auf den Täter bzw. an seiner Persönlichkeitsentwicklung orientiert. Die Tat bildete nur noch den Anlaß oder das Auslösemoment für die Strafe; ihr Inhalt und ihre Rechtfertigung lagen im Schutz vor der Gefährlichkeit des Täters.

Mit dieser soziologisch-modernen Konzeption fand von Liszt Beifall und Unterstützung gerade auch bei führenden Psychiatern. Allerdings ging ihr Interesse über

---

[238] Birkmeyer 1906,14f.; im Original gesperrt. Und ders. 1906,9: "...das Wesen der Strafe, welche Zwecke man auch immer mit ihr anstreben möge, (ist) Vergeltung".

[239] Birkmeyer, zit. nach Eb. Schmidt 1965,387

[240] cf. Dohna 1909,68

[241] Güse/Schmacke 1976,11

[242] s. o. Abschnitt 1.1.1

[243] Cf. von Liszt 1883,43; von Liszt (1896)1905a,227,229; von Liszt 1905d,9. - In diesem Sinne befürwortete Aschaffenburg 1923,279 aus der "Notwendigkeit des Schutzes der Gesellschaft" heraus auch eine lebenslängliche Einsperrung des Geisteskranken, selbst wenn dieser es "als die größte Grausamkeit empfindet."

[244] Cf. Kraepelin 1907,274f.; Aschaffenburg 1923,363; Eb.Schmidt 1985,379. - Zu freien, nicht einmal gesetzlich normierten, sondern nach Wahl des Strafgerichts zu erlassenden Schutzmaßregeln zur Verbrechensvorbeugung, wie sie der Münsteraner Professor Thomsen vorgeschlagen hatte, cf. die ironisch-ernsthafte Erwiderung von Stooß 1928,192ff.

eine bloße Erweiterung der Strafzwecke hinaus. So bezeichnete Kraepelin eine Strafrechtspflege, die auf die Verhinderung des Verbrechens verzichtet, als Luxus[245]. Den Schuldbegriff hielt er in der Strafrechtspflege für gänzlich ungeeignet[246], eine reine Schutzmaßregel für die größte Errungenschaft[247]. Ein Ineinanderfließen von Strafrecht und Polizei[248] bereitete ihm keine Sorge.

Andere Stimmen forderten eine Lösung der Sicherungsproblematik gefährlicher Krimineller unabhängig vom Strafrecht. So plädierte Meyer von Schauensee[249] unter Hinweis auf Beling und Nagler für ein eigenständiges Sicherungsgesetz neben dem StGB. Wilmanns regte die Schaffung eines eigenständigen Sicherungsgerichts[250] an, das streng individuell entscheiden könne. Und noch 1931 trat Aschaffenburg[251] für ein alle Bereiche von Sicherung umfassendes Bewahrungsgesetz ein; es sei aussichtsreicher, "ein *einheitliches* Gesetz zu schaffen, daß von ganz großer Warte aus die Sicherung der Gesellschaft erstrebt."[252] Nur Gewohnheitsverbrecher sollten durch Sicherungsmaßnahmen des StGB erfaßt werden.[253]

Gegen eine Änderung der Strafzwecke und eine Auflösung des Strafrechts sowie der geltenden Straftheorien wandte sich die sog. klassische Schule[254] vehement. Allen voran schrieb Birkmeyer[255]: "Wenn die Anhänger der Schutzstrafe das Verbrechen lediglich als *Anlaß* zur Bestrafung wollen gelten lassen, so steht das in unversöhnlichem Widerspruch zu ihrer Charakterisierung der Strafe als Vergeltung." Nur anders herum macht die Diskussion für ihn Sinn, nämlich solange "Ab-

---

[245] cf. Kraepelin 1907,258

[246] cf. Kraepelin 1907,268

[247] cf. Kraepelin 1907,269

[248] Cf. ibid. - Und noch 1930 betonte Mittermaier, 452, daß das StGB das Verbrechensbekämpfungsrecht mit übernehmen müsse, denn "die Isolierung des Strafrechts ist ... dogmatisch nicht mehr zu vertreten", 453.

[249] Cf. Meyer von Schauensee 1913,74. - Einige Jahre zuvor hatte sich bereits Oetker für ein Entmündigungsverfahren und die Zuständigkeit der freiwilligen Gerichtsbarkeit anstelle des Strafrichters bei der Unterbringung in einer Heil- oder Pflegeanstalt ausgesprochen, 1910,32.

[250] Cf. Wilmanns 1927,356; bei den von diesem Sicherungsgericht vorzunehmenden Maßnahmen sei alles zu vermeiden, was den Charakter von Strafe an sich trage, ibid. Es solle aus kriminalpsychologisch erfahrenen Richtern und Laien zusammengesetzt werden, 1927,373, und auch für die Entlassung zuständig sein, 1927,374.

[251] cf. Aschaffenburg 1931,262

[252] Ibid.; ein solches Gesetz solle von Fürsorgemaßnahmen und "Heilungsversuchen" bis zur "Dauerverwahrung der Gewohnheitsverbrecher" alles umfassen, es solle eine Verbindung "von fürsorglicher Betreuung gesellschaftlich ungeeigneter Persönlichkeiten mit der Sicherung der Gesellschaft" herstellen, aaO.,265. -
Ähnlich hatte Rixen 1921,126, der § 65 VE 1909 für zu eng hielt, ein Gesetz gefordert, "durch das sichernde Maßnahmen gegenüber *allen* Kategorien psychisch abnormer Personen, wenn sie gefährlich sind, ermöglicht werden."

[253] cf. Aschaffenburg 1931,264

[254] cf. Eb.Schmidt 1965,386ff.; Lenckner 1972,33

[255] Birkmeyer 1906,12

schreckung, Besserung, Unschädlichmachung durch Vergeltungsstrafe" mit intendiert wird, nicht "umgekehrt Vergeltung durch die Schutzstrafe"[256]. Eine kriminalpolitische Verschiebung vom Tat- zu einem Täterstrafrecht bleibt für ihn inakzeptabel: "Der Grundsatz, daß nicht die Tat, sondern der Täter zu bestrafen sei, führt konsequent verfolgt zur Beseitigung des Strafbegriffs und zur Ersetzung desselben durch den Begriff der Behandlung; damit aber zugleich zur Auflösung des Strafrechts und zur Ersetzung desselben durch die soziale Hygiene." Jener Grundsatz "stellt die Strafe in den Dienst von Zwecken, welche sich, wie der Besserungs- und Sicherungszweck, mit dem Wesen der Strafe, mit ihrem Vergeltungscharakter nicht vertragen, sondern sie ummodeln zu einer Behandlung, bzw. einer Präventiv-, einer Sicherungsmaßregel, die nur mißbräuchlich noch Strafe genannt wird, in Wahrheit aber keine Strafe mehr ist."[257] Auf die Auseinandersetzungen zwischen der modernen und der klassischen Schule rückblickend kann Exner feststellen[258]: "Der Schulenstreit war solange notwendig und berechtigt, als er sich um das einzige Objekt der *Strafe* drehte, als er ein Streit der *Straf*rechtstheorien war." Inzwischen sei eine Mehrheit von Strafzwecken anzuerkennen: nicht nur um Verbrechen zu vergelten, sondern daneben oder dadurch auch um Verbrechen zu verhindern[259].

Nach der Vorlage der ersten deutschen Entwürfe zur Reform des Strafrechts[260] zeigte sich im sog. Schulenstreit eine Entkrampfung und Lösung, die klassische Schule fand die Strafe unangetastet, die moderne Schule sah ihre "Strafzwecke" in den Maßregeln verwirklicht[261]. Fortan stand ihre kriminalpolitische Bedeutung und strafrechtsdogmatische sowie legislative Gestaltung im Mittelpunkt der Diskussion[262]. Bevor jedoch darauf eingegangen wird, ist ein Blick auf die Haltung der Psychiatrie zum kriminalpolitischen Diskurs um die Verbrechensbekämpfung zu werfen.

---

[256] Birkmeyer 1906,19f., der hier aber durchaus einen Weg zur Vereinigungstheorie sieht. - In diesem Zusammenhang ist Meyer von Schauensee 1913,85 entgegen dem Entwurf von Stooß der Meinung, daß ein "erweitertes Vergeltungsstrafrecht genügt", es könne auch eine Rückfallstrafe gegen Verbrechen vorsehen. Er tritt darüberhinaus im Sinne der "Vereinigungstheorie" für einen einheitlichen Strafbegriff ein, bei dem nicht Sicherung sondern Strafe im Mittelpunkt eines Strafgesetzbuches steht: in erster Linie gehe es um Vergeltung, daneben, und soweit mit dem Vergeltungszweck verträglich, um Sicherung, 1913,90.

[257] von Birkmeyer 1909,58

[258] Exner 1914,239

[259] Exner 1914,28. An anderer Stelle, 37, bezeichnet er die Vergeltung als Mittel, die Prävention als ihren Zweck.

[260] VE 1909, GE 1911, KE 1913

[261] Cf. Exner 1914,239. - Bereits 1909,277 hatte von Lilienthal im zuendegehenden Schulenstreit resümiert: "Was das Strafrecht etwa einbüßt, das gewinnt das Gebiet der Sicherungsmaßregeln, und damit wird auch der Gerechtigkeit am besten gedient."

[262] Ausführlich dazu unten Kapitel 1.4. - Die Diskussion um die Einführung und die Varianten eines Sicherungsmaßregelrechts durch die Internationale Kriminalistische Vereinigung (IKV) und den Deutschen Juristentag in den beiden Jahrzehnten von 1890 - 1908 zeichnet Kohlrausch 1924,28-33 nach.

Wieder einmal war es der Jurist von Liszt, der den Psychiatern die Stichworte lieferte. Mag seine Gleichsetzung von staatlichem Strafen und ärztlichem Heilen[263] noch etwas weit herbeigeholt erscheinen, so wird mit seiner Aussage, daß ebenso wie die Sanitätspolizei Krankheiten nicht verhindere, so könne auch die "beste Schule und die gediegendste Polizei das Verbrechertum" nicht ausrotten[264], schon sein Ziel anvisiert: das Verbrechen wie Fieber energisch zu bekämpfen. Als Psychiater gelangte Kraepelin über diesen Vergleich rasch zur kriminalpolitisch-gesellschaftlichen Diagnose: Wie die Krankheiten Vorgänge im Körper sind, die den Lebenszweck erschweren, so "dürfen wir das Verbrechen als eine *Krankheit des Gesellschaftskörpers* auffassen, insofern es die Verwirklichung einer fruchtbringenden geselligen Lebensgemeinschaft hindert."[265] Für ihn wird die verbrecherische Haltung durch zwei Bedingungsgruppen bestimmt, die allgemeinen Lebensverhältnisse und die persönlichen Eigenschaften[266]. Im einzelnen führt er hierfür die Abstammung, die minderwertige Veranlagung, den Alkohol und den Mangel an sittlicher Widerstandskraft[267] an. Feinere und gröbere Mißbildungen bei rückfälligen Verbrechern sind für ihn bereits Entartungszeichen[268].

Auch Aschaffenburg bewegte sich auf diesem Terrain. Sein Forschen war darum bemüht, die Natur der gefährlichen Kranken zu erkennen und tiefer in den Zusammenhang zwischen Verbrechertum, antisozialen Neigungen und Geisteskrankheit einzudringen[269]. Was er dann entdeckte, nannte er "Verbrecherbazillus"[270]. Warum sollte der Staat gegen diesen Krankheitstypus anders vorgehen als bei bakteriell ausgelösten Epidemien? "So gut der Staat bei Blattern und Cholera den Kranken aus seiner Familie entfernt, bei Aussatz sogar dauernd, so entschieden muß auch der Gewohnheitsverbrecher aus der Gesellschaft ausgeschieden werden, deren Bestand er gefährdet."[271] Einen besonderen Stellenwert maß er der Prävention bei. So wie der Arzt bei Cholera vorbeugt, ist es für Kriminalisten und Soziologen wichtig und lohnend, dem Verbrechen vorzubeugen[272]. Dazu mußte seiner Meinung nach aus Gründen des Gesellschaftsschutzes die vorbeugende Aufnahme in die Irrenanstalt[273] erleichtert werden; jede Verzögerung vermehre nur die Gefahr[274]. Ja, es müsse geradezu im Interesse von Kranken und Öffentlichkeit liegen, die Aufnahme

---

263 von Liszt 1883,45: "Wie wir *Heilen* nur die auf die Bekämpfung der Krankheit gerichtete ärztliche Tätigkeit nennen, so nennen wir *Strafe* nur die durch das Verbrechen veranlaßte, den Verbrecher verletzende Tätigkeit des Staates."

264 cf. ibid.

265 Kraepelin 1907,258

266 cf. Kraepelin 1907,259

267 cf. Kraepelin 1907,260f.

268 cf. Kraepelin 1907,262

269 cf. Aschaffenburg 1912,270

270 Aschaffenburg 1923,268

271 Aschaffenburg 1925,165

272 cf. Aschaffenburg 1923,253f.

273 cf. Aschaffenburg 1912,223

274 cf. Aschaffenburg 1912,224f.

in eine Irrenanstalt wie eine in die Chirurgie zu handhaben[275]. Dabei sah er in erster Linie die Psychiater als "berufene Schirmherren der öffentlichen Sicherheit"[276], wenn sie für die zielbewußte Forderung nach notwendigen Schutzmaßregeln bei Freisprechung Unzurechnungsfähiger[277] eintraten, und er fürchtete um "die Ausschaltung des ärztlichen Einflusses, die Verdrängung der durch die Krankheit bedingten Gesichtspunkte durch solche der Sicherheitsbehörden"[278], als aufgrund von Verordnungen[279] den Justizbehörden eine Mitwirkung bei Entlassungen geisteskranker Verbrecher eingeräumt wurde.

Ähnlich hatte bereits Kraepelin[280] an der Jahrhundertwende die Richtung vorgegeben, indem er Geisteskranke, Verbrecher und ansteckende Kranke als drei gleichwertig nebeneinanderstehende Gruppen bezeichnete, gegen die sich die Gesellschaft wehren müsse. Obwohl die Psychiater auch Verbrecher zu bessern bzw. unschädlich zu machen hätten, sei es doch ihre vornehmste Aufgabe[281], Verbrechen zu verhüten. Und so nimmt es nicht wunder, wenn die Psychiater sich als Kriminalisten neuer Schule verstanden, die auch Sozialpolitiker sein mußten[282] und deshalb im Blick auf das zu bekämpfende Verbrechertum an der Wurzel anzusetzen hätten. Eine 'Behandlungsmethode', die dem 'therapeutischen Nihilismus'[283] entsprungen war und gegenüber nicht straffälligen Geisteskranken bereits propagiert wurde, sollte auch auf die Verbrecher ausgedehnt werden. So ist nach Aschaffenburg[284] der Erzeugung körperlich und seelisch minderwertiger Kinder ein Riegel vorzuschieben, Kastration und Sterilisation seien als Gedanken eingehend zu würdigen[285]. Schließlich drückte er die Erwartung aus, daß die Verhinderung der Fortpflanzung eines entarteten Stammes bald Allgemeingut aller Rechtsprechung sein werde[286].

Deutlicher noch wurde Stemmler, der es für erwiesen hielt, "daß ein allgemeiner Zusammenhang zwischen Erblichkeit und Kriminalität besteht"[287]. Deshalb ging für

---

[275] cf. Aschaffenburg 1912,225
[276] Aschaffenburg 1918,329
[277] cf. ibid.
[278] Aschaffenburg 1912,36; im Original teilweise gesperrt
[279] Erlaß des preußischen Ministers für Medizinalangelegenheiten und des Ministers des Innern vom 15.06.1901 und vom 16.12.1901, sowie Erlaß des preußischen Justizministers vom 06.01.1902, in Auszügen abgedruckt bei Aschaffenburg 1912,33-36
[280] cf. Kraepelin 1900,16
[281] cf. Kraepelin 1907,270
[282] Cf. ibid. - In diesem Sinne hatte bereits 1893 von Liszt, 1905c,95, die Kriminalpolitik als einen der wichtigsten Zweige der Sozialpolitik bezeichnet. - Dagegen betonte Exner 1914,47, daß Sozialpolitik nicht an kriminalpolitischen Gesichtspunkten orientiert werden dürfe, Kriminalpolitik solle in erster Linie - nur - der Verbrechensvorbeuge dienen.
[283] s. o. Abschnitt 1.2.3
[284] cf. Aschaffenburg 1923,259
[285] cf. Aschaffenburg 1923,260
[286] cf. Aschaffenburg 1923,261
[287] Stemmler 1925,461

ihn "praktische Verbrechensbekämpfung Hand in Hand mit der Entartungsbekämpfung"[288], mit der Konsequenz, "geradezu die Ausschaltung solcher Verbrecher aus der Fortpflanzung"[289] zu fordern. Daneben stellte er noch eine sozialökonomische Argumentation: Wenn bereits jetzt Minderwertige, Geisteskranke, Entartete und Verbrecher die Anstalten füllen und dadurch ein nicht abzuschätzender gesellschaftlicher Schaden entsteht, werden erst recht deren Nachkommen die Gesellschaft schädigen[290]. In kriminalpolitischer Hinsicht forderte er deshalb die Sterilisierung bei "Fällen schwerer degenerativer konstitutioneller Psychopathie"[291] sowie bei schweren Anlageverbrechern, nämlich: "Verbrecher im engeren Sinne, die durch schwere Gewalthandlungen und Verbrechen gegen die Sittlichkeit sich an Leib und Leben ihrer Mitmenschen vergreifen und deren innere und soziale Artung gekennzeichnet ist durch charakteristischen Frühbeginn, Rückfallneigung und geringe Strafbeeinflußbarkeit."[292] Während Stemmler zunächst noch auf Freiwilligkeit setzte, forderte er für später eine gesetzliche Regelung zur zwangsweisen Sterilisierung, um "etwas Vollkommenes zu erreichen"[293]. Eine solche Regelung fiel für ihn "unter den Begriff der 'sichernden Maßnahmen' des ... Strafgesetzbuches"[294].

Gegen Ende der Weimarer Zeit verstärkte sich noch die kriminalbiologisch begründete Forderung nach Sterilisierung. Creutz griff als Kern von Lombrosos Lehre auf, "daß es gesellschaftsfeindliche Gewohnheitsverbrecher gibt, ... bei denen erbliche Anlageeigentümlichkeiten für ihre Dauerkriminalität von überwiegendem Einfluß sind"[295]; sie würden nicht "als Verbrecher, aber doch zum Verbrecher geboren"[296]. "Alle Individuen ..., in deren Blutsverwandtschaft Geistes- oder Nervenkrankheiten, Trunksucht, Verbrechen, Apoplexie, abnorme Charaktere oder Selbstmorde vorgekommen sind"[297], zählten für ihn als erblich belastet. Hinzu kamen außerdem noch die sog. Psychopathien[298].

Nach Viernstein war Persönlichkeitsforschung "ohne erbbiologische Betrachtung nicht mehr möglich"[299]. Naturwissenschaftlich modern mutete sein Forschungsansatz an, bei dem ihm "als Ziel der Untersuchung ... die Klärung seines [sc. des Verbrechers] Verhältnisses zur Gemeinschaft im Sinne des Grades seiner Eingliederungsbereitschaft und seiner Eingliederungsbefähigung oder -nichtbefähigung"[300]

---

[288] ibid.
[289] ibid.
[290] cf. Stemmler 1925,437
[291] Stemmler 1925,453f.
[292] Stemmler 1925,459f.
[293] Stemmler 1925,465
[294] Stemmler 1925,462
[295] Creutz 1931,75
[296] ibid.
[297] Creutz 1931,76
[298] cf. Creutz 1931,77
[299] Viernstein 1932,282
[300] Viernstein 1932,280

vorschwebte. Als Ergebnis wollte er ein statistisches Modell präsentieren und künftig in der Lage sein, konstitutionelle Aussagen machen zu können. So sollten durch kriminalbiologische Untersuchungen "Persönlichkeiten ermittelt (werden), die ... freiheitstauglich, zweifelhaft oder untauglich erscheinen, mithin eine eindeutige Zukunftserwartung bieten oder aber in verschieden hohem Grade eine Gefährdung der Gesellschaft und ihrer Belange auch für späterhin besorgen lassen."[301] Er blieb aber nicht bei Forschung und Analyse stehen, sondern will auf dieser Grundlage "wissenschaftlich begründete Vorschläge für eine wirksame Bekämpfung des Verbrechens durch Dauerverwahrung oder Unfruchtbarmachung gewisser anlagemäßiger Träger antisozialen Verhaltens unterbreiten."[302] In diesem Zusammenhang bedauerte er das Fehlen rassenhygienischer Schutzgesetze, da man den förmlichen Nestern und Brutstätten des Verbrechens[303] so gut wie machtlos gegenüberstehe. Es sei Aufgabe des Strafgesetzes, die Gemeinschaft durch das Ausmerzen ihrer verbrecherischen Außenseiter zu schützen. Da die Verbrecher die Erbqualitäten des völkischen Blutes verschlechterten, war es für ihn "wichtigste Aufgabe der künftigen Staatsmedizin, neben die Individualhygiene die Rassengesundheit, das eugenische Handeln zu stellen."[304] Und wie für zahlreiche andere Psychiaterkollegen stand auch für Viernstein "Kriminalbiologie ... im Dienste des Menschlichkeitsgedankens."[305]

Zwar gab es in dieser Zeit auch warnende Stimmen. So entsprang nach Gruhle "die Annahme eines einheitlichen verbrecherischen Charakters, erst recht die Annahme der Ererbtheit ... einem sachunkundigen Dilettantismus"[306], demzufolge die "Sterilisation irgendwelcher Verbrecher als solcher ... in keiner Weise zu verantworten" sei, "sofern man eugenische Gesichtspunkte heranzieht."[307] Seine Warnung bezog sich aber nur auf die rechtfertigende Argumentationsbasis, nicht auf das Ergebnis. Dagegen hielt er seinen sozialisations- bzw. milieutheoretischen Ansatz für tragfähiger: "Wer heute die These verficht, der Erziehungsunfähige muß sterilisiert werden, handelt konsequent."[308] Deshalb lasse sich die Forderung, "Verbrecher zu sterilisieren, ... nicht mit eugenischen, sondern nur mit erzieherischen und sozialen Erwägungen begründen."[309]

In diese Richtung hatte ein Jahr zuvor auch Aschaffenburg gewiesen. Er beklagte die derzeit bestehende "Hypertrophie der Fürsorge" und sah darin eine Gefährdung

---

[301] Viernstein 1932,290

[302] Viernstein 1932,295

[303] Cf. Viernstein 1932,295. - Nach P.Wagner 1991,245 glichen sich Rassenhygieniker und Kriminalisten darin, daß sie die rechtlichen Grenzen als Hemmnisse für Fortschritt und Modernität ansahen.

[304] Viernstein 1932,298

[305] ibid.

[306] Gruhle 1932,564; im Original gesperrt

[307] Gruhle 1932,567; im Original gesperrt

[308] ibid.; im Original teilweise gesperrt

[309] Gruhle 1932,568; im Original gesperrt

der Volkszukunft, die nach Abhilfemaßnahmen gegen die Gefahr einer "negativen Auslese"[310] verlange.

Zusammenfassend läßt der hier dargestellte Ausschnitt des Diskurses von Juristen und Psychiatern über Ansatz, Weg und Ziel der Kriminalitätsbekämpfung bis zum Ende der Weimarer Republik eine große, unaufgelöste Ambivalenz erkennen. Im Siegeszug naturwissenschaftlich-technischer Forschung sollten einerseits auch Recht und Humanmedizin dazu beitragen, die Gesellschaft von der Geißel des Verbrechertums zu befreien. Von Liszt forderte angesichts von Verbrechen und Wahnsinn die gespannte Aufmerksamkeit "juristischer oder medizinischer Techniker"[311]. Kraepelin dachte an einen Aufbau der Strafrechtspflege auf naturwissenschaftlicher Erkenntnis der gesunden und kranken menschlichen Seele[312]. Und Aschaffenburg sah 1912 die Gefährdung öffentlicher Rechtssicherheit durch Geisteskranke wissenschaftlich nüchtern, geradezu 'entmythologisierend' so, daß man damit rechnen müsse wie mit Betriebsunfällen der Eisenbahnen[313]. Die Analyse der Bedingungen der Kriminalität und ihre Bekämpfung, insbesondere die Bekämpfung der geisteskranken, sog. geistig minderwertigen und psychopathischen Verbrecher wurde in das nosologisch und institutionell expandierende medizinisch-psychiatrische Krankheitsmodell hineingedrängt und von diesem begierig aufgesogen. Der Prozeß, der oben[314] im Blick auf die allgemeine Psychiatrie als "Medizinisierung der sozialen Frage" beschrieben wurde, umfaßte auch die Kriminalpsychiatrie. Für die Verbrechensbekämpfung sollte ebenfalls der medizinische Lösungsweg gegangen werden. Dennoch ist festzuhalten, daß die Subsumtion kriminellen Verhaltens unter das Krankheitsmodell im Ursprung kein Erkenntnis-, sondern ein Etikettierungsprozeß[315] ist.

Das weist auf die andere Seite der Ambivalenz: Wissenschaftlich-technische Forschung und Praxis verbanden sich mit platter Nützlichkeitsphilosophie und wuchsen zum Allmachtswahn der Humanwissenschaften[316] heran. Die Psychiatrie übernahm dabei die Funktion des "Sachwalter(s) der herrschenden 'Lösung' des Widerspruchs von Irren und Gesellschaft. Sie (wurde) Träger und Akteur der Medizinisierung dieses Widerspruchs und ihr (wurde) die gesellschaftliche Macht zugewiesen, die irren Individuen zu behandeln."[317] Paradigmatisch zeichnen Güse/Schmacke dies an der Theorie und Praxis Kraepelins nach. Danach definierte

---

[310] Aschaffenburg 1931,257
[311] von Liszt (1896) 1905a,214
[312] Cf. Kraepelin 1907,279, wobei ihm ein Definitionsmonopol der Psychiater vorschwebte.
[313] cf. Aschaffenburg 1912,285
[314] Kapitel 1.2
[315] cf. Strasser 1978a,46
[316] cf. P.Wagner 1991,245 unter Hinweis auf Peukert
[317] Siemen 1987,106. - In diesem Sinn hatte Aschaffenburg bereits 1905,3 verkündet, der erfahrene Psychiater werde sich hüten, "die Interessen der Allgemeinheit dem Interesse des Einzelnen zu opfern."

Kraepelin sein Krankheitskonzept so, daß es eher die Bedrohung von Staat und Wirtschaft als die des Individuums im Blick hatte. Er übernahm "als Psychiater das Rechtsdenken und Sicherheitsstreben des Gesellschaftssystems und stellt(e) sich damit in der Praxis auf die Seite der herrschenden gesellschaftlichen Interessen."[318] Innerhalb der gesellschaftlichen Entwicklung auftretende Konflikte konnten für ihn "nur in Richtung der Befriedigung des staatlichen Sicherheits- und Ordnungsbedürfnisses gelöst werden."[319] Und das bedeutete Ausgrenzung und Ausmerzung aus der Gesellschaft als dem 'Volkskörper' in der Erkenntnis und auf der Grundlage naturwissenschaftlich-technischen Fortschritts. Aber was als Gewinn der Aufklärung aussah und als Ergebnis fortschrittlichen Denkens an Reformen gefordert wurde, erwies sich als Weg, der auf den Abgrund zulief: "So wie Kraepelins Gesellschaftsbild den Übergang von der bürgerlichen Republik zum Faschismus signalisiert, tragen auch seine Reformvorstellungen bereits Züge der Blut- und Boden-Mystik des Dritten Reiches."[320]

1.3.2 Gefährlichkeit. Gemeingefährlichkeit

Wenn das Sicherungsbedürfnis der Gesellschaft durch die geltende Straftheorie nicht mehr befriedigt werden konnte und deshalb die Einführung von Sicherungsmaßregeln ins StGB diskutiert wurde, mußte ein legitimierender Begriff diese neue Maßnahme rechtfertigen können. Ohne nennenswerte Diskussion stand hierfür das 'Erfordernis der öffentlichen Sicherheit' bereit. Es bezeichnete den angestrebten Zweck der Maßnahme.

Schwieriger war es dagegen, eine diesen Begriff begründende Kategorie zu beschreiben und zu definieren, die neben oder anstelle von Schuld weitere Sicherungsmaßnahmen auslösen und in Gestaltung und Dauer bestimmen konnte. Hierfür dienten die weitgehend synonym[321] gebrauchten Begriffe "Gefährlichkeit" und "Gemeingefährlichkeit". In diesem Abschnitt wird im wesentlichen die Diskussion um eine Klärung dieser Begriffe referiert, während ihre systematische Einordnung und Stellung im Maßregelrecht weiter unten[322] behandelt wird.

"Der Begriff der Gefährlichkeit ist ein gefährlicher Begriff."[323] Offensichtlich so gefährlich, daß er in den Gesetzentwürfen zur Einführung des Maßregelrechts nicht auftauchte. Dennoch spielte er in den Begründungen um die Notwendigkeit eines Sicherungsrechts die zentrale Rolle. Obwohl mehrfach betont wurde, daß Gemein-

---

[318] Güse/Schmacke 1976,119
[319] Güse/schmacke 1976,173
[320] Güse/Schmacke 1976,176
[321] Nach von Birkmeyer 1914,62 fallen Gefährlichkeit und Gemeingefährlichkeit begrifflich zusammen.
[322] s. u. Abschnitt 1.4.4
[323] Exner 1914,39

gefährlichkeit "lediglich ein verwaltungstechnischer, weder ein medizinischer oder psychiatrischer, noch ein scharf umgrenzter juristischer Begriff"[324] sei, unternahmen zahlreiche Psychiater und Juristen den Versuch, diesen Begriff zu klären und zu definieren.

Unter den Psychiatern hielt Aschaffenburg die Gefährlichkeit nur für ein "Symptom der Erkrankung"[325], während bereits für Kraepelin "Geisteskrankheit und Gemeingefährlichkeit prognostisch zusammenfallen"[326]. Als Beispiele für gefährliche Handlungen nannte er "Selbstmorde, Familientötungen, Angriffe, Brandstiftungen ... Geldverschleuderung und geschlechtliche Ungeheuerlichkeiten"; als Delikte faßte er sie unter dem Begriff der Gemeingefährlichkeit zusammen[327]. Aus einem anderen Blickwinkel sah Schultze eine Ausdehnung des Gefährlichkeitsbegriffs vor sich gehen: Sei zunächst mit Gemeingefährlichkeit die Berechtigung zur Internierung begründet worden, so habe man sich genötigt gesehen, "sie möglichst weit auszudehnen, um die Möglichkeit zu gewinnen, einen Kranken nur mit Rücksicht auf seine Heilbarkeit in die Anstalt zu bringen. Dadurch haben sich die beiden Begriffe 'geisteskrank' und 'gemeingefährlich' ... eng aneinander geschlossen... Heute sind sie fast identisch."[328] Vorsichtiger in der Verbindung von medizinischen und kriminologischen Aussagen war Vorkastner: "Der Gedanke, aus pathologischen Zügen der Vergangenheit auf die Stärke einer kriminellen Tendenz zu schließen, scheint mir außerordentlich gefahrvoll zu sein."[329] Deshalb sei es in der Medizin unklar, ob dieser Begriff weiter oder enger gefaßt werden müsse[330].

Als Jurist wies von Birkmeyer darauf hin, daß Gefährlichkeit ein Begriff sei, der "wissenschaftlich noch nicht geklärt und praktisch schwer feststellbar" ist[331]. Anhand der Analyse des österreichischen Strafgesetzentwurfes von 1912 hielt er seinen Gegnern, den 'Modernen', vor[332], für sie sei die Gefährlichkeit ein dauernder Zustand und fiele "mit der rechtsfeindlichen Gesinnung, mit dem antisozialen Cha-

---

[324] Enge 1919, zit. nach Hürten 1932,130. - Nach Rixen 1921,66 ist auch "in der deutschen Gesetzgebung der Begriff der Gemeingefährlichkeit nirgends genauer umgrenzt und festgelegt". - Wilmanns 1927,284: "Was ist Gemeingefährlichkeit? Die Literatur gibt darüber keinen befriedigenden Aufschluß; eine klare Definition wird vergebens gesucht werden." - Cf. auch Creutz 1932,142.

[325] Aschaffenburg 1912, 275; im Original teilweise gesperrt

[326] So Güse/Schmacke 1976,118, "...womit die soziale Beurteilung auffälligen Verhaltens durch die psychiatrische Nosologie einmal mehr imponiert."

[327] Zit. nach Güse/Schmacke 1976,117. - Noch weiter geht Wachsmuth 1921,132, für den auch das "krankhafte Ehrabschneiden" zur Gemeingefährlichkeit gehört: "Die Erweiterung der Definition der Gemeingefährlichkeit auf die Personen, welche aus einer krankhaften Störung der Geistestätigkeit heraus gewohnheitsmäßig die Ehre ihrer Mitmenschen gefährden, ist unerläßlich."

[328] Schultze 1912,228, zit. nach Güse/Schmacke 1976,374

[329] Vorkastner 1929,239; im Original teilweise gesperrt

[330] cf. Vorkastner 1929,238

[331] von Birkmeyer 1914,190

[332] von Birkmeyer 1914,83

rakter des Täters, mit seiner ganzen gesellschaftsfeindlichen Persönlichkeit und deren Eigenart" zusammen, schließlich sei bei ihnen diese "dauernde Eigenschaft ein *habitueller* Zustand des Verbrechers"[333]. Aber zur Gefährlichkeit als Eigenschaft des Täters trete auch das Wahrscheinlichkeitsurteil über künftige Rechtsverletzungen hinzu[334]. Dieses Urteil müsse der Richter treffen[335]. Dabei stellte sich im Hinblick auf die Anordnung von Sicherungsmitteln ein Zirkel ein: Wenn nur gegen gemeingefährliche Täter Sicherungsmittel zulässig sind, dann muß der Richter denjenigen, der ihm so gefährlich erscheint, daß er Sicherungsmittel gegen ihn für notwendig hält, daraufhin für gemeingefährlich ansehen[336]. Neben dieser Aporie stand Mezgers Zuversicht, sich auf eine biologisch fundierte Kriminalpsychiatrie aufgrund einer allgemeinen Charakter- und Erblichkeitslehre[337] stützen zu können. Dadurch hoffte er auf die Möglichkeit, die Lehre von der Gefährlichkeit "auf die Grundlage einer wissenschaftlich gefestigten Lehre von *biologisch* bestimmten Verbrechertypen ... zu stellen"[338]. Eine auf diesem Wege gefundene "'naturwissenschaftliche' Bestimmung der Gefährlichkeit"[339] hatte für ihn dann mit dem Gegensatz von gesund und krank nichts mehr zu tun.

In der Breite der Diskussion blieben die Bemühungen vorherrschend, die Gefährlichkeit durch zwei Komponenten zu bestimmen: als eine in der menschlichen Person liegende und wie auch immer geartete oder verstandene 'Eigenschaft' und als eine rechtliche Konstruktion. Bereits Feuerbach hatte die Gefährlichkeit als "diejenige Eigenschaft der Person" bezeichnet, "welche ein Grund der Wahrscheinlichkeit ist, daß sie wirklich Rechte verletzen werde."[340] Ähnlich ist Mezger zu verstehen, der "kriminelle Gefährlichkeit" als "Disposition zu künftiger Verbrechensbegehung"[341] bestimmt und dazu eine Kausalbetrachtung bis in die Seele des

---

[333] von Birkmeyer 1914,84; Sperrung von mir, Ka. - Ebenso betont auch Frisch 1982,578, daß von Liszt als Erläuterung einer "Gefahr der Begehung weiterer Straftaten" nicht eine subjektiv verstandenen antisoziale Gesinnung, sondern einen objektiv in Erscheinung getretenen gefährlichen Zustand bevorzugt. In Gefahr und Wahrscheinlichkeit ist "ein bestimmtes personales Moment als gegeben vorauszusetzen." - Dazu von Liszt selbst: Bei der Gemeingefährlichkeit handelt es sich "um einen eigenartigen *Zustand* des Verbrechers, um einen *état dangereux*", 1910,395, "um einen objektiv in die Erscheinung getretenen, auf der antisozialen Gesinnung beruhenden Zustand", 1910,396.

[334] cf. von Birkmeyer 1914,59f. unter Hinweis auf von Liszt, Gleispach und Mittermaier

[335] Auch der Mediziner Longard meinte 1907,101, es sei nicht Sache des Arztes zu entscheiden, ob ein Täter gemeingefährlich ist.

[336] cf. von Birkmeyer 1914,78

[337] cf. Mezger 1923b,160

[338] Mezger 1923b,159

[339] Mezger 1923b,158. - Cf. auch Mezger 1923a,159, wo er sich "empirisch generelle Gesichtspunkte über die Art und Weise" künftiger Kriminalität erhofft.

[340] zit. nach Exner 1914,67

[341] Mezger 1923a,258. So sah er folgende spezifische Ursachen krimineller Gefährlichkeit: Geisteskrankheiten, krankhafte Persönlichkeit (einschließlich sog. Psychopathie), antisozialen Charakter, exogene Faktoren, die als "persönliche *Verbindung* des Verbrechers mit diesen äußeren Faktoren" zum Verbrechen treiben, 260,263.

Täters fordert. "'Gefährlich' nennen wir einen Menschen..., wenn er *eine ungünstige Prognose hinsichtlich seines weiteren kriminellen Verhaltens* aufweist."[342] Und auch Flandrak[343] verstand unter Gefährlichkeit die Prognose, "daß dieser Mensch künftig sozialschädliche Handlungen begehen wird." Dagegen sprach von Liszt nicht von Eigenschaften einer Person, sondern von dieser in ihrer Ganzheit: "Gemeingefährlich ... ist dasjenige Individuum, von welchem, und zwar infolge seiner Geisteskrankheit oder seiner geistigen Minderwertigkeit, die Begehung strafbarer Handlungen zu besorgen ist."[344] Auf Krankheit nahm auch Aschaffenburg Bezug, wenn er eine Person für gemeingefährlich hielt, die "infolge oder während einer geistigen Störung die allgemeine Rechtssicherheit erheblich zu gefährden droht"[345]. Während die Blickrichtung des Psychiaters Aschaffenburg von der Krankheit zur Bedrohung ging, schaute der Jurist Exner in die entgegengesetzte Richtung: Für ihn war "eine gefährliche Person im Sinne des Kriminalrechts eine Person, die wahrscheinlich kriminelle Handlungen begehen wird. ...diese Person vereinigt in sich einen Komplex von Bedingungen, welche ein kriminelles Verhalten von ihr erwarten lassen."[346] Innerhalb dieses Komplexes differenzierte er zwischen Symptomen des psychischen Zustandes und Symptomen der konkreten Gefährlichkeit[347]. Ihm genügte es, die Symptome zu kennen, die die Disposition zum Verbrecher tendenziell indizierten[348]. Das ist aber nichts Habituelles. Vielmehr betonte er ausdrücklich: "Die Gefährlichkeit ist nicht wie die Tat etwas sinnlich Wahrnehmba-

---

342 Mezger 1923b,156

343 Flandrak 1932,6

344 von Liszt 1905b,506, wobei er eine gesetzliche Bestimmung dieses Begriffs für entbehrlich hielt. - Ob Flandraks Bemerkung 1932,2 richtig ist, von Liszt habe als erster den Gedanken der Gefährlichkeit ins Strafrecht eingeführt, mag insoweit offen bleiben; zweifellos hat von Liszt mit der von ihm angestoßenen kriminalpolitischen Diskussion einen Diskurs zwischen dem Strafrecht und dem polizeilichen Recht der Gefahrenabwehr in Gang gebracht.

345 Aschaffenburg 1912,26; im Original gesperrt. - Ähnlich auch Leppmann: "Als gemeingefährlich zu betrachten ist ... derjenige Kranke, welcher die Ruhe, Sicherheit und Ordnung der staatlichen Gemeinschaft, in welcher er lebt, und der einzelnen Glieder dieser Gemeinschaft gefährdet, sodann aber auch derjenige, welcher in unzurechnungsfähigem Zustande seiner eigenen Person Gefahr bringt", zit. nach Rixen 1921,68. - Metzdorf meinte diesbezüglich 1930,8f.: "Erlasse, Urteile, Gesetze und Gesetzentwürfe sind sich heute darin einig, daß ein Irrer, von dem infolge seiner Erkrankung sonst strafbare Handlungen ... erwartet werden müssen, ein gemeingefährlicher Geisteskranker ist." Und in Bezug auf Selbstgefährdung stellte er 1930,5, heraus, daß seit 1899 Gemeingefährlichkeit "schon dann ... und nur dann (vorliege), wenn die Gesamtheit von dem Geisteskranken bedroht wird"; gleichzeitiges Vorliegen von Selbstgefährdung sei unerheblich.

346 Exner 1914,60

347 Cf. Exner 1914,112. An anderer Stelle sprach er von "im Subjekt(e) liegende(n) Bedingungen seines rechtswidrigen Verhaltens", 75. Er leugnete dabei die Existenz von schlechthin antisozialen Charaktereigenschaften und hielt es für unmöglich, "schlechthin gefährliche psychische Zustände namhaft zu machen", 79; im Original teilweise gesperrt.

348 Cf. Exner 1914,80. Hinsichtlich der Behandelbarkeit von Gefährlichkeit war Exner optimistisch: man müsse entweder den äußeren oder den inneren Bedingungskomplex abändern, dann sei der Gefährliche ungefährlich, 68. - Auch für Mezger 1923b, 157, war gefährlich nicht mit unverbesserlich identisch.

res, ein Vorgang in der Außenwelt. Sie ist überhaupt nichts Reales, sondern ein *Urteil*, welches der Dritte über die Persönlichkeit spricht."[349] Somit bedeutete Gefährlichkeit für ihn "potenzielle Kriminalität", nicht - reale - "Kriminalität, sondern nur kriminelle Potenz"[350]. Und er 'entmaterialisierte' die so bestimmte Gefährlichkeit noch weiter, indem er die Größe der Gefahr in zwei weitere Faktoren zerlegte, in die Größe der Verletzungs*möglichkeit*, eine mathematisch-prognostische Wahrscheinlichkeit des Geschehens, und in die Größe der möglichen *Verletzung*, die zu befürchtende Schadensgröße[351]. Damit versucht er einen Weg aufzuweisen, den Begriff Gefährlichkeit verwaltungs- bzw. strafrechtlich operationalisierbar zu machen.

Der bisherige Gebrauch des Wortes 'gemeingefährlich' in Gesetzes- und Verordnungstexten Preußens und des Reiches war für eine neue Verwendung im Bereich des angestrebten Sicherungsrechts unergiebig. Das RStGB von 1871[352] führte im 27. Abschnitt die "gemeingefährlichen Handlungen" auf, verstand dabei aber die Gemeingefährlichkeit nicht "als Eigenschafts- oder Persönlichkeitsmerkmal eines Menschen."[353] Gleiches galt für das Gesetz gegen die gemeingefährlichen Bestrebungen der Sozialdemokratie vom 21.10.1878[354], das Gesetz gegen den verbrecherischen und gemeingefährlichen Gebrauch von Sprengstoffen vom 09.06.1884[355] und das Gesetz betreffend die Bekämpfung gemeingefährlicher Krankheiten vom 30.06.1900[356]. Auch preußische Verordnungen und Erlasse von 1850, 1860, 1862, 1867 und 1873[357] brachten noch keine Begriffserklärung zum Verständnis der Gemeingefährlichkeit. Erst in Erlassen von 1882 und 1888 wird eine Bedeutung von Gemeingefährlichkeit als Selbstgefährdung bzw. als Bedürfnis nach Anstaltsaufnahme mit Rücksicht auf das eigene Wohl oder auf die öffentliche Sicherheit[358] klarer erkennbar. In den Verfügungen von 1899, 1901 und 1902 kam es auf die Selbstgefährdung schon nicht mehr an; ausschlaggebend war hier nur die Gefähr-

---

[349] Exner 1914,108

[350] Exner 1914,64

[351] Cf. Exner 1914,61. - Nach Creutz 1932,143, kommt es bei der Annahme der Gemeingefährlichkeit nicht auf die Größe der Gefahr an, sondern es genügt das bloße Vorhandensein.

[352] RGBl.,127

[353] Creutz 1932,142. - So schon Siebenhaar 1884,267, zum Begriff der Gemeingefährlichkeit:" Gemeingefährlichkeit ist die Eigenschaft einer strafbaren Handlung, durch welche nach den Gesetzen des Ursachzusammenhanges ein Zustand herbeigeführt wird, in welchem erfahrungsgemäß unbesehen jedermann ... der Wahrscheinlichkeit einer Verletzung ausgesetzt wird."

[354] RGBl.,351

[355] RGBl.,61

[356] RGBl.,306

[357] Nachweise bei Metzdorf 1930,4

[358] Ibid. - Diese Ansicht vertrat auch noch Rixen 1921,70: "Nicht die Gefährlichkeit, sondern die Anstaltspflegebedürftigkeit stellt den Grund der Unterbringung des Geisteskranken in einer Irrenanstalt dar". - Cf. hierzu auch Schultze, oben FN 328.

dung der öffentlichen Sicherheit[359]. Ein Erlaß von 1906 nahm bereits die "Art der begangenen Handlung" und die "naheliegende Gefahr der Wiederkehr ähnlicher Handlungen" in den Blick, bis eine Verfügung von 1910[360] unter gemeingefährlich "verbrecherische Gewohnheiten des Unzurechnungsfähigen, seine Fehde mit der menschlichen Gesellschaft" verstand. Hier wird bereits eine deutliche Verschiebung von polizeilicher zu strafrechtlicher Begrifflichkeit erkennbar.

Die Rechtsprechung des Königlich Preußischen Oberverwaltungsgerichts scheint ebenfalls auf den ersten Blick nicht sehr ergiebig. In den einschlägigen Entscheidungen werden im wesentlichen die Voraussetzungen für eine polizeirechtliche Anstaltsunterbringung dargelegt. Hieraus zog Metzdorf[361] den Schluß, es sei dabei nicht um eine "Begriffsbestimmung der Gemeingefährlichkeit" gegangen. Er übersah dabei, daß das Urteil vom 12.06.1922[362] mehr ausdrückte, als die vorhergehenden Urteile und die angeführten Erlasse. Es begnügt sich nämlich nicht mit dem Hinweis auf die polizeiliche Interventionsformel der gestörten öffentlichen Sicherheit und Ordnung, sondern steckt den gesellschaftlichen Schutzbereich (alle Rechtsgüter, Leben, Gesundheit, auch Ehre und Vermögen) ab und definiert Gemeingefährlichkeit als rechtswidrige Angriffe, die "an sich" straftatbestandsmäßig sind, deren Verfolgung aber aufgrund von Geisteskrankheit gesperrt ist. Mit anderen Worten, gefährlich bzw. gemeingefährlich sind nicht Personen oder Eigenschaften von Personen oder Krankheitssymptome, sondern rechtswidrige Handlungen oder Rechtsgüterverletzungen und zwar dann und nur dann, wenn mit der Geisteskrankheit des Täters die notwendige Bedingung dafür gegeben ist, daß diese Handlungen nicht verfolgt werden können und somit eine richterliche Belegung des Täters mit Strafe gesperrt ist.

Die schillernde Unbestimmtheit des Gefährlichkeitsbegriffs im Zusammenhang mit der Unterbringung zum Schutz der Gesellschaft wurde auch an der Unterbringungspraxis deutlich. So berichten Dreyer[363] und Aschaffenburg[364], daß in der

---

[359] Nachweise bei Metzdorf 1930,4

[360] Nachweis bei Metzdorf 1930,5

[361] Metzdorf 1930,6

[362] PrOVGE 77,342f.; nach einem Hinweis auf die polizeiliche Unterbringungsanordnung heißt es dort: "Die Voraussetzung für eine solche Anordnung ist gegeben, wenn der Geisteskranke vermöge seiner Krankheit oder unter deren Einflüsse für sich oder andere oder für die öffentliche Sicherheit, Ruhe und Ordnung sich als gefährlich erweist. Gegenstand des Schutzes auf Seiten der Gefährdeten sind nicht nur Leben und Gesundheit, sondern alle Rechtsgüter, auch die Ehre und das Vermögen. Rechtswidrige Angriffe gegen Rechtsgüter eines anderen, insbesondere, wenn sie an sich den Tatbestand strafbarer Handlungen ausmachen, aber wegen der Geisteskrankheit des Täters nicht verfolgt werden können, fallen unter den Begriff der *Gemeingefährlichkeit*, welche die polizeiliche Internierung des Geisteskranken rechtfertigt". Ebenso PrOVGE 80,122.

[363] cf. Dreyer 1911,28

strafgerichtlichen Hauptverhandlung die Frage der Gefährlichkeit, wenn überhaupt, dann nur am Rande erörtert und meist nicht protokolliert werde und daher die für die Unterbringung zuständige Polizei aus den Gerichtsakten nichts darüber erfahre. Andererseits hatte von Liszt bereits 1904 in einem Gesetzentwurf[365] vorgeschlagen, die Gemeingefährlichkeit Geisteskranker und vermindert Zurechnungsfähiger als Entmündigungstatbestand ins BGB aufzunehmen. Damit könne der Schutz der Gesellschaft von der Voraussetzung, daß der Tatbestand einer strafbaren Handlung vorliege, abgekoppelt werden[366]. In die gleiche Richtung zielte auch Kraepelins Empfehlung[367], "dringend ein mit genügend Rechtssicherungen ausgestattetes förmliches Verfahren der *Gemeingefährlichkeitserklärung* auszubilden", an dem Richter, Ärzte und Sicherheitsbeamte mitzuwirken hätten.

Auf eine gesetzliche Grundlage gestellt wurde die Unterbringung Gemeingefährlicher in einer psychiatrischen Anstalt erst durch das preußische Polizeiverwaltungsgesetz vom 01.06.1931[368]. Nach § 14 I PolVwG, der § 10 II 17 ALR aufhob, hatte die Polizei die "notwendigen Maßnahmen zu treffen, um von der Allgemeinheit oder dem einzelnen Gefahren abzuwenden, durch die die öffentliche Ordnung und Sicherheit bedroht wird."[369] § 15 I PolVwG sicherte der Polizei das Recht, Personen in polizeiliche Verwahrung zu nehmen, wenn diese Maßnahme zum eigenen Schutz der Person oder zur Beseitigung einer bereits eingetretenen Störung der öffentlichen Sicherheit und Ordnung oder zur Abwehr einer unmittelbar bevorstehenden Gefahr erforderlich war. Und § 15 II hob für gemeingefährliche Geisteskranke ausdrücklich die Verpflichtung zur Entlassung am folgenden Tage auf. Schon kurz nach Inkrafttreten dieses Gesetzes berichtete Creutz[370] von einem deutlichen Anstieg der Zahl der mit der Diagnose "Gemeingefährlichkeit" in die psychiatrische Anstalten aufgenommenen Personen. Den Grund für diese sprunghafte Zunahme sah er darin, daß mit dieser Diagnose die polizeiliche Mitwirkung bei der

---

[364] Cf. Aschaffenburg 1912,30. - B.Wagner 1992a,16 weist in diesem Zusammenhang auf eine Verfügung des Württembergischen Justizministers vom 21.04.1913 hin, derzufolge den Ortspolizeibehörden von der Justiz die Strafakten zu übersenden seien, "insbesondere darin enthaltene Gutachten über den Geisteszustand der Gefangenen", - wobei aber trotz dieser medizinischen Hinweise an die Polizei die Gefährlichkeit nicht eigens thematisiert wird.

[365] Cf. von Liszt 1905b; ebenso Frank 1910,244, der aber dann dafür Sorge getragen wissen will, daß sich bei einem vorangegangenen Strafverfahren zwischen dieses und das Entmündigungsverfahren kein "toter Raum" einschiebt und der Strafrichter in der Lage ist, eine vorläufige Verwahrung auszusprechen.

[366] Cf. von Liszt 1905b,504 und die Zustimmung Kraepelins 1905,490, womit ebenfalls inzident die Gefährlichkeit zu einem habituellen Persönlichkeitsmerkmal, schließlich zu einem Krankheitssymptom werden konnte.

[367] Kraepelin 1907,273. - Rixen 1921,79ff. wendet sich eindeutig gegen eine Entmündigung allein aus Gründen der Gemeingefährlichkeit.

[368] GBl.,77, in Kraft ab 01.10.1931; cf. hierzu Drews 1931,6ff.,9ff. - Ergänzend trat der Runderlaß des Preußischen Ministers für Volkswohlfahrt vom 21.01.1932, MinBl.,101 hinzu.

[369] Dennoch betont Drews 1931,9: "Eine befriedigende positive Definition des Begriffs (sc. Gefahr) im Sinne des § 10 II 17 ALR wie des § 14 PVG läßt sich nicht aufstellen."

[370] cf. Creutz 1932,149

Unterbringung erreicht werden konnte, die früher nicht immer möglich gewesen war: Die Psychiater erklärten nun kurzerhand Personen, die sie in ihre Einrichtungen aufnehmen wollten, die aber nicht freiwillig kamen, für gemeingefährlich, was die Polizei aufgrund der neuen Rechtslage zum Einschreiten verpflichtete. Kritisch hielt Creutz dies für eine "*Überdehnung des Gemeingefährlichkeitsbegriffs*"[371], die ärztlich-diagnostisch nicht gedeckt war. Letztlich wurde auf diese Weise die Frage der Gemeingefährlichkeit zum entscheidenden Kriterium für eine - unfreiwillige - Aufnahme in eine psychiatrische Anstalt[372]. Dies wußten auch die Polizeibehörden für ihre Interessen auszunutzen. Schließlich besaßen nun sie mit dem Begriff Gemeingefährlichkeit ein 'Definitionsmonopol' zur Ausgrenzung aus der Gesellschaft und zur Unterbringung in der Psychiatrie[373]; die Psychiater erschienen aus dieser Blickrichtung nurmehr als Erfüllungsgehilfen ordnungs- und sicherheitspolizeilicher Entscheidungen.

An dieser Stelle kann zusammenfassend festgehalten werden, daß im hier behandelten Zeitraum der Gefährlichkeitsbegriff nicht eindeutig definiert wurde, weder medizinisch-psychiatrisch, noch polizeirechtlich, vom Strafrecht ganz zu schweigen. Die Psychiatrie war trotz des behaupteten Fortschritts ihrer Diagnosemöglichkeiten nicht in der Lage, einen überzeugenden Konnex zwischen Krankheitssymptomen bzw. Zustandsbeschreibungen einer Person und deren rechtswidrigen Handlungen aufzuzeigen. Ebensowenig konnte dies die Kriminalbiologie unter Zuhilfenahme der Erblichkeitsforschung. Ein Grund dieses Unvermögens lag in der zunehmenden Individualisierung der Gefährlichkeit. Sie wurde "nicht als Resultat gestörter sozialer Verhältnisse gesehen, sondern allein in der Psyche und dem Körper des Betroffenen angesiedelt."[374] Auch in der strafrechtlichen Diskussion kam keine Definition von Gefährlichkeit, etwa über die Häufigkeit der Verletzung genau bezeichneter Rechtsgüter bei vorliegender Minderung oder bei Ausschluß von Zurechnungsfähigkeit, zustande. Allenfalls läßt sich für das erste Drittel dieses Jahrhunderts ein Changieren von einem qualitativ gefaßten Gefährlichkeitsbegriff bei Verbrechen unzurechnungsfähiger Geisteskranker zu einem quantitativen Begriff von Gefährlichkeit angesichts von erheblichen Rückfälligkeitsfrequenzen bei mittlerer und kleinerer Kriminalität vermindert Zurechnungsfähiger konstatieren, der sich aber wiederum zu einem nunmehr als psychiatrisch-psychopathisch zu qualifizierendem Gefährlichkeitsbegriff als Krankheitssymptom oder -bestandteil verschob. Es bleibt am Ende der Weimarer Republik eine unaufgelöste Begriffsunschärfe bei den differierenden Vorstellungen von Gefährlichkeit als Habitualzustand, als Krankheitssymptom oder als Wahrscheinlichkeit der Erwartung bzw. Befürchtung

---

371 Creutz 1932,149; ebensolche "Überdehnung" sah er in den Entlassungsbeschränkungen durch die Polizei, aaO.,152.

372 cf. Siemen 1987,100

373 ibid.

374 Burghardt 1985,27; die Autorin fährt fort, ibid.: "Unter der Annahme, daß die >Gefährlichkeit< Symptom einer zugrundeliegenden >psychischen< Störung (Krankheit) ist, schreitet die Entwicklung von Krankheitsbildern bzw. Diagnosen voran."

von künftigen rechtswidrigen Taten bestehen. Am klarsten wirkt daher das Urteil des PrOVG vom 12.06.1922, hinter dessen Präzisierung das PolVwG von 1931 und die Verfügung vom 21.01.1932 deutlich zurückfielen. Kriterium und Gradmesser für sicherheitsrelevantes Handeln des Staates durch die Polizei blieb die von ihr bzw. durch die politische Opportunität vorgegebene Auslegung des Erfordernisses öffentlicher Sicherheit und Ordnung.[375] Ihre Funktion bestimmte den 'Wert' von Gefährlichkeit, sei es von Personen oder von Handlungen, wie Vorder- und Rückseite von Münzen unterschiedlicher Wertstufen. So gesehen kann Gefährlichkeit als 'soziales Konstrukt', anders gesagt: als Hypostasierung gesellschaftlicher Angst verstanden werden. Was Dörner für das 18. Jahrhundert als "Arrangement (darstellte), das die Irren als wilde und gefährliche Tiere präsentierte", kann im Blick auf die Gefährlichkeit am Ende der Weimarer Zeit mutatis mutandis so verstanden werden: als Appell an das Publikum, sich den moralischen Maßstab des die Prosperität der Gesellschaft fördernden Staates als eigene Vernunft zu eigen zu machen[376].

1.3.3 Verminderte Zurechnungsfähigkeit

Verschiedene Ansätze zur Befriedigung des Sicherheitsbedarfs gegen - behauptete - steigende Kriminalität und Verbrechenszahl, insbesondere gegen zunehmende Rückfälligkeit von als gefährlich bezeichneten Personen, konnten nicht zu einer vom breiten Konsens getragenen Lösung geführt werden. So scheiterte das Bemühen, sowohl über eine Erweiterung der Strafzwecke zu einer über das Strafmaß hinausgehenden strafrichterlich anzuordnenden Sicherung von Rechtsbrechern zu gelangen am Widerstand der sog. klassischen Schule um von Birkmeyer, als auch die Sicherung von Tätern nach deren Strafende durch die Polizei bzw. die örtliche Gesundheitsverwaltung; und erst recht scheiterten Unterbringungen nicht im engeren Sinne geisteskranker Täter an der Weigerung der Kommunalbehörden, hierfür die Kosten zu übernehmen[377]. Außerdem fehlten geeignete Aufnahmeinstitutionen; nur einige psychiatrische Anstalten verfügten über besonders gesicherte sog. Bewahrhäuser für gefährliche und aggressive Patienten. Darüberhinaus verhielt sich die Psychiatrie diesem Problem gegenüber durchaus ambivalent. Auf der einen Seite vertrat man einen gesellschaftlich-universalen Heilbarkeitsanspruch[378], während auf der anderen Seite gerade die Anstaltspsychiatrie den infragestehenden

[375] In diesem Sinn kam auch Lutz 1930,67 zu der Bewertung, der E 1927 drücke sich sehr vorsichtig aus, wenn er von "öffentlicher Sicherheit" rede und den in der Wissenschaft häufig gebrauchten Begriff der Gemeingefährlichkeit vermeide; damit werde der Rechtsprechung viel Arbeit erspart, "die sich an den äußerst dehnbaren und umstrittenen Begriff der Gemeingefährlichkeit geknüpft hätte". - Die historische Entwicklung wird eine Überprüfung dieser vorausschauenden Bewertung erforderlich machen.

[376] Dörner 1975,29

[377] dazu s. u. Abschnitt 1.4.9

[378] s. o. Abschnitt 1.2.3

Personenkreis als unheilbar und nicht in die vorhandenen Institutionen passend ablehnte[379].

Gleichwohl wurde von niemandem ein dringender Handlungsbedarf angesichts des öffentlichen Interesses an verstärkter Sicherheit vor gefährlichen Personen ernstlich bestritten. Bei der Undurchsetzbarkeit sowohl einer reinen strafrechtsimmanenten Lösung über eine Erweiterung der Strafzwecke als auch einer reinen präventiven Lösung in der originären Zuständigkeit der Polizeiverwaltung, bot der 1893 von Stooß[380] vorgelegte Schweizer Vorentwurf eines neuen Strafgesetzbuches genügend Anhaltspunkte, um auch in Deutschland die Diskussion und die Gesetzgebungsarbeit voranzubringen. Wie oben bereits dargestellt[381], hatte Stooß vorgeschlagen, den Strafrichter mit der Kompetenz zur Anordnung einer über das Strafmaß hinausgehenden Sicherung auszustatten. Diese Möglichkeit sollte ihm nicht nur hinsichtlich der - unter Umständen gefährlichen - unzurechnungsfähigen Geisteskranken eingeräumt werden, sondern auch bei häufig rückfälligen Tätern mit Delikten kleinerer und mittlerer Schwere, die als geistesschwach, charakterlich abnorm, minderwertig, kurz: als psychopathisch galten, sowie bei Gewohnheitsverbrechern mit schweren Delikten.

So genial die von Stooß gefundene Konzeption der Verbindung von Tat und tatschuldangemessener Strafe mit einer präventiv orientierten, ggf. Behandlung einschließenden Sicherung auch war, sie enthielt eine rechtstheoretisch und empirisch-praktische Schwachstelle: die verfahrensmäßige Bestimmung, die rechtsstaatlichen Ansprüchen genügende Festlegung der vorzusehenden Rechtsfolgen und die vollzugliche Behandlung der Gruppe von Rechtsbrechern, die weder als eindeutig Geisteskranke von vornherein unzurechnungsfähig waren, noch als voll zurechnungsfähige Gewohnheitsverbrecher und Rückfalltäter über eine volle Strafe hinausgehende Sicherungsmaßnahmen auslösten[382]. Stooß ordnete diese Gruppe der strafrechtlichen Kategorie der verminderten Zurechnungsfähigkeit zu. Streng nach Grundsätzen des Schuldstrafrechts waren die in diese Kategorie fallenden Täter milder zu bestrafen. Sie sollten aber über die gemilderte Strafe hinaus oder an ihrer Stelle in Gewahrsam gehalten werden, wenn die öffentliche Sicherheit eine solche Maßnahme gebot. Diese konzeptionelle Schwachstelle in der Verzahnung von Straf- und Maßregelrecht bot (und bietet immer noch[383]) reichlich Stoff für

---

[379] dazu s. u. FN 455-457

[380] cf. Stooß 1893a

[381] s. o. Abschnitt 1.1.2

[382] Die Problematik der Sicherung bzw. Sicherungsverwahrung voll zurechnungsfähiger Täter wird bei dieser Arbeit weitgehend ausgeblendet bzw. nur gelegentlich am Rande gestreift, s. u. Abschnitt 2.2.2.

[383] cf. Haffke 1991,94

herausfordernde Diskussionen über die Einführung bzw. Wiedereinführung[384] der Kategorie der verminderten Zurechnungsfähigkeit ins deutsche Strafrecht.

Das RStGB von 1871[385] setzte die prinzipielle Schuldfähigkeit, bzw. in der damaligen Terminologie: die grundsätzliche Zurechnungsfähigkeit jedes erwachsenen Menschen[386] voraus. Normiert wurde als Ausnahme hiervon die Unzurechnungs- bzw. Zurechnungsunfähigkeit[387]. § 51 RStGB lautete in der bis zum 31.12.1933 gültigen Fassung: "Eine strafbare Handlung ist nicht vorhanden, wenn der Täter zur Zeit der Begehung der Handlung sich in einem Zustande von Bewußtlosigkeit oder krankhafter Störung der Geistestätigkeit befand, durch welche seine freie Willensbestimmung ausgeschlossen war."

Der dieser Gesetzesfassung voraufgehende und sie begleitende philosophisch-juristische Determinismus-Indeterminismus-Streit um den Begriff Willensfreiheit kann hier nicht dargestellt werden. Hinsichtlich des Ausschlusses der freien Willensbestimmung bestand bei den Gesetzgebungsarbeiten zum RStGB Klarheit und Einigkeit darüber, daß die ursprünglich vorgesehene 'rein psychologische Methode' zugunsten einer 'gemischt biologisch-psychologischen' aufgegeben werden sollte. Es wurden dann auch nicht festumrissene Tatbestände für den Ausschluß der Zu-

---

[384] Bis zum 31.12.1871 hatte es in zahlreichen deutschen Partikularstrafrechten die Kategorie der verminderten Zurechnungsfähigkeit gegeben, cf. Kahl 1904,155.

[385] RGBl.,127, in Kraft seit dem 01.01.1872

[386] Nach von Liszt 1905a,219 liegt das Wesen der Zurechnungsfähigkeit in der normalen Bestimmbarkeit durch Motive: "Wer auf Motive in normaler Weise reagiert, ist zurechnungsfähig." (Im Original gesperrt). Und ders. 1905a,220: "Zurechnungsfähigkeit bedeutet ... die Empfänglichkeit für die durch Strafe bezweckte Motivsetzung." (Im Original teilweise gesperrt). - Nach Kahl 1904,219 spricht das Gesetz nicht von "abstrakter Willensfreiheit", sondern von "freier Willens*bestimmung*", von positiv-rechtlicher Entschlußfähigkeit. - Ähnlich Mezger 1923a,198: "Zurechnungsfähig ist derjenige, dessen Seelenzustand zur Zeit der Tat so beschaffen war, daß für solche Seelenzustände die Strafdrohung noch generell geeignet ist, ein verbrechenverhütendes Motiv zu bilden; fehlt es dagegen an dieser Voraussetzung, so muß die Zurechnungsfähigkeit verneint werden." - Wie der VE 1909 gaben auch die nachfolgenden Gesetzentwürfe keine Legaldefinition der Zurechnungsfähigkeit und äußerten sich nicht zum Determinismus-Indeterminismus-Streit, VE 1909-Begründung,225f. Das Strafrecht ging davon aus, daß der normale Mensch für strafbare Handlungen verantwortlich ist, cf. VE 1909-Begründung,225.

[387] Zur Klarheit des Sprachgebrauchs ist auf folgendes hinzuweisen: Zurechnungs- bzw. Schuldfähigkeit und Ableitungen dieser Begriffe werden über die Zeiten hin in der rechtswissenschaftlichen und psychiatrischen Diskussion weitgehend synonym gebraucht. Entsprechend der gesetzlichen Normierung des Gemeinten sprechen wir für die Zeit bis zum 31.12.1974 von Zurechnungsfähigkeit und ab dem Inkrafttreten des 2.StrRG am 01.01.1975 von Schuldfähigkeit. -
In beiden Fällen handelt es sich um die Zurechnung zur strafrechtlichen Schuld im Sinne eines Maßes an quantifizierbarer Zumutbarkeit normgerechten Verhaltens, nicht um eine Fähigkeit, eingeschränkte Fähigkeit oder Unfähigkeit des Täters und erst recht nicht des Zurechnenden, cf. Haffke 1991,94 und Kammeier 1990,3.

rechnungsfähigkeit normiert, sondern die allgemeinen Bezeichnungen "Bewußtlosigkeit" und "krankhafte Störung der Geistestätigkeit"[388].

Bei den späteren Gesetzentwürfen kam es zu Differenzierungen im Verständnis der Unzurechnungsfähigkeit. Während der VE 1909 noch davon ausging, daß die bezeichneten "Zustände" die freie Willensbestimmung ausgeschlossen haben müssen[389], fand der GE 1911 bereits einen Bezug auf die Komponenten des Intellekts und der Handlungsfähigkeit besser; er berücksichtige ärztlich-wissenschaftliche Erfahrungen und sei einfacher zu handhaben[390]. In der Begründung zum E 1919 war dann von der gemischten Methode als der Beschreibung von Geisteszuständen die Rede, an die sich als Folge jener biologischen Merkmale die psychologischen Wirkungen anschließen; letztere ließen sich in Einsichtsfähigkeit (Verstand) und Willen[391] zerlegen. Auf dieser Linie lag auch der AE 1925, der in der Begründung Einsichts- und Handlungsfähigkeit unterschied: um Unzurechnungsfähigkeit annehmen zu können, muß entweder das eine oder das andere entscheidend beeinträchtigt sein[392]. Entsprechend begründete auch der E 1927 die Unzurechnungsfähigkeit[393].

Am Rande verdient in diesem Zusammenhang die Formulierung in § 51 RStGB Aufmerksamkeit: "Eine strafbare Handlung ist nicht vorhanden". Hier wurde noch ganz im Sinne der frühen Aufklärung die Qualifizierung der Person an ihre Handlungsfähigkeit und an ihre Fähigkeit zum freien Gebrauch des Willens gebunden. Wo diese Fähigkeiten infolge Geisteskrankheit ausgeschlossen waren, lag im Sinne des Strafrechts überhaupt keine Handlung vor[394]. Im Verständnis des Reichsge-

---

388 Nach von Liszt 1905a,219f. kann der Gesetzgeber sich auf die Aufzählung von Umständen beschränken, die die Zurechnungsfähigkeit ausschließen, wie: zum Tatzeitpunkt bestimmtes Lebensalter nicht erreicht, geisteskrank oder bewußtlos gewesen. - Cf. auch Lenckner 1972,88.

389 cf. VE 1909-Begründung,228

390 cf. GE 1911,12f.

391 Cf. E 1919-Denkschrift,29f. Geändert wurde auch die Bewußtlosigkeit in Bewußtseinsstörung, die Störung der Geistestätigkeit sollte auch Entartungszustände mit erfassen, zusätzlich wurde die Geistesschwäche aufgenommen. - Mezger 1923a,199 hielt daraufhin die Einsichts- und Steuerungsfähigkeit für das einzig entscheidende Kriterium bei der Bestimmung der Unzurechnungsfähigkeit.

392 AE 1925-Begründung,17: "Es kommt mithin nur darauf an, ob der Täter fähig war, seine Tat als rechtlich - nicht notwendig strafgesetzlich - oder sittlich verboten zu erkennen."

393 Cf. E 1927,14. -
In der Rechtsprechung des Reichsgerichts war es nach Riese/Rothbarth 1931,731 für die Anwendung des § 51 RStGB nicht entscheidend, ob der Täter geisteskrank war oder nicht. Vielmehr komme es auf dessen freie Willensbestimmung zwischen Anreiz und Hemmung (Gegenvorstellung) an; wenn der Anreiz so stark war, daß Hemmungen, auch wenn sie vorhanden waren, nicht zur Geltung kommen konnten, dann lag nach dem RG ein "krankhafter" Anreiz vor, Riese/Rothbarth 1931,733f.

394 RGSt 11,56; ebenso von Liszt 1905a,215: "Nur der geistig Gesunde kann nach unserer heutigen Rechtsüberzeugung ein Verbrechen begehen".

richts ergab sich daraus die rechtliche Konsequenz, "daß die Person in Wahrheit gar nicht gehandelt hat; was sie tat, trug ... nicht nur bloß den Schein eines Verbrechens, sondern auch bloß den Schein einer Handlung an sich."[395] Die philosophisch-anthropologische Folgerung hieraus lautet: Eine durch Geisteskrankheit oder Bewußtlosigkeit bis zum Ausschluß der freien Willensbestimmung beeinträchtigte Person hat nur noch den Schein einer Person, nur noch das Erscheinungsbild eines Menschen an sich; eigentlich ist sie kein wirklicher Mensch, keine Person im Rechtssinne mehr, eher ein Homunculus oder als Verbrecher ein Monster[396].

Strafrechtsdogmatisch und praktisch hatte diese Gesetzesfassung, bei der sowohl Schuld- als auch Strafausschließungsgründe im definitorischen Ausschluß einer Handlung im strafrechtlichen Sinne zusammenfielen, die unerwünschte Konsequenz, daß auch Teilnahme- oder Beihilfebestrafungen nach rechtswidrigen Taten unzurechnungsfähiger Geisteskranker gesperrt waren. Dagegen wählten die Reformentwürfe hier Formulierungen wie "nicht strafbar ist...", die auf die Eskamotierung einer rechtswidrigen Handlung verzichteten und bei vorliegender Unzurechnungsfähigkeit nur die Strafbarkeit des Täters selbst sperrten[397].

Daß die Kategorie der verminderten Zurechnungsfähigkeit als allgemeiner Milderungsgrund nicht schon ins RStGB von 1871 aufgenommen worden war, ist den "Niederungen der Politik"[398] zuzuschreiben. Nach Kahl[399] machte sich ihr Fehlen als zweifache Ungerechtigkeit bemerkbar: zum einen würden Täter in zahlreichen Fällen strenger beurteilt als es ihrer Schuld entspricht, zum anderen komme es zu unberechtigten Freisprechungen. Dies sei kein Mangel der Rechtsprechung, sondern hier müsse eine "Lücke der Gesetzgebung"[400] ausgefüllt werden.

---

[395] RGSt 11,56,58

[396] In diese Richtung, den Menschen und seinen Wert über Attribute und Fähigkeiten zu definieren, argumentierten die präfaschistischen und nationalsozialistischen Rassenhygieniker mit der Folge, daß 'Un-Menschen' beliebig getötet werden durften: Judenvernichtung, sog. 'Euthanasie' und die geplante Gemeinschaftsfremdengesetzgebung hatten hier eine ihrer Wurzeln. Zur entsprechenden Wortwahl in anderen Zusammenhängen s. o. Abschnitte 1.2.4 und 1.3.1.

[397] cf. VE 1909-Begründung,224f.; E 1927,14; Vorkastner 1929,229

[398] Haffke 1991,95; - Auf die verminderte Zurechnungsfähigkeit, die in einigen deutschen Partikularstrafrechten verankert war, angesprochen, hatte der Kommissionsreferent des Norddeutschen Bundes bei den Vorarbeiten für das RStGB versichert, dies Problem werde durch die Zulassung mildernder Umstände bei jedem Verbrecher bzw. Verbrechen gelöst werden, was aber nicht erfolgte; cf. Kahl 1904,139,154; Wilmanns 1927,5f.

[399] cf. Kahl 1904,139

[400] Kahl 1904,141; und ders. 1904,200: Das "rechtliche Defizit" besteht in der Unmöglichkeit einer zweckmäßigen Sicherung der Gesellschaft vor dem entlassenenen Minderwertigen und des Entlassenen vor sich selbst: "Die Psychopathologie läßt uns *wissen*, daß in der Freiheit mit einer Art von Naturnotwendigkeit die Bedingungen wiederkehren, welche den Minderwertigen dem Verbrechen zuführen."

Als schwierig und heftig umstritten erwies sich die definitorische Bestimmung der verminderten Zurechnungsfähigkeit. Nach von Liszt[401] ist sie durch Übergänge gekennzeichnet, bei denen keine geistige Gesundheit mehr vorliegt, aber auch noch keine Geisteskrankheit gegeben ist. Von Sichart sprach von einer "Zwischenstufe"[402] zwischen geistigem Normalzustand und geistigem Kranksein, Alsberg von "Grenzfällen"[403] zwischen Zurechnungs- und Unzurechnungsfähigkeit. Für Vorkastner erlaubt dieser "quallenhafte Begriff"[404] keine scharfe Definition des Krankhaften, vielmehr sei er "metaphysisch und unerzieherisch". Er berge die "Gefahr der Rechtsungleichheit, der ärztlichen und richterlichen Willkür in sich."[405] Ärztlichem Definitions- und Herrschaftsanspruch vorbeugend, betonte von Liszt, daß der vermindert Zurechnungsfähige zurechnungsfähig ist[406] und damit auch die Voraussetzung zu seiner Verurteilung gegeben sei. In gleichem Sinne grenzte sich auch Kahl von psychiatrischer Definitionsvorherrschaft ab: Manche ärztliche Diagnose könne das Strafrecht noch korrekt mit der Strafzumessung und der Strafmilderung erledigen[407]. "Der allgemeine klinische Tatbestand der 'Grenzzustände' und der *gesetzliche* Begriff der verminderten Zurechnungsfähigkeit können sich nicht dekken."[408] Demnach gehörte für ihn die verminderte Zurechnungsfähigkeit systematisch zu den allgemeinen Strafmilderungsgründen[409], sollte aber als mildernder Umstand ein Strafmilderungsgrund "*sui generis*"[410] sein. Dabei müsse sie sich spezifisch, quantitativ und qualitativ von anderen mildernden Umständen unterscheiden[411]. Wie von Liszt ordnete auch Kahl die verminderte Zurechnungsfähigkeit als "Abstufungen innerhalb derjenigen Geistesbeschaffenheit (ein), deren Vorhandensein die Zurechnungsfähigkeit voraussetzt."[412] Somit bestehe also innerhalb der Zurechnungsfähigen eine "Verschiedenheit von geistig Voll- und Minderwerten."[413] Inhaltlich könne es sich dabei nur um einen krankhaften Zustand, um

---

[401] cf. von Liszt 1905a,222; ebenso Kahl 1904,139

[402] von Sichart 1905,678; dabei scheute er sich nicht, die in diese Kategorie fallenden Personen als "Defektsmenschen" zu bezeichnen, 1905,671. - Diesen Ausdruck gebrauchen ebenfalls Longard 1907,88 und Meyer von Schauensee 1913,89.

[403] Alsberg 1926,72

[404] Vorkastner 1929,246

[405] Vorkastner 1929,245

[406] Cf. von Liszt 1905a,223; ebenso herausgestellt von Mezger 1923a,199f.: "vermindert zurechnungsfähig ist zurechnungsfähig".

[407] cf. Kahl 1904,208

[408] ibid.

[409] cf. Kahl 1904,217

[410] Kahl 1904,209

[411] Cf. Kahl 1904,210; im neuen Gesetz würde er gern deutlicher unterscheiden zwischen Geisteskrankheit als Schuldausschließungsgrund und nur krankhaftem Zustand als Milderungsgrund, 1904,219f.

[412] Kahl 1904,215

[413] Kahl 1904,221; ein vermindert Zurechnungsfähiger ist ein *nicht* geisteskranker Zurechnungsfähiger, cf. Kahl 1904,222.

Anomalien in der leiblich-geistigen Verfassung des Täters[414] handeln, wobei die freie Willensbestimmung aber nicht aufgehoben sei[415]. Somit müssen bei verminderter Zurechnungsfähigkeit Mängel des Intellekts, des Verständnisses für die Pflichten gegen die sozialrechtliche Ordnung, oder Mängel der Widerstandskraft gegen den verbrecherischen Trieb oder beides vorliegen[416].

An den Bemühungen, die verminderte Zurechnungsfähigkeit zu beschreiben und operationalisierbar zu definieren, beteiligten sich auch die Psychiater. Bereits Stooß hatte im Hinblick auf die Entstehung seines Vorentwurfs darauf hingewiesen, daß "die Bestimmungen des Entwurfs ... die Frucht der Beratungen der schweizerischen Irrenärzte"[417] seien. Aber ebensowenig wie die Juristen, verfolgten die Psychiater in den Diskussionen eine einheitliche Linie. Kahl sah bei den Medizinern drei Probleme: 1. die Frage der verminderten Zurechnungsfähigkeit im allgemeinen, insbesondere aber im Blick auf die Einordnung psychischer Anomalien[418], 2. das Verhältnis von Strafvollzug und "irrenärztlicher Behandlung", die Anstaltsfrage[419] und 3. die Stellung und Aufgabe der Ärzte als Sachverständige im strafgerichtlichen Verfahren[420]. Eine eindeutige Position bezog der schweizerische Psychiater Bleuler. Er trat in der Diskussion für einen weiten Krankheitsbegriff ein[421]. "Vermindert Zurechnungsfähige sind Kranke, also behandeln wir sie als krank."[422] Hiermit reklamierte er nicht nur ein ärztliches Definitionsmonopol der verminderten Zurechnungsfähigkeit, sondern vertrat auch noch einen ärztlichen Herrschaftsanspruch: "... alles, was mit der Begutachtung und Behandlung von Geisteskranken, Minderwertigen usw. zu tun hat, darf nur der Leitung hierin besonders ausgebildeter Ärzte übergeben werden."[423]

---

[414] cf. Kahl 1904,211

[415] Cf. Kahl 1904,212; - 1904,211 legte er folgenden Formulierungsvorschlag für einen gesetzlichen Begriff der verminderten Zurechnungsfähigkeit vor: "jeder außerhalb des § 51 gelegene andauernd krankhafte Zustand, welcher das Verständnis für die Bestimmungen des Strafgesetzes oder die Widerstandskraft gegen strafbares Handeln vermindert"; im Original teilweise gesperrt.

[416] cf. Kahl 1904,215

[417] Stooß 1893b,21. - Zum Einfluß der schweizerischen Psychiater auf die weiteren Entwürfe cf. Meyer von Schauensee 1913,75ff.

[418] cf. Kahl 1904,183

[419] Kahl 1904,183f.

[420] cf. Kahl 1904,184

[421] cf. Bleuler 1905,95

[422] Ibid.; ausdrücklich sprach er davon, sie nach ihrer "Individualität behandeln" zu wollen, 1905,97. - Dazu gehörte seiner Meinung nach bei vermindert Zurechnungsfähigen auch der Verzicht auf die Sühne und den Strafvollzug, 1905,95; die Gemeingefährlichen sollten in der Irrenanstalt belassen werden, 1905,97.

[423] Bleuler 1905,99; im Original gesperrt. - Im Gegensatz hierzu warnte der Psychiater Wilmanns 1914,696,705 vor einer Undefinierbarkeit und Dehnbarkeit des Krankheitsbegriffs; bei Beurteilungen von "krankhaft oder gesund" spiele das subjektive Ermessen eine große Rolle, vielfach herrsche auch Willkür.

Für Aschaffenburg[424] zeigten sich drei Erscheinungsformen der verminderten Zurechnungsfähigkeit: 1. die Psychopathie, 2. Folgen von Intoxikationen und 3. Übergänge von der Gesundheit zur Krankheit.

Darauf, daß es sich bei der verminderten Zurechnungsfähigkeit um keinen zeitlosen, statischen Begriff handele, wies Wilmanns hin. Dieser Begriff und die Gründe für seine Berücksichtigung im Gesetz hätten vielmehr seit dem Anfang des 19. Jahrhunderts eine Wandlung und Veränderung erfahren[425]. Sei es früher ein wesentlicher Grund für die Forderung nach Aufnahme der verminderten Zurechnungsfähigkeit ins Strafrecht gewesen, den Freispruch des nicht sinnfällig Geisteskranken zu verhüten[426], so gelte heute die verminderte Zurechnungsfähigkeit als "Variation der Norm", als Charakteristikum angeborener Schwachsinnszustände und pathologischer Charaktere[427]. Damit wies er mit einer Deutlichkeit wie kaum ein anderer auf das zentrale Problem der ganzen Diskussion, auf die sog. Psychopathen[428] hin: "*Nicht der Geisteskranke, sondern der geistig abnorm Veranlagte ist das Objekt, für das die Reform verlangt wird.*"[429] Nach Adler sind die wenigsten Verbrecher geisteskrank, vielmehr handele es sich "um Psychopathen mit degenerativem, antisozialem Charakter"[430]. Hammer bezeichnete die Psychopathen und geistig Minderwertigen als "geistig Kränkelnde"[431]. Als gefährliche minderwertige Personen passen sie nach Rixen[432] nicht in die Irrenanstalt, weil diese "reine Krankenanstalten für Geisteskranke bleiben müssen." Aber als psychopathische Ge-

---

[424] cf. Aschaffenburg 1914,690

[425] cf. Wilmanns 1924,92 und 1927,41

[426] cf. ibid.

[427] Wilmanns 1924,95 und 1927,332; bereits 1914,694 hatte er das Gebiet der verminderten Zurechnungsfähigkeit innerhalb der pathologischen Variationen der Norm, in den krankhaften Konstitutionen, den Psychopathien und bei den geistig Minderwertigen ausgemacht. Gegen Aschaffenburg betonte er 1927,332 aber, daß "Variationen" nicht als "krank" zu bezeichnen seien. - Cf. auch Vorkastner 1929,230: "fließend in das Normale übergehende Charakteranomalien".

[428] Nach Strasser 1984,135 "konstituiert sich (im ausgehenden 19. Jahrhundert) neben dem Feld der Geisteskrankheiten eine Gruppe von Fast-Pathogenen, die als die legitimen Nachfolger der schuldbeladenen Kranken und Monomanen von ehedem gelten dürfen: die Psychopathen."

[429] Wilmanns 1927,41. -
Kargl 1982,214: "Der Begriff [sc. der Psychopathie] zählt zu jenen gängigen Münzen im öffentlichen Sprachverkehr, die vor lauter Kraft nicht laufen können, die alles und jedes bezeichnen, die sich - durchtränkt von normativer Setzung - jeglicher empirischer Transparenz widersetzen und sich gerade wegen dieser gestreuten Diffusität bestens als Diskriminierungswaffe eignen."

[430] Adler 1923,46; im Original gesperrt

[431] Hammer 1922,127f.; ferner hält Hammer, ibid., es für "notwendig, diese *originär degenerierten* Menschen dauernd aus der Gemeinschaft der ehrlich arbeitenden und moralisch und sozial empfindenden abzusondern, und (sie) in >*Kolonien degenerierter Verbrecher*< zu sammeln und unterzubringen."

[432] Rixen 1921,127f.

wohnheitsverbrecher gehören sie in die Hand des Irrenarztes[433]. Im gleichen Sinne äußerte sich Aschaffenburg über die vermindert Zurechnungsfähigen. Auch er fand den größten Teil von ihnen in Heil- und Pflegeanstalten fehlplaziert, "weil es sich nicht eigentlich um Kranke sondern um psychopathische Persönlichkeiten handelt."[434]

Diesen Bemühungen, den Kreis der als vermindert zurechnungsfähig zu definierenden Personen, insbesondere im Blick auf die Psychopathen, möglichst klein und vor den Türen der Irrenanstalten zu halten, lag auch die Sorge vor einem "Dammbruch"[435] zugrunde. Kahl verwies auf Cramer, der befürchtete, daß "die Zahl dieser Individuen bald ins enorme steigen wird"[436], nicht zuletzt deshalb, weil die Verteidigung sich auf die moderne Lehre der Entartung, vom geborenen Verbrecher etc. berufen werde[437]. Deshalb hielt Kahl das Wort "andauernd" in seinem Formulierungsvorschlag[438] für die Bestimmung des "krankhaften Zustandes" aus Zweckmäßigkeitserwägungen für eine unentbehrliche Einschränkung[439], nicht zuletzt deshalb, weil sonst enorme Kosten für neue Anstalten zu befürchten seien. Auch Wilmanns sah bei der gesetzlichen Einführung der verminderten Zurechnungsfähigkeit eine Zunahme der Zahl der geistig abnormen Kriminellen, die dann der Bestrafung entzogen würden und in Irrenanstalten verwahrt werden müßten[440]. Zu den vermindert Zurechnungsfähigen werden "Armeen unserer gewohnheitsmäßig Asozialen und Antisozialen zur guten Hälfte dazugerechnet werden müssen"[441].

Die hinter diesen Zahlen bereits anklingenden Bedenken gegen die Einführung der Kategorie der verminderten Zurechnungsfähigkeit ins StGB lassen sich anhand von acht Argumentationsbereichen zusammenfassend darstellen:
1. Änderung bzw. Ersatz des Strafvollzugs: Vor allem Kraepelin forderte zugleich im Namen zahlreicher ärztlicher Kollegen eine "Änderung in der Art des Strafvoll-

---

[433] cf. Rixen 1921,128
[434] Aschaffenburg 1925,163; er forderte für diesen Personenkreis Sondereinrichtungen, deren Leiter aber Psychiater sein sollen.
[435] Dieser Ausdruck wird 1969 im Blick auf die rechtliche Einordnung der "schweren anderen seelischen Abartigkeiten" verwendet, Zweiter Schriftlicher Bericht des Sonderausschusses für die Strafrechtsreform, BT-Drs. V/4095,10.
[436] Kahl 1904,183
[437] cf. ibid
[438] cf. Kahl 1904,215
[439] cf. Kahl 1904,213
[440] Cf. Wilmanns 1912,141. Doch 1927,55 betonte er, daß über die Verbreitung der verminderten Zurechnungsfähigkeit in der freien Bevölkerung nichts bekannt sei.
[441] Wilmanns 1914,702; jedoch schätzte er 1914,701, daß 50 - 75% und mehr der Bettler, Gewohnheitsdiebe und Sittlichkeitsverbrecher usw. geistig abnorm seien. Und 1927,290 gab er zu bedenken: "Das würde die Sicherung von Zehntausenden von gewohnheitsmäßigen Bettlern und Landstreichern bedeuten." - Auch Vorkastner 1929,236 hielt die Zahl der als vermindert zurechnungsfähig zu bezeichnenden für "*überschlägig sehr groß*".

zugs"[442]. Statt einer Herabsetzung des Strafmaßes bei verminderter Zurechnungsfähigkeit sollte angesichts einer Reihe von ganz verschiedenen krankhaften Zuständen, die dieser Begriff umfaßt, bei Alkoholikern die Strafe durch eine Heilbehandlung ersetzt werden[443]; bei psychisch Leidenden, die nicht durch § 51 RStGB erfaßt werden, sollte die 'Strafe' als ärztliche Behandlung auf staatliche Anordnung vollzogen werden, bis die Gefahr verschwunden oder abgeschwächt ist[444], bei Schwachsinnigen und Psychopathen kämen eher ein Strafverzicht und eine fortgesetzte Überwachung infrage[445]; dauernd Gemeingefährliche bedürften einer zeitlich unbestimmten längeren Verwahrung[446], ob in einer Irren- oder Sicherungsanstalt sei ohne Bedeutung, sie müsse aber unter ärztlicher Verantwortung stehen[447].
2. Säuberung des Strafvollzugs: Longard glaubte nicht, daß krankhafte Geisteszustände durch die Einführung der verminderten Zurechnungsfähigkeit "eine gerechtere und sachlichere Berücksichtigung, als dies heute der Fall ist, ... erfahren werden"[448]. Im Interesse eines geordneten Strafvollzugs seien vielmehr die Gefängnisse von "solchen Elementen"[449] zu säubern. Schließlich seien viele bislang verurteilte geistig Minderwertige gänzlich unzurechnungsfähig; durch die Einführung der verminderten Zurechnungsfähigkeit erhielte das faktische Unrecht einer Verurteilung zu Strafe auch noch einen gesetzlichen Stempel[450].
3. Diagnostische Unklarheit: Nach Kraepelin[451] hat der psychiatrische Sachverständige keine diagnostische Unterscheidungsmöglichkeit zwischen Zurechnungsfähigkeit und Unzurechnungsfähigkeit. "Erkennen wir an, daß es eine geminderte Zurechnungsfähigkeit gibt, so geraten wir damit auf eine schiefe Ebene, die uns nirgends festen Halt gewährt."[452] Auch wenn ihn andere Gründe und Absichten als Kraepelin leiteten, benutzte Wilmanns das gleiche Argument gegen die verminderte Zurechnungsfähigkeit: die Verantwortlichkeit des Sachverständigen werde sich infolge Oberflächlichkeit und Unwissenschaftlichkeit verringern[453], darüberhinaus müsse einerseits mit Verschiebungen von Unzurechnungsfähigkeit zu verminderter

[442] Kraepelin 1905,479; im Original gesperrt; in diesem Zusammenhang, 1905,83, erinnerte er an seinen Vorschlag von 1880 in "Die Abschaffung des Strafmaßes".
[443] cf. Kraepelin 1905,485f.
[444] cf. Kraepelin 1905,486
[445] Cf. Kraepelin 1905,487, wobei er an Familienpflege und Entmündigung dachte.
[446] Ibid.; darüberhinaus trat Kraepelin dafür ein, "daß an die Stelle der Strafe Maßregeln treten, die in weit höherem Maße geeignet sind, die öffentliche Sicherheit zu schützen", 1905,489.
[447] cf. Kraepelin 1905,488
[448] Longard 1907,97
[449] Longard 1907,93
[450] Longard 1907,92
[451] Cf. Kraepelin 1905,485; genau andersherum hatte Berner gegen die verminderte Zurechnungsfähigkeit argumentiert, der Mensch sei entweder zurechnungsfähig oder nicht, eine Zwischenstufe gebe es nicht, Lenckner 1972,89.
[452] Kraepelin 1907,267. - Mit Kraepelins Absicht entgegengesetztem Interesse wies Vorkastner 1929,234 auf die unklaren Abgrenzungen der verminderten Zurechnungsfähigkeit hin: einerseits gelangten dann Unzurechnungsfähige leichter ins Gefängnis, andererseits sei auch ein "Überspannen nach der Seite der Gesundheit leicht möglich".
[453] cf. Wilmanns 1927,252

Zurechnungsfähigkeit und damit von Freispruch zu Bestrafung[454], andererseits wegen des "uferlosen" und "kautschukartigen" Begriffs mit einer Verschiebung von voller zu verminderter Zurechnungsfähigkeit[455] gerechnet werden.
4. Fehlgehende Behandlungsangebote: Für Wilmanns stand außer Zweifel, daß die weitaus überwiegende Zahl der Kriminellen in ihrem Habitualzustand nicht geisteskrank im Sinne des StGB sind und deshalb keiner irrenärztlichen Behandlung bedürften[456]. Darüberhinaus hielt er die Zustände verminderter Zurechnungsfähigkeit entweder für vorübergehend, dann gingen sie von selbst zurück, oder für chronisch, dann ließen sie sich durch äußere Einwirkung nicht wesentlich beeinflussen[457]. Bei Psychopathen sei ohnehin keine Heilung oder auch nur Besserung zu erwarten, die große Masse sei als "unheilbar zu bezeichnen"[458].
5. Drohende Willkür: In der "Verbindung von Sühne und Verwahrung", wie sie von Liszt und Kahl mit der Einführung der verminderten Zurechnungsfähigkeit vorgeschlagen hatten, erblickte Kraepelin eine "unaufhaltsam und verhängnisvoll drohende Willkür"[459]. Furcht vor zu harten und zu milden Entscheidungen äußerte Wilmanns[460]. Wenn die Schranken zwischen gesund und krank fortfielen, wenn auch 'normale' als vermindert oder Unzurechnungsfähige milder bestraft oder freigesprochen würden, würde eine gleichmäßige Rechtsprechung für ihn zur Illusion[461].
6. Soziale Gesichtspunkte: Sie wurden in hervorgehobener Deutlichkeit ausschließlich von Wilmanns angeführt. So warnte er bei einer Einführung der verminderten Zurechnungsfähigkeit vor der "Gefahr einer Klassenjustiz"[462], weil dann Vermögende mit Hilfe guter Anwälte vermehrt zu Freisprüchen gelangen könnten.
7. Kriminologische Aspekte: Für Kraepelin war der "Begriff der verminderten Zurechnungsfähigkeit für die Lösung neuer Aufgaben gänzlich unbrauchbar"[463], denn eine Strafrechtspflege mit grundsätzlicher Scheidung zwischen Gesundheit und Krankheit müßte notwendigerweise in sich zusammenbrechen[464]. Ebenso grundsätzlich lehnte auch Vorkastner die Einführung dieser Kategorie ab: schließlich sei die Erklärung für oder gegen die verminderte Zurechnungsfähigkeit ein kriminalpolitisches Glaubensbekenntnis mit dem sehr realen Hintergrund der Sicherung der

---

[454] cf. Wilmanns 1927,253,256
[455] Wilmanns 1927,258
[456] cf. Wilmanns 1927,181
[457] cf. Wilmanns 1927,297
[458] Wilmanns 1927,298; und bereits 1912,138 äußerte er sich dahingehend, daß er die vermindert Zurechnungsfähigen als gewohnheitsmäßige Kriminelle zum allergrößten Teil für unverbesserlich hielt, ein ganz erheblicher Teil sei dauernd gemeingefährlich.
[459] Kraepelin 1905,481f.
[460] cf. Wilmanns 1927,260
[461] Cf. Wilmanns 1927,333; die Entscheidung, ob jemand >krank< ist, ist eine Bewertung, d.h. sie unterliegt subjektivem Ermessen, ders. 1927,332.
[462] Wilmanns 1912,139; ders. 1914,699: wegen "verwaschener Grenzen" des Begriffs der verminderten Zurechnungsfähigkeit liegt "die Gefahr der Klassenjustiz ... auf der Hand."
[463] Kraepelin 1905,485
[464] cf. Kraepelin 1907,264

Gesellschaft[465]. Ihre Einführung erscheine zur Jetztzeit mißlich, ja ganz entbehrlich, denn eine mildere Bestrafung sei auch durch eine Ausdehnung der Milderungsgründe auf alle Delikte möglich[466].
8. Apokalypse des Strafrechts oder Wer besitzt die Definitionsmacht? An diesem Punkt vertrat von Birkmeyer eine unmißverständliche Position. Seiner Meinung nach seien die hervorragendsten Psychiater Gegner einer jeden Bestrafung der vermindert Zurechnungsfähigen[467]. Sie sind "*im ganzen überhaupt keine Freunde des Strafrechts*"[468], und dies "muß uns verbieten, der verminderten Zurechnungsfähigkeit - dem Namen oder der Sache nach - eine besondere Stellung im Strafgesetzbuch einzuräumen."[469]

Insgesamt zeigt die hier dargestellte Diskussion das Bemühen, sog. Minderwertige, abnorme Charaktere, anlagebedingte Anomalien und Variationen der Norm unter den 'medizinisch-diagnostischen Begriff' der Psychopathie zusammenzufassen, möglichst exakt einzugrenzen und mit der juristischen Kategorie der verminderten Zurechnungsfähigkeit kompatibel zu machen - oder genau dies zu verhindern.

Dabei traten vor allem Bleuler und Kraepelin für eine Ausweitung des Krankheitsbegriffs ein. Mit dem künftigen Einbezug der Psychopathen, bei denen sie allerdings auf die Kategorie der verminderten Zurechnungsfähigkeit meinten verzichten zu können, in den Aufgabenbereich der Psychiatrie, wollten sie dieser eine Definitions- und Herrschaftsmacht sichern. Letztlich ermöglichten dann auch alle Gesetzentwürfe vor 1933 mit der Einführung der Kategorie der verminderten Zurech-

---

[465] Cf. Vorkastner 1929,247 unter Hinweis auf E.Schultze.
[466] cf. Vorkastner 1929,245
[467] cf. von Birkmeyer 1907,56
[468] von Birkmeyer 1907,53 und cf. ders. 1907,60: Die Entscheidung darüber, ob der vermindert Zurechnungsfähige überhaupt gestraft werden soll, wird in der Hand von Männern liegen, die eine Abneigung gegen das Strafrecht im allgemeinen haben und speziell jede Bestrafung von vermindert Zurechnungsfähigen aus Gründen ihrer Wissenschaft mißbilligen.
[469] von Birkmeyer 1907,61 und ders. 1907,62f.: "Die Mediziner werden es also, wenn wir die besondere Bestimmung über verminderte Zurechnungsfähigkeit in unser Strafgesetzbuch aufnehmen, erreichen, daß sie über kurz oder lang das strafrechtliche Schicksal eines jeden Menschen in die Hand bekommen... Damit ... hat ... die letzte Stunde des Strafrechts geschlagen; die Psychiater, die Feinde des Strafrechts, haben dann die Bresche gefunden, durch welche sie in die belagerte Festung eindringen und sie zerstören können." - Demgegenüber hatte von Liszt 1905a,223 bereits die verminderte Zurechnungsfähigkeit zum "*rechtlich anerkannte(n) Herrschaftsgebiet der Juristen*" erklärt; trotz Kampf um Stellungen, Verteidigung und Geländegewinn bei jedem neuen Krankheitsbild vernichte schließlich das Schuldurteil des Richters den Anspruch des Irrenarztes.

nungsfähigkeit eine Ausweitung des 'psychiatrischen' Krankheitsbegriffs in den Bereich der Zurechnungsfähigkeit[470] hinein.

Demgegenüber beharrten vor allem Wilmanns und Vorkastner auf einer engen Begrenzung des psychiatrischen Krankheitsbegriffs. Sie wollten sowohl definitorisch als auch institutionell die nicht-somatisch[471] bedingten Psychopathien[472] von der Psychiatrie fernhalten und wandten sich deshalb gegen die Einführung der verminderten Zurechnungsfähigkeit ins StGB.

Trotz der unterschiedlichen Ausgangspositionen, wissenschaftlichen, berufspolitischen und Standesinteressen und dem Machtgerangel zwischen Juristen und Psychiatern beim Streit um die Einführung der verminderten Zurechnungsfähigkeit bestand einhellige Übereinstimmung in dem Ziel[473] nicht nur einer umfassenderen Sicherung von gefährlichen unzurechnungsfähigen Geisteskranken, rückfälligen Schwerkriminellen und Gewohnheitstätern, sondern auch und gerade der Sicherung, zusätzlich oder anstelle von Strafe, von Tätern kleinerer und mittlerer Kriminalität, die weder geisteskrank noch voll zurechnungsfähig waren und als geistig

---

[470] Als Beispiele: Nach VE 1909-Begründung,229 liegt bei vermindert Zurechnungsfähigen der geistige Zustand infolge Krankheit unter dem Durchschnitt. Immer wird für die Zubilligung der verminderten Zurechnungsfähigkeit ausdrücklich Krankheit, also ein abnormer pathologischer Zustand des Geistes vorausgesetzt; andere Faktoren sind damit ausgeschlossen, VE 1909-Begründung,232. - Nach E 1927,15 handelt es sich bei der verminderten Zurechnungsfähigkeit um biologische Zustände wie bei der Unzurechnungsfähigkeit, wobei nur der Grad der Einwirkung verschieden sein soll. -
Für Strasser 1978b,9 "bildeten und bilden die Psychopathen genau jene Gruppe, auf die man die traditionsreiche Etikettierung des psychisch Kranken als *eines seelisch Abnormen und gleichzeitig schuldbeladenen Wesens* am leichtesten übertragen konnte."

[471] Wilmanns 1927,42f. hob deshalb immer wieder die "Bedeutung der Umwelt für die Ausbildung psychopathischer Zustände" hervor; so spielten soziale Faktoren als Ursachen der Kriminalität der "konstitutionell Abnormen" eine entscheidende Rolle.

[472] Nach Güse/Schmacke 1976,183 wird "im Begriff des Psychopathen ... ausschließlich abweichendes soziales Verhalten getroffen. Psychiatrie wird offen als Disziplinierungsmittel begriffen, das allerdings seine Legitimation durch den Anspruch medizinisch begründbaren Handelns erhält." Darüberhinaus sprechen sie in diesem Zusammenhang auch von einer "radikale(n) Biologisierung der Unvernunft", 1976,202, davon, daß sich die Psychiater "Sozialbiologismen" annäherten und sich nicht scheuten, "soziale Beurteilungen als objektive naturwissenschaftlich-psychiatrische Diagnosen auszugeben", 1976,332 und 1976,266 davon, daß die >Unvernunft< durch ">Organifizierung< individualisiert (wird), was aber auch zugleich bedeutet, daß ... wirkungsvolle Hilfe versagt bleibt." -
Trenckmann findet die Diskussion über die Psychopathie am Anfang dieses Jahrhundert auf ein bestimmtes Merkmal reduziert: Psychopathen seien anlagebedingt charakterlich schwach, was ihre Abqualifizierung mit kaum verhüllten moralischen Etiketten wie "minderwertig", "gesellschaftsschädlich" und "tiefstehend" zulasse, 1988,222f.; demnach konnte die vorgestellte Lösung des Psychopathenproblems um die Jahrhundertwende in der Logik der klinischen Psychiatrie nur eine "eugenische" sein, 1988,224.

[473] Güse/Schmacke 1976,287: "Zu keinem Zeitpunkt der Diskussion um die >verminderte Zurechnungsfähigkeit< blieb zweifelhaft, daß die Einführung dieses neuen Paragraphen ins StGB mit dem Einstieg in ein scharfes Maßnahmestrafrecht gekoppelt sein sollte."

Minderwertige, charakterlich Anomale und anlagebedingt Charakterschwache unter der Bezeichnung Psychopathen zusammengefaßt wurden[474]. Die Gefährlichkeit der dieser Gruppe zuzurechnenden Personen wurde als so gravierend empfunden und beschrieben, daß das öffentliche Interesse ihre Sicherungsunterbringung[475] erforderlich mache[476]. Damit war die Gleichheit der Gefährlichkeit die entscheidende Kette, mit der Geisteskranke und Psychopathen gemeinsam umschlungen werden konnten. Die heterogene Ausgangssituation beider Gruppen, einschließlich der Heterogenität innerhalb der als Psychopathen zusammengefaßten Gruppe, verlangte bei der postulierten Gleichheit der Gefährlichkeit eine strukturell äquivalente Behandlung durch das Strafrecht, wenn für beide Gruppe in gleicher Weise die psychiatrische Sicherungsunterbringung als Rechtsfolge nach einer Straftat erreicht werden sollte. Hierzu bedurfte es der Kategorie der verminderten Zurechnungsfähigkeit[477] als eines funktionellen Vehikels. Diese Kategorie hatte unter der Vorgabe des Erfordernisses strafrechtlich äquivalenter Behandlung der unterschiedlichen Personengruppen folgendes zu leisten:

1. Die Unterbringung der Psychopathen gegen Widerstände in der Psychiatrie und eines Teils ihrer prominenten Vertreter in den psychiatrischen Institutionen durchzusetzen. Zu diesem Zweck mußte die Gefährlichkeit der Psychopathen definito-

---

474 Selbst Wilmanns räumte 1912,136 ein: Angesichts hoher Rückfälligkeit "kann man ermessen, welch enormer Fortschritt die rechtzeitige Ausmerzung der vermindert Zurechnungsfähigen für die Sicherheit unseres Gemeinwesens bedeuten würde." - Und in der Begründung zum Gegenentwurf von Kahl et al. heißt es, GE 1911,17: "Ob der vermindert Zurechnungsfähige drei Monate mehr oder weniger bekommt, ist für die Gesamtheit gleichgültig. In der Sicherung liegt für sie die Lösung des Problems der verminderten Zurechnungsfähigkeit." - Ebenso Flandrak 1932,26: "Regelmäßig wird man ein Sicherungsmittel bei vermindert Zurechnungsfähigen nicht entbehren können."

475 Wilmanns betrachtete 1912,142 die Einführung von Sicherungsmaßregeln für geistig Abnorme noch als eine Vorbereitung für die Verwahrung gefährlicher normaler Verbrecher, für eine rationelle Behandlung des Verbrechers überhaupt und für die Abschaffung des Strafmaßes.

476 Zur Verschiebung und Verschärfung des Verständnisses von Gefährlichkeit bis hin zur >Gefährlichkeit als Rechtsgutverletzung< auch in den entsprechenden preußischen Erlassen für die Anstaltsunterbringung gemeingefährlicher Personen um die Jahrhundertwende: cf. oben Abschnitt 1.3.2. -
Von Lilienthal 1909,272 sah bei den vermindert Zurechnungsfähigen bzw. Minderwertigen "ganz harmlose und außerordentlich gefährliche Individuen", und 1909,277: "Die Frage der Zurechnungsfähigkeit bedarf zu ihrer vollen Lösung nicht nur strafrechtlicher sondern vor allem auch sichernder Maßregeln." - Flandrak hielt 1932,24 nach - nicht genannten - neueren Untersuchungen die Mehrheit der gefährlichen Gewohnheitsverbrecher für vermindert zurechnungsfähig; andererseits zeichne sich die Mehrzahl der vermindert Zurechnungsfähigen durch besondere Gefährlichkeit aus. - Ein Zirkel!

477 Noch 1912,141f. gab Wilanns zu, daß "die Sicherung eines großen Teiles der geistig abnormen Verbrecher nur durch die ausdrückliche Berücksichtigung ihrer verminderten Zurechnungsfähigkeit im Gesetz möglich ist."

risch in Krankheit transformiert werden[478]. Bei diesem Prozeß war die Unterstützung derjenigen Psychiater und Juristen hilfreich, die für einen weiten Krankheitsbegriff und für einen umfassenden gesellschaftlichen 'Heilauftrag'[479] der Psychiatrie eintraten. Nicht zuletzt legte die erhebliche Ausweitung der Anstaltskapazitäten nahe, auch zur Aufnahme 'leichterer und unklarer Diagnosen' herangezogen zu werden; mit anderen Worten: Anstaltsplätze 'prägen Diagnosen' und 'schaffen Kranke'.

2. Mit Rücksicht auf die sog. klassische Schule mußte das Ergebnis der definitorischen Transformation von Gefährlichkeit in Krankheit einen allgemeinen Minderungsgrund der Zurechnungsfähigkeit darstellen. Um der dogmatischen Korrektheit willen war konsequenterweise auch eine Milderung der Strafe[480] bei in dieser Weise 'kranken' Tätern zu akzeptieren.

3. Die Akzeptanz der Strafmilderung dieser gefährlich-kranken Personen ließ sich nur dadurch erreichen, daß gleichzeitig mit der Strafmilderung kompensatorisch eine Sicherung[481] wie bei Unzurechnungsfähigen vorgesehen wurde. Bei einem so gestalteten Ausgleich von gesellschaftlichem Sicherheitsinteresse und individuellem Schuldprinzip durfte im Ergebnis der aufgrund der definitorischen Transformation von Gefährlichkeit in Krankheit milder zu bestrafende Psychopath nicht besser wegkommen als der uneingeschränkt zurechnungsfähige Täter.

In dieser Konstruktion stellt sich die Kategorie der verminderten Zurechnungsfähigkeit als ein Kartenhaus dar, bei dem jedes Element in einer zirkulären Struktur

---

478 Soweit Strasser 1978a,44 in diesem Zusammenhang allgemeiner von einer "Pathologisierung von Kriminalität" spricht, entgeht seinem Blick das Spezifikum des Transformationsprozesses von Gefährlichkeit in Krankheit, auch wenn er später, 45, die gewollte "Operationalisierung des Begriffs der Gefährlichkeit" erwähnt. Zuzustimmen ist ihm in seinen Feststellungen, daß diese Pathologisierung oder Transformation den institutionellen Rahmen bestimmt, in dem künftig ein Teil von Kriminalität verwaltet werden sollte: in der Psychiatrie.

479 Daß die Psychiatrie letztlich nur einen "therapeutischen Nihilismus" zu bieten hatte, cf. oben Abschnitt 1.2.3, spielte keine Rolle.

480 Nach von Liszt 1905d,14 ist die mildere Bestrafung vermindert Zurechnungsfähiger - wegen ihrer höheren Gefährlichkeit - zwar inkonsequent, aber ein "Kompromiß" an die klassische Schule, die bei eingeschränkter Willensfreiheit nur gemilderte Schuld erblickt. - Auch nach Radbruch 1922,58 entsprach verminderter Schuld "häufig erhöhte Gefährlichkeit".

481 Kahl 1904,189: Das Bedürfnis einer rechtlichen Ordnung der verminderten Zurechnungsfähigkeit erschöpft sich nicht in milderer Bestrafung, sie ist eher nebensächlich, "sondern in planmäßiger Behandlung und Sicherung." Und ders. begründete 1904,200 die Notwendigkeit der Sicherung mit der für die Gewöhnung, Abschreckung, Besserung und Erziehung als methodischer Behandlung erforderlichen Zeit. Andererseits räumte er aber auch aaO.,224 ein: "Nicht *alle* vermindert Zurechnungsfähigen bedürfen einer *anstaltlichen* Sicherung." - Ebenso bereits der Vermittlungsvorschlag aus dem Jahre 1896 von von Liszt 1905a,225: gemilderte Strafe und daneben Verwahrung. - In diesem Sinne favorisierte von Lilienthal 1909,272 den Vorschlag der IKV: mildere Bestrafung und nachträgliche Sicherungsmaßregeln. - Cf. auch Mezger 1923a,267: "Der Tatsache einer Strafmilderung wegen verminderter Zurechnungsfähigkeit muß die Möglichkeit sichernder Maßnahmen unmittelbar korrespondieren; es handelt sich um zwei Folgen einer einheitlichen Ursache."

durch ein anderes gestützt wird: Um die Sicherung von Rückfalltätern und Psychopathen zu erreichen, wurden sie als gefährlich bezeichnet; um die Gefährlichkeit strafrechtlich erfassen und sie zu den gewünschten Rechtsfolgen bringen zu können, wurde sie definitorisch in Krankheit transformiert; um diese 'unechte Krankheit' nicht zu einem Rechtsgrund für einen Freispruch werden zu lassen oder die Auflösung des Strafrechts zu riskieren, wurde sie unter die Zurechnungsfähigkeit subsumiert; damit konnte an einer - wenn auch gemilderten - Bestrafung festgehalten werden. Um die mildere Bestrafung den in diese Kategorie fallenden Personen nicht zu einem Vorteil geraten zu lassen, sollte für sie die psychiatrische Sicherungsunterbringung als Maßregel eingeführt werden - womit der Kreis geschlossen war.

Nur am Rande sei auf einen weiteren Zirkel in dieser Diskussion hingewiesen: Während einerseits erheblicher argumentativer Aufwand getrieben wurde, um die gefährlichen Psychopathen, Minderwertigen, Rückfalltäter etc. als vermindert zurechnungsfähig zu beschreiben und für ihre Erfassung eine entsprechende strafrechtliche Kategorie zu fordern, wurde andererseits gleichzeitig von einem quasi ontologischen Vorhandensein verminderter Zurechnungsfähigkeit[482] bzw. von der verminderten Zurechnungsfähigkeit als einem gleichsam habituellen Zustand[483] einer Person ausgegangen und nur noch darüber diskutiert, wie die zu dieser Kategorie gehörende Gruppe definitorisch eingegrenzt und strafrechtlich behandelt werden sollte.

In diesen zirkulären Strukturen kommt die oben bereits angesprochene Schwachstelle der verminderten Zurechnungsfähigkeit im Strafrecht am deutlichsten zum Ausdruck. Von daher erfüllt die verminderte Zurechnungsfähigkeit die in sie gesetzten Erwartungen nur unzureichend und nicht widerspruchsfrei. So bleibt die Feststellung einer Minderung der freien Willensbestimmung bzw. einer Beeinträchtigung der Einsichts- oder Steuerungsfähigkeit ebenso umstritten wie eine Bestimmung des Krankhaften, das zwar die Zurechnungsfähigkeit, wenn auch gemindert, eben doch bestehen läßt, aber gleichzeitig eine Sicherung und Behandlung erforderlich machen soll, wie sie bei unzurechnungsfähigen Geisteskranken für notwendig gehalten wird.

---

[482] Nach Strasser 1984,39 wurde vom vermindert Zurechnungsfähigen (ebenso vom Psychopathen und vom Gemeingefährlichen) als von einem vorgegebenen Objekt geredet, während er in Wahrheit vom Redenden erst erzeugt, erst konstituiert wurde.

[483] In dieser Hinsicht verlief die Hypostasierung der verminderten Zurechnungsfähigkeit zu einer >personalen Eigenschaft< bzw. zu einem >habituellen Persönlichkeitselement< genauso wie die Hypostasierung der Gefährlichkeit, s. o. Abschnitt 1.3.2. - Als Beispiel für viele von Liszt 1905a,224: "Hat der vermindert Zurechnungsfähige durch die Begehung eines Verbrechens seine Gemeingefährlichkeit bewiesen ..."

Umstritten bleibt auch, ob die Strafminderung obligatorisch oder nur fakultativ sein soll, ebenso die gegenseitige Anrechnung (Vikariieren) und die sinnvolle Reihenfolge der Vollstrekkung von Strafe und Maßregel[484].

Hatte Kahl zunächst noch vorgeschlagen, eine Strafänderung wegen allgemeiner Milderungsgründe fakultativ, wegen verminderter Zurechnungsfähigkeit dagegen obligatorisch vorzusehen[485], so empfahl er als Mitautor des GE 1911 schließlich die fakultative Milderung bei verminderter Zurechnungsfähigkeit[486].

Außer dem GE 1911 und dem E 1927 sahen die anderen sechs Entwürfe vor 1933 eine obligatorische Strafmildung vor[487]. Vor allem Mezger wandte sich gegen die obligatorische Strafmilderung und forderte, hier nur ein fakultatives "kann"[488] vorzusehen; bei vielen vermindert Zurechnungsfähigen sei die Sicherung wichtiger als eine Strafmilderung[489]. So sah auch der E 1927 mit seiner "kann"-Vorschrift in der verminderten Zurechnungsfähigkeit keinen zwingenden Strafmilderungsgrund und räumte daher dem Richter ein Ermessen ein[490]. Dies entspräche einem vielfach geäußerten ärztlichen Wunsch; der Richter solle prüfen, "ob nicht gerade mit Rücksicht auf die abgeschwächte seelische Widerstandskraft des Täters ein nachhaltiger Eindruck nur von einer längeren Strafe erwartet werden kann."[491]

In die gleiche Richtung hatten bereits frühere Stimmen votiert. Dabei stellte die Gefährlichkeit des vermindert Zurechnungsfähigen das entscheidende Argument dar. Nach von Sichart[492] sollte das Maß der Strafe nach dem "Grade der Gefährlichkeit der Tat und des Täters" bestimmt werden, schließlich die Gefährlichkeit des Täters als alleiniger Strafzumessungsgrund an die Stelle der Schuld treten.

---

[484] dazu s. u. Abschnitt 1.4.5

[485] Cf. Kahl 1904,229: "Der vermindert Zurechnungsfähige hat einen *Anspruch* auf Milderung."

[486] cf. GE 1911,13

[487] Beim VE 1909-Begründung,232 sollte nach "Versuchsregeln" bestraft werden, da Schuld vorhanden sei. - Frank 1910,214 sprach sich um einer "einigermaßen gleichmäßigen Anwendung" willen dafür aus, daß die Strafmilderung "dem Richter bindend vorgeschrieben" wird. - Die E 1919-Denkschrift,30 begründete die obligatorische Milderbestrafung aus dem Prinzip der Schuldhaftung bei geringerer Schuld.

[488] Mezger 1923b,175

[489] cf. Mezger 1923a,200,267

[490] cf. E 1927,15. - Vorkastner 1929,233 erblickte in der verminderten Zurechnungsfähigkeit, wie sie der E 1927 faßte, eine "Erweiterung der richterlichen Ermessensfreiheit zum Zweck der Berücksichtigung der Täterpersönlichkeit." Gleichzeitig wies er aber auch auf die Gefahr der Klassenjustiz beim Festhalten an der "kann"-Vorschrift hin, aaO.,241.

[491] E 1927,15; Eigentlich erscheine eine schwerere Bestrafung vonnöten, "wenn man die Bestrafung nicht als Vergeltung ..., sondern ... als Mittel zum Zweck der Abschreckung, Besserung und Sicherung nimmt", so Vorkastner 1929, 231.

[492] von Sichart 1905,679f.

Ebenso äußerten sich Kraepelin[493] und Aschaffenburg[494]. Diese Vorstellungen blieben aber in den Gesetzentwürfen vor 1933 unberücksichtigt.

---

[493] Kraepelin 1907,265: Der "unerhörte Notstand" frühzeitiger Entlassung würde sich erheblich verschlimmern, "wenn wir die gefährlichen psychopathisch minderwertigen Rückfalls-, Gewohnheits- und Berufsverbrecher, wie es die Vergeltungstheorie fordern muß, noch milder bestrafen würden als heute."

[494] Aschaffenburg 1914,690: Ablehnung der prinzipiellen Strafmilderung als Folge verminderter Zurechnungsfähigkeit, da ihr oft eine erhöhte Gefährlichkeit entspreche; 1923 meinte ders., 360, "daß die Wirkung der mildernden Umstände genau dem entgegengesetzt ist, was eine vernünftige Kriminalpolitik verlangt", deshalb sollte nicht kürzer, sondern anders im Sinne einer anderen Vollzugsgestaltung unter weitgehender Mitwirkung von Ärzten bestraft werden, 360f.; und zur obligatorischen Strafmilderung des § 17 II AE 1925 bemerkte er 1925,150, die Strafmilderung erhöhe nicht die Sicherheit der Gesellschaft, sondern bedeute eine erhöhte Gemeingefährlichkeit. - Cf. auch Mezger 1923a,200: die Täter nicht bloß quantitativ milder, sondern anders bestrafen.

1.4 Theorie und Struktur des Maßregelrechts in der Diskussion der Weimarer Republik

1.4.1 Das Sicherheitsinteresse der Öffentlichkeit als Legitimationsgrund der psychiatrischen Maßregel

Bereits im bisher dargestellten kriminalpolitischen Diskurs von Juristen und Psychiatern um die Einführung von Sicherungsmaßregeln gegen gefährliche Personen, vor denen sich die Gesellschaft durch Strafe nicht oder nicht genügend geschützt fühlte, wurde der Standort aller Diskutanden erkennbar, der ihre Perspektive wesentlich bestimmte. Mit den Worten Aschaffenburgs[495] ging hierbei der Blick vom "Standpunkt der Gesellschaft" aus auf solche Personen, die die Gesellschaft belasten, schädigen und gefährden. Das Sicherheitsinteresse der Gesellschaft bildete demnach eindeutig die Legitimationsgrundlage für die durch die Maßregelanordnung bewirkte Freiheitseinbuße des einzelnen. So hatte bereits der VE 1909 in seiner Begründung zur Einführung der psychiatrischen Maßregel formuliert, daß "die menschliche Gesellschaft einen Anspruch auf Schutz vor den Angriffen gefährlicher Menschen (habe), welcher nicht dadurch erlischt, daß die Angreifer infolge ihrer Krankheit davor bewahrt sind, strafrechtlich verfolgt zu werden."[496]

Eine präzise Definition des Begriffs der "öffentlichen Sicherheit", der die Erforderlichkeit der Anordnung der psychiatrischen Maßregel legitimieren könnte, findet sich weder in den Gesetzentwürfen noch in den dazu gegebenen Begründungen. Er blieb für Interpretationen offen und damit der politischen und justiziellen Opportunität ausgesetzt. Einzig Drews definierte diesen Begriff im Bereich des Polizeirechts: "Der Schutz der öffentlichen Sicherheit umfaßt den Schutz der Allgemeinheit und des einzelnen gegen Schäden, die den Bestand des Staates oder seiner Einrichtungen oder das ungehinderte Funktionieren seines Organismus, die Leben, Gesundheit, Freiheit oder Ehre des einzelnen oder die endlich das Vermögen im Sinne des Komplexes aller durch die geltende Rechtsordnung gewährleisteten dinglichen und persönlichen Rechte physischer und juristischer Personen bedro-

---

495 cf. Aschaffenburg 1931,260f.

496 VE 1909-Begründung,236. - Ähnlich Aschaffenburg 1912,194: "Die menschliche Gesellschaft hat ein *Recht auf Schutz gegen die Angriffe gefährlicher Menschen*. Und dieses Recht kann nicht dadurch beeinträchtigt werden, daß der Angreifer wegen seiner bestehenden *Krankheit* vor allem unser Mitleid und unsere ärztliche Fürsorge verlangt." Weiter Aschaffenburg 1923,366: "...hat denn nicht der friedliche Bürger ein *Anrecht auf Schutz und Sicherheit?*" Und 1925,157 spricht Aschaffenburg von der "endlich durchgedrungenen Überzeugung, daß der friedliche Staatsbürger ein Recht hat, vor den Angriffen und Übergriffen der Gewohnheitsverbrecher geschützt zu werden."

hen."[497] Anstelle des Begriffs der öffentlichen Sicherheit hatte der GE 1911 den Begriff "Rechtssicherheit" verwendet, um auch Aggressionen gegen private Rechtsgüter mit der psychiatrischen Maßregel erfassen zu können[498].

Daß die psychiatrische Maßregel nicht einseitig und ausschließlich dem Interesse der Gesellschaft dienen soll, betonten die Begründungen zum AE 1925 und zum E 1927; danach erfolgt eine Unterbringung auch im Interesse des Verwahrten[499]. Jedoch "steht das öffentliche Interesse an der Verwahrung des gefährlichen Kranken im Vordergrund."[500] Dagegen werden nach Wilmanns[501] die kriminellen und gefährlichen Kranken ausschließlich aus Gründen der öffentlichen Sicherheit in der Anstalt festgehalten. Mit dieser Meinung konnte er sich entgegen den Formulierungen in den Entwurfsbegründungen von 1925 und 1927 auf eine Vielzahl an Äußerungen von Juristen und Psychiatern stützen, die einen eindeutigen Vorrang des Gesellschafts- vor dem Individualinteresse bei der Maßregelanordnung herausstellten[502].

Schließlich wies Lutz noch einmal auf die sozial einseitige Ausrichtung der psychiatrischen Maßregel hin. Seiner Ansicht nach ist die "sog. kleine Kriminalität" - Betteln, Landstreicherei, Unzucht - der eigentliche Grund für die Einführung der

---

[497] Drews 1931,12; hiermit lehnte er sich erkennbar an die oben, FN 362, bereits zitierte Entscheidung des preußischen OVG vom 12.06.1922, PrOVGE 77,342f., an. Nach Drews 1931,12f. gehört "zu den die öffentliche Sicherheit gefährdenden Handlungen von Menschen ... an sich jeder Bruch einer Norm des positiven Rechts, mag sie strafrechtlicher oder anderer öffentlich-rechtlicher oder bürgerrechtlicher Natur sein. Denn jeder Bruch einer Rechtsnorm ist die Negation des Staatswillens".

[498] cf. GE 1911,17

[499] cf. AE 1925-Begründung,39 und Begründung zum E 1927,46

[500] ibid.

[501] cf. Wilmanns 1927,181

[502] Cf. Lilienthal 1910b,235, dem die "Freisprechung gemeingefährlicher Geisteskranker fast als ein Verbrechen gegen die Gesellschaft" erschien und der deswegen die vorgesehene Einführung der psychiatrischen Maßregel im VE 1909 begrüßte. - Ebenso Kriegsmann 1910,549: "Diese Sozialpolitik [sc. der Maßregeln] wird getrieben, nicht um des Einzelnen, des Behandelten, des Verwahrten willen, sondern ausschließlich um der Gesellschaft willen; es handelt sich nicht um eine Fürsorge für den Verwahrten, sondern um die Fürsorge für die Gesellschaft, - nötigenfalls auf Kosten des wegen seiner Gemeingefährlichkeit Behandelten oder Verwahrten." - Ganz in diesem Sinne auch Aschaffenburg 1912,285: Das "*Recht des einzelnen kann aber nie über das Recht der Gesellschaft gestellt werden.*" Und nach dems. 1923,260 gehen die Rechte der Persönlichkeit nicht über die der Gesellschaft.

Maßregel[503]. Der E 1927 lieferte ihm die Bestätigung für seine Vermutung, denn im Unterschied zum AE 1925 waren diese Delikte hier zu Vergehen erhoben worden, auf die dann Maßregeln angewendet werden konnten[504]: der E 1927 habe nämlich dieses "gemeinschädliche Verhalten" von polizeilichem zu kriminellem Unrecht aufgewertet[505].

Systematisch zusammengefaßt wurde "in der der Gesellschaft durch die Rechtsbrecher drohenden Gefahr ... und in der Notwendigkeit, diese Gefahr zu beseitigen"[506], der die Einführung von Maßregeln legitimierende Grund gesehen. "Der Einzelne muß ... im Interesse und zum Wohl der Allgemeinheit auf einen Teil der ihm zustehenden Rechte verzichten."[507] Auf dieser Grundlage entfaltete sich die weitere systematische Ausdifferenzierung einer Theorie des Maßregelrechts.

1.4.2 Das Zuordnungsverhältnis des Maßregelrechts zum Strafrecht

1.4.2.1 Die Implementierung polizeirechtlicher Prävention ins Strafgesetzbuch

Noch während des sog. Schulenstreits war es der 'Klassiker' von Birkmeyer, der sich mit bewunderswerter juristischer Präzision zur Theorie eines Sicherungsrechtes der Gesellschaft gegen gefährliche Personen und dessen Verhältnis zum Strafrecht äußerte. Dazu setzte er bei den unterschiedlichen Zielrichtungen von Strafe und Maßregel auf der Zeitachse an. Die Strafe sei stets rückwärts gerichtet: quia

---

503 Lutz 1930,59. - In diesem Sinne hatte sich auch Wilmanns widerholt geäußert: 1914,692 bezeichnete er die Sicherung als eine Maßregel von ungewöhnlicher Härte, "die sich fast ausschließlich gegen Proletarier wendet." Und im gleichen Zusammenhang stellte er dar, daß bei Geisteskrankheiten als inneren Krankheiten eine Verwahrung aus Individualursachen erfolge, während bei verminderter Zurechnungsfähigkeit, die er als ein Produkt aus Veranlagung und Milieuschäden ansieht, die Verwahrung auf Sozialursachen gegründet werde; dabei ließen soziale Ursachen den Minderwertigen überhaupt erst kriminell werden, 1914,707. Sein Resümee, ibid.: "Erfordert es die öffentliche Sicherheit, daß beispielsweise ein Bettler, ein Landstreicher verwahrt wird? Im allgemeinen wohl nicht."

504 Der AE 1925 hatte hierfür nicht einmal Strafe, sondern nur Arbeitshaus vorgesehen, cf. Lutz 1930,59.

505 Ibid. - Die einseitige soziale Ausrichtung der mit der Einführung der psychiatrischen Maßregel verbundenen kriminalpolitischen Absicht erhellen auch zwei weitere Äußerungen. In den Stellungnahmen der Länder zum VE 1909 billigte Preußen, Reichsjustizamt 1911,17, "die Einführung besonderer Maßnahmen, um rechtsbrecherische Elemente, die sich mit der sozialen Ordnung als unverträglich erwiesen haben, soweit möglich, an ein gesetzmäßiges Leben zu gewöhnen, und jedenfalls die Gesellschaft einige Zeit vor ihnen zu schützen." Und die Verfasser des GE 1911 verlangten darüberhinaus, daß auch geistig Minderwertige, die nicht gemeingefährlich sind, nach Vollzug oder Erlaß der Strafe "unter staatlich organisierter Gesundheitsaufsicht bleiben" müssen, GE 1911,18.

506 Lutz 1930,24

507 Lutz 1930,25: eine Formulierung, die hier unerwartet Assoziationen an das Institut der "Aufopferung" zum Wohl der Allgemeinheit anklingen läßt.

peccatum est, die sichernde Maßnahme weise nach vorne: ne peccetur[508]. Dies bedeute für die Struktur der Maßregel, daß ein vergangenes Verbrechen nicht Ursache, sondern lediglich Anlaß zur Ergreifung einer sichernden Maßnahme sei. Dabei sei nicht einmal das Verbrechen schlechthin für sie kausal, sondern allein die Gefährlichkeit. Ihr Wesen zeichne sich durch Prävention aus, also gerade nicht durch Vergeltung von vergangenem Verbrechen, sondern lediglich durch Sicherung vor drohendem Verbrechen[509]. Trotz seines Verständnisses für den allgemeinen Sicherungsbedarf, wollte von Birkmeyer das Strafrecht im engeren Sinn von Präventivmaßnahmen freihalten: "*Wir halten eine Sicherung der Gesellschaft gegenüber gemeingefährlichen Personen überhaupt für ganz zweckmäßig und wünschenswert; wir betrachten sie nur als keine eigentlich strafrechtliche Aufgabe*"[510]. "Als reine Präventivmaßregeln ... gehören die sichernden Maßnahmen prinzipiell nicht zum Wirkungskreis der Gerichte, sondern der Verwaltungsbehörden, der Polizei."[511]

Auf dieser Linie blieben auch gegen Ende der Weimarer Zeit Wilmanns und Lutz mit ihrer Meinung, Gemeingefährliche zu sichern sei nicht Sache des Strafrichters[512]. Folglich gehörten für sie "Sicherungsmaßregeln ... als vorbeugende Maßnahmen auch nicht in ein Strafgesetzbuch."[513] Vielmehr müßten hierfür die Polizei und die Verwaltung zuständig bleiben, denn: "Die Prävention ist in erster Linie Fürsorge und gehört wie andere Wohlfahrtstätigkeiten zur Verwaltung und nicht zur Justiz."[514]

Aus der in gleicher Weise anerkannten systematischen Zugehörigkeit der präventiven Maßregeln zum Polizei- bzw. Verwaltungsrecht ließen sich aber auch andere

[508] Cf. Birkmeyer 1906,6. - Kohlrausch 1924,28: Die >klassische Schule< forderte, Strafe und Maßregeln "getrennt von einander und aus verschiedenen Gründen zu verhängen: die Strafe *wegen* des Verbrechens, die Sicherungsmaßregeln *anläßlich* des Verbrechens."

[509] Cf. Birkmeyer 1906,16. - Nach Wüst 1904,155 dürfen die sichernden Maßnahmen, streng theoretisch betrachtet, keine Strafnatur haben, "ihrem Wesen nach enthalten sie keine Übelszufügung, die als solche gewollt wäre, ... sie sind wirkliche, polizeiliche Präventivmaßregeln." Allerdings erhielten sie dadurch, daß der Strafrichter die Maßregel ausspreche, einen "Anflug von Strafcharakter", wenigstens bei - vermindert - zurechnungsfähigen Tätern, aaO., 150.

[510] von Birkmeyer 1907,52

[511] Birkmeyer 1906,17.- Auch für Exner 1914,45 bedeutete der Ruf nach Schutzmitteln gegen gefährliche Menschen unzweifelhaft den Ruf nach polizeilicher Vorkehrung.

[512] cf. Wilmanns 1927,373 und Lutz 1930,26

[513] Wilmanns 1927,373.- Ebenso Lutz 1930,45, der alle Präventivmaßregeln am besten in einem besonderen Buch zusammengefaßt wissen wollte.

[514] Lutz 1930,27. - Für den Vollzug bestätigte diese Zuständigkeit auch Stooß 1930b,263: "Die *Verwahrung gemeingefährlicher* und die *Versorgung* versorgungsbedürftiger *Geisteskranker* ist aus Gründen der öffentlichen Sicherheit und Wohlfahrt geboten; sie liegt der Verwaltungsbehörde ob." - So bereits Frank 1910,242, für den theoretisch die Verwaltungsbehörden zuständig waren, denn die Verwahrung des Geisteskranken erfolge nicht im eigenen Interesse, sondern im Interesse der öffentlichen Sicherheit.

Konsequenzen ziehen. So betonte der Pragmatiker Stooß bereits 1905: "Der Strafgesetzgeber, der kriminalpolitische Zwecke verfolgt, kann sich nicht an das Schema des Lehrbuches halten."[515] Schon in den Motiven seines Schweizer Vorentwurfs hatte er deutlich gemacht, daß die Vorbeugung gegen Unrecht für den Staat wichtiger sei als die Vergeltung. Selbst bei Anerkennung der Zuständigkeit der Polizei für die Vorbeugung sei es aber eine Verkennung des richtigen Prinzips der Gewaltenteilung, wenn dem Strafrichter aus Anlaß seiner Befassung mit dem Täter vorenthalten würde, vorbeugende Maßnahmen zu treffen[516]. Zwar gehörten auch für Kriegsmann die Maßregeln wegen ihres "sozialpolitischen Charakters" dem Verwaltungsrecht an; ihre Aufnahme in das StGB schien ihm aber durch ihre "ausschließlich kriminalpolitische Bestimmung"[517] gerechtfertigt.

Diesen pragmatischen Weg zu gehen, schlug auch Radbruch vor, wenngleich mit anderer Begründung. Für ihn war die sichernde Maßnahme von der Strafe unterschieden, weil sie ihrem Wesen nach nicht durch Strafe bedingt ist[518]. Die Sicherung des gemeingefährlichen Irren sei erforderlich, gleich ob er eine Straftat begangen habe oder - noch - nicht; im ersten Fall solle das Strafgericht zuständig sein, im zweiten das Landesrecht.[519] Da der Zusammenhang der sichernden Maßnahmen mit Straftaten "nicht wesensnotwendig und ausschließlich ist, gehören (sie) nicht eigentlich dem Strafrecht, vielmehr dem Verwaltungsrecht an." Die Maßregeln müßten aber im Strafgesesetzbuch platziert werden, solange es an einer "allgemeinen reichsverwaltungsrechtlichen Regelung fehl(e)."[520]

Die amtlichen Begründungen des AE 1925 und des E 1927 folgten dieser systematischen Auffassung. Die Maßregel sei im wesentlichen polizeilicher Natur[521] und ihre Anordnung eigentlich ein Verwaltungsakt. Diesen "theoretischen Bedenken" wurden aber drei Erwägungen entgegengehalten, die für die Aufnahme der Maßregeln ins Strafgesetzbuch ausschlaggebend waren: 1. Die Maßregeln stellen einen empfindlichen Eingriff in die persönliche Freiheit des Individuums dar. Deshalb bedürfe es zu ihrer Anordnung der richterlichen Unabhängigkeit[522]. 2. Die Rechtssicherheit leide, wenn der Strafrichter die Straffähigkeit und der Verwaltungsrichter den gefährlichen Zustand verneine und damit wegen der unterschiedlichen Beurteilung des gefährlichen Zustandes weder Strafe noch Maßregel angeordnet

[515] Stooß 1905,6
[516] cf. Stooß 1893b,35
[517] Kriegsmann 1910,549. - Letztlich hatte auch von Birkmeyer keine Einwände gegen sichernde Bestimmungen im StGB, die nähere Ausführung müsse aber "Sache der Verwaltungsgesetzgebung" bleiben, 1907,67.
[518] cf. Radbruch 1922,58
[519] cf. Radbruch 1922,58f.
[520] Radbruch 1922,59
[521] cf. AE 1925-Begründung,37 und E 1927,43
[522] Wegen der Einweisung in eine Sicherungsanstalt auf unbestimmte Zeit sprach sich Kahl 1904,243 für die Zuständigkeit des Strafrichters in dieser Sache aus.

werden würden. 3. Schließlich sprächen prozeßökonomische Gründe dafür, dem Strafrichter auch die Anordnungskompetenz für die Maßregeln zu übertragen[523].

Prozeßökonomische Gründe waren bereits für Birkmeyer ausschlaggebend gewesen, trotz seiner klaren theoretischen Unterscheidung zwischen Strafe und Maßregel und der funktionalen Trennung zwischen strafrichterlicher und polizeilicher Funktion seine Bedenken gegen die Aufnahme von Maßregeln ins Strafgesetzbuch und ihre Anordnung durch den Strafrichter aufzugeben, weil dies den Charakter der Strafe als Vergeltungsstrafe unberührt ließ[524]. Darüberhinaus überzeugten ihn weitere Voraussetzungen, der richterlichen Maßregelanordnung zuzustimmen: das Vorliegen von Gefahr, die "Kostenscheu"[525] der Verwaltung, das Erfordernis, den Freiheitseingriff dem Richter anzuvertrauen, sowie die Tatsache, daß sich das Strafgericht bereits intensiv mit der unterzubringenden Person befaßt hatte, was die Beachtung einer Ökonomie der amtlichen Tätigkeit nahelege[526]. Der VE 1909 beklagte die Insuffizienz der Verwaltungsbehörden, die bisher bei vermindert Zurechnungsfähigen zu gar keiner oder aus Platzmangel zu einer zu späten oder zu kurzen Unterbringung geführt habe, und die deshalb eine "ernste Gefahr für die Gesellschaft und insbesondere für die öffentliche Sicherheit"[527] darstelle, um hiermit die Anordnungskompetenz des Strafrichters, auch unter Bezug auf ausländische Vorbilder, zu begründen. Dies biete eine doppelte Gewähr: die Maßnahmen fänden tatsächlich und rechtzeitig statt und die richterliche Unabhängigkeit gewähre dem einzelnen Schutz vor administrativem Ermessen[528]. Ergänzend betonte der E 1919 hierzu, daß andernfalls der Eindruck aus der Hauptverhandlung überwiegend unverwertet bliebe[529].

Letztlich lassen sich die Begründungen dafür, dem Strafrichter die Anordnungskompetenz für die Maßregeln zu übertragen, immer wieder auf das kriminalpolitische Argument des Erfordernisses der öffentlichen Sicherheit zurückführen. Mit diesem Argument forderte Dreyer[530] die Vereinigung der Entscheidungen über

---

[523] Zum ganzen cf. AE 1925-Begründung,37; E 1927,43, wobei an dieser Stelle ergänzend daraufhingewiesen wird, daß im geltenden Recht bereits die Zulässigkeit der Unterbringung im Arbeitshaus durch den Strafrichter verankert sei. - Zweckmäßigkeitserwägungen und Ökonomie des Verfahrens wurden auch von Flandrak 1932,4 als Hauptgründe für die Übertragung der Maßnahmen auf die Gerichte angesehen.

[524] cf. Birkmeyer 1906,22

[525] Eine nicht zu unterschätzende Verbesserung, wenn der Richter selbst die Unterbringung ausspricht, sah Hoberg 1918,219: "Damit ist eine gleichmäßige, unverzügliche und von finanziellen Rücksichten unabhängige Unterbringung gewährleistet."

[526] Cf. Birkmeyer 1906,23. - Nach Stooß 1893b,35 bringt der Richter mehr Verständnis als die Verwaltung auf, deshalb sei eine Maßregelanordnung durch ihn besser, und sie könne ohne weiteren Zeitaufwand erfolgen, deshalb sei eine solche Regelung einfacher.

[527] VE 1909-Begründung,236

[528] VE 1909-Begründung,237

[529] cf. E 1919-Denkschrift,85

[530] cf. Dreyer 1911,34

Strafbarkeit und Verwahrung in einer Hand. Nach Exner[531] müßten die Maßregeln als wirksame Waffen des Strafensystems "dem Strafrichter in die Hand gegeben" werden, weil sie dort "mit der Strafrechtspflege *organisch verbunden*" sind. Ebenso betonte Metzdorf[532]: "Die öffentliche Sicherheit erfordert es, daß der Strafrichter sich mit dem Irren, der vor ihm gestanden hat, noch weiter beschäftigt." Interessant ist in diesem Zusammenhang der Blickwinkel, den Mezger für die Betrachtung dieses Problems wählte: Er sah nicht auf die Behandlung der Gefährlichkeit der individuellen Person; vielmehr war es für ihn Sache des Strafrichters, über Bestehen bzw. Untergang des Sicherungsanspruchs der Allgemeinheit zu entscheiden: "Das sind spezifische Rechtsfragen, die ihrer Natur nach richterlicher Kognition unterstehen."[533]

Damit bleibt zusammenfassend festzuhalten: Bis zum Ende der Weimarer Zeit bestand über die systematische Zugehörigkeit des Maßregelrechts zum Polizei- bzw. Verwaltungsrecht ein breiter Konsens; Prävention, ob eher unter gesundheitlich-fürsorgerischem oder eher unter gefahrenabwehrendem Aspekt betrachtet, galt im Verhältnis zum Strafrecht als wesensverschiedener Bereich. Allein aus den dargestellten kriminalpolitischen und Zweckmäßigkeitserwägungen heraus wurde von vielen Juristen und Psychiatern eine Aufnahme des Maßregelrechts ins Strafgesetzbuch gefordert und dementsprechend von den deutschen Gesetzentwürfen zur Strafrechtsreform von 1909 bis 1930 vorgesehen. Damit stellte das Maßregelrecht aber keinen originären systematischen Bestandteil des Strafrechts dar. So hatte Stooß bereits 1905 betont, daß nach dem Schweizer Vorentwurf bei der Maßregelanordnung der "Strafrichter mit verwaltungsrechtlichen Funktionen" befaßt werde[534]. Diese Auffassung behielt er noch 1930 mit seiner Feststellung bei: "Der Strafrichter übernimmt in diesem Fall [sc. der Maßregelanordnung] zweckmäßig die Funktion der Verwaltungsbehörde"[535]. Metzdorfs Formulierung, "daß das Strafrecht in kühnem Vordringen große Gebiete des Verwaltungsrechts erobert hat"[536], wird dagegen der historischen Entwicklung des Maßregelrechts nicht gerecht. Eher ist nach dem Dargestellten vom Maßregelrecht als von einem ins Strafgesetzbuch inkorporierten Segment des präventiven polizeilichen Sicherungsrechts zu reden, das in seiner Grundstruktur als Gefahrenabwehrrecht identifizierbar bleibt und kein organischer Bestandteil des Strafrechts wird.

Aus diesem Zusammenhang heraus ist auch auf die schon vor 1933 vorgesehene Ausnahme vom strafrechtlichen Rückwirkungsverbot bei der Maßregelanordnung

---

[531] Exner 1921,185
[532] Metzdorf 1930,50
[533] Mezger 1923a,281
[534] Stooß 1905,4. - Ebenso werden nach Wüst 1904,126ff. im Schweizer Vorentwurf dem Strafrichter mit den sichernden Maßnahmen verwaltungsrechtliche Vorkehrungen übertragen.
[535] Stooß 1930,263
[536] Metzdorf 1930,47

zu blicken. Bereits die Verfasser des GE 1911 hatten die Frage aufgeworfen, ob die Maßregeln nicht dadurch sofort kriminalpolitisch wirksam eingesetzt werden könnten, indem sie auch auf noch nicht verurteilte Täter angewendet würden[537]. Aber erst der Entwurf von Radbruch sah in § 3 ausdrücklich die Ausnahme vom Rückwirkungsverbot bei der Maßregelanordnung vor[538]. Dementsprechend fand sich eine solche Bestimmung auch im AE 1925[539] und in § 4 des E 1927[540]. Rechtssystematisch kann den Argumenten für die Ausnahme vom - strafrechtlichen (!) - Rückwirkungsverbot eine gewisse Plausibilität dann nicht abgesprochen werden, als und insoweit das Maßregelrecht im Kern weiterhin genuiner Bestandteil des polizeilichen Verwaltungsrechts blieb, das nur ins Strafgesetzbuch disloziert wurde. Wenn es bei der Feststellung der die Maßregel legitimierenden Gefährlichkeit - als Spiegelbild oder Kehrseite des Erfordernisses der öffentlichen Sicherheit - auf den Zeitpunkt der richterlichen Entscheidung und nicht auf den Tatzeitpunkt ankam, war es allenfalls eine Frage der konstitutionellen Rechtssicherheit und der legislativen Opportunität, ob der Gesetzgeber im Hinblick auf die Maßregelanordnung das - strafrechtlich sinnvolle - Rückwirkungsverbot aufhob oder nicht. Dreh- und Angelpunkt der Bewertung dieser Ausnahmeregelung hat deshalb die eindeutige Zuordnung des Maßregelrechts zum polizeilichen Verwaltungsrecht zu sein, bei dem die rechtswidrige Anlaßtat nur den Weg zum Strafgesetzbuch, die krankheitsbedingte Gefährlichkeit dagegen als Ziel auf die präventiv ausgerichtete Maßregelanordnung weist[541].

Abschließend ist auf das Problem der unmittelbaren richterlichen Unterbringungsanordnung der Maßregel bzw. auf die bloße Zulässigkeitserklärung durch den Richter mit der dem Ermessen der Verwaltungsbehörde überlassenen Ausführung einzugehen. Außer dem E 1927 sahen alle Gesetzentwürfe die richterliche Anordnungsbefugnis bzw. -verpflichtung zur Anordnung der Maßregel bei Vorliegen der Voraussetzungen vor. Bereits in der Begründung zum VE 1909 hieß es dazu, statt

---

537 cf. GE 1911,3

538 cf. hierzu Jung 1985,876

539 Die Ausnahme vom Rückwirkungsverbot sollte deshalb statthaft sein, weil sich die Maßregel nicht gegen eine vergangene Tat, sondern gegen die gegenwärtige Gefährlichkeit richte; "die Tat ist nur ein Mittel zur Erkenntnis dieser Gefahr", AE 1925-Begründung,38.

540 Nach der Begründung des E 1927,8 findet die Ausnahme vom Rückwirkungsverbot ihre "Rechtfertigung darin, daß diese Maßregeln keine Strafen sind, sondern lediglich dazu dienen sollen, die Allgemeinheit vor Gefahren zu schützen und zugleich im wohlverstandenen eigenen Interesse des Täters liegen." Im übrigen wird die Entwurfsbegründung aus dem AE 1925 wiederholt, E 1927,45.

541 Wenn nach Art. 202 EGStGB-E 1930 für die Sicherungsverwahrung zurechnungsfähiger Täter doch wieder das Rückwirkungsverbot gelten sollte, erscheint dies rechtssystematisch dann konsequent, wenn der Sicherungsverwahrung eben anders als der Maßregel eindeutig Strafcharakter beigelegt wurde, ihre Gefährlichkeit nicht als krankheitsbedingt und ihre Unterbringung nicht als (wenigstens auch) im wohlverstandenen eigenen Interesse und damit zugleich fürsorgerlich aufgefaßt wurde. - Jung 1985,876 hält dagegen diese Änderung für eine rechtssystematische Unsicherheit.

der richterlichen Anordnung nur die "Zulässigkeit" im Gesetz vorzusehen, wäre nur "eine halbe Maßregel"[542]. Gewähr für eine tatsächliche Unterbringung aller in Betracht kommenden Personen bestehe nur bei der richterlichen Anordnung[543]. Der E 1919 sah in seinem § 89 vor, daß ein Vollzug der Maßregel nach vorangegangenem Strafvollzug dann nicht mehr stattfinden sollte, wenn er dadurch überflüssig geworden war. Bei dieser Regelung befürchtete Exner, der alte Gedanke, dem Richter nur die Entscheidung über die Zulässigkeit der Maßregel zu übertragen, könne durch die Hintertür wieder eingeführt werden; eine in diesem Fall endgültige Entscheidung durch die Polizei sei aber zu verwerfen[544].

Einzig nach dem E 1927 sollte der Richter die Maßregel nur für zulässig erklären können, § 56; die Verwaltungsbehörde habe dann die Möglichkeit, "den Spruch des Strafgerichts vom Gesichtspunkt der Verwaltung aus nachzuprüfen."[545] Sie werde bei dem die öffentliche Sicherheit gefährdenden Freigesprochenen "nur unter ganz besonderen Umständen die Verantwortung dafür übernehmen können, den Freigesprochenen gleichwohl auf freiem Fuße zu belassen."[546] Verständlicherweise erhob sich hiergegen scharfe Kritik. Nach von Lilienthal[547] wird bei bloßer Zulässigkeit der Unterbringung die Verwaltung zu lasch sein. Kohlrausch[548] erhob "schärfsten Widerspruch" gegen die bloße Zulässigkeit der Maßregel, sie bedeute eine "Rückwärtsrevidierung" der Reform. Ebenso betrachtete Metzdorf[549] das "zulässig" im E 1927, gemessen an den vorangegangenen Entwürfen, als einen Rückschritt. Und Lutz bemerkte zur verwaltungsseitigen Nachprüfung der richterlichen Zulässigkeitserklärung: "Besonders verwerflich ist es auch, daß die Verwaltungsbehörde den Spruch des Strafrichters vom Gesichtspunkt der Verwaltung aus nachprüfen soll. Damit hat die Unabhängigkeit der Justiz ein Ende."[550]

Rechtssystematisch betrachtet, teilte der E 1927 das Maßregelrecht auf: das Strafrecht hatte die materiellen Voraussetzungen für die Maßregel im Rahmen und unter den Normen des Strafverfahrens festzustellen und dementsprechend die Zulässigkeit der Maßnahme auszusprechen, die Verwaltung hatte im Rahmen ihrer Zuständigkeit für die Gefahrenabwehr bzw. für die Sicherheit der Allgemeinheit nach polizeilichem Ermessen über die Erforderlichkeit der sichernden Unterbringung zu entscheiden. Aufgrund der heftigen Kritik und wegen der Unzweckmäßigkeit die-

[542] VE 1909-Begründung,239
[543] ibid.
[544] cf. Exner 1921,185f.
[545] E 1927,44
[546] ibid.
[547] cf. von Lilienthal 1928,303
[548] Kohlrausch 1927,1368 und 1365: "*Die Linie der Reform ist rückläufig.*"
[549] Metzdorf 1930,41
[550] Lutz 1930,63; im gleichen Zusammenhang nannte er diese Regelung einen "unverständlichen Fehler",67, und eine "unverzeihliche Halbheit",68.

ses Vorgehens kehrte der E 1930 zur alten Linie der verbindlichen richterlichen Anordnung der Maßregel zurück, § 56.

1.4.2.2 Strafrecht und Maßregelrecht: ein Verhältnis der Zweispurigkeit oder der Zweistufigkeit?

Wie läßt sich anhand der stattgefundenen Diskussion und der vorliegenden Gesetzentwürfe gegen Ende der Weimarer Zeit das Verhältnis im engeren Sinne zwischen Strafrecht und Maßregelrecht beschreiben? Aus dem breiten Spektrum lassen sich drei unterschiedliche Varianten herauskristallisieren.

Zum einen erschienen aus der übergeordneten Sicht des Kriminalrechts das Strafrecht und das Maßregelrecht als gleichwertige kriminalrechtliche Reaktionen auf die Straftat gleichrangig nebeneinanderzustehen. So war für Exner[551] das Strafrecht nur ein Torso des Kriminalrechts, das einer maßregelrechtlichen Ergänzung bedürfe. Im gleichen Sinne kann Mezger[552] verstanden werden, nach dem "ein neues Strafgesetzbuch *ohne* die §§ 88ff. [sc. im E 1919] ... eine unzeitgemäße Halbheit" wäre. Für Mittermaier[553] waren die Strafen und die sichernden und bessernden Maßnahmen ausdrücklich zwei gleichwertige Teile. Auch Flandrak[554] bezeichnete das Maßregelrecht als einen Teil des Kriminalrechts, weil mit der Gefährlichkeit künftiges tatbestandsmäßiges Unrecht bekämpft werden solle. So betrachtet kann von einem Grundprinzip des Dualismus von Strafe und Maßregel[555] in den StGB-Entwürfen gesprochen werden[556]. Der weitgehend synonym verwandte Ausdruck für Dualismus lautet Zweispurigkeit.

Auf der anderen Seite stellte Stooß[557] gegenüber Kohlrausch klar, daß sein Schweizer Vorentwurf gerade nicht auf dem Prinzip des Dualismus aufgebaut sei, dort komme entweder die Strafe oder die Maßregel zum Zuge, wenn das eine vorgesehen werde, entfalle das jeweils andere. Demgegenüber seien die deutschen Entwür-

---

[551] cf. Exner 1914,44

[552] Mezger 1923b,173

[553] Cf. Mittermaier 1930,453, wo er auch von einem gleichwertigen Nebeneinander von Strafrecht und Verwaltungsrecht bei der Verbrechensbekämpfung sprach.

[554] Cf. Flandrak 1932,5; aus dem Blickwinkel der Zweispurigkeit besteht das Kriminalrecht aus zwei Teilen: dem Strafrecht im engeren Sinn und dem Sicherungsrecht.

[555] cf. Mezger 1923a,179

[556] Im Blick zurück spricht auch Lenckner 1972,25 davon, daß "neben" die tatbezogene Strafe die auf die zukünftige Gefährlichkeit des Täters bezogene Maßregel trat.

[557] Cf. Stooß 1928a,55. - Wüst sah, 1904,159, im Schweizer Vorentwurf für den Richter eine Wahlmöglichkeit nach finalen rechts- und kriminalpolitischen Kriterien zwischen Strafe und Maßregel eröffnet: "Hält er [sc. der Richter] die Nutzlosigkeit der Strafe für erwiesen, dann sind sichernde Maßregeln anzuwenden."

fe ab 1913 mit der der Strafe nachfolgenden Verwahrung durch das Prinzip des Dualismus gekennzeichnet[558].

Da das Maßregelrecht im strengen dogmatischen Sinn[559] kein kriminalrechtliches Sanktionssystem für begangene Taten ist, sondern eine polizeirechtlich geprägte präventive Maßnahme gegen prognostizierte Gefährlichkeit darstellt, wobei die rechtswidrige Tat nur der Anlaß und die in ihr zutagegetretene Gefährlichkeit die Anordnungsvoraussetzung im Sinne einer unteren Schwelle sind, ist der Ausdruck, es träte "neben" das Strafrecht, mindestens unpräzise, wenn nicht sogar irreführend. Dagegen beschrieben der AE 1925 und der E 1927 den Zweck und die Position der Maßregeln im Verhältnis zum Strafrecht systematisch korrekt. Sie sollten eingeführt werden, "um die Allgemeinheit vor Personen zu schützen, die als zurechnungsunfähig oder vermindert zurechnungsfähig nicht oder nicht mit der vollen Strenge des Gesetzes bestraft werden dürfen."[560] Das heißt nichts anderes, als daß zwischen Strafe und Maßregel ein Regel-Ausnahme-Verhältnis[561] besteht. Die Maßregel stellt damit eine präventive Auffangreaktion für die Fälle dar, in denen wegen gesperrter Strafmöglichkeit keine oder infolge einer zu mildernden Strafe nur eine verkürzte spezialpräventive Sicherung in Gestalt der Strafe zulässig ist, aber trotzdem bzw. darüberhinaus ein öffentlicher Sicherheitsbedarf wegen der prognostizierten Gefährlichkeit des Rechtsbrechers besteht[562]. Diese rechtssystematische Stellung der Maßregel als Auffangreaktion gegenüber der Strafe kann aber mit den Ausdrücken Zweispurigkeit und Dualismus nicht hinreichend korrekt beschrieben werden. Vielmehr ist mit Blick auf die unterschiedlichen Hierarchieebenen von Straf- und Maßregelrecht der Bezeichnung Zweistufigkeit für ihr Verhältnis zueinander der Vorzug zu geben. Diese unterschiedliche Rangordnung der beiden Rechtsbereiche muß dennoch nicht zu Änderungen an der normativ gewollten Zuständigkeit des Straf-Richters auch für die Maßregel-Anordnung führen.

1.4.3 Theorie des Maßregelrechts I: Zweck der Maßregel und individuelle Anordnungsvoraussetzungen

"Der Zweck der sichernden Maßnahme ist, die im Individuum liegende soziale Gefahr zu beheben."[563] Mit diesem Satz bezeichnete Exner präzise die rechtssystema-

---

[558] ibid.

[559] cf. oben Abschnitte 1.4.2 und 1.4.3.1

[560] AE 1925-Begründung,17; in der Begründung zum E 1927,14 heißt es ergänzend und präzisierend: "...gegen die wegen ihres Geisteszustandes eine Strafe nicht verhängt werden kann."

[561] So bereits Wüst 1904,151, wonach die gewöhnliche Maßnahme auf ein Verbrechen die Strafe und die sichernde Maßnahme die Ausnahme ist. - Im gleichen Sinne Hoberg 1918,206: Die Regel muß sein "gerechte Bestrafung des Übeltäters, und erst wenn diese nicht hinreicht, sollen Sicherungsmaßregeln das Manko dekken."

[562] Cf. auch Flandrak 1932,17: Seiner Ansicht nach hat das Sicherungsrecht lediglich die Aufgabe, dort einzugreifen, wo das Strafrecht im engeren Sinn versagt.

[563] Exner 1914,141

tische Grundlage des Maßregelrechts. Das Vorhandensein der Gefahr und als dessen Kehrseite oder Spiegelbild das Sicherheitsinteresse der Allgemeinheit stellten danach den Rechtsgrund, die Behebung dieser Gefahr den Zweck der Maßregel dar[564]. Damit hatte sich im Maßregelrecht die staatliche Intervention auf die Person[565], auf den Täter[566] zu konzentrieren, eben anders als bei der Strafe, bei der die Tat im Mittelpunkt stand.

Eine solche Abwendung von der Tat und Hinwendung zur Täterpersönlichkeit sah auch Birkmeyer im Blick auf die Maßregelanordnung: "Ihr Maßstab ist ... die Individualität und die Gefährlichkeit des Täters. Nicht die Größe des Geschehenen, sondern die Größe des ... zu Befürchtenden bedingt ihre Auswahl und ihre Ausdehnung."[567] Dabei warnte er insbesondere die 'moderne Richtung', den Begriff der Schuld gänzlich aufzugeben und durch Gefährlichkeit zu ersetzen, denn dann würde nicht mehr die Tat bestraft, sondern nur noch die rechtsfeindliche Gesinnung[568].

Gegen Ende der Weimarer Zeit war für Mittermaier[569] maßregeldogmatisch klar, die Gefährlichkeit ist nicht wie die Schuld ein Verbrechenselement, sondern eine Persönlichkeitseigenart, deswegen verlange die Entwicklung, der Persönlichkeit des Täters mehr als bisher gerecht zu werden. Und Flandrak[570] faßte zusammen: "Aufgabe des Sicherungsmittels ist ... nach heute unbestrittener Meinung, die Gefährlichkeit des Täters zu bekämpfen." In gleichem Sinne hatte schon Mezger betont, bei der sichernden Maßregel handele es sich "um ein ganz konkret gefaßtes, nach strengen Kausalgesichtspunkten in Anpassung an den individuellen Fall sich vollziehendes Eingreifen."[571]

Die Gefährlichkeit des Täters durfte nicht bloß punktuell sein, sie mußte sich in einem "Zustand" manifestieren. Demzufolge handelte es sich bei der Maßregel "um

---

[564] cf. Exner 1914,108

[565] Cf. Frank 1910,245: Auch bei vermindert Zurechnungsfähigen "hat die Verwahrung die Gemeingefährlichkeit der Person zur Voraussetzung". - Von Hippel 1910,897 bemerkt zur kriminalpolitischen Richtung des VE 1909: "*Mehr als bisher ist auf die Persönlichkeit des Täters im Vergleich zur objektiven Bedeutung der Tat Gewicht zu legen.*"

[566] Auch für Aschaffenburg 1923,269 hatte "die staatliche Gegenwirkung genen ein Verbrechen nicht die Tat sondern den Täter zu treffen". Und ders. 1923,363: "Für alle Rechtsbrecher von dem Geisteskranken an bis zu dem gesunden Verbrecher gilt die gleiche Formel: *Anpassung der gesellschaftlichen Gegenwehr an die Individualität des Rechtsbrechers.*"

[567] Birkmeyer 1906,16

[568] Cf. von Birkmeyer 1909,86f.,93; ders. zitierte 1914,85 Gretener, demzufolge "Gegenstand der sozialen Reaktion ... die subjektive Gefährlichkeit des Täters..., dessen antisoziale, rechtsfeindliche Gesinnung, die verbrecherische Potenz, die Antisozialität des Individuums" sein soll. Und an die Verfasser des österreichischen StGB-Entwurfs richtete er in diesem Zusammenhang den Vorwurf, mit der "Gefährlichkeit" sei ihnen die "Tat über der Gesamtpersönlichkeit des Täters aus den Augen verloren" gegangen, 1914,192.

[569] cf. Mittermaier 1930,453f.

[570] Flandrak 1932,12

[571] Mezger 1923a,182

eine *Spezialprävention*, die durch den *Zustand* einer Person begründet wird."[572] Für den "durch die strafbare Handlung dokumentierten Gefahrzustand" stellte die Straftat lediglich ein Symptom dar, bildete sie nur einen Erkenntnisgrund[573]. Dabei mußte ihr nach Mezger schon eine hinreichende "symptomatische Bedeutung für die Persönlichkeit des Täters" zukommen, denn als "Bedingung der Sicherung" kann nur eine solche Tat in Betracht gezogen werden, die durch das "*psychische* Wesen des Täters verursacht"[574] wurde. Noch deutlicher formulierte der E 1927[575], daß zwischen der allgemeinen Gefährlichkeit des Rechtsbrechers und der im zu entscheidenden Einzelfall begangenen strafbaren Handlung ein derartiger "Zusammenhang bestehen (muß), daß gerade diese Handlung als Beweis für seine Gefährlichkeit erscheint." Für Flandrak dagegen war die Tat bloß ein Indiz für die Gefährlichkeit des Täters, denn da die Maßregelsicherung nur von der Gefahr künftiger Taten abhing, stand sie für ihn mit der Schwere der begangenen Tat nur in losem Zusammenhang[576].

Danach waren es drei Voraussetzungen, die als Bedingungen für eine Anordnung der psychiatrischen Maßregel erfüllt sein mußten: Erstens mußte ein objektiver Tatbestand rechtswidrig verwirklicht worden sein; zweitens mußte zwischen der begangenen Tat und der Krankheit des Täters ein Zusammenhang bestehen, die Krankheit mußte Bindeglied zwischen Tat und Täter sein; und drittens mußte eine anhaltende Gefährlichkeit bestehen[577]. Diese war nach Flandrak nicht analog den Schuldformen typisierbar, aber der Proportionalitätsgrundsatz zwischen der Gefahr und dem zur Sicherheit der Allgemeinheit zu wählenden Abwehrmittel blieb zu wahren[578].

In diesem Zusammenhang ist noch einmal darauf hinzuweisen, daß die acht Gesetzentwürfe von 1909 bis 1930 die Begriffe "gefährlich" bzw. "Gefährlichkeit" als Anordnungsvoraussetzung für die psychiatrische Maßregel nicht verwendeten. Die Maßregel sollte nach den Gesetzestexten nur angeordnet oder nach dem E 1927 für zulässig erklärt werden können, wenn die öffentliche Sicherheit diese Maßnahme erforderte. Allerdings wurde - soweit ersichtlich - das Erfordernis der öffentlichen Sicherheit über die polizeirechtliche Definition hinausgehend an keiner Stelle eigens für das Maßregelrecht neu oder erweiternd thematisiert. Deshalb

[572] Stooß 1930b,264. Bereits 1905,3 hatte Stooß geschrieben: "Die *sichernde Maßnahme* ist weder an einen gesetzlichen Tatbestand noch an eine daran geknüpfte Straffolge gebunden, vielmehr wird ein Mensch *nach seinem Zustand behandelt*."

[573] Hoberg 1918,203. - Ähnlich auch Lutz 1930,31, für den die Tat "nur Anlaß für die Erkenntnis der gefährlichen Gesinnung, nur Symptom für die Gefährlichkeit des Täters (ist), die auch mit Wahrscheinlichkeit in Zukunft fortdauern" wird.

[574] Mezger 1923a,257f.

[575] E 1927,45

[576] cf. Flandrak 1932,11

[577] cf. Flandrak 1932,33ff.

[578] cf. Flandrak 1932,39

spricht nicht zuletzt auch dieses argumentum e silentio dafür, das Wesen des Maßregelrechts in seiner polizeirechtlichen Funktion zu sehen[579].

Für die Praxis hatte der VE 1909 vorgesehen, die Frage, ob die öffentliche Sicherheit die Unterbringung erfordere, am besten durch mündliche Verhandlung über das Verhältnis des Kranken zur Außenwelt beleuchten zu lassen, "sodaß aus dem Kriminalfalle selbst nicht selten die Gemeingefährlichkeit am deutlichsten hervorgeht."[580] Noch deutlicher unterschied der AE 1925 zwischen der Tat, der Gefährlichkeit und dem Erfordernis der öffentlichen Sicherheit als conditio sine qua non der Unterbringung: "Die Begehung einer mit Strafe bedrohten Handlung muß nicht unter allen Umständen ein Symptom der Gefährlichkeit sein", zur Unterbringung bedarf es deshalb noch "der besonderen Feststellung, daß er [sc. der Täter] die öffentliche Sicherheit gefährdet."[581] Die nach § 56 E 1927 dem Gericht mögliche Erklärung über die Zulässigkeit der Unterbringung war an die dreifache Feststellung gebunden, daß erstens ein Verbrechen oder Vergehen begangen wurde, daß zweitens ein "dauernder Zustand" verminderter Zurechnungsfähigkeit oder Unzurechnungsfähigkeit vorliege, wobei nicht jeder vermindert Zurechnungsfähige oder Unzurechnungsfähige als gefährlich zu betrachten sei, und drittens an die besondere Feststellung, daß der Täter die öffentliche Sicherheit gefährde[582]. Bei diesem Stand der Diskussion konnte der richterlichen Entscheidung ein großer Ermessens- und Opportunitätsspielraum verbleiben.

1.4.4 Theorie des Maßregelrechts II: Strafvollstreckung und Maßregelvollstreckung kumulierend oder gegenseitig vikariierend?

Mit der vorgesehenen Einführung der Kategorie der verminderten Zurechnungsfähigkeit und der Möglichkeit, hierunter fallende Personen bei krankheitsbedingter Gefährlichkeit zusätzlich zur Bestrafung der psychiatrischen Maßregel zu unterwerfen, wenn die Sicherheit der Allgemeinheit eine solche Maßnahme erfordert, stellte sich das Problem der Konkurrenz von General- und Spezialpräven-

---

[579] Dagegen ist Frisch 1989,517 der Ansicht, die Bindung der Maßregelanordnung nicht allein an vorhandene Gefährlichkeit, sondern auch an das Vorliegen einer rechtswidrigen bzw. Straftat sollte die Kompetenz des Strafrichters legitimieren und den Einwand entschärfen, Verhinderung künftiger Taten sei Aufgabe der Polizei.

[580] VE 1909-Begründung,237, wobei genau dies Zitat das Verständnis von Gefährlichkeit des Indivuduums als Funktion der Toleranz/Intoleranz der Öffentlichkeit bzw. des Sicherheitsbedürfnisses der Allgemeinheit erhellt. -
Zweifel an der Prognostizierbarkeit von Gefährlichkeit waren bereits auf dem Deutschen Juristentag 1908 geäußert und mit einer Warnung vor der Einführung des Maßregelrechts wegen einer Gefährdung der bürgerlichen Freiheitsrechte verbunden worden, cf. Stangl 1984,148.

[581] AE 1925-Begründung,39

[582] E 1927,46

tionsbedürfnissen[583]. Welche Vollstreckung sollte Vorrang vor der anderen haben, die der Strafe vor der Maßregel oder umgekehrt? Und war nach Vollzug der einen Rechtsfolge die Vollstreckung der anderen noch erforderlich oder war sie dann evtl. entbehrlich geworden? Die Meinungen waren geteilt.

Die einen leiteten aus der prinzipiellen Verschiedenheit von Wesen und Zweck der Strafe und Maßregel die Konsequenz ab, daß eine gegenseitige Vertretung grundsätzlich nicht möglich sei[584]. Dabei betonte Frank[585], bei vermindert Zurechnungsfähigen dürfe wegen des Vergeltungsgedankens und wegen der Generalprävention keinesfalls auf die Strafvollstreckung verzichtet werden. Ebenso hielt Mezger[586] einen Ersatz der Strafe, die als Übel zu verstehen sei, durch Sicherungsmittel grundsätzlich für ausgeschlossen; die Strafe habe einen Vorrang vor der Maßnahme. Im gleichen Zusammenhang begegnete er dem Einwand, daß auch die Maßregel realiter ein Übel ist, mit dem Hinweis auf die Maßregeltheorie: "Gewiß 'ist' das Sicherungsmittel ein Übel, aber es 'soll' es nicht sein."[587] Vielmehr sei die Maßregel von Übelsmomenten freizumachen, deshalb könne sie nicht als Strafersatz herangezogen werden[588].

Gegenüber der in § 47 AE 1925 eingeräumten Möglichkeit, die Unterbringung von vornherein an die Stelle der Strafe treten zu lassen, machte der E 1927 mit der Begründung einen Rückzieher, dies sei "in der Öffentlichkeit auf das Bedenken gestoßen, daß sie [sc. die Vikariierung] den Strafgedanken zu sehr abschwäche."[589] Deshalb sah der E 1927 diese Möglichkeit auch nicht mehr vor. Gegen Ende der Weimarer Zeit schälte sich bei Lutz[590] und Flandrak eine Präferenz für den Primat der Strafvollstreckung heraus. Die Möglichkeit des Kumulierens von Strafe und Maßregel wurde prinzipiell offengelassen; dennoch sollte nur, wenn nach dem Vollzug der Strafe noch Gefährlichkeit bestehe, die Maßregelanordnung vollstreckt werden, denn die Maßregel habe "nur die Aufgabe..., dort einzugreifen, wo die Strafen nicht ausreichen"[591]. Am Rande erwähnenswert erscheint an dieser Stelle Kraepe-

---

[583] So von Mezger 1923a,284 gesehen.

[584] cf. Hoberg 1918,204 und Lutz 1930,33

[585] cf. Frank 1910,245

[586] cf. Mezger 1923a,284

[587] Ibid. - Auch für Lutz 1930,25 stellten die Übel bei den Maßregeln nur eine unvermeidliche Nebenwirkung dar, die nicht zu ihrem Begriff gehören.

[588] Mezger 1923a,285: "Das Bestreben, die Sicherungsmaßnahme, die gegen Schuldige und Unschuldige Anwendung findet, von Übelsmomenten zu reinigen, muß notwendig an Energie verlieren, wenn die sichernde Maßnahme als Strafersatz herangezogen wird."

[589] E 1927,45

[590] cf. Lutz 1930,34

[591] Flandrak 1932,30, wollte auch die Möglichkeit des Vikariierens nicht grundsätzlichen ausschließen, aber an die gesetzliche Vorgabe binden, dem Richter genaue Anweisungen zu geben, wann Strafe in Sicherung und umgekehrt aufgehen könne. - In der VE 1909-Begründung,238, war von den Autoren des Entwurfs die Meinung vertreten worden, eine Verwahrung vermindert Zurechnungsfähiger würde verhältnismäßig selten vorkommen.

lins[592] Hinweis, bei der Verwahrung des vermindert Zurechnungsfähigen auf unbestimmte Zeit verliere das vom Richter festgesetzte Strafmaß jede tatsächliche Bedeutung.

Für die Möglichkeit des Vikariierens von Strafe und Maßregel trat Radbruch ein. Zwar stellte auch er heraus, die sichernden Maßnahmen seien ihrem Wesen und ihrer Absicht nach keine Übel und könnten aus diesem Grunde die Strafe nicht überflüssig machen; tatsächlich aber stellten sie als Freiheitsbeschränkungen ein Übel dar und könnten "deshalb unter Umständen die Aufgabe der Strafe miterfüllen"[593]. Deshalb kann nach Radbruch eine Unterbringung die Strafe, eine vollstreckte Strafe die Unterbringung überflüssig gemacht haben[594]. Aus dieser Argumentation zog der AE 1925 die gesetzgeberische Konsequenz. Er ließ "eine wechselseitige Vertretung beider Unrechtsfolgen"[595] ausdrücklich zu; wenn mit dem Vollzug der einen Unrechtsfolge der Zweck auch der anderen erreicht sei, dann solle deren Vollzug nicht mehr stattfinden[596]. Ausdrücklich wies der AE 1925 darauf hin, daß mit einer längeren Maßregelunterbringung auch der "Abschreckungseffekt der Generalprävention"[597] erreicht werde.

Angesichts der in § 47 AE 1925 vorgesehenen Möglichkeit des Vikariierens sprach Freudenthal[598] bei vermindert Zurechnungsfähigen von einer Zweispurigkeit im Urteil, der eine Einspurigkeit im Vollzug dort folge, wo die Freiheitsstrafe durch die Unterbringung und umgekehrt ersetzt werde. Kritik am E 1927, der das Vikariierensprinzip wieder zurückgenommen hatte, übte von Lilienthal. Angesichts der Vollzugswirklichkeit bei Freiheitsstrafen hielt er das Prinzip, erst Strafen, dann Sichern, für einen Grundirrtum[599]; eigentlich müsse der Richter über die Möglichkeit verfügen, statt auf Strafe gleich auf Maßregel zu erkennen. Damit nahm er einen Gedanken, den er als Kritik am VE 1909 geäußert hatte, wieder auf: "Daß sie [sc. die Maßregeln] bei Minderwertigen erst nach dem Strafvollzug zur Anwendung kommen sollen, ist im Grunde eine Halbheit."[600] Wie von Lilienthal plädierte auch Exner[601] bei vermindert Zurechnungsfähigen für eine bedingte Strafaussetzung bei gleichzeitigem Eintritt der sichernden Maßnahme.

Nicht vom Zweck, sondern von der Vollzugswirkung her hatten bereits von Hippel und Exner argumentiert. "Theoretisch" seien die sichernden Maßnahmen als Straf-

---

592 cf. Kraepelin 1905,483
593 Radbruch 1922,59
594 cf. ibid.
595 AE 1925-Begründung,42
596 cf. AE 1925-Begründung,43
597 ibid.
598 cf. Freudenthal 1926,129
599 cf. von Lilienthal 1928,304
600 von Lilienthal 1910a,540; dies sei nur dann unerheblich, wenn der Strafvollzug wirklich zweckmäßig geregelt sei, ibid.
601 cf. Exner 1921,193

rechtsfolge nur Prävention, keine Vergeltung, aber wenn die sichernde Maßnahme dem Betroffenen als erhebliches Übel nach Art der Strafe erscheine, dann erfülle sie damit nicht den Zweck, wohl aber habe sie die Wirkung, damit das Vergeltungsbedürfnis zu befriedigen[602]. Im gleichen Sinne plädierte Exner für den Wegfall der Strafe, da der Maßregelvollzug genügend Übel enthalte[603].

Abgesehen vom AE 1925 konnte sich das Vikariierensprinzip bis zum Ende der Weimarer Republik nicht gegen die Kumulation von Straf- und Maßregelvollzug, bei vorgängigem Vollzug der Strafe, durchsetzen[604]. Über Täter, die schuldhaft, wenn auch mit verminderter Schuld, gehandelt hatten, siegte die Prinzipienreinheit von Strafe zur Vergeltung und anschließender Sicherung, wenn diese wegen noch vorhandener Gefährlichkeit erforderlich war. So betrachtet, konnte ein gegenseitiges Vikariieren nur sinnvoll sein, wenn Strafe und Maßregel inhaltlich in gleicher Weise als Übel und als belastend angesehen wurden, oder wenn man auf den in beiden Vollzugsformen stattfindenden Freiheitsentzug sah. Abgesehen von der Ausnahme des AE 1925 wurde über die Vollstreckungsreihenfolge von Strafe und Maßregel kaum diskutiert: Das Regel-Ausnahme-Verhältnis und der zweistufige Aufbau von Straf- und Maßregelrecht wiesen dem Maßregelvollzug wegen dessen 'Auffangfunktion' offensichtlich selbstredend nur die Nachrangigkeit zu.

Abschließend soll kurz auf die Frage der Zulässigkeit der Vollstreckungsverjährung bei den Maßregeln eingegangen werden. Der AE 1925 führte hierzu aus, eine Vollstreckungsverjährung komme bei der psychiatrischen Maßregel deshalb nicht in Betracht, weil sie weniger auf die Tat als vielmehr auf die gefährliche "Beschaffenheit" des Täters bezogen sei[605]. Daneben betonte der E 1927, wegen der Wesensverschiedenheit von Strafe und Maßregeln könne es bei letzteren auch dann keine Vollstreckungsverjährung geben, wenn der durch die Tat begründete Strafanspruch bereits erloschen sei[606]. Diese Ansicht wurde auch von Lutz geteilt; entweder sei die Maßregel notwendig, dann müsse sie angewandt werden, auch wenn viel Zeit seit der Anordnung verflossen sei, oder sie sei nicht oder nicht mehr notwendig, dann ist der Grund der Anordnung entfallen, ein Vollzug sei trotz früherer Anordnung nicht mehr gerechtfertigt[607].

---

[602] von Hippel 1910,900f.

[603] Cf. Exner 1921,191f., wobei er ergänzte, es seien dem Betroffenen nicht mehr Übel zuzufügen, als durch die Tat verwirkt, - immerhin ein Gedanke staatlicher Eingriffsbegrenzung!

[604] Nach Stratenwerth 1981,Rz. 36 weist die "strenge Kumulation" darauf hin, daß die Maßregeln etwas Zusätzliches sein sollten.

[605] cf. AE 1925-Begründung,38

[606] cf. E 1927,44

[607] cf. Lutz 1930,33

1.4.5 Theorie des Maßregelrechts III: Unterbringung oder Schutzaufsicht (Subsidiaritätsprinzip)?

Trotz der vielfach geäußerten scharfen Polemik von Psychiatern und Juristen gegen die gemeingefährlichen Geisteskranken und vermindert Zurechnungsfähigen, war doch vor allen den Verfassern der Strafrechtsreformentwürfe bewußt, daß nicht jeder, der nach den Bestimmungen des Strafrechts aus Krankheitsgründen nicht oder nur gemildert bestraft werden konnte, auch wegen großer Gefährlichkeit in einer Heil- oder Pflegeanstalt gesichert untergebracht werden mußte.

So sah bereits der GE 1911 in § 14 II die Möglichkeit vor, vermindert Zurechnungsfähige nach Strafverbüßung oder -erlaß einer Gesundheitsaufsicht zu unterstellen; daneben konnte die Anordnung von Familienpflege[608], die Unterbringung in einer Privatanstalt oder die Stellung unter Schutzaufsicht zulässig sein. Der KE 1913 ließ in § 100 III sowohl bei vermindert als auch bei Unzurechnungsfähigen die Erkennung auf Schutzaufsicht zu, wenn keine Verwahrung angeordnet wurde.

Nach dem E 1919[609], dem E 1922 und dem AE 1925[610] hatte nach einer eigenständigen richterlichen Erforderlichkeitsprüfung[611] eine Maßregelanordnung zu unterbleiben, wenn Schutzaufsicht genügte. In Bezug auf § 43 II AE 1925 hob Freudenthal sogar hervor, wenn die Schutzaufsicht als leichterer Eingriff hinreiche, "so *darf* es zum schwereren nicht kommen"[612]. Und er fuhr fort, die Schutzaufsicht solle die Regel bilden: "Die Unterbringung ist ... ein Damoklesschwert, das so lange Segen stiftet, wie es schwebt, im Fallen aber vernichtet."[613]

Die Entwürfe 1927, § 61, und 1930, § 61, schränkten die Anordnung von Schutzaufsicht in zweifacher Hinsicht wieder ein. Zum einen wurde sie auf den Kreis der

---

[608] Von Hessert schlug 1913,68 Gesundheitsaufsicht anstelle der Unterbringung oder nach der Entlassung für solche geistig Minderwertige und Geisteskranke vor, die nicht anstaltsbedürftig sind; gleichzeitig plädierte er für die Familienpflege, weil sie "wesentlich billiger wie die Anstaltspflege" sei, aaO.,70.

[609] Zum E 1919 bemerkte Ebermayer 1921,330, daß Gericht habe zu prüfen, "ob die öffentliche Sicherheit die Verwahrung des Täters in einer öffentlichen Heil- oder Pflegeanstalt erfordert." Bejahendenfalls müsse es diese anordnen, bei Verneinung sei die Frage der Schutzaufsicht zu prüfen.

[610] Nach AE 1925-Begründung,39, stellte der Entwurf dem Richter zwei Vorkehrungen zur Wahl, um die Öffentlichkeit zu schützen: die Schutzaufsicht und die Unterbringung [in dieser Reihenfolge! Ka.]. "Die zweite, schärfere Maßregel ist nur anzuwenden, wenn die erste, gelindere nicht genügt."

[611] s. o. Abschnitt 1.4.4

[612] Freudenthal 1926,160; Sperrung von mir,Ka.

[613] Freudenthal 1926,163

vermindert Zurechnungsfähigen begrenzt, zum anderen konnte sie nur zum Zuge kommen, wenn die Unterbringung für zwei Jahre bedingt ausgesetzt wurde[614].

Es dürfte nicht übertrieben sein, mindestens im Blick auf die Entwürfe von 1919, 1922 und 1925 zusammenfassend zu behaupten, daß hier maßregelrechtsimmanent die Unterbringung gegenüber der Schutzaufsicht subsidiär konzipiert war. Daran gemessen bedeuteten die in den Entwürfen 1927 und 1930 vorgesehenen Regelungen einen Rückschritt.

1.4.6 Theorie des Maßregelrechts IV: Vollzugsziele und Mittel. Staatliche Fürsorge

Die im Vollzug der psychiatrischen Maßregel anzuwendenden Mittel haben sich am Zweck des Maßregelrechts zu orientieren: An der Gewährleistung der Sicherheit der Allgemeinheit vor krankheitsbedingt gefährlichen Personen, die nach einer rechtswidrigen Tat durch Strafe nicht oder nicht genügend gesichert werden können. In Gestalt einer doppelten Subsidiarität ist danach die Maßregel der Strafe, die Unterbringung der Schutzaufsicht subsidiär. Auch wenn die Maßregelanordnung auf krankheitsbedingter Minderung oder Ausschluß der Zurechnungsfähigkeit und daraus resultierender Gefährlichkeit beruht, spielt die Heilbarkeit oder ihre prognostische Verneinung für die Anordnung keine Rolle[615].

Die im und für den Vollzug der psychiatrischen Maßregel anzuwendenden Mittel sind trotz oder gerade wegen der begrifflichen Äquivokation mit Ausdrücken, die den Zweck der Maßregel beschreiben, deutlich von diesem zu unterscheiden. Wenn Exner, ansonsten ein exzellenter Theoretiker, in diesem Zusammenhang bei den sichernden Maßnahmen zwei Gruppen von Mitteln unterscheiden wollte, wirkt dies doch sehr gekünstelt. Er grenzte hierbei die Besserungsmittel, die die Ursachen der Gefährlichkeit beheben sollen, von den Schutzmitteln ab, die die Gesellschaft vor dem Wirksamwerden dieser Ursachen schützen sollen[616]. Wirklichkeitsnäher erscheint deshalb Freudenthals Auffassung, daß die Grenzen zwischen Maßregeln der Besserung und Maßregeln der Sicherung im engeren Sinne fließend seien[617]. Ihm kam es bei der psychiatrischen Maßregel in erster Linie auf die Besserung an, bloße

[614] Gemessen an den vorher vorgesehenen Regelungen ist es unverständlich, wenn Lutz 1930,73 diese Regelungen als Vorzug lobt, weil sie die Anwendung eines milderen Mittels darstellten.

[615] Cf. AE 1925-Begründung,39; E 1927,46, wo ausdrücklich betont wird, daß die Maßregel auch Maßregel der Sicherung ist.

[616] cf. Exner 1914,69f.

[617] Cf. Freudenthal 1926,154. - Lutz 1930,55 bezeichnete eine Unterscheidung zwischen Besserungs- und Sicherungsmmaßregeln als "ungenau"; man könnte Wesensverschiedenheit annehmen.

Sicherung sei das subsidiäre Ziel[618]. Dennoch zeigte sich auch hier eine Vermischung der Begriffsebenen von Zweck und Mittel. Eindeutig im Blick auf die psychiatrische Maßregel sagte Metzdorf[619]: "Neben das Behandlungsprinzip tritt das Verwahrprinzip. Das darf aber nicht dazu führen, dieses zum herrschenden in der Heil- und Pflegeanstalt zu erheben." In die andere Richtung eines übersteigerten Besserungsdranges wandte Lutz[620] seinen Appell zur Beschränkung: "Besserung ist aber nicht Selbstzweck, sondern nur Mittel, um die Gesellschaft vor diesem einen bestimmten Menschen zu sichern."

Für einen eindeutigen Behandlungsprimat im Vollzug der psychiatrischen Maßregel sprachen sich in gleichlautenden Formulierungen der AE 1925 und der E 1927 aus: "...bestimmte Gruppen der erwachsenen Verbrecher (bedürfen) neben oder statt der Strafe einer besonderen Behandlung, die auf Beseitigung ihres für die Gesellschaft gefährlichen Zustandes abzielt und die erst abgeschlossen werden darf, wenn das Ziel erreicht ist."[621] Mit der Beseitigung des "gefährlichen Zustandes" als Ankommen am Behandlungsziel war zugleich der Zweck der Maßregelanordnung erreicht. Daß die Behandlung des "gemeingefährlichen Geisteskranken" nach gültigen psychiatrischen Grundsätzen zu erfolgen habe, stellte Hürten[622] heraus.

Angesichts der scharfen Töne zur 'Behandlung' der Geisteskranken und vermindert Zurechnungsfähigen auf der Diskussionsebene der Kriminalpolitik und der Anordnung der Maßregel im Rahmen des Strafverfahrens fällt auf, wie wenig von denselben Diskurspartnern zur Ausgestaltung des Vollzugs selbst beigetragen wurde. Über die dargestellten Beiträge hinaus scheint der nach der Rechtskraft der Maßregelanordnung liegende Vollzug für die Juristen und die Reformgesetzautoren kein rechtliches und für die Psychiater angesichts des 'therapeutischen Nihilismus' kein praktisches Gestaltungsinteresse besessen zu haben. Dennoch verdient ein Aspekt zur rechtlichen Legitimation der psychiatrischen Maßregel gerade in Hinsicht auf die Vollzugsgestaltung besondere Aufmerksamkeit: der Gedanke der staatlichen

---

[618] cf. ibid.

[619] Metzdorf 1930,25. - Ähnlich Flandrak 1932,10: "Ist also eine Bekämpfung der Persönlichkeitskomponente unmöglich, bleibt zur Aufhebung der Gefährlichkeit nur das eine Mittel, die Außenkomponente vollkommen auszuschalten", dh. nur noch zu sichern. - Bereits der E 1927,43 hatte in seiner Begründung darauf hingewiesen, daß die Behandlung solange zu erfolgen habe, bis das Ziel erreicht sei. Erst wenn keine Besserung mehr erwartet werden könne, "muß die Gesellschaft wenigstens durch dauernde Absonderung gesichert werden."

[620] Lutz 1930,55

[621] AE 1925-Begründung,37 = E 1927,43. - In diesem Sinne können auch von Hippel 1910,897: "*Die individualisierende Behandlung des Verbrechers bildet den Hauptfortschritt des Entwurfs [VE 1909, Ka.] über das heutige Recht*" und Hoberg 1918,203 verstanden werden, wonach die Maßregel lediglich mit der Behandlung des Übeltäters zu tun hat und nur "diejenigen Übel zufügen (soll), die zur Erreichung des mit ihr verbundenen Zweckes unbedingt notwendig sind."

[622] Hürten 1932,129. - Aus heutiger Sicht zynisch und makaber wirken allerdings seine in diesem Zusammenhang gemachten Bemerkungen über die >Fröhlichkeit im Bewahrhaus<.

Fürsorge für kranke und hilfsbedürftige Personen. Wieder einmal war es Stooß[623], der hier eine gewisse Vorreiterrolle übernommen hatte, als er die Anordnung von sichernden Maßnahmen gegen den Beschuldigten damit begründete, "ihn vor weiteren Verbrechen zu bewahren." Auch für Exner konnte die gesellschaftliche Schutzforderung mit der Forderung nach Fürsorge zusammentreffen: Der moderne Staat spricht sich das Recht zu, Untertanen zum Glück zu zwingen, wenn sie außerstande sind, eigene Interessen richtig zu erkennen[624]. So betrachtet "übernimmt der Staat als Obervormund die Sorge für das Interesse des Individuums"[625].

Dieser Fürsorgegedanke findet sich in der Begründung zum E 1919 wieder. Demnach sind die Maßregeln "zum Teil gerade deshalb eingeführt worden, weil es im Interesse der Allgemeinheit nicht immer angeht, daß ein Mensch, der einen mit Strafe bedrohten Tatbestand verwirklicht hat, ohne daß ihn eine Schuld im strafrechtlichen Sinne trifft, sich selbst überlassen bleibt."[626] Folglich sollte die wegen der Sicherheit der Allgemeinheit angeordnete psychiatrische Maßregel bei Unzurechnungs- und vermindert Zurechnungsfähigen zugleich dem Interesse des Verwahrten an seiner Heilung in den Grenzen des Möglichen[627] dienen. Damit konnte die Maßnahme den Charakter staatlicher Fürsorge[628] annehmen. Die Nähe dieser Argumentation zur polizei- bzw. verwaltungsrechtlichen Wohlfahrtstätigkeit ist deutlich herauszuhören.

Überraschenderweise findet sich in diesem Zusammenhang sogar bei Aschaffenburg ein diesen Gedanken aufgreifender und ihn erweiternder Hinweis: "Die Gesellschaft ist dem Verbrecher gegenüber verantwortlich, weil sie einen Teil der Ursachen für die Verbrechen in sich trägt"[629]. Bei Kohlrausch[630] wurde aus dem "gute(n) Recht der Gesellschaft ..., sich zu sichern gegen diejenigen, die ihre Lebensbedingungen stören", die "sittliche Pflicht ..., den Entgleisten auf den rechten

---

[623] Stooß 1912,368

[624] Cf. Exner 1914,118. - Schon von List hatte 1905d,12, gemeint, die Interessen des Verwahrten, vor allem seine bürgerliche Freiheit, würden durch einen anderen, zB. einen Vormund, besser vertreten, als es dem Internierten selbst möglich sei.

[625] Exner 1914,119

[626] E 1919-Denkschrift,21; und aaO.,84: "Diesen Maßregeln liegt der Gedanke zugrunde, daß es Fälle gibt, wo der Täter in seinem eigenen Interesse und mit Rücksicht auf die Allgemeinheit sich nicht selbst überlassen bleiben kann..."

[627] E 1919-Denkschrift,89

[628] Ibid. - Der Gedanke der Maßnahme als staatliche Fürsorge, die auch dem Interesse des Verurteilten dient, fand sich auch bei Ebermayer 1921,331. - Und auf die Fürsorge für entlassene Sträflinge als "Selbstschutz der gefährdeten Gesellschaft" wies Aschaffenburg 1923,267 hin. - Nach Lutz 1930,25, sind die von der Maßregel betroffenen "unglückliche, meist auch kranke Menschen, die aus eigener Kraft nicht mehr auf den rechten Weg zurückkommen können und deren sich der Staat aus Gründen der Selbsterhaltung und der Zweckmäßigkeit annimmt."

[629] Aschaffenburg 1923,367, wobei er fortfuhr: "Der Verbrecher aber ist der Gesellschaft gegenüber verantwortlich..."; im Orignal teilweise gesperrt.

[630] Kohlrausch 1927,1369

Weg zu bringen, den Außenseiter der Gesellschaft in diese wieder einzugliedern." Und Wilmanns, der der Einführung des Maßregelrechts ablehnend gegenüberstand, wies auf ihre prinzipielle Legitimationsgrundlage hin: "Eine Maßregel von der Härte, wie sie die Sicherung auf unabsehbare Dauer unter allen Umständen bleiben wird, darf nur ein Staat einführen, der das gute Gewissen hat, alles vermieden zu haben, was den Gefährdeten zum Verbrecher werden ließ, und alles getan zu haben, um das zu verhindern, ein Staat, der von sich sagen darf, daß er alles Menschenmögliche für die Bekämpfung des Wohnungselends, für die soziale Hygiene, die Hebung der Sittlichkeit, den Ausbau des Unterrichts, die Erziehung der Unehelichen und Waisen, die Bekämpfung des Alkoholismus, die Fürsorgeerziehung der gefährdeten Jugend getan hat."[631]

1.4.7 Theorie des Maßregelrechts V: Heil- und Pflegeanstalten oder Sonderanstalten als geeignete Unterbringungsinstitutionen?

Als Resümee des Überblicks von rund hundert Jahren Diskussion über die Unterbringung und Behandlung von gemeingefährlichen Geisteskranken stellte Rixen 1921 fest[632], daß hierüber die Meinungen einander diametral gegenüberstehen. Habe früher eine Mehrheit von Psychiatern für die Aufnahme dieser Personen in die Irrenanstalten plädiert, so sei inzwischen wegen der Anhäufung von kriminellen Geisteskranken bei den Irrenärzten ein Umschwung in Richtung Ablehnung eingetreten[633]. Diese beruhe nach Kollegenmeinung vorwiegend auf den Schwierigkeiten des stationären Zusammenlebens von - nur - psychisch Kranken mit kriminellen Geisteskranken[634]. Darüberhinaus befürchteten viele Kollegen, daß die Irrenanstalten ihren Charakter als Krankenanstalten verlören und zu bloßen Verwahranstalten herabsänken[635]. Die Abwehr richte sich bei den Vertretern dieser Meinung weniger gegen die aufgrund von § 51 RStGB freigesprochenen verbrecherischen Geistes-

[631] Wilmanns 1927,359 und aaO.,374, wo er ebenfalls vom "sittlichen Recht" des Staatswesens sprach, das allein dann "einen Menschen zum Schutz der Allgemeinheit seiner Freiheit (zu) berauben (zuläßt, wenn es) ... alles Menschenmögliche getan hat, um das Versinken des Menschen ins Verbrechertum zu verhüten."

[632] Cf. Rixen 1921,36; zum geschichtlichen Überblick über die für die geisteskranken Verbrecher geeigneten Anstalten und Institutionen cf. aaO., insbesondere 9-19 und 84-98.

[633] cf. Rixen 1921,19

[634] Cf. Rixen 1921,88 und er fuhr fort: "Ich kann mich des Eindrucks nicht erwehren, daß die Irrenanstaltsärzte nach dieser Richtung in dem Wunsche, die kriminellen Geisteskranken loszuwerden, unbewußt zu schwarz sehen."

[635] Cf. Rixen 1921,90. - Diesen Eindruck aus Kollegenkreisen teilte Aschaffenburg bereits 1912,198 mit. - Ebenso Wachsmuth 1921,133: "Da die modernen Aufgaben einer Irrenanstalt lediglich die eines Krankenhauses sind, so müssen die Kriminellen besonders in geeigneten Anstalten verwahrt werden."

kranken, als vielmehr "gegen die Aufnahme der aus den Gefangenenanstalten in die Irrenanstalten eingelieferten geisteskranken Verbrecher."[636]

Diese Gruppe entsprach weitgehend den als geistig minderwertig und vermindert zurechnungsfähig bezeichneten Personen. In dieser Hinsicht hatte bereits Kahl[637] die vermindert Zurechnungsfähigen in zwei Gruppen unterschieden, von denen die einen als straffähige in einer Strafanstalt, die anderen als gemeingefährliche und heilungsbedürftige in einer Sicherungsanstalt untergebracht werden sollten. Irrenanstalten kämen für diesen Personenkreis nicht in Betracht, denn dann läge bei ihnen Unzurechnungsfähigkeit vor[638]. Auf dieser Linie lagen mit ihrer Ablehnung der Aufnahme vermindert Zurechnungsfähiger in die Irrenanstalten auch Wilmanns[639], Rixen[640] und Aschaffenburg[641]. Vorkastner[642] kritisierte die Haltung seiner Psychiaterkollegen, die sich einhellig gegen eine solche "Invasion" vermindert Zurechnungsfähiger in ihre Anstalten sträubten und die fürchteten, "daß der Charakter der Anstalten als Krankenanstalten nach außen hin verwischt werde." Und er nahm Weygandts Hinweis auf, nach dem die Psychiater zu versagen schienen, wenn sie jahrzehntelang für den Begriff der verminderten Zurechnungsfähigkeit gekämpft hätten und nun erklärten, mit der Unterbringung dieser Leute nichts zu tun haben zu wollen, denn sie gehörten nicht in die psychiatrische Anstalt; dies sei eine "unverständliche Inkonsequenz"[643]. Dagegen stellte der Jurist Metzdorf[644] heraus, daß es durchaus dem Charakter der Irrenanstalt als Krankenhaus entspräche, wenn "auch der von der Behörde Eingelieferte innerhalb der Anstalt in erster Linie als Kranker angesehen" werde.

Kahl, ebenfalls einer der wenigen Juristen, die sich zur Frage äußerten, welche Anstalt für die im Maßregelvollzug Unterzubringenden die geeignete sei, forderte für den Strafvollzug und für die Sicherung[645] von geistig Minderwertigen gegliederte Zentralanstalten. Die Leitung solle durch Beamte und Ärzte wahrgenommen werden; die Anstalten seien baulich und organisatorisch so zu gliedern, daß sie eine

636 Ibid.; an gleicher Stelle äußerte er über seine Kollegen, sie würden dagegen Begutachtungen aus Gründen der Abwechslung von der "etwas einförmigen Tätigkeit" in den Irrenanstalten und zur Aufbesserung ihres Gehaltes gern übernehmen.

637 cf. Kahl 1904,236

638 cf. Kahl 1904,239f.

639 Cf. Wilmanns 1912,140 und ders. 1927,293: Irrenanstaltsärzte wehren sich gegen die massenweise Aufnahme von vermindert Zurechnungsfähigen.

640 Für Rixen 1921,127f. gehörten gefährliche minderwertige Personen deshalb nicht in die Irrenanstalt, weil diese "reine Krankenanstalten für Geisteskranke bleiben müssen".

641 Aschaffenburg begründete 1925,163 seine und die des Deutschen Vereins für Psychiatrie ablehnende Haltung zur Aufnahme von vermindert Zurechnungsfähigen in die Heil- und Pflegeanstalten damit, daß "es sich nicht eigentlich um Kranke sondern um psychopathische Persönlichkeiten handelt", die schwer erziehbare Menschen seien.

642 Vorkastner 1929,243

643 ibid.

644 Metzdorf 1930,23

645 cf. Kahl 1904,240

individualisiernde Behandlung ermöglichten[646]. Damit gab er auch die Meinung Delbrücks wieder, der ebenfalls besondere Anstalten für geistig Minderwertige mit der Begründung gefordert hatte, "Strafe und ärztliche Behandlung (müßten) gleichzeitig nebeneinander hergehen, nicht diese jener erst nachfolgen"[647]. Dreyer[648] sprach sich für gesonderte Kriminalanstalten oder "streng abgetrennte besondere Häuser mit entsprechend fester Bauart bei den gewöhnlichen Irrenanstalten" aus, wobei über den Vorzug der einen oder anderen Variante medizinische und finanzielle Erwägungen entscheiden sollten. Wilmanns hielt für vermindert Zurechnungsfähige zunächst[649] kleinere Abteilungen an Strafanstalten mit individualisierender Behandlung unter ärztlicher Leitung für ausreichend, während er später[650] Sonderanstalten unter ärztlicher Leitung den Vorzug gab. Schließlich sah auch Rixen[651] Sonderanstalten für psychopathische Gewohnheitsverbrecher als die geeignete Einrichtungsform an, weil diese Personen in die Hand des Irrenarztes gehörten.

Aschaffenburg hielt, nachdem er sich lange Jahre[652] gegen gesonderte Einrichtungen für geisteskranke Verbrecher gesträubt hatte, in den zwanziger Jahren[653] zwei Anstaltstypen für erforderlich: eine an die Irrenanstalt angegliederte, bei der ärztliche Gesichtspunkte überwiegen sollten und die nur einer geringen Sicherung bedürfe und eine andere im Rahmen des Strafvollzugs, in der die Begegnung von Gefährlichkeit den Ausschlag zu geben hätte.

Gegen Ende der Weimarer Zeit rückten Bewahrhäuser stärker in den Vordergrund des Interesses. Lutz[654] hielt solche an Irrenanstalten angegliederte, besonders feste Häuser für zweckmäßig, weil sie im engen Zusammenhang mit der Irrenanstalt keinen Strafanstaltscharakter trügen und jedermann erkennen könne, daß es sich bei den darin untergebrachten "um kranke, unglückliche Menschen" handele. Hürten[655] wollte mit dem Typ des Bewahrhauses genügend Sicherungen schaffen, ohne den Charakter einer Krankenanstalt zu verletzen. Wenn auch der Hauptzweck dieser Einrichtungen die Gewährleistung der öffentlichen Sicherheit sei, legte er dennoch Wert auf eine einem Krankenhaus würdige Innenausstattung[656]. Eine Einwei-

---

[646] cf. Kahl 1904,242
[647] cf. Kahl 1904,181
[648] Dreyer 1911,80f.
[649] cf. Wilmanns 1912,140
[650] cf. Wilmanns 1927,293f.
[651] cf. Rixen 1921,128
[652] Cf. Aschaffenburg 1900,141f.: bei den infragekommenden Personen stehe die Krankheit im Vordergrund, sie machten bisher keine Mühe, außerdem seien Sonderanstalten aus finanziellen Gründen unzweckmäßig; ders. 1912,210: auch unter dem Gesichtspunkt der "Gefährlichkeit" seien keine besonderen Anstalten erforderlich.
[653] cf. Aschaffenburg 1923,361 und ders. 1925,163
[654] cf. Lutz 1930,71
[655] cf. Hürten 1932,122
[656] cf. Hürten 1932,129

sung in das Bewahrhaus komme "nur für solche Kranke als unbedingt notwendig in Frage ..., bei denen infolge erheblicher Mängel und Verkümmerungen auf ethischem und sozialem Gebiete und der dadurch bedingten hochgradigen sittlichen Stumpfheit und Gefühlsverödung bei ungeschwächter Tatkraft oder infolge stärkster Affekterregbarkeit oder infolge abnormen Trieblebens oder unter dem Einfluß bestimmter Sinnestäuschungen bzw. Wahnvorstellungen ausgesprochene Neigungen zu schweren Gewalttaten wie Mord, Totschlag, gefährliche Körperverletzung, schwerem Einbruchsdiebstahl, Raub, Erpressung, Sexualverbrechen, Brandstiftung u. dgl. bereits hervorgetreten oder zu befürchten sind."[657]

Die Diskussionen im ersten Drittel dieses Jahrhunderts über den geeigneten Anstaltstyp zusammenfassend läßt sich feststellen, daß die hier so breit divergierenden Auffassungen der Meinungsvielfalt der bei der diagnostischen und rechtssystematischen Einordnung der sog. geistig Minderwertigen bzw. vermindert Zurechnungsfähigen entspricht. Während Unzurechnungsfähige fast einhellig als Geisteskranke und umgekehrt diese als unzurechnungsfähig und damit als anstaltsaufnahmebedürftig angesehen wurden, blieben die Meinungen über die vermindert Zurechnungsfähigen in diagnostischer wie rechtssystematischer Hinsicht und damit auch über die geeignete Anstaltszuordnung bei den Diskurspartnern, wie dargestellt, geteilt. Einig waren sich alle allein darin, gefährliche Personen im Interesse der Sicherheit der Allgemeinheit unterzubringen.

Offensichtlich lag für die Verfasser der Strafrechtsreformentwürfe von 1909 bis 1930 in der Frage der zweckmäßigen Unterbringungsinstitution für die Personen, die einer psychiatrischer Maßregel unterworfen werden sollten, kein Problem: Alle Entwürfe sahen für sie, auch für die Unterbringung der vermindert Zurechnungsfähigen, die Heil- und Pflegeanstalt vor.

1.4.8 Theorie des Maßregelrechts VI: Staat oder Kommune als Kostenträger der Maßregelunterbringung?

Der Schutz der Allgemeinheit vor gemeingefährlichen Geisteskranken durch ihre Unterbringung verursachte früher wie heute Kosten; kaum jemand der Betroffenen konnte als Selbstzahler zum Tragen der Kostenlast herangezogen werden. Die Sicherungsunterbringung nach Polizeirecht zum Schutz der Allgemeinheit betraf fast ausschließlich Mitglieder der untersten sozialen Schichten; an diesem Zustand konnte auch die mit der Einführung von Maßregeln vorgesehene strafrichterliche Unterbringung kaum etwas ändern.

---

[657] Hürten 1932,131. - Die Anzahl der Persönlichkeiten innerhalb der Maßregelpopulation, die vor schwersten Gewalttaten nicht zurückschrecken, hielt Wilmanns 1927,358 für so klein, "daß sie gegenüber den übrigen Verwahrungsbedürftigen in den Hintergrund treten".

Schon im Vorwort seines Werkes über die gemeingefährlichen Geisteskranken zitierte Rixen[658] seinen Lehrer Pelman mit der Frage "Wohin mit den geisteskranken Verbrechern?" und der Antwort, die Gründe für die eine oder andere Ansicht "haben ihre Wurzel meist im Geldbeutel." Mit der Zunahme der kriminellen Geisteskranken in den Irrenanstalten gegen Ende des vorigen und in den ersten beiden Jahrzehnten dieses Jahrhunderts stellte sich die Frage immer dringlicher, wer die Kosten für einen Personenkreis zu tragen habe, der weniger unter Krankheits-, dafür aber mehr unter Gesichtspunkten der Sicherheit der Allgemeinheit untergebracht werden sollte. Insbesondere in Preußen wurde heftig darum gestritten, ob der Staat, der auch Kostenträger der Gefängnisse und Strafanstalten war, die Kosten der aus Sicherheitsgründen erfolgten Unterbringung in den Irrenanstalten zu tragen hätte, oder ob diese Kosten direkt von den Kommunen, soweit sie selbst Irrenanstalten unterhielten, bzw. von den Provinzialverbänden in ihrer Funktion als kommunale Gebietskörperschaften und Anstaltsträger zu übernehmen wären. In dem von Rixen[659] nachgezeichneten Streit hierüber im preußischen Abgeordnetenhaus in der Zeit von 1902 bis 1914 zwischen Abgeordneten aller Parteien in großer Übereinstimmung einerseits und der Regierung andererseits wurde von Seiten der Abgeordneten wiederholt argumentiert, die Unterbringung, "welche nur behufs des Schutzes anderer Personen", die aus "Fürsorge für gemeingefährliche Geisteskranke", die als "Aufgabe der Sicherheitspolizei" oder "aus polizeilichen Gründen" vorgenommen werde, verpflichte den Staat, hierfür die Kosten zu tragen, wohingegen nur die Kosten "für die Maßregel der Wohlfahrtspolizei" den Gemeinden zur Last falle.

Die preußische Regierung lehnte alle Anträge zur Kostenübernahme durch den Staat ohne überzeugende Begründungen ab. Sie verwies lediglich auf das Urteil des preußischen OVG[660] von 1905, in dem festgestellt wurde: "Die Kosten der Anstaltspflege für mittellose gemeingefährliche Geisteskranke sind auch dann Kosten der Armenpflege, wenn die Unterbringung der Kranken in der Anstalt nicht in ihrem eigenen Interesse, sondern im Interesse der öffentlichen Ordnung und Sicherheit erforderlich ist." Damit blieben letztlich die Kommunalverwaltungen trotz er-

---

[658] Rixen 1921,III

[659] cf. Rixen 1921,21ff.

[660] Urt. vom 20.06.1905, Rep II A 5/04, PrOVGE 27,I.,Nr.2,6-24. - Bemerkenswert ist immerhin die Feststellung Preußens zum VE 1909, wonach die gegenwärtige Unterbringungsregelung eine polizeiliche Maßnahme sei, mit der Folge der Kostenträgerschaft durch die Landarmen- bzw. Provinzialverbände, während sich nach dem VE 1909 "die Maßnahme ... einer kriminellen Strafe" mit der Folge nähere, daß die Kostenlast dann beim Staat liege, VE 1909-Begründung,18; somit bestünden weiterhin Zweifel, ob die Verwahrung eine polizeiliche Maßnahme oder Teil der gerichtlichen Vollstreckung sei, im letzteren Fall hätte allerdings die Erstattung der Kosten durch den Staat zu erfolgen, VE 1909-Begründung,25. - Metzdorf vertrat 1930,31 unter Rückgriff auf § 344 II 18 ALR, sowie auf den Erlaß vom 21.03.1846, prMBl. 1846,53 und der Entscheidung des PrOVGE 47,16f. die Ansicht, diese seien nicht dahin zu verstehen, "daß die Unterbringung von Rasenden auf Kosten der Staatskasse erfolgen müsse".

heblicher rechtssystematischer Bedenken und Einwände an den Kosten der Unterbringung gefährlicher Geisteskranker hängen.

In diesem Zusammenhang ist auch Birkmeyers Äußerung zur "Kostenscheu der Verwaltung"[661] angesichts der zögerlichen Haltung bei Unterbringung gefährlicher Personen zu verstehen, ebenso die Meinung von Hesserts[662], bei der künftigen richterlichen Maßregelanordnung würden die Gerichte bei der Unterbringung weniger Rücksicht auf die Kostenfrage nehmen als derzeit die Verwaltungsbehörden.

Nach dem Ersten Weltkrieg versuchte Exner, die Kostenfrage als Argument gegen die Einführung der psychiatrischen Maßregel herunterzuspielen; wenn angesichts der Finanzlage des Reiches[663] und der schweren Lasten, die ihm die neuen Maßregeln aufbürden würden, die Reform zu scheitern drohe, solle man eher zu Übergangslösungen greifen als die Reform an der Kostenfrage scheitern zu lassen. Gleichzeitig nutzte er das Kostenargument, um sich gegen die Kumulierung[664] von Strafe und Maßregel und für die Vikariierung auszusprechen. Im gleichen Sinne warnte auch Ebermayer[665] davor, die Strafrechtsreform wegen der finanziellen Schwierigkeiten bei den Maßregeln scheitern zu lassen oder "ad calendas Graecas zu verschieben." Diese Äußerungen können durchaus implizit als Argument für die Kostentragungspflicht des Staates beim Vollzug der Maßregeln verstanden werden.

Auch gegen Ende der Weimarer Zeit wurde noch kein Konsens in dieser Frage deutlich. Lutz hielt die Einführung der Maßregeln für kostenneutral, da viele Gefährliche dann nicht mehr in Strafanstalten, sondern in Verwahranstalten untergebracht würden und man entsprechend leerstehende Strafanstalten umwidmen könne[666]; außerdem "dürfte die finanzielle Frage, wenn es um das Wohl der Gesellschaft geht, keine entscheidende Rolle spielen."[667] Creutz stellte der Entscheidung des PrOVG von 1905[668], das die Kostenlast für die Unterbringung Gemeingefährlicher der kommunalen Armenpflege zugewiesen hatte, zum einen eine Entscheidung des Bundesamtes für das Heimatwesen gegenüber, das als entscheidend für die Kostenträgerschaft herausstellte, "ob die Anstaltsaufnahme in erster Linie durch das Interesse der Öffentlichkeit oder durch das des Kranken erfordert wer-

---

661 Birkmeyer 1906,23

662 Cf. von Hessert 1913,66. - Stooß teilte 1893b,24f. bereits den Hinweis von schweizerischen Irrenärzten mit, daß dort Kranke aus Kostengründen zu entlassen seien, auch wenn ihr Zustand die öffentliche Sicherheit gefährde; deshalb sollte nach seinem Entwurf eine Entlassung nur durch das Gericht erfolgen dürfen.

663 cf. Exner 1921,198

664 cf. Exner 1921,191

665 Ebermayer 1921,329

666 cf. Lutz 1930,45

667 ibid.

668 cf. oben PrOVGE 47,I.,Nr.2

de."[669] Im ersten Fall hätte die Staatskasse, im zweiten die Kommunalverwaltung zu zahlen. Zum andern verwies er auf eine Entscheidung des Reichsversicherungsamtes[670], wonach einem Fürsorgeverband, der einen Geisteskranken in einer Anstalt untergebracht hatte, dann ein Ersatzanspruch nach § 1531 RVO nicht zustehe, "wenn die Unterbringung hauptsächlich gerade wegen der Gefährlichkeit des Geisteskranken für andere erfolgt ist und sonstige Gründe daneben in ihrer Bedeutung wesentlich zurücktreten". Nach seiner Meinung sei diese "merkwürdige Divergenz"[671] in der langjährigen Rechtsprechung der Obergerichte rational weder nachvollzieh- noch auflösbar.

So blieb die Frage, wer die Kostenträgerschaft für den Vollzug der psychiatrischen Maßregel zu übernehmen habe: die Kommune nach Grundsätzen der Fürsorge für Unbemittelte oder der Staat in Entsprechung zum Strafvollstreckungsrecht bzw. wegen seiner Pflicht zur Gewährleistung der Sicherheit der Allgemeinheit, vor Inkrafttreten des Maßregelrechts rechtstheoretisch ungeklärt und sachlich unentschieden.

1.4.9 Theorie des Maßregelrechts VII: Unterbringungsdauer. Entlassungsvoraussetzungen und Entlassungsbefugnis

In keinem Punkt bestand in der gesamten Diskussion zur Einführung der psychiatrischen Maßregel eine so breite Übereinstimmung, wie über die Frage der Dauer des Vollzugs: Sie sollte unbefristet sein. Die Entwürfe von 1909 bis 1919 sahen lediglich vor, daß bei einer über zwei Jahre hinausgehenden Dauer eine Entscheidung des Gerichts über die weitere Unterbringung herbeizuführen war[672].

Erst ab dem E 1922 wurde auch in den Texten der Gesetzentwürfe die Unterbringungsdauer an die Zweckerreichung gekoppelt: Die Unterbringung dauert solange, als es der Zweck der Anordnung erfordert. Dabei sollte eine Dreijahresfrist nur überschritten werden dürfen, wenn das Gericht die Maßregel von neuem anordnet, bzw. beim E 1927 von neuem für zulässig erklärt oder anordnet.

Eine präzise normative Bestimmung der Tatsachen oder Umstände, bei deren Vorliegen von einem Erreichen des Zwecks gesprochen werden konnte, lieferten die Gesetzentwurfstexte nicht. Insofern blieb hier konkludent zu schließen, daß eine Entlassung dann vorzunehmen sei, wenn die öffentliche Sicherheit eine weitere Unterbringung des Betroffenen nicht mehr erforderlich machte. Die Begründungen

---

[669] BAHE 77,17, Entscheidungung vom 21.10.1931, zit. nach Creutz 1932,154
[670] RVAE 25,343, zit. nach Creutz 1932,154
[671] Creutz 1932,154
[672] Dabei bestimmte der E 1919 in seiner Begründung, daß sich der Entlassungszeitpunkt aus dem Zweck der Maßregel ergebe: wenn die öffentliche Sicherheit die Verwahrung nicht mehr erfordere, cf. E 1919-Denkschrift,89.

zum AE 1925 und zum E 1927 ließen an diesem Punkt aber eine deutliche Sprache vermissen. Sie hoben im Gegensatz zum Gesetzestext nicht auf das Erfordernis der öffentlichen Sicherheit, sondern auf die Gefährlichkeit des Untergebrachten ab. Nach dem AE 1925 mußte das Gericht die Gewähr haben, daß der Betroffene wirklich behandelt und solange "zurückgehalten wird, bis sein gefährlicher Zustand aufgehört hat."[673] Gemäß dem E 1927 sollte die Unterbringung nicht länger dauern, als zum Schutz der öffentlichen Sicherheit notwendig; "er wird aber auch nicht freigelassen, solange er der öffentlichen Sicherheit noch gefährlich ist."[674]

Für eine Verwahrung nur für die Dauer der Gemeingefährlichkeit hatte sich früher schon Dreyer[675] ausgesprochen; die Entlassung habe zu erfolgen, wenn eine Gefährlichkeit nicht mehr vorliege. Ebenso betonte Hoberg[676], wie Art und Dauer der zu verhängenden Sicherungsmaßnahme lediglich den Grad der Gefährlichkeit zu berücksichtigen habe, so müsse die Unterbringung so lange dauern, bis der Gefahrzustand behoben, der Zweck der Verwahrung erreicht sei. Überlegungen, die Dauer des Maßregelvollzugs zur potentiellen Strafe bei voller Zurechnungsfähigkeit in Beziehung zu setzen, widersprach Metzdorf[677]: die Maßregelvollzugsdauer "hängt einzig und allein von der Gemeingefährlichkeit ab."

Die Heilbarkeit des Untergebrachten spielte ebensowenig für die Anordnung wie für die Entlassung eine Rolle; sie konnte lediglich Einfluß auf die Dauer der Unterbringung haben[678]. Nach Lutz[679] sind die Maßregeln an "präventiven Zweckmäßigkeitserwägungen" auszurichten und "streng subjektiv und individuell zu bemessen." Dabei sollte der Grundsatz beachtet werden, "daß die Behandlung nicht länger dauern darf, als bis zur Erreichung des Zweckes notwendig ist."[680] Hieraus ergab sich für ihn , daß eine Höchstfrist oder Dauer nicht im voraus bestimmt werden konnte[681]. Wilmanns[682] als erklärter Skeptiker der geforderten Strafrechtsreform hielt die Masse der sicherungsbedürftigen vermindert Zurechnungsfähigen für "unheilbar"; für diese Menschen bedeute deshalb die Zweckerreichensformel eine den ganzen Rest des Lebens dauernde Unterbringung.

Gemessen an der Einmütigkeit, mit der die Unterbringungsdauer als unbefristet angesehen wurde, bestand eine Vielfalt an Vorstellungen darüber, wer für die Ent-

---

673 AE 1925-Begründung,42. - Für Aschaffenburg 1925,160 bestand das Ziel der Unterbringung in der "Sicherheit des Rechtsfriedens", ihre Dauer sollte unbefristet an Zweck und Ziel gebunden sein.

674 E 1927,48

675 cf. Dreyer 1911,32

676 cf. Hoberg 1918,203

677 cf. Metzdorf 1930,53

678 cf. AE 1925-Begründung,39; E 1927,46 und oben Abschnitt 1.4.7

679 Lutz 1930,26

680 ibid.

681 cf. Lutz 1930,74

682 cf. Wilmanns 1927,298

lassung des Untergebrachten zuständig sein und die Entlassung anordnen solle. Hatten etwa bis zur Jahrhundertwende die ärztlichen Leiter der Irrenanstalten das alleinige Entscheidungsrecht über die Entlassung ihrer Patienten, so stieß diese Befugnis angesichts der Entlassung von gefährlichen Personen zunehmend auf Bedenken, insbesondere bei nach § 51 RStGB freigesprochenen bzw. nach § 203 RStPO außer Verfolgung gesetzten Personen. Mit Erlaß vom 15.06.1901 wurde deshalb in Preußen[683] angeordnet, daß aus den öffentlichen Irrenanstalten gefährliche Geisteskranke nur nach vorheriger Äußerung des Landrates oder der Polizeibehörde entlassen werden durften. Diese und weitere einschlägige Verfügungen wurden erst 1932 nach Inkrafttreten des PolVwG[684] durch einen neuen Runderlaß[685] ersetzt. Aber auch danach war vor einer Entlassung die Zustimmung derjenigen Polizeibehörde einzuholen, die die Unterbringung veranlaßt hatte. Entsprechend dieser Praxis sahen auch die Entwürfe von 1909 bis 1919 die Bestimmung über die Dauer des Maßregelvollzugs und die Entlassung daraus durch die Polizeibehörden[686] vor. Exner[687] hielt diesen der Polizei zu gewährenden Einfluß auf die Dauer der Maßregel für eine Konzession an die Gegner der Übernahme polizeilicher Präventionsmaßnahmen durch die Strafrechtspflege.

Der AE 1925 und der E 1927 übertrugen die Entscheidungskompetenz über die Entlassung grundsätzlich der Verwaltungsbehörde[688], sprachen aber in Fällen der vorzeitigen Entlassung dem Gericht die alleinige Entscheidungsbefugnis zu.

Aschaffenburg als prononcierter Standesvertreter der Psychiatrie, der den Platz dieser Disziplin im Gesellschaftsgefüge inhaltlich und organisatorisch gern dominanter vertreten sehen wollte, sprach sich dafür aus, dem Arzt die Zuständigkeit für

683 Verfügung der Minister der geistlichen etc. Angelegenheiten und des Innern, betr. das Verfahren bei der Entlassung gefährlicher Geisteskranker aus öffentlichen Irrenanstalten, vom 15. Juni 1901, MBliV.,197 = MedMBl.,179; ergänzt durch die gleichen Verfügungsgeber am 16. Dezember 1901, MBliV. 1902,18 = MedMBl. 1902,46. - Zu weiteren Erlassen in dieser Angelegenheit, cf. Aschaffenburg 1912,33f. und Rixen 1921,26-28. - Nach Lustig 1930,78 war es wegen der Gefährdung der öffentlichen Sicherheit erforderlich, die Polizei an der Entlassung gefährlicher Personen zu beteiligen.

684 prPolVwG v. 01.06.1931, GBl.,77, in Kraft ab 01.10.1931

685 Runderlaß des Ministers für Volkswohlfahrt, zugleich im Namen des Ministers des Innern, betr. polizeiliche Unterbringung Geisteskranker in öffentlichen Heil- und Pflegeanstalten, vom 21. Januar 1932, MBliV., 89 = VMBl.,101, unter ausdrücklichen Bezug auf PrOVGE 65,247,259, Urt. v. 13.12.1912, wo es im LS 3. heißt: "...vielmehr steht die Entscheidung darüber, ob der Geisteskranke weiter in der Anstalt festzuhalten sei, *lediglich* der Polizeibehörde (abweichend vom Urt. v. 02.07.1907, PrOVGE 51,231,227) ... nach Maßgabe des von ihr wahrzunehmenden polizeilichen Interesses zu."

686 Die VE 1909-Begründung,240 räumte zwar ein, daß es eigentlich konsequent gewesen wäre, dem Gericht die Zuständigkeit für Vollzugsmaßnahmen wie Dauer der Verwahrung und Entlassung zu übertragen, dies aber praktisch eine Überspannung sei.

687 cf. Exner 1921,189

688 cf. Metzdorf 1930,46

die Entlassung aller Kranken zu übertragen, also auch der Gemeingefährlichen, weil nur der Arzt den Kranken am besten beurteilen könne[689].

Für unabhängige Entlassungskommissionen, sog. "Anstaltsgerichte", setzte sich Freudenthal[690] ein. Erkennende Gerichte hielt er wegen ihrer Vollzugsferne für ungeeignet. Die von ihm vorgeschlagenen "Anstaltsgerichte" sollten wie Schöffengerichte zusammengesetzt sein; die Anstalt sollte hierin ein Antragsrecht oder ein votum consultativum erhalten. In gleichem Sinne plädierte Metzdorf[691] dafür, statt des Richters ein "kleines Kollegium", bestehend aus Anstaltsleiter, Arzt und Verwaltungsjurist, über die Beendigung der Unterbringung entscheiden zu lassen.

An der im VE 1909 der Polizei zugewiesenen Entscheidungskompetenz über die Entlassung des Untergebrachten und an der strafrichterlichen Zuständigkeit bei einer Anfechtung der polizeilichen Entscheidung, übte Dreyer[692] Kritik; nach seiner Ansicht wäre es konsequent gewesen, die richterliche Entscheidungskompetenz dem Verwaltungsgericht zu übertragen, da es bisher schon für polizeilich Internierte zuständig sei. Demgegenüber wollte Buchholz[693], anders als der VE 1909, dem erkennenden Gericht anstelle der Polizeiverwaltung den entscheidenden Einfluß auf die Entlassung eingeräumt wissen. Für Rixen[694] sollte nicht nur die Anordnung der Maßregel, sondern auch ihre Art und Dauer deshalb mit richterlicher Autorität umkleidet werden, weil es sich dabei um tief in die Persönlichkeitsrechte eingreifende Maßnahmen handele. Um aus den Wirkungen des Urteils Erfahrungen sammeln zu können, schlug Radbruch[695] vor, den Richter in die Vollstreckung mit einzubeziehen. So könne er Anhaltspunkte für die Entscheidung der Frage gewinnen, ob die weitere Unterbringung notwendig sei, bzw. ob er einer Entlassung des Untergebrachten durch die Verwaltung zuzustimmen vermöge.

Die Entwürfe von 1922 bis 1930 sahen dann tatsächlich das Zustimmungserfordernis des Gerichts für die von der Verwaltung vorzunehmende Entlassung vor. Darüberhinaus war nach dem E 1922 und dem AE 1925 vorgesehen, daß eine gerichtlich genehmigte Entlassung nur auf Probe erfolgen konnte, der E 1927 und der E 1930 verwendeten hierfür den Ausdruck "bedingte Aussetzung"[696].

Es bleibt abschließend festzuhalten: Auch noch gegen Ende der Weimarer Zeit wurde die Entlassung des Untergebrachten grundsätzlich als Verwaltungsakt ver-

---

689 Cf. Aschaffenburg 1912,275; nach Aschaffenburgs Auffassung war Gefährlichkeit ohnehin nur ein Krankheitssymptom und fiel damit per se in die ärztliche Beurteilungskompetenz.
690 cf. Freudenthal 1926,165
691 cf. Metzdorf 1930,62
692 cf. Dreyer 1911,76
693 cf. Buchholz 1912,688
694 cf. Rixen 1921,127
695 cf. Radbruch 1922,59f.
696 Bereits 1912,281 war Aschaffenburg für eine gesetzliche Regelung der "versuchsweisen Entlassung" eingetreten.

standen, der allerdings richterlicher Zustimmung bedurfte. Insofern blieb der Vollzug der psychiatrischen Maßregel bis zu seinem Ende in der Kompetenz der Verwaltung, wenngleich nach den Entwürfen der Weimarer Republik der Einfluß des Gerichts auf Vollstreckung und Vollzug gegenüber den ersten Entwürfen größer geworden war. Insgesamt blieb aber die Grundstruktur der psychiatrischen Maßregel als ein Segment des Polizeirechts identifizierbar.

1.5 Zusammenfassung und Bewertung

Wie gezeigt[697] hat vor allem die naturwissenschaftliche, industrielle und medizinische Entwicklung im ausgehenden 19. und beginnenden 20. Jahrhundert erheblichen Einfluß auf den sozialen Umbruch der Gesellschaft ausgeübt. Ganze Gruppen von Menschen wurden marginalisiert und ausgegrenzt. Die Gesellschaft spaltete sich in brauchbare und unbrauchbare Mitglieder.

Zugleich wurde in diesen Zeiten der sozialen Brüche, Verwerfungen und Übergänge ein erhebliches Angstpotential, insbesondere in bürgerlichen Schichten, freigesetzt. Diese Ängste wurden als Projektionen auf diejenigen gerichtet, von denen man eine existentielle Bedrohung der gesellschaftlichen Sicherheits- und Ordnungsstrukturen und des eigenen Status befürchtete. Sie waren die Gefährlichen, auch wenn ihre 'Gefährlichkeit' vornehmlich das Ergebnis der Hypostasierung eigener Ängste war. Jedenfalls war die Gefährlichkeit insoweit real, als sie die Gegenreaktionen bestimmte.

Konkret machte sich der Eindruck einer Gefährdung der gesellschaftlichen Ordnung an der Zunahme von Kriminalität[698], insbesondere an der Häufung von Rückfälligkeit nach Strafentlassung bemerkbar. Dabei spielte es für die Reaktion hierauf keine Rolle, ob tatsächlich ein signifikanter Kriminalitätsanstieg vorlag, oder ob im Zusammenhang mit zunehmender Ausgrenzung die staatliche Interventionsschwelle gesenkt und damit häufiger polizeilich und strafrechtlich gegen Verhaltensabweichler vorgegangen wurde, oder ob nur verfeinerte und umfangreichere Statistiken eine Zunahme der kriminellen Gefährdung der Gesellschaft suggerierten.

An zwei Punkten schien das geltende Schuldstrafrecht zu versagen, da es die Stabilität der gesellschaftlichen Ordnung nicht mehr in der erwarteten Weise gewährleisten konnte. Zum einen hatte angesichts des sich ausbreitenden 'Berufs- und Gewohnheitsverbrechertums' offensichtlich die generalpräventive Zweckbestimmung des Schuldstrafrechts ihre Funktionsfähigkeit in erheblichem Maße eingebüßt. Zum anderen offenbarte das am Vergeltungsprinzip ausgerichtete Schuldstrafrecht dort seine Insuffizienz, wo es mit der angeordneten Freiheitsstrafe die Öffentlichkeit nicht oder nicht ausreichend zu sichern vermochte: gegenüber geisteskranken Irren und gegenüber hochfrequent Rückfälligen mit kleinerer und mittlerer Kriminalität, die weder eindeutig geisteskrank noch offensichtlich voll zurechnungsfähig waren.

Zunächst hatte von Liszt[699] zur Bewältigung dieses Problems einen strafrechtlichen Lösungsweg vorgeschlagen: Die Strafe sollte in Gestalt der "Zweckstrafe" zusätz-

---

[697] cf. Abschnitt 1.2.1

[698] cf. Abschnitt 1.3.1

[699] cf. Abschnitt 1.1.1

liche Sicherungsfunktionen über das Maß der Schuld hinaus mit übernehmen. Aber eine solche strafrechtsimmanente Lösung war rechts- und kriminalpolitisch nicht durchsetzbar.

Demgegenüber erwies sich der Weg in die von Stooß[700] gewiesene Richtung als eher gangbar. In der nach seinem Vorschlag von 1893 geführten Diskussion um die überzeugendste Weise, die Sicherungslücken des geltenden Strafrechts zu schließen, kamen drei Momente für einen tragfähigen Lösungsansatz zusammen: 1. die Konzentration auf den Begriff "Gefährlichkeit"[701], dem inhaltlich das "Sicherheitsinteresse der Öffentlichkeit" korrespondierte; 2. der Rückgriff auf die Gefahrenabwehrfunktion des Polizeirechts; 3. der naturwissenschaftlich-medizinische Anspruch und das Angebot von Kriminalwissenschaft und Psychiatrie[702], Gefährlichkeit erklärbar und damit für ein neues rechts- und ordnungspolitisches Konzept operationalisierbar machen zu können.

Bei dieser Ausgangslage war ein zweigliedriger Transformationsprozess[703] zu bewältigen. Erstens mußte der Gefährlichkeitsbegriff so erweitert werden, daß er außer den schweren Delikten von zurechnungsfähigen Gewohnheits- und Berufsverbrechern sowie unzurechnungsfähigen und unzweifelhaft Geisteskranken auch die leichtere und mittlere Kriminalität von Rückfalltätern, Störern im Vollzug und sog. Minderwertigen mit umfassen konnte. Zur strafrechtssystematischen und -prozessualen Bewältigung bedurfte es hierzu des Begriffs der verminderten Zurechnungsfähigkeit[704]. Zweitens mußte die kriminalpolitische Gefährlichkeit so in Krankheit umgeformt werden, daß sie sowohl prozessual als auch institutionell auf den medizinisch-psychiatrischen Lösungsweg gebracht werden konnte. Hierzu bedurfte es neben dem Geisteskranken der Kategorie des Psychopathen. Mit seiner Konstituierung war es schließlich möglich, die behauptete Sicherungslücke zu schließen: Die polizeiliche Aufgabe der Gefahrenabwehr gegenüber gefährlichen Geisteskranken konnte nunmehr auf den vermindert zurechnungsfähigen Psychopathen ausgedehnt werden, bei weitgehend synonymem bzw. identifizierendem Sprachgebrauch dieser aus funktionalen Gründen differenzierten Begriffe.

In allen Entwürfen bis 1930 blieb die systematische Struktur und Genese des Rechts der psychiatrischen Maßregel aus der Grundstruktur des polizeilichen Gefahrenabwehrrechts erkennbar. Daran änderte auch ihre vorgesehene Implementierung[705] ins Strafgesetzbuch nichts. Da die Maßregel erst dann in Betracht gezogen werden sollte, wenn die Strafbarkeit des Täters wegen Unzurechnungsfähigkeit gesperrt oder wegen verminderter Zurechnungsfähigkeit mit der Folge obligatori-

---

[700] cf. Abschnitt 1.1.2
[701] cf. Abschnitt 1.3.2
[702] cf. Kap. 1.2, Abschnitte 1.3.1 und 1.3.3
[703] cf. Abschnitt 1.3.3
[704] cf. ibid.
[705] cf. Abschnitt 1.4.3.1

scher Strafmilderung eingeschränkt[706] war, gleichwohl aber das Sicherheitsinteresse der Öffentlichkeit eine Intervention gegen den Gefährlichen[707] nach Verfahrenseinstellung, strafbarkeitsausschließendem Freispruch oder nach Strafvollzug erforderte, konnte ihr gegenüber dem Strafrecht nur Nachrangigkeit[708] im Sinne einer Auffangreaktion zukommen. In diesem zweistufigen Konzept blieb dem Maßregelrecht sein originär polizei- bzw. verwaltungsrechtlicher Charakter erhalten; denn trotz gelegentlich anders gebrauchter Wortwahl sollte es nicht ins Straf-*Recht*, sondern - nur - ins Straf-*Gesetzbuch* inkorporiert werden. Allein das Vorliegen einer rechtswidrigen Tat, die krankheitsbedingt zum Ausschluß oder zur Minderung der Zurechnungsfähigkeit führte, und mit der das Strafgericht befaßt war, konnte das Maßregelrecht mit der Straf-Rechtsprechung verknüpfen. Die Konzeption des Maßregelrechts beschritt deshalb weder eine strafrechtsimmanente, noch eine strafrechtliche Lösung im Sinne einer Zweispurigkeit, sondern einen ausschließlich straf-verfahrensrechtlichen Lösungsweg: Nicht das Straf-Recht, sondern der Straf-Richter übernahm nach strafprozessualen Regeln eine präventive polizeiverwaltungsrechtliche Funktion[709].

Im einzelnen stellte sich die Grundstruktur der psychiatrischen Maßregel am Ende der Weimarer Zeit systematisch zusammengefaßt wie folgt dar:
1. Zweck der Maßregel sollte der Schutz der öffentlichen Sicherheit vor der prospektiven Gefährlichkeit des Täters sein.
2. Sie kam nur nach einer rechtswidrigen Tat infrage, wenn diese im Zustand krankheitsbedingter Unzurechnungsfähigkeit oder verminderter Zurechnungsfähigkeit geschehen war.
3. Der krankhafte Zustand der Täterpersönlichkeit mußte sich prognostisch als gefährlich darstellen; diese Gefährlichkeit mußte sich darüberhinaus aus dem Tatgeschehen herleiten lassen.
4. Der Strafrichter hatte die Maßregel anzuordnen, wenn ihre Voraussetzungen vorlagen; genügten weniger einschneidende Sicherungsmaßnahmen, so hatten sie vorrangig zum Zuge zu kommen (Subsidiaritätsprinzip).
5. Als Unterbringungsinstitution war die Heil- und Pflegeanstalt vorgesehen; für den Vollzug der Unterbringung war die Verwaltung zuständig.
6. Die Maßregel wurde dem Strafrichter als polizeirechtliches Sicherungsmittel zusätzlich zum Strafrecht in die Hand gegeben, um dort eingesetzt zu werden, wo aus Gründen des § 51 RStGB keine Strafe ausgesprochen werden konnte, oder wo im Anschluß an eine gemilderte Strafe aufgrund verminderter Zurechnungsfähigkeit darüberhinausgehender Sicherungsbedarf bestand. Insofern trat sie kumulativ

---

[706] cf. Abschnitt 1.4.3.2

[707] cf. Abschnitt 1.4.4

[708] cf. Abschnitt 1.4.3.2

[709] Ein deutlicher Hinweis auf diese polizeiverwaltungsrechtliche Grundstruktur des Maßregelrechts ist außer in der Aufhebung des Rückwirkungsverbotes in der im E 1927 vorgesehenen "Zulässigkeitserklärung" der Maßregelanordnung zu erkennen; sie grenzt deutlich das Straf-Urteil von der Maßregel-Anordnung ab.

zu den strafrechtlichen Reaktionen hinzu.
7. Die strukturellen Wesensunterschiede von Strafe und Maßregel schlossen ein gegenseitiges sich Vertreten, ein Vikariieren aus.
8. Die psychiatrische Maßregel konnte nur für einen befristeten Zeitraum angeordnet werden. Da ihre Dauer aber gleichzeitig an die Zweckerreichung gebunden war, konnte entweder eine Entlassung vor Ablauf des Anordnungszeitraumes oder eine erneute befristete Anordnung im Anschluß an ihn infragekommen.
9. Wegen der Zweckbindung der Maßregel an die Sicherheit der Öffentlichkeit vor der Gefährlichkeit des Täters war ihre Dauer nicht an Behandlungsaussichten oder -möglichkeiten gekoppelt.
10. Die Entlassung erfolgte mit Fristablauf; vor Fristablauf konnte die Verwaltungsbehörde eine Entlassung nur mit Zustimmung des Gerichts vornehmen.
11. Die Entlassung erfolgte kraft Gesetzes als bedingte Aussetzung, die bei Erforderlichkeit vom Gericht zu widerrufen war.

Nicht geklärt war das Problem, wer die Kosten der Unterbringung zu tragen habe: der Staat, insofern als die Maßregel vom Strafrichter angeordnet wurde und ihr Vollzug Ausfluß der Strafrechtspflege war, oder die Kommunen bzw. kommunale Verbände, weil sie Träger der Heil- und Pflegeanstalten und für die öffentliche Wohlfahrt und Fürsorge zuständig waren.

Nicht geklärt blieb auch die entscheidende Frage, wie der Vollzug der psychiatrischen Maßregel inhaltlich gestaltet werden sollte, wenn er sich aufgrund der unterschiedlichen dogmatischen Voraussetzungen vom Strafvollzug und wegen der Zweckbindung an die Sicherheit der Öffentlichkeit von der allgemeinen Psychiatrie zu unterscheiden hatte. Abgesehen von einer fehlenden verbindlichen Diagnostik mangelte es der Psychiatrie auch an überzeugenden Behandlungskonzepten. Viele Psychiater flüchteten sich von einem "therapeutischen Nihilismus" angesichts des leidenden Individuums hin zu einem Kulturauftrag der Heilung der Gesellschaft in Gestalt einer Befreiung von den Leidenden. Erst recht blieb offen, was trotz des therapeutischen Nihilismus in einer mit medizinischem Behandlungsanpruch auftretenden Psychiatrie mit den nicht im medizinischen Sinne geisteskranken Psychopathen zu geschehen habe.

Eine Bewertung der fünfzig Jahre dauernden Diskussion von Kriminologie, Strafjustiz und Psychiatrie zwischen der Marburger Antrittsrede Franz von Liszts im Jahre 1882 und dem Ende der Weimarer Republik 1932/33 um die Ergänzung der strafrechtlichen Sanktionen durch ein System von bessernden und sichernden Maßregeln führt zunächst einmal zu der Feststellung, daß alle Teilnehmer an diesem Diskurs um einen Modus von Modernität bemüht waren, der dem naturwissenschaftlich-objektivierenden Vorgehen in anderen Bereichen entsprach: "Der Kriminelle, der Schwerverbrecher, der Rückfalltäter und der affektive Gesetzesbrecher, ... tritt zunehmend ein in den objektivierenden Raum der expandierenden Wissenschaften vom Menschen und wird mehr und mehr als fremdbestimmter Bezugspunkt kausaler Wirkungskräfte physiologischer, psychischer und sozialer Natur konzeptualisiert. ... Verwahren, behandeln, resozialisieren - das sind die Maßnahmen, welche das neue Wissen über Kriminalität fordert."[710]

Dementsprechend lassen sich drei Akzentverschiebungen bzw. Übergänge ausmachen und benennen: Erstens wird das Vergeltungspostulat zurückgedrängt und der Schutz der Gesellschaft vor dem Verbrecher in den Vordergrund gerückt. Zweitens tritt der Schuldgedanke, der eng mit der Idee der Autonomie und der personalen Verantwortlichkeit verknüpft ist, in den Hintergrund, um einem Konzept von der Gefährlichkeit des Täters[711] Platz zu machen. Dem entspricht im normativen Bereich die vorgesehene Übertragung polizeirechtlicher Präventionsmaßnahmen in die Hand des Strafrichters[712]. Drittens ist eine Interessenverlagerung vom Verbrechen zum Verbrecher, von der Tat zum Täter zu beobachten. Dies gilt auch und gerade sub specie Gefährlichkeit: Nicht ein normativer Gefährlichkeitsbegriff, der an der Verwirklichung einer rechtswidrigen Tat orientiert ist[713], prägt das sich bildende Gefährlichkeitsverständnis, sondern ein ontologischer Begriff, der die Täter-Person als gefährlich-krank identifiziert. Verbrecher ist deshalb nicht (nur), wer etwas Sozialschädliches tut, sondern wer sozialgefährlich ist[714]. Diese Form der sozialen Ausgrenzung erzeugt eigentlich den Verbrecher vor dem Verbrechen und in letzter Konsequenz: unabhängig vom Verbrechen[715], - eine Voraussetzung für die die Tötung von Menschen 'legitimierende' Ideologie und (Un-)Rechtsauffassung im Nationalsozialismus.

Trotz aller Bemühungen um Modernität im kriminalpolitischen Diskurs stellt sich rückblickend das Konzept des Maßregelrechts und seine vorgesehene Einbindung in Strafjustiz und Psychiatrie als eine am allerwenigsten wissenschaftliche Lösung des drängenden Problems nicht hinreichender öffentlicher Sicherheit vor als gefährlich definierten Menschen dar. Mit Strasser[716] sind wir deshalb davon überzeugt, "im Bereich der Pathologisierung von Kriminalität weniger das unmittelbare Ergebnis der jeweils verfügbaren wissenschaftlichen Erkenntnisse über den Menschen sehen ... (zu können), sondern vielmehr das komplexe Produkt des Zusam-

[710] Strasser 1978b,8
[711] cf. Strasser 1978a,37
[712] Zum Diskurs des Gesellschaftschutzes als Reduktion des "autonom-moralischen Diskurses auf instrumentelle Vernunft", cf. Strasser 1992,25.
[713] cf. PrOVGE 77,342 vom 12.06.1922
[714] Cf. Eb.Schmidt 1931,17, hier im Blick auf die sowjetrussische Strafrechtsentwicklung der zwanziger Jahre.
[715] cf. Strasser 1984,19
[716] Strasser 1978b,2

menspiels solcher Erkenntnisse mit dem Bestand und dem Wandel gesellschaftspolitischer Verhältnisse und gruppenspezifischer Interessenkämpfe."[717]

Das Maßregelrecht zeigt sich am Ende der Weimarer Republik als ein ambivalenter kriminalpolitischer Modernismus, der fast nahtlos zum Bestandteil der Ausgangsbasis für eine faschistische Umgestaltung des Strafrechts wird, eines Strafrechts, das Ausdruck der Gesellschafts- und Herrschaftsideologie der Starken und Gesunden ist, die Kranke, 'Minderwertige', Unangepaßte und andere per definitionem sozial Ausgegrenzte entrechtet, zwangsweise sterilisiert und schließlich systematisch ermordet.

---

[717] Cf. auch Strasser 1984,137: "... des Interesses der Öffentlichkeit an einer Bestrafung gerade der typischen Verbrecher, wie sie von den >kriminellen Psychopathen< repräsentiert werden; des Interesses der Justiz, den Einbruch einer außerjuristischen Personvorstellung in den strafrechtlichen Bereich möglichst einzudämmen und die Aushöhlung der installierten Strafzwecke (Vergeltung, Generalprävention, sühnende Besserung) nur in Ausnahmefällen zuzulassen; des Interesses der Psychiater, gutachterliche Macht zu maximieren bei gleichzeitiger Kleinsthaltung der Verantwortlichkeit; und schließlich auch des Interesses der gesetzgebenden Instanzen, einen erträglichen Kompromiß nicht zuletzt unter Berücksichtigung des wachsenden Drucks von seiten der Resozialisierungsideologen zu finden." -
Nach Herzog 1981,319 lassen sich die vielfältigen Beziehungen zwischen Psychiatern, Patienten, Anstalt, Staat und Psychopathologie nicht auf einen einfachen Nenner bringen. Cf. auch aaO.,320-323.

2. Teil

Struktur und Stellung der psychiatrischen Maßregel im Gewohnheitsverbrechergesetz von 1933. Nationalsozialistische Gesetzgebung, Rechtspolitik und Rassenhygiene im Dritten Reich

Gleich im ersten Jahr der Machtübernahme durch die Nationalsozialisten ist das Institut der Maßregeln im Strafgesetzbuch normiert worden. Eine Darstellung und Bewertung der psychiatrischen Maßregel bliebe aber vordergründig und nur Stückwerk, würde sie ausschließlich mit einer legalistisch verengten Sichtweise auf ihre Kontinuität zu den Vorentwürfen und auf ihre Stellung im Strafgesetzbuch vorgenommen. Die Komplexität der nationalsozialistischen Rechtssetzung und -praxis durch formale Gesetze, Verordnungen, Führerbefehle, Ermächtigungen auf zweifelhafter Rechtsgrundlage und Anweisungen aus Parteigremien und -ausschüssen, sowie ihre Verflechtung mit rassen- und gesellschaftpolitischen Ideologien, insbesondere in Medizin und Psychiatrie, erfordert eine Öffnung der Betrachtungsweise und eine Einbeziehung weiterer Zusammenhänge. Deshalb kann eine rechtliche Bewertung der psychiatrischen Maßregel nicht an den nationalsozialistischen Mord- und Vernichtungsaktionen vorbeisehen.

2.1 Die Umbruchsituation des Jahres 1933 mit der Machtübernahme durch die Nationalsozialisten: Kontinuitäten. Neuerungen. Radikalisierungen

2.1.1 Die Rechtsentwicklung am Beginn der NS-Zeit

Die Machtübernahme durch die Nationalsozialisten am Beginn des Jahres 1933 brachte in der Rechtspolitik eine völlige Neugestaltung der Einstellungen zum Individuum und zur Volksgemeinschaft[1] und des Verhältnisses beider zueinander. Dieser "mit der nationalen Erhebung eingetretene Wechsel der Grundanschauungen" zeigte sich "am schärfsten"[2] in der Kriminalpolitik und im Strafrecht. Im Rückblick auf die Weimarer Zeit galt für die Juristen der "neuen Bewegung" die Zunahme der Kriminalitätszahlen "als Beweis eines völlig versagenden Strafrechts"[3]. Dazu kam die starke Betonung des Individuums in der liberalen Strafrechtsauffassung. Sie stellte sich für die nationalsozialistischen Juristen "als

[1] Zum Begriff "Volksgemeinschaft" im System des Nationalsozialismus cf. neuerdings Wehner 1994. - Cf. hierzu bereits Jaspers 1946,39 im Blick auf die Zeit des Nationalsozialismus: "Es war, als gäbe es keine Menschen mehr, sondern nur noch Kollektive."

[2] Rietzsch 1933,746

[3] Peters 1965,162

mangelnde Berücksichtigung der Gemeinschaftserfordernisse"[4] dar. Auch die in der Weimarer Zeit begonnene Strafrechtserneuerung wurde aus der NS-Sicht "als Zeichen der Schwäche gegenüber dem Verbrecher"[5] gewertet.

Aus diesem Grunde stellte sich für das Strafrecht die neue Aufgabe "der Erhaltung und Sicherung der Volksgemeinschaft, der Gewährleistung der Rechtssicherheit."[6] Nunmehr sollte es mit einem Verständnis des Strafgesetzbuches als der Magna Charta des Verbrechers[7] vorbei sein. Jetzt sei der "*Schutz des Staates* und *der Gemeinschaft gegen* den Verbrecher"[8] weit wichtiger. "Strafrecht und Strafgerichte sind nicht zum Schutze des Verbrechens da, sondern zum Schutz der Gesamtheit gegen das Verbrechen."[9] Damit wurde Verbrechensvorbeugung, wurde Prävention in der neuen Strafrechtsauffassung von Anfang an zum integralen Bestandteil des Strafrechts und der Strafgerichtsbarkeit.

Mit dieser neuen Richtung stand das Strafrecht nicht isoliert da. Es wurde insoweit von einer Neubestimmung des Staatsrechts gestützt und getragen. Der preußische Justizminister Kerrl sah in seiner Denkschrift "Nationalsozialistisches Strafrecht" im Jahre 1933 den Staat nach nationalsozialistischer Auffassung nicht als Zweck "an sich selbst, sondern nur (als) Mittel zu dem einen Zweck, ... der Erhaltung und Sicherung des Bestandes der Nation, des Volkstums, der Rasse."[10] Daraus ergab sich für ihn als Aufgabe der Staatskunst im nationalsozialistischen Staat "*die grundlegende Umgestaltung (die Revolution) der bisherigen politischen, wirtschaftlichen und gesellschaftlichen Ordnung zu einem wahrhaft völkischen Gemeinschaftsleben*"[11].

In der gleichen Denkschrift zog Freisler daraus die Konsequenzen für das neue Strafrecht. Stand früher der Verbrecher im Mittelpunkt des Strafrechts, die "Sorge darum, ihm nicht wehe zu tun, das liebevolle Sichversenken in seine Seele, ... das mitleidige Bedauern ihm gegenüber"[12], so sollte das Strafrecht nun den Schutz des deutschen Volkes für die Vergangenheit, Gegenwart und Zukunft in den Mittelpunkt stellen[13].

Auf geisteskranke Verbrecher bezogen, hielt es die Denkschrift deshalb für "dringend erforderlich, ... abweichend vom geltenden Recht die Unschädlichmachung eines Unzurechnungsfähigen wegen seiner Gefährlichkeit für die All-

---

4 ibid.
5 ibid.
6 Rietzsch 1933,745f.
7 Cf. Rietzsch 1933,746 unter Anspielung auf eine entsprechende Äußerung von Liszts.
8 Rietzsch 1933,746
9 ibid.
10 Kerrl 1933,4
11 ibid.
12 Freisler 1933,8
13 cf. Freisler 1933,9

gemeinheit anzuordnen."[14] Die von einer solchen Person ausgehende Gefahr sei häufig größer als die Gefährdung durch Gesunde. Und wie schon in den früheren Diskussionen forderte auch die Denkschrift die Übertragung der Kompetenz zur Anordnung der Unterbringung auf die Gerichte, da die Verwaltungsbehörden "von den ihnen zustehenden Befugnissen nicht in dem erforderlichen Maße Gebrauch gemacht"[15] hätten.

Obwohl die Denkschrift ausdrücklich am Prinzip festhalten wollte, daß nur gegen einen Zurechnungsfähigen Strafe verhängt werden könne, gab sie in diesem Zusammenhang doch zu bedenken, "ob nicht auch geisteskranke Verbrecher, die ein todeswürdiges Verbrechen begangen haben, zu töten sind."[16]

Darüberhinaus schlug sie eine Unterbringungsanordnung bei Feststellung der Unzurechnungsfähigkeit bereits im Ermittlungsverfahren vor[17]. Eine im nationalsozialistischen Sinn erweiternde Bedeutung gab sie dem Wort Unrecht in der Formel über den Ausschluß der Zurechnungsfähigkeit: "Das Wort 'Unrecht' bezeichnet nicht nur den Widerspruch zum geschriebenen Recht, sondern auch die Verletzung deutschen rechtlichen und sittlichen Empfindens allgemein."[18]

Einen singulären Standpunkt vertrat die Denkschrift des Preußischen Justizministers allerdings mit der Meinung, abgesehen von der Unterbringung Unzurechnungsfähiger seien neben der Strafe auszusprechende Sicherungsmaßnahmen abzulehnen. Sie widersprächen dem Grundsatz der Einspurigkeit und stünden nicht mit den Anschauungen des Volkes im Einklang[19]. Die übrigen Fälle, "in denen es im Interesse von Staat und Volk erforderlich ist, gesellschaftsfeindliche Elemente aus der Volksgemeinschaft auszusondern", sah sie nicht in den Aufgabenbereich des Strafgesetzbuches fallen[20]; sie müßten einem Reichsverwahrungsgesetz vorbehalten bleiben. Hier klang noch einmal eine Unterscheidung zwischen den Aufgaben des Straf- und des Polizeirechts an, die in den folgenden Jahren der nationalsozialistischen Herrschaft völlig verwischt wurde.

---

[14] Denkschrift 1933,136
[15] ibid.; cf. auch aaO.,139
[16] ibid.
[17] cf. Denkschrift 1933,137
[18] ibid.
[19] cf. Denkschrift 1933,138
[20] ibid.

2.1.2 Ein erstes Gesetz erbbiologischen Inhalts: Das Gesetz zur Verhütung erbkranken Nachwuchses (GzVeN) vom 14.07.1933/01.01.1934

Die Volksgemeinschaft im nationalsozialistischen Sinn konnte und sollte nur aus guten, gesunden, leistungsfähigen, kurz: wertvollen Menschen bestehen. Unbrauchbare, Schwache, 'Minderwertige' und 'Ballastexistenzen' hatten in ihr keinen Platz. So gingen die Nationalsozialisten zügig daran, die Gesellschaft in Brauchbare und Unbrauchbare aufzuspalten. Entscheidendes Kriterium hierbei war die Leistung bzw. die Leistungsfähigkeit des Einzelnen. An ihr maß sich die vorzunehmende Wertdifferenzierung, nicht erst in den Selektionsprozessen der zur 'Euthanasie' vorgesehenen in den Jahren 1939ff., sondern bereits vom Beginn der nationalsozialistischen Herrschaft an. Die Nationalsozialisten konnten in diesem Punkt nahtlos an die Fürsorgepolitik am Ende der Weimarer Republik anknüpfen, in der die Anforderungen an die Hilfebedürftigen schon nicht mehr vom einzelnen her formuliert, sondern auf das "Kollektiv der Volksgemeinschaft"[21] ausgerichtet waren.

Seit dem Herbst 1931 wurde eine generelle Neuausrichtung der Fürsorgepolitik vollzogen. Um das Gesunde zu schützen und die "wertvollen Arbeitsfähigen vor wirtschaftlichem, gesundheitlichem und sittlichem Niedergang zu bewahren und dieser Forderung alle Rücksicht auf sozial Minderwertige absolut unterzuordnen"[22], sollte mit einer gewissen Härte verfahren werden. Arbeitswilligkeit und wirtschaftlich vernüftiges Handeln wurden zu wertenden Kriterien für die Zumessung von fürsorgerischen Hilfen gemacht. Neben das Recht auf Hilfe trat die Pflicht zur Leistung[23]. Denn es sei heute unverantwortlich, "die ohnehin schon durch die Finanznot eingeschränkte Fürsorge für die Arbeitslosen durch starke Beanspruchungen der Mittel für Asoziale, Psychopathen und sonstwie Minderwertige noch weiter einzuengen"[24]. In diesem Zusammenhang tauchte dann auch die Kategorie der Minderwertigkeit aus rassenhygienischen Gründen auf und wurde nicht nur zur Hierarchisierung der Bedürftigen bei der Zuteilung der Mittel benutzt, sondern zu einem "Selektionsparadigma, dessen argumentativer Bezug die Volksgemeinschaft war, bzw. deren 'wertvolle Teile'"[25].

Nachdem das Gesetz zur Wiederherstellung des Berufsbeamtentums vom 07.04.1933[26] und das Gesetz über die Zulassung zur Rechtsanwaltschaft vom

---

[21] Lohalm 1991,215

[22] Niederschrift über die Leitersitzung der Hamburger Wohlfahrtsbehörde am 07.10.1931, StA HH, Sozialbeh. I, VG 24.31, zit. nach Lohalm 1991,216

[23] cf. Lohalm 1991,215

[24] Niederschrift über die Leitersitzung der Hamburger Wohlfahrtsbehörde am 07.10.1931, StA HH, Sozialbeh. I, VG 24.31, zit. nach Lohalm 1991,216

[25] Lohalm 1991,217

[26] RGBl.I,175

07.04.1933[27] den Begriff der "nichtarischen Abstammung" eingeführt hatten, stand als nächstes rassenhygienisches Gesetz, das "erste erbbiologischen Inhalts"[28] an: das Gesetz zur Verhütung erbkranken Nachwuchses[29]. Es hatte einen, bereits in eugenischer Absicht formulierten Vorgänger[30], der allerdings im Entwurfsstadium steckengeblieben war: der preußische Entwurf eines Sterilisationsgesetzes vom 30.07.1932. An ihn lehnte sich das GzVeN über weite Strecken an[31].

Vor dem Sachverständigenbeirat für Bevölkerungs- und Rassenpolitik, der bereits vor der Machtübernahme unter dem Namen Reichsausschuß für Bevölkerungsfragen existiert hatte, hielt der neue nationalsozialistische Innenminister Frick am 28.06.1933 ein Referat, in dem er ausführte, die Ausgaben für "Minderwertige, Asoziale, Kranke, Schwachsinnige, Geisteskranke, Krüppel und Verbrecher" hätten infolge der "übertriebenen Fürsorge für das Einzelindividuum"[32] das Maß dessen überschritten, was von der gesunden Bevölkerung getragen werden könne. Bereits wenige Tage später wurde dem Beirat der Entwurf des GzVeN mit der Verpflichtung vorgelegt, ihn an einem einzigen Tage zu beraten. "Dies brachte zum Ausdruck, mit welcher Eile das nationalsozialistische Regime die Legalisierung der rassenhygienischen Sterilisierung in die Wege leitete."[33]

Im Kabinett beraten und verabschiedet wurde das Gesetz am 14.07.1933. Ursprünglich war vorgesehen, das GzVeN zusammen mit dem Gewohnheitsverbrechergesetz(GewVbrG) als Einheit zu verabschieden. Damit wäre zugleich auch die zwangsweise Kastration 'gefährlicher Sittlichkeitsverbrecher' in einem Zug mit geregelt worden. Gegen das Votum der Rassenhygieniker wurde das GewVbrG aber vom GzVeN abgetrennt, weil in Erbgesundheitsgerichtsverfahren jeder Anklang an das Strafrecht vermieden werden sollte[34]. In der Begründung des GzVeN wurde die "Unfruchtbarmachung" danach als "eine der Allgemeinheit dienende fürsorgerische Maßnahme nach Art der Entmündigung"[35] dargestellt; sie müsse "als eine Tat der Nächstenliebe und Vorsorge für die kommende Generation angesehen werden."[36]

---

[27] RGBl.I,188
[28] Gütt et al. 1936,55
[29] RGBl.I,529, in Kraft getreten am 01.01.1934
[30] Cf. Blasius 1991,264, der in diesem maßgeblich von Rüdin verfaßten Entwurf einen besonderen "Aussagewert für die Einstellung der Öffentlichkeit gegenüber geistig behinderten Menschen" sieht.
[31] cf. Schmuhl 1987,155
[32] zit. nach Schmuhl 1987,154
[33] Schmuhl 1987,154
[34] Nach Gütt et al. 1936,64, wurde die zwangsweise Entmannung deshalb zurückgestellt, "um die rein medizinische Grundlage des Gesetzes nicht zu verlassen und die erbkranken Personen mit gemeinen Verbrechern nicht auf eine Stufe zu stellen." - Cf. hierzu auch Schmuhl 1987,159.
[35] Bundesarchiv Koblenz, Reichskanzlei, R 43 II/720,S.9f., zit. nach Blasius 1986c,138
[36] Akten der Reichskanzlei I,1, Dok. Nr. 193, Anm. 19

Auch wenn im Verständnis zahlreicher Rassenhygieniker Psychopathie und Asozialität inzwischen zu festen Größen in den Forderungen nach erbbiologischen und rassenhygienischen Maßnahmen geworden waren, fand doch keines der beiden Merkmale Aufnahme in den 'medizinischen' Katalog der Erbkrankheiten in § 1 II GzVeN, die einen Eingriff rechtfertigen konnten. Bereits 1929 hatte Rüdin "das Heer der Psychopathen" als die eigentliche "große eugenische Sorge" bezeichnet und ausdrücklich die Erfassung der Nichtgeisteskranken als Hauptaufgabe der künftigen Erbbiologie gefordert; der Psychopath war für die Rassenhygieniker der soziale Störenfried, dem nicht zu helfen sei[37]. Dagegen sollte nach Schmuhl[38] die Psychopathie als Asozialität oder Kriminalität deshalb keine rassenhygienische Indikation darstellen, um den Krankheitsbegriff nicht auf "asoziales Menschentum" anwenden zu müssen; zweitens sollte eine Verbindung mit dem Strafrecht vermieden werden; drittens erschien das Wissen um diese Persönlichkeiten letztlich doch noch nicht als hinreichend genug, um sie in das GzVeN aufzunehmen[39]. Kranz stellte 1935 sog. "Psychopathen-Sippen" auf; sie sollten ein Beweis dafür sein, "daß Psychopathie erblich sei und daraus leitete er seine Forderung nach der Ausmerzung von einer Million Psychopathen ab."[40]. Trotz dieser biologisch-'wissenschaftlichen' Unklarheiten gelangten die nationalsozialistischen Praktiker dieses Gesetzes über das Kriterium der 'Lebensbewährung' zu einer sozialen Diagnostik: "Indem 'asozialen Psychopathen', also Menschen, die keinem geordneten Beruf nachgingen oder straffällig geworden waren, 'moralischer Schwachsinn' unterstellt wurde, konnte man sie in die rassenhygienischen Sterilisierungen einbeziehen, ohne daß 'Psychopathie' eine Indikation gewesen wäre."[41]

Trotz der im Gesetzgebungsverfahren aufgelösten Einheit von GzVeN und GewVbrG[42] blieben doch beide Gesetze in ihrer rassenhygienischen Zielrichtung eng aufeinander bezogen. Das GzVeN sollte auch angewendet werden, um

---

[37] zit. nach Güse/Schmacke 1976,408

[38] Schmuhl 1987,168

[39] Diese Ansicht hatte im Blick auf die ersten Jahre nationalsozialistischer Herrschaft bereits Platen-Hallermund [1948] 1993,34 geäußert: "Auf besonders unsicherem Boden steht die Einordnung der Psychopathen unter die Erbkranken und damit die Forderung nach Ausschaltung ihres minderwertigen Erbgutes."

[40] Platen-Hallermund 1993,34

[41] Schmuhl 1987,157 und aaO.,169. -
Für Scherer 1990 erübrigte sich durch diese "Übersetzung sozial unerwünschten Verhaltens in die medizinischen Diagnosen des Sterilisierungsgesetzes" ein spezielles "Asozialengesetz". -
Auch für Siemen 1987,144 erwies die psychiatrische Diagnostik an diesem Punkt ihre sozialen Implikationen. "Ohne größere Schwierigkeiten gelang es, soziale Abweichungen als schwachsinnig, schizophren etc. zu denunzieren. Die Diagnostik des GzVeN war soziale Diagnostik, mit der auf aktive und expansive Weise diejenigen Formen sozialer Devianz erfaßt wurden, die an sich im Sinne einer Ausgrenzung nicht als psychiatrierelevant imponierten."

[42] cf. FN 32

"Fortpflanzungen von Verbrecheranlagen zu verhindern".[43] Als vererblich galten folglich auch "Defekte in den sittlichen Allgemeinvorstellungen eines Menschen"[44]. Von Staatsanwälten, Richtern und Amtsärzten wurde deshalb gefordert, daß bei ihren Anordnungen von sichernden Maßnahmen auch dem "bevölkerungspolitischen Zweck"[45] genügt werde. Es galt, "nicht nur den Zweck der Strafe in Rechnung (zu) stellen, sondern auch an den bevölkerungspolitischen Sinn und das Ziel des (GewVbr-) Gesetzes (zu) denken."[46]

Über die Durchführung dieser rechtspolitischen Vorgaben berichtete zum Bespiel der Eickelborner Anstaltsarzt Hürten[47] im Jahre 1937, daß aufgrund des GzVeN sämtliche erbkranken Rechtsbrecher angezeigt worden seien; in Eickelborn betrage diese Quote 68% der nach § 42b StGB-GewVbrG Untergebrachten. Aber nicht in jedem Fall habe man einen Antrag auf Unfruchtbarmachung gestellt, in den meisten Fällen deshalb nicht, weil die Betreffenden durch ihre sichere Unterbringung ohnehin an einer Fortpflanzung gehindert seien.

Nach Teppe[48] machten die Ärzte in der Praxis des GzVeN politische Konzessionen. Sie ließen sich neben der fragwürdigen medizinischen Begründetheit der sog. Erbkrankheiten auf soziale Auslesekriterien wie mangelnde Lebensbewährung und Leistungsbereitschaft ein. Das Sterilisationsgesetz (GzVeN) "war praktizierter, sozialer Rassismus unter dem Deckmantel von Wissenschaft. Es war die Anwendung der eugenischen Utopie, daß ein operativer Eingriff medizinische, soziale und ökonomische Probleme der Industriegesellschaft lösen könne. Und es war ein weiterer Schritt der Psychiatrie zur Anpassung an den rassenhygienischen Zeitgeist."[49]

Am 28.07.1947 erließ das Zentral-Justizamt für die Britische Zone als Besatzungsgesetzgeber die Verordnung über die Wiederaufnahme von Verfahren in Erbgesundheitssachen[50], mit der die Möglichkeit eingeräumt wurde, rechtskräftig entschiedene Verfahren auch und gerade dann zu überprüfen, wenn die Unfruchtbarmachung durchgeführt worden war. Endgültig außer Kraft gesetzt wurde das GzVeN erst durch Art. 8, Ziff. 1 des 5.StrRG vom 18.06.1974[51]. Nach Art. 123 I GG vom 23.05.1949[52] gilt Recht aus der Zeit vor dem Zusammentritt des Bundestages fort, soweit es dem Grundgesetz nicht widerspricht. Die Frage

---

[43] Gütt et al. 1936,61
[44] ibid.
[45] Gütt et al. 1936,62
[46] ibid.
[47] cf. Hürten 1937,321
[48] cf. Teppe 1989,13
[49] Teppe 1989,13
[50] VOBl. f. d. Britische Zone,110
[51] BGBl.I,1297
[52] BGBl.I,1

der Geltung und - sei es auch nur - der überprüfenden Anwendung des GzVeN nach Inkrafttreten des GG ist vom AG Kiel[53] 1986 geprüft und dahingehend entschieden worden, daß § 1 iVm. § 12 I S. 1 GzVeN gegen überpositives Menschenrecht verstieß. Dieses kann aber unabhängig von seiner Kodifizierung im Grundgesetz auch gegenüber der rassenhygienischen Anmaßung der nationalsozialistischen Machthaber Geltung beanspruchen. Nach Heimann/Oberberg spricht dieser Beschluß den "Erbgesundheitsverfahren der Nationalsozialisten jegliche rechtsstaatliche Qualität ab, er erklärt das Erbgesundheitsgesetz zu einem nationalsozialistischen Unrechtsgesetz"[54]. Und ihr Fazit: "Die Erbgesundheitsgerichte waren typisch nationalsozialistische Sondergerichte. ...Die Nationalsozialisten hatten alle diejenigen im Auge, die als 'Unwerte', 'Minderwertige', 'Ballastexistenzen', 'Defektmenschen' bezeichnet, aus der eigenen Rasse ausgemerzt werden sollten."[55]

Diese Tatsachen gilt es bei der Darstellung und rechtlichen Bewertung des Gewohnheitsverbrechergesetzes und der darin enthaltenen psychiatrischen Maßregel zu beachten.

[53] Beschl. v. 07.02.1986 - 4 XIII 1/85, R&P 4 (1986),71
[54] Heimann/Oberberg 1986,74
[55] Heimann/Oberberg 1986,75f.

2.2 Das Gesetz gegen gefährliche Gewohnheitsverbrecher und über Maßregeln der Sicherung und Besserung (GewVbrG) vom 24.11.1933/01.01.1934

2.2.1 Neubestimmung des Verhältnisses zwischen Individuum und Allgemeinheit

Für den mit der Machtübernahme der Nationalsozialisten vollzogenen "Wechsel der Grundanschauungen"[56] war, wie bereits angedeutet, der Schutz des Staates und der Gemeinschaft wichtiger als der des Individuums. Die neue Rechtsordnung sollte "Gemeinnutz vor Eigennutz durchsetzen"[57]. Auch für Exner war der Weimarer Staat zu schwach gewesen und hatte "in individualistischer Verirrung die dringendsten Belange der Gemeinschaft"[58] vernachlässigt. Diese Ansicht bestand auch in Bezug auf den geisteskranken Rechtsbrecher. Schließlich könne die Volksgemeinschaft im eigenen Interesse nicht die Freilassung des freigesprochenen Geisteskranken dulden, damit dieser alsbald neues Unheil anrichte[59], deshalb müsse sie "unnachsichtlich ihre Rechte gegen den einzelnen, der sich ihr nicht einordnen will, geltend machen"[60]. Dazu bedurfte es neben dem bzw. zusätzlich zum Strafrecht der Maßregeln. Es mußte auf der einen Seite "die Möglichkeit geschaffen werden, auf den Täter einzuwirken ohne Rücksicht auf eine Schuld, ohne Rücksicht auf seine Individualität, lediglich im Interesse der Gemeinschaft."[61] Auf der anderen Seite sollte bei zurechnungsfähigen gefährlichen Gewohnheitsverbrechern über die auf Schuld bezogene Strafe hinaus eine verwahrende Sicherung vorgenommen werden können.

Beide Möglichkeiten wurden mit dem Gesetz gegen gefährliche Gewohnheitsverbrecher und über Maßregeln der Sicherung und Besserung (GewVbrG) vom 24.11.1933[62] geschaffen, ergänzt durch das Ausführungsgesetz zum GewVbrG vom gleichen Tage[63]. Nach dem Gesetz zur Behebung der Not von Volk und Reich vom 24.03.1933[64], dem sog. Ermächtigungsgesetz, mit dem sich der Reichstag selbst entmachtet hatte, gab es kein parlamentarisches Gesetzgebungsverfahren

[56] Rietzsch 1933,746

[57] Rietzsch 1933,745. - Zum Vorrang des Gemeinwohls vor Individualrechten in der nationalsozialistischen Literatur und Gesetzgebung cf. Stolleis 1974, zum Strafrecht: 266ff.

[58] Exner 1934,360

[59] cf. Rietzsch 1933,745f.

[60] Rietzsch 1933,746

[61] Rietzsch 1935,119

[62] RGBl.I,995; zur Behandlung im Kabinett am 14.11.1933 cf. Akten der Reichskanzlei I,2, Dok. Nr. 244, Punkt 10.

[63] RGBl.I,1000

[64] RGBl.I,141. - Zur verfassungsrechtlichen Bedeutung des sog. ErmächtigungsG cf. Wadle 1983, 170.

mehr[65]; Gesetzentwürfe wurden gemäß Art. 3 durch die Reichsregierung beschlossen und durch den Reichskanzler ausgefertigt, so auch das GewVbrG und das AG-GewVbrG. Beide Gesetze traten zusammen mit dem GzVeN am 01.01.1934 in Kraft.

Der leitende Gedanke des GewVbrG war nach seiner Begründung[66], die Autorität des Staates gegenüber dem Rechtsbrecher zu steigern und der Strafrechtspflege stärkere und wirksamere Waffen als bisher gegen das gemeinschädliche Verbrechertum zur Verfügung zu stellen, sowie der Volksgemeinschaft einen wirksamen Schutz gegen verbrecherische Schädlinge zu bieten[67]. Nach E. Schäfer/von Dohnanyi rückte dieses Gesetz das Interesse der Allgemeinheit, das Bedürfnis der Volksgemeinschaft nach wirksamer Sicherung "rücksichtslos in den Vordergrund"[68]. Und für Rietzsch brachte das neue Recht die Idee von der Höherwertigkeit der Gemeinschaft gegenüber der Einzelpersönlichkeit deutlich zum Ausdruck; es war geeignet, "den Interessen der Allgemeinheit den unbedingten Vorrang vor denjenigen des verbrecherischen oder minderwertigen Rechtsbrechers"[69] einzuräumen. Dabei sollte es nicht nur bessern, sondern auch sichern und unschädlichmachen[70]. Insoweit die Maßregeln der Sicherung und Besserung sich gegen Personen richteten, die eine Gefahr für die Volksgemeinschaft darstellten, war damit nicht nur verbrecherisches Handeln gemeint, sondern auch die "Belastung des Volkes mit einer minderwertigen Nachkommenschaft"[71]. Auch wenn diese Aufgabe eigentlich auf dem Gebiet der Eugenik und nicht der des Strafrechts liege und später in einer Novelle zum GzVeN zu regeln sei, sollten entsprechende Maßnahmen bereits jetzt bei nach diesem Gesetz verurteilten Gewohnheitsverbrechern Anwendung finden[72], womit der ursprüngliche Zusammenhang mit dem GzVeN[73] und seiner Intention wieder hergestellt war.

---

[65] Hierauf wird in diesem Zusammenhang nur selten und meist von Nicht-Juristen hingewiesen, zB. Burghardt 1985,54f., die außerdem auf die nahtlose Übernahme des Maßregelrechts durch das bundesdeutsche Strafrecht nach dem Kriege aufmerksam macht, und Blasius 1986c,134.

[66] abgedruckt im Deutschen Reichs- und Preußischen Staatsanzeiger Nr. 277 vom 27.11.1933 = RuStAnz.

[67] RuStAnz.,2

[68] E.Schäfer/von Dohnanyi 1936,67. - Nach E.Schäfer 1937,369 rückte der neue Staat "die Interessen der Volksgemeinschaft grundsätzlich gegenüber den Interessen des Einzelnen in den Vordergrund".

[69] Rietzsch [1938a],1; im Original teilweise gesperrt

[70] cf. ibid.

[71] RuStAnz.,3

[72] cf. ibid.

[73] s. o. Abschnitt 2.1.2, FN 32 und 33. - Auch Hellmer 1961,293 weist auf den Kabinettsbeschluß bei der Behandlung des GzVeN vom 14.07.1933 hin, im Rahmen allgemeiner Sicherungsmaßnahmen gegen das Verbrechertum auch die zwangsweise Entmannung gefährlicher Sittlichkeitsverbrecher zu regeln, und zieht daraus den Schluß: "Sein [sc. des GewVbrG] Kerngedanke war also biologischer Art."

2.2.2 Der zurechnungsfähige gefährliche Gewohnheitsverbrecher und die Sicherungsverwahrung, §§ 20a, 42e StGB-GewVbrG

Die Strafschärfung für gefährliche Gewohnheitsverbrecher stand in Art. 1 an der Spitze des GewVbrG. Damit kam ihr bei dieser Strafrechtsnovelle ein herausgehobener Stellenwert zu. Dennoch kann auf die Strafschärfung und auf die Sicherungsverwahrung im Rahmen dieser Arbeit nur kurz und nur insoweit eingegangen werden, als dies für das Verständnis der psychiatrischen Maßregel und für deren Einordnung in den Zusammenhang nationalsozialistischer Strafrechtspolitik und -praxis notwendig und erforderlich ist.

Gemäß § 20a StGB-GewVbrG war nach bestimmten Vorverurteilungen dann eine Strafschärfung vorgesehen, wenn die Gesamtwürdigung der Taten ergab, daß der Täter ein gefährlicher Gewohnheitsverbrecher ist. Bereits nach § 78 StGB-E 1927 sollte fakultativ eine Strafschärfung dieser Art vorgenommen werden können, wenn der Täter als ein für die öffentliche Sicherheit gefährlicher Gewohnheitsverbrecher angesehen wurde. Aber erst mit dieser Novelle wurde der Begriff des gefährlichen Gewohnheitsverbrechers tatsächlich ins StGB aufgenommen. Dennoch fehlte eine klare normative Definition[74]. Die Gesetzesbegründung stellte nur den Hang zum Verbrechen[75] als Kennzeichen des Täters heraus. Dem Richter war es aufgegeben, den Täter in die "Kategorie der chronischen Kriminellen einzuordnen"[76].

Trotzdem erblickte Mezger in diesem Paragraphen die Definition eines Täter-Typs, der weithin dem des Heindl'schen Berufsverbrechers entsprach[77]. Dem Richter empfahl er als hilfreich für die Diagnose dieses Täter-Typs sogleich "die sog. kriminalbiologischen Untersuchungsstellen, die damit einen festen Bestandteil künftiger Strafrechtspflege bilden"[78] würden. Damit niemand unberechtigt der typisierenden Einordnung entginge, wies er zudem in perfider Weise die Richter daraufhin, auch ein bisher 'unbescholtener' Täter könne trotzdem ein gefährlicher Gewohnheitsverbrecher sein, wenn er bislang "sein wahres Wesen in raffinierter Weise zu verbergen gewußt"[79] habe.

[74] Dieses Fehlen ist bei der Kabinettssitzung am 14.11.1933 zwar bemerkt, aber nicht abgeändert worden, cf. Akten der Reichskanzlei I,2, Dok. Nr. 244, Punkt 10, Anm. 21. - E.Schäfer/von Dohnanyi 1936,70: "Eine *Begriffsbestimmung des >Gewohnheitsverbrechers<* gibt das Gesetz nicht." -
Cf. auch Gruchmann 1988,839 und 843.

[75] RuStAnz.,2

[76] Gruchmann 1988,839. - In der Verbindung von § 20a mit § 42e StGB-GewVbrG kommt es nach Mezger 1934,152 "ausschließlich auf die Feststellung an, ob ein >gefährlicher Gewohnheitsverbrecher< der Täter ist oder nicht."

[77] cf. Mezger 1934,150

[78] Mezger 1934,153; cf. zur Behandlung gefährlicher Gewohnheitsverbrecher auch bereits Mezger 1923b.

[79] Mezger 1934,153

Den Persönlichkeitstyp des gefährlichen Gewohnheitsverbrechers nach § 20a stellte auch Rietzsch heraus: "Gemeinsam ist allen ... Arten des Gewohnheitsverbrechers im weiteren Sinne, daß sie aus einem in ihrer Veranlagung, ihrer Persönlichkeit wurzelnden Hang heraus handeln"[80]. Obwohl er 1933 die Richter noch einschränkend daraufhinwies, sich bei der Prüfung der Gefährlichkeit nicht nur auf die Momente, die in der Veranlagung liegen, zu beschränken, sondern auch Faktoren des Milieus und der Sozialisation außerhalb der Person und von seinem Willen unabhängig zu berücksichtigen[81], stellte er 1938 den Gewohnheitsverbrecher nur noch als einen besonderen Tätertypus dar, "der von anderen Tätertypen nach kriminalbiologischen Merkmalen unterschieden ist."[82] Diese Version des gefährlichen Gewohnheitsverbrechers als eines erfaßbaren Persönlichkeitstyps wurde auch vom RG gestützt, indem es "die Täterpersönlichkeit und ihre Gefährlichkeit" als den tragenden Grund einer Strafschärfung herausstellte[83].

Im Blick auf eine auch von den Nationalsozialisten weiterhin angestrebte Gesamtreform von Strafrecht und Strafvollzug, bei der einerseits die Strafrahmen fast bis zur unbestimmten Strafe erweitert und andererseits der Strafvollzug in seiner belastenden Intensität erheblich differenzierter ausgebaut werden sollten, sah Rietzsch in der Möglichkeit der Strafschärfung den Vorteil, die Dauer der Strafen verkürzen zu können: "Die erhöhte Intensität des Vollzugs wird Wirkungen erzielen, die bisher nur durch längere Dauer der Strafen erreicht werden konnten."[84]

Auch wenn die nun ins StGB aufgenommene Strafschärfung in der Kontinuität zu den Reformvorhaben am Ende der Weimarer Zeit stand, so ergab sich doch schon für Exner "ein sehr interessanter und staatspolitisch höchst charakteristischer Unterschied zwischen dem vorliegenden Gesetz und dem Entwurf 1927."[85] Nach dem E 1927 durfte der Richter bei Vorliegen der Mindestvoraussetzungen die Strafe schärfen, nach § 20a StGB-GewVbrG durfte der Richter dies auch in vielen anderen Fällen, bei Vorliegen der Mindestvoraussetzungen mußte er schärfen. Dienten nach dem E 1927 die Mindestvoraussetzungen dem Schutz des Angeklagten, so hatten sie jetzt eine Schutzfunktion für die Gemeinschaft; bildeten sie im E 1927 eine Grenze gegen eine mögliche unsachgemäße Schärfe des Richters, so wandte sich diese Grenze jetzt im Gesetz gegen eine unsachgemäße richterliche Milde[86].

---

[80] Rietzsch 1933,743

[81] cf. Rietzsch 1933,744

[82] Rietzsch [1938a],3

[83] RGSt 68,385,390. - Cf. auch Bockelmann 1940,36: "Der gefährliche Gewohnheitsverbrecher wird nach dem unzweideutigen Wortlaut des § 20a bestraft für das, was er ist."

[84] Rietzsch 1935,131

[85] Exner 1934,651; im Original teilweise gesperrt

[86] cf. ibid.

Werle ist zuzustimmen, wenn er im Blick auf § 20a StGB-GewVbrG bewertend feststellt, daß im Mittelpunkt dieses Paragraphen mit dem gefährlichen Gewohnheitsverbrecher ein "Täter bestimmter Artung"[87] stand. War die Täterklassifizierung erfolgt, so war die Feststellung der Gründe hierfür obsolet. Damit statuierte der § 20a eine "Haftung für bösen Charakter"[88]. Die in ihm vorgesehene Strafschärfung galt deshalb auch nicht der Tat, sondern dem Täter[89]. Erst die Täterklassifizierung entschied über zu treffende Maßnahmen.

Die einschneidenste dieser Maßnahmen war die mit dem GewVbrG neu eingeführte Sicherungsverwahrung für gefährliche Gewohnheitsverbrecher nach § 42e StGB-GewVbrG. Wenn die Voraussetzungen hierzu gegeben waren, mußte sie angeordnet werden. Hierbei war das Erfordernis der öffentlichen Sicherheit zu beachten, dh. andere geeignete Maßnahmen gingen vor. Dies konnten zunächst durchaus polizeiliche Maßnahmen sein. Allerdings erklärte das RG ab 1938, "polizeiliche Maßnahmen seien grundsätzlich nicht geeignet, als mildere Mittel die Erforderlichkeit einer an sich gebotenen Sicherungsverwahrung zu beseitigen[90]. Waren auch die Voraussetzungen des § 42b StGB-GewVbrG erfüllt, so konnte der Richter wählen, ob er die Unterbringung in der Heil- oder Pflegeanstalt oder in der Sicherungsverwahrung anordnete oder nach § 42n beide Anordnungen nebeneinander traf und die Wahl der Unterbringungsart dem Vollzug überließ[91]. Da ein gefährlicher Gewohnheitsverbrecher im Sinne des § 20a auch ein nach § 51 II StGB-GewVbrG vermindert Zurechnungsfähiger sein konnte, war die Anordnung der Sicherungsverwahrung nach § 42e auch als Sicherungsmaßnahme "gegen geistig Minderwertige"[92] möglich.

Die Sicherungsverwahrung wurde, soweit erforderlich, neben der Strafe angeordnet. Da sie als Maßregel nicht die vergangene Tat sühnen, sondern ausschließlich künftigem Schutz der Allgemeinheit dienen sollte, war mit ihr das Prinzip der Zweispurigkeit ins Strafrecht eingeführt worden. Die Sicherungsverwahrung wurde nach der Strafe vollzogen, sie wurde gleichsam kumulativ auf die Strafe aufgepfropft. Damit wandelte sich die Vergeltungsstrafe nach Fristablauf quasi in eine 'Schutzstrafe' um.

Eine Besonderheit hinsichtlich der Anwendung der §§ 20a, 42e brachten die Übergangsvorschriften des Art. 5 GewVbrG. Danach konnte die Sicherungsverwahrung auch bei Tätern angeordnet werden, deren Tat vor dieser Gesetzesänderung erfolgt war und die deshalb nicht von der Strafschärfung gemäß § 20a als

---

[87] Werle 1989,90
[88] Werle 1989,92
[89] Werle 1989,95
[90] Werle 1989,97; cf. auch RG DStR 1941,167, Urt. v. 30.06.1941
[91] cf. Rietzsch [1938a],14. - Zur vom Gesetzgeber nicht geklärten Problematik der hier liegenden Konkurrenz cf. Dohna 1935,413f.
[92] cf. Rietzsch [1938a],13f.

bindende Voraussetzung für die Anordnung der Sicherungsverwahrung erfaßt wurden. Darüberhinaus war die Anordnung der Sicherungsverwahrung auch bei bereits rechtskräftig Verurteilten zulässig, wenn die in den Übergangsvorschriften bestimmten Voraussetzungen erfüllt waren. Diese Möglichkeit stand fakultativ im Ermessen des Gerichts. Nach der Begründung des Gesetzes[93] galt diese Durchbrechung des Grundsatzes der Rechtskraft des Urteils, ne bis in idem, nicht für die Strafe, sondern nur hinsichtlich der sichernden Maßnahme[94]. Sie zielte darauf ab, daß die neu geschaffenen Möglichkeiten der Sicherung sich sofort voll auswirkten[95]. Erst abzuwarten, bis die infragekommenden Täter aus der Strafhaft entlassen wurden und neue Straftaten begehen konnten, "und erst dann die zum Schutz der Allgemeinheit erforderliche Sicherungsverwahrung Platz greifen zu lassen, erschien mit dem berechtigten Schutzbedürfnis der Volksgemeinschaft und dem gesunden Volksempfinden unvereinbar."[96]

Zusammenfassend läßt sich sagen, daß das GewVbrG mit der Auflockerung der objektiven Voraussetzungen der Strafschärfung, § 20a, und der Sicherungsverwahrung, § 42e, entschieden weiterging als die vorangegangenen Entwürfe. Die Rechtfertigung der "Mehr-Strafe" wurde in die Gefährlichkeit des Täters und damit der Strafgrund in die Verhütung künftiger Verbrechen gelegt. Insofern wurde dem "§ 20a eine spezialpräventive Funktion" zugeschrieben, die als "Sicherungsstrafschärfung"[97] zu verstehen ist. Mit § 20a wurde eine "direkte Verbindung von Täter und Strafe angelegt"[98], die kaum noch einen Unterschied zur unbestimmten Strafe als einer einspurigen Lösung erkennbar werden ließ. Es war der Beginn einer Umorientierung des Strafrechts von der Tat auf den Täter.

Von 1934 bis 1939 wurden 9.145 Personen in Sicherungsverwahrung genommen[99].

Die Strafschärfung nach § 20a StGB-GewVbrG für gefährliche Gewohnheitsverbrecher wurde durch § 1 des Gesetzes zur Änderung des Reichsstrafgesetzbuchs vom 04.09.1941[100] auch auf die Möglichkeit der Todesstrafe ausgedehnt.

---

[93] cf. RuStAnz.,Erste Beilage,2

[94] Wie auch in anderen Zusammenhängen wurde diese Sonderregelung im Maßregelrecht damit legitimiert, "daß es sich hier nicht um Strafe und um Sühne für die begangenen Taten handelt, sondern um Sicherungsmaßnahmen zum Schutze der Volksgemeinschaft vor besonders gefährlichen Gewohnheitsverbrechern", so beispielhaft E.Schäfer/von Dohnanyi 1936,124f.

[95] cf. E.Schäfer 1935a,1365

[96] E.Schäfer/von Dohnanyi 1936,125

[97] Werle 1989,93

[98] Werle 1989,107

[99] Cf. Gruchmann 1988,844, der sich mit seiner Zahlenangabe auf Pfundtner/Neubert, Stand vom 01.07.1940 bezieht.

[100] RGBl.I,549

Diese Ausdehnung wurde durch Art. 2 KRG Nr. 11 vom 30.01.1946[101] wieder aufgehoben; im übrigen galt § 20a bis zum 31.03.1970 weiter.

2.2.3 Der gefährliche Sittlichkeitsverbrecher und die Entmannung, § 42k StGB-GewVbrG

Nach § 42k StGB-GewVbrG konnte das Gericht bei einem Mann bei Vorliegen bestimmter gesetzlich fixierter Voraussetzungen neben der Strafe, also nicht bei Straflosigkeit infolge Unzurechnungsfähigkeit, die Entmannung anordnen, wenn die Gesamtwürdigung der Taten ergab, daß er ein gefährlicher Sittlichkeitsverbrecher war. Sie war auch zulässig bei zur Befriedigung des Geschlechtstriebs begangenem Mord oder Totschlag.

Wie oben bereits angedeutet[102], war die zwangsweise Entmannung von Verbrechern bereits im ersten Entwurf des GzVeN mit vorgesehen gewesen. Nunmehr erschien diese Regelung in einem "Sondergesetz"[103], dem Gewohnheitsverbrechergesetz, im Rahmen allgemeiner Sicherungsmaßnahmen gegen das gemeingefährliche Verbrechertum und trat damit, wie schon bei der Verabschiedung des GzVeN beschlossen, mit diesem zusammen am 01.01.1934 in Kraft.

Zweck der Zwangskastration sollte sein, die Allgemeinheit vor weiteren Sittlichkeitsverbrechen des Täters durch Vernichtung oder Schwächung seines entarteten Triebes zu sichern[104]. Da der Erfolg einer solchen Maßnahme keineswegs unumstritten war, mahnte die Begründung des Gesetzes den Strafrichter durchaus zur Zurückhaltung. Er sollte zu dieser Maßregel nur greifen, wenn der dem Täter durch den Eingriff zugefügte Schaden und die Unsicherheit des Erfolges im Vergleich zu der Gefahr, die der Sittlichkeitsverbrecher bei Unterlassung des Eingriffs für die Allgemeinheit darstelle, wenig bedeute[105]. E. Schäfer/von Dohnanyi[106] stellten in Bezug auf die Kastration fest, daß diese Sicherungsmaßnahme "zwar einen dauernden ernsten Eingriff in die körperliche Integrität des Betroffenen bedeutet, aber ihn doch vor dem völligen Verlust der Freiheit und langdauernder Internierung bewahrt." Gleichwohl wurde die Kastration als ärztliche Heilmaßnahme bei Sittlichkeitsverbrechern verstanden, spätestens dann, wenn alle anderen ärztlichen Behandlungsmethoden versagt hatten[107]. Offenkundig kam hier nun zum

[101] KR-ABl.,55

[102] cf. Abschnitt 2.1.2 und FN 32

[103] RuStAnz.,2

[104] RuStAnz.,4

[105] ibid.

[106] E.Schäfer/von Dohnanyi 1936,96

[107] RuStAnz.,4. - Gütt et al. 1936,62: "Es ist medizinisch vertretbar, daß selbst vom Gesichtspunkt des Einzelwesens aus die Entmannung in der weitaus größten Zahl der Fälle sogar als eine Heilmaßnahme angesehen werden kann."

Zuge, was in den Jahrzehnten zuvor gerade auch von Ärzten diskutiert worden war, nämlich daß angesichts eines "therapeutischen Nihilismus" nur noch 'Wegschneiden als Heilen' übrigblieb, eine der Vorstufen zum künftigen Prinzip des 'Heilens als Vernichten'.

Auch in § 42k I Nr. 1 und 2 StGB-GewVbrG wurde mit dem "gefährlichen Sittlichkeitsverbrecher" ein Täter-Typ definiert[108], den es einer diesem Typ entsprechenden Maßregel zu unterwerfen galt. Nach § 42n konnte auch die Entmannung neben anderen Maßregeln angeordnet werden. Praktisch bedeutsam erschien sie E. Schäfer/von Dohnanyi[109] in der Verbindung mit der gleichzeitigen Anordnung der Unterbringung des vermindert Zurechnungsfähigen in der Heil- oder Pflegeanstalt[110].

Für Leppmann war der vorgesehene Anwendungsbereich zu eng. Seiner Ansicht nach müßte die Entmannung auch für Exhibitionisten gelten, allerdings wäre erst eine "konsequente Psychotherapie" durchzuführen, dann sollte eine freiwillige Entmannung angeraten und erst als letztes die Zwangskastration angeordnet werden[111]. Darüberhinaus wünschte er sich die Ausdehnung dieser Vorschrift auch auf unzurechnungsfähige Sittlichkeitverbrecher, um deren Anstaltsunterbringung verkürzen zu können[112]. Dieser Gedanke wurde von der Amtlichen Strafrechts-Kommission aufgenommen. Sie empfahl die Ausdehnung der Entmannung auch auf "Schuldunfähige", da ihr Charakter der einer sichernden Maßnahme entspräche[113].

Aufgrund der Übergangsvorschrift des Art. 5 Nr. 3 GewVbrG konnte auch die Entmannung nachträglich, dh. bei bereits rechtskräftig verurteilten Personen angeordnet werden. Für diese in das Ermessen des Gerichts gestellte Möglichkeit der Durchbrechung des Grundsatzes der Rechtskraft - wenn die öffentliche Sicherheit es erfordert[114] - wurden dieselben Gründe herangezogen, wie bei der nachträglich zulässigen Anordnung der Sicherungsverwahrung[115].

In den Jahren 1934 bis 1939 wurde die Entmannung gegen 1.826 Personen angeordnet[116].

Der § 42k StGB-GewVbrG mit der Maßregel der Entmannung wurde durch Art. 1 KRG Nr. 11 vom 30.01.1946[117] aufgehoben.

---

108 cf. Mezger 1934,158
109 cf. E.Schäfer/von Dohnanyi 1936,101
110 Zu diesbezüglichen Konkurrenzproblemen cf. Dohna 1935,410f.
111 Leppmann 1934,401
112 cf. Leppmann 1934,400
113 cf. Rietzsch 1935,157; cf. § 74 StGB-E 1936
114 RuStAnz.,Erste Beilage,2
115 s. o. Abschnitt 2.2.2
116 Cf. Gruchmann 1988,844, der sich mit seiner Zahlenangabe auf Pfundtner/Neubert, Stand vom 01.07.1940 bezieht.

2.2.4 Die psychiatrische Maßregel der Unterbringung in einer Heil- oder Pflegeanstalt, § 42b StGB-GewVbrG. Anordnungsvoraussetzungen. Vollstreckung. Unterbringungsdauer und Rahmenregelungen

Wie schon die Diskussionen im ersten Drittel des Jahrhunderts gezeigt haben, war die psychiatrische Maßregel nur in einem eng geknüpften Netz von sie tragenden und umgebenden Regelungen zu realisieren. Dies hatte Fragen von Zurechnungsfähigkeit und Gefährlichkeit als individuelle Voraussetzungen und von öffentlicher Sicherheit und Richterkompetenz als normative Anordnungsvoraussetzungen ebenso zu beinhalten, wie Unterbringungsdauer, Prüfungsfristen, Vollstreckungsreihenfolge, Vollzugsgestaltung, Kosten sowie komplementäre Unterbringungsregelungen. Dies Geflecht von Einzelregelungen soll im folgenden dargestellt, in seiner theoretischen und rechtssystematischen Struktur entfaltet und in den strafrechtlichen Kontext und die rechtspolitischen Entwicklungen und Absichten des nationalsozialistischen Gesetzgebers bewertend eingeordnet werden.

2.2.4.1 Die Zielgruppen für die psychiatrische Maßregel und die Neufassung bzw. Erweiterung der Bestimmungen über die Zurechnungfähigkeit, § 51 I,II StGB-GewVbrG

§ 51 RStGB wurde durch das GewVbrG[118] als § 51 I StGB neu gefaßt. Das Merkmal "krankhafte Störung der Geistestätigkeit" wurde übernommen. "Bewußtlosigkeit" wurde durch "Bewußtseinsstörung" ersetzt; neu eingefügt wurde die "Geistesschwäche". Somit lautete § 51 I nunmehr: "Eine strafbare Handlung ist nicht vorhanden, wenn der Täter zur Zeit der Tat wegen Bewußtseinsstörung, wegen krankhafter Störung der Geistestätigkeit oder wegen Geistesschwäche unfähig ist, das Unerlaubte der Tat einzusehen oder nach dieser Einsicht zu handeln."

Die krankhafte Störung der Geistestätigkeit sollte nach wie vor nicht als psychiatrischer, sondern als juristischer Begriff[119] verstanden werden. Sie umfaßte neben den Geisteskrankheiten im engeren Sinne auch krankhafte seelische Anomalien aus 'Persönlichkeitsentartung', dh. "seelische Störungen, die der Persönlichkeit des Trägers nicht etwa fremdkörperartig eingelagert sind, mit ihr vielmehr von vornherein im Einklang stehen, weil es sich um eine von Anfang an abnorme, krankhafte Persönlichkeit handelt."[120] Somit konnten auch der Schwachsinn und die sog. Psychopathie unter diesen Begriff subsumiert werden.

---

[118] Cf. AK-StGB-Schild §§ 20,21 Rz. 11: "Im Zusammenhang mit diesem neuen Maßregelrecht (und nur um dessentwillen) wurde auch die Zurechnungsfähigkeit neu (und im Sinne der bisherigen Entwürfe) geregelt".

[119] cf. L.Schäfer et al. 1934,176

[120] L.Schäfer et al. 1934,177

Dem Begriff Bewußtseinsstörung sollte dieselbe Bedeutung zukommen, wie sie die bisherige Rechtsprechung[121] schon für die Bewußtlosigkeit entwickelt hatte; er bedeutete mithin keine sachliche Änderung des geltenden Rechts[122].

Der Begriff der Geistesschwäche war einfach aus den früheren Entwürfen übernommen worden. Eigentlich ist er redundant. Langelüddeke wähnte sich diesbezüglich mit seiner Meinung "wohl mit allen psychiatrischen Sachverständigen"[123] dahingehend im Einklang, daß der Begriff Geistesschwäche ganz verschwinden könne.

Anhand von 1.063 Gutachtenfällen aus seiner Praxis kam Leppmann[124] zu dem Schluß, sie wären unter dem neuen § 51 nicht anders zu beurteilen gewesen als unter dem alten. Auch Mezger[125] sah in der Neufassung des § 51 trotz des veränderten Wortlauts keine sachliche Änderung gegenüber dem bisherigen Rechtszustand. Ebenso äußerte sich von Weber[126] dahingehend, daß der § 51 Formulierungen erhalten habe, die der bisherigen Rechtsprechung entsprächen. Und in einem Resümee kommen Güse/Schmacke[127] im Rückblick zu dem Schluß, daß die neue Fassung des § 51 "nichts an der deterministischen Grundrichtung des StGB" geändert hatte.

Beibehalten wurde im neuen § 51 StGB-GewVbrG auch der Ausdruck "eine strafbare Handlung ist nicht vorhanden". Die mangelnde Prägnanz dieses Ausdrucks[128] bedurfte deshalb weiterhin der Erläuterung, daß der Täter bei Unzurechnungsfähigkeit "im strafrechtlichen Sinne nicht schuldhaft gehandelt" habe, Unzurechnungsfähigkeit also "*Schuldunfähigkeit*" sei[129].

Eine signifikante Veränderung erfuhr die Bestimmung über die Unzurechnungsfähigkeit durch die Eliminierung der freien Willensbestimmung. Sie wurde ersetzt durch die Unfähigkeit, das Unerlaubte[130] der Tat einzusehen oder nach dieser Einsicht zu handeln. In einigen früheren Entwürfen war an dieser Stelle vom Ungesetzlichen[131] oder vom Unrechtmäßigen[132] die Rede gewesen. Für den na-

---

[121] cf. zB. RGSt 64,353
[122] cf. L.Schäfer et al. 1934,175
[123] Langelüddeke 1944,136
[124] cf. Leppmann 1934,394
[125] cf. Mezger 1934,129
[126] cf. von Weber 1934,668 unter Hinweis auf RGSt 63,46
[127] Güse/Schmacke 1976,237
[128] cf. oben Abschnitt 1.3.3 und FN 395 und 396 im 1. Teil
[129] L.Schäfer et al. 1934,181. - Diese "ungenaue Formulierung" muß Lenckner auch 1972,120f. noch so erklären, daß nicht des Fehlen einer Handlung, sondern das Fehlen von Schuld gemeint sei.
[130] so bereits der E 1922 und der AE 1925
[131] KE 1913 und E 1919
[132] E 1927 und E 1930

tionalsozialistischen Gesetzgeber erfaßte das Unerlaubte Verstöße sowohl gegen das Recht als auch gegen das Sittengesetz. Es sollte daraufankommen, ob der Täter fähig gewesen war zu erkennen, daß seine Tat rechtlich oder sittlich verboten war[133]. Der Begriff des Unerlaubten erfaßte demnach einen weiteren Bereich als die Ausdrücke "ungesetzlich" oder "unrechtmäßig"[134]. Während für Rietzsch hiermit "das Sittengesetz dem gesetzten Rechte gleich(stand)"[135], legte nach Mezger dieser Ausdruck den Akzent auf das "Außerrechtliche und Ethische": "Recht und Ethik sind im neuen Volksstaat sehr viel weniger scharf getrennt, als sie es nach liberal-staatlicher Auffassung waren."[136] Für Langelüddeke schließlich handelte es sich bei dem Unerlaubten um "moralische Unerlaubtheit"[137]. Durch die Ausweitung des Bereichs, in den Einsichtsfähigkeit bestanden hatte oder nicht vorhanden gewesen war, über den des kodifizierten Rechts in die Weite und Undifferenziertheit des Moralischen hinaus, wurden die Beeinträchtigungsmöglichkeiten durch die juristischen Krankheitsmerkmale in diesem Bereich potentiell vermehrt. Damit wurde den unpräzisen 'Krankheitsmerkmalen' mit dem "Unerlaubten" ein weiterer unbestimmter Rechtsbegriff hinzugefügt.

Mit der Einsichts- bzw. Steuerungsunfähigkeit war im neuen § 51 I StGB-GewVbrG auf der sog. psychologischen Ebene nun die "entscheidende"[138] Beeinträchtigung des Verstandes oder des Willens an die Stelle des Ausschlusses der freien Willensbestimmung getreten, dh. Defizite in nur einem der beiden Bereiche konnten für den Ausschluß oder die Minderung der Zurechnungsfähigkeit genügen. Für Rietzsch[139] war mit dieser Neufassung "die Beeinträchtigung des Verstandes derjenigen des Willens gleichgestellt." Der Ausschluß der Zurechnungsfähigkeit sollte auch dann gegeben sein, wenn der Täter zwar die Einsicht in das Unerlaubte der Tat hatte, "aber unfähig (war), den zur Tat drängenden Reizen zu widerstehen, ihnen ausschlaggebende Hemmungsvorstellungen entgegen zu setzen und sein Handeln der ihm verbliebenen verstandesmäßigen Einsicht gemäß einzurichten."[140] Auch wegen dieser alternativ zulässigen Gründe wäre das neu aufgenommene Merkmal der Geistesschwäche bei den sog. biologischen Voraussetzungen entbehrlich gewesen. Die Aufnahme des kognitiven Aspekts war ebenfalls geeignet, den Kreis potentiell zu ex- oder deculpierender Personen zu vergrößern[141].

---

[133] RuStAnz.,Erste Beilage,1

[134] cf. E.Schäfer/von Dohnanyi 1936,111

[135] Rietzsch [1938a],28. Nach Rietzsch 1933,747 stellt die nationalsozialistische Auffassung Recht und Sitte weitgehend gleich; somit genügt hier bereits die "Einsicht in den Verstoß gegen das Sittengesetz".

[136] Mezger 1934,131. - S. auch oben Abschnitt 2.1.1 und FN 18.

[137] Langelüddeke 1944,139

[138] RuStAnz.,Erste Beilage,1; L.Schäfer et al. 1934,179

[139] Rietzsch 1933,747

[140] Rietzsch [1938a],28

[141] Von daher bleibt unverständlich, wieso Langelüddeke 1944,140 durch die neuen Formeln den für eine Ex- oder Deculpierung infragekommenden Personenkreis erheblich eingeschränkt sieht.

Nach jahrzehntelangen Diskussionen[142] wurde durch den nationalsozialistischen Gesetzgeber mit dem GewVbrG auch die verminderte Zurechnungsfähigkeit als § 51 II ins StGB eingeführt. Dieser neue Absatz lautete: "War die Fähigkeit, das Unerlaubte der Tat einzusehen oder nach dieser Einsicht zu handeln, zur Zeit der Tat aus einem dieser Gründe erheblich vermindert, so kann die Strafe nach den Vorschriften über die Bestrafung des Versuchs gemildert werden."

Bei dieser Fassung sollten die 'biologischen Zustände', die die volle Zurechnungsfähigkeit einschränken, dieselben sein wie bei der Unzurechnungsfähigkeit nach § 51 I; nur der Grad der Einwirkung[143] sei ein anderer. Exemplarisch machte Mezger dies an den "Grenzfällen" der Geistesschwäche deutlich, "die wohl für den Psychiater, aber nicht notwendig auch für jeden Nichtarzt 'krankhafte' Störungen der Geistestätigkeit darstellen"[144] und folglich sowohl unter § 51 I als auch unter § 51 II fallen könnten. L. Schäfer et al.[145] sahen in dieser Regelung die verminderte Zurechnungsfähigkeit nun endlich als "Zwischenstufe" zwischen voller Zurechnungsfähigkeit und gänzlicher Unzurechnungsfähigkeit "*gesetzlich*" anerkannt. Sie erschien ihnen als eigene Kategorie und nicht mehr als Teilbereich der vollen Zurechnungsfähigkeit. Die zirkuläre Verstehensstruktur früherer Diskussionen mit der bereits als ontologischer Gegebenheit vorausgesetzten verminderten Zurechnungsfähigkeit klang bei Rietzsch wieder an, indem er die große Mehrzahl der Fälle der verminderten Zurechnungsfähigkeit als Zwischenstufen zwischen geistiger Gesundheit und Geisteskrankheit darstellte, "die der Psychiater als abnorme Veranlagung, pathologische Konstitution und Psychopathie bezeichnet."[146] Auch Mezger dachte von der verminderten Zurechnungsfähigkeit aus in Richtung der wichtigsten Gruppe dieser Kategorie: Es sind "in erster Linie und vor allen anderen die *kriminellen Psychopathen*"[147]. Ebenso lag für L. Schäfer et al. der hauptsächliche Anwendungsbereich der verminderten Zurechnungsfähigkeit "innerhalb des ausgedehnten Personenkreises, der durch eine *abnorme, krankhafte Persönlichkeitsartung*, durch eine pathologische seelische Konstitution, durch einen *psychopathischen Seelenzustand* gekennzeichnet ist. Dazu gehören ... vor allem die zahlreichen Psychopathen unter den Rechtsbrechern, ... deren strafbares Tun sich als Ausfluß ihrer anormalen, krankhaften Persönlichkeitsartung darstellt"[148]. Auch für Bockelmann[149] war die "verminderte Zurechnungsfähigkeit als solche ... kein Umstand der Tat, sondern ein Merkmal des Täters."

[142] s. o. Abschnitt 1.3.3
[143] RuStAnz.,Erste Beilage,1
[144] Mezger 1934,130
[145] cf. L.Schäfer et al. 1934,181
[146] Rietzsch [1938a],29
[147] Mezger 1934,148
[148] L.Schäfer et al. 1934,182; von Mezger 1934,132 als umfangreiches Zitat übernommen.
[149] Bockelmann 1940,28

Soweit ersichtlich, fand diese Regelung weitgehende Zustimmung. Nur vereinzelt wurde Kritik geäußert. Creutz sah bei der Anwendung des § 51 II Gutachter und Richter von einer wünschenswerten Einheitlichkeit und Sicherheit weit entfernt[150]. Darüberhinaus würden die Anwendungsgrenzen des § 51 II zu weit gezogen. So wandte er sich dagegen, die "*sogenannten 'Psychopathien'*" lediglich aus der Tatsache der Rückfallkriminalität herzuleiten[151]. Und er plädierte dafür, den § 51 II nicht lediglich deshalb zuzuerkennen, weil eine Anordnung der Sicherungsverwahrung nach § 42e StGB-GewVbrG nicht möglich sei, vom Gericht aber eine Unschädlichmachung angestrebt werde[152]. Vor einer überzogenen Zuerkennung der verminderten Zurechnungsfähigkeit bei Psychopathie warnte auch Langelüddeke. Nach ganz überwiegender Meinung der Psychiater und Juristen sei bei Psychopathie die verminderte Zurechnungsfähigkeit "nur bei besonders gelagerten Fällen", Unzurechnungsfähigkeit "nur in ganz seltenen Ausnahmefällen"[153] anzunehmen. Als seine Konsequenz hieraus schlug er vor, bei weder heilbaren noch pflegebedürftigen vermindert Zurechnungsfähigen, wenn möglich, besser die Sicherungsverwahrung nach § 42e als die Unterbringung in einer Heil- oder Pflegeanstalt nach § 42b StGB-GewVbrG anzuordnen; dies sollte insbesondere auf einen Teil der Schwachsinnigen und Psychopathen zutreffen[154]. Gänzlich ablehnend äußerte sich Gruhle[155], der die Einführung des § 51 II ins StGB "lebhaft" bedauerte.

Der nationalsozialistische Gesetzgeber verband die Einführung der Kategorie der verminderten Zurechnungsfähigkeit ins StGB mit der Möglichkeit einer fakultativen Strafmilderung. Von den Argumenten der sog. klassischen Schule[156], denen zufolge geminderter Schuld auch eine mildere, dh. kürzere Strafe auf der Grundlage einer obligatorischen Strafmildungsregelung entsprechen müsse, war keine Rede mehr. Vielmehr wurde unter Verzicht auf strafrechtstheoretische Sauberkeit und Exaktheit der Begründung nicht nur von zweifelhaften klinisch-empirischen Annahmen her, sondern vor allem mit Blick auf ein kriminalpolitisch gewolltes Ziel hin die "Kann"-Variante des E 1927 gesetzlich normiert. Die Möglichkeit der Strafmilderung wurde in das Ermessen des Richters gestellt, weil es "nach der ärztlichen Erfahrung geboten" ist, so die offizielle Begründung[157], "nach der es verfehlt (wäre), Psychopathen durchweg milder zu behandeln als Gesunde, und nach der auf die abgeschwächte seelische Widerstandskraft des Psychopathen durch ernste Strafen vielfach nachhaltiger eingewirkt werden kann als durch allzugroße Milde."

[150] cf. Creutz 1939,161
[151] cf. Creutz 1939,162f.
[152] cf. Creutz 1939,163
[153] Langelüddeke 1944,138
[154] cf. Langelüddeke 1944,159
[155] cf. Gruhle 1942,308
[156] s. o. Abschnitt 1.3.3
[157] RuStAnz.,Erste Beilage,1, wobei weitgehend auf die entsprechende Entwurfsbegründung in E 1927,15 zurückgegriffen wurde.

Diese Regelung fand einhellige Zustimmung[158]. L. Schäfer et al. wiesen in diesem Zusammenhang ausdrücklich ergänzend daraufhin, daß selbst bei einer Milderung der Strafe durch die Möglichkeit der Unterbringung "der Gefährlichkeit des vermindert Zurechnungsfähigen unter allen Umständen Rechnung getragen werden"[159] könne. Ähnlich argumentierten E. Schäfer/von Dohnanyi[160]: "Bei der Handhabung seines Ermessens wird das Gericht auf der einen Seite die Frage der geminderten Schuld, auf der anderen Seite die Gefährlichkeit des Täters und das Sicherungsbedürfnis der Volksgemeinschaft zu berücksichtigen haben." Nach offenbar zu großzügiger Anwendung der Milderungsmöglichkeiten durch die strafrichterliche Praxis wies Freisler 1939 darauf hin, daß sich "in Zeiten eines erhöhten Schutzbedürfnisses ... auch bei verminderter Schuldfähigkeit der Schutzzweck insoweit in den Vordergrund schiebe ..., daß ohne zwingenden Grund eine Milderung nicht eintritt."[161]

Zusammenfassend läßt sich auch am § 51 II StGB-GewVbrG mit der hier normierten "Kann"-Regelung, deren Einführung in der Weimarer Republik noch verhindert worden war - der E 1930 war wieder zur klassischen Linie der obligatorischen Strafmilderung zurückgekehrt -, die Tendenz der NS-Strafrechtsumgestaltung feststellen, die Ausrichtung der strafrechtlichen Reaktion an der Tat zurückzudrängen und die Täterpersönlichkeit in das Zentrum der richterlichen Ermessensentscheidung zu rücken[162]. Die verminderte Zurechnungsfähigkeit erscheint insbesondere im Blick auf die Strafzumessung als eine von der vollen Zurechnungsfähigkeit scharf abgetrennte Kategorie[163], die unter der NS-Diktion gerade keine Strafmilderung implizierte, auch nicht nahelegte oder suggerierte, sondern eigentlich eine Schärfung der Strafe forderte. Sie wirft damit ähnliche Fragen nach dem Strafzweck und der Schuldgrundlage des Strafens auf, wie § 20a StGB-GewVbrG[164]. Neigte das RG zunächst noch dazu, im Blick auf § 51 II zwar einen geringeren

---

[158] Mezger 1934,133 begrüßte lebhaft, "daß die geradezu katastrophale obligatorische Strafmilderung vermieden" wurde. - Die hier zitierten Formulierungen der amtlichen Begründung wurden auch von Rietzsch 1933,747, und von L.Schäfer et al. 1934,184 ausführlich wiedergegeben.

[159] L.Schäfer et al. 1934,185

[160] E.Schäfer/von Dohnanyi 1936,112

[161] Freisler 1939,338; im Original gesperrt

[162] Nach Bockelmann 1940,26 "wird der vermindert Zurechnungsfähige bestraft nicht nur mit Rücksicht auf das, was er *tat*, sondern auch mit Rücksicht auf das, was er *ist*. Hier wird das Wesen des Täters unmittelbarer Strafgrund - und damit eigentliches und direktes Schuldmerkmal." Und aaO., 34f.: "Da wird nicht nur seine einmalige Handlung, sondern sein ganzes menschliches Sein rechtlich mißbilligt. ... Nicht nur, was er beginnt, wird ihm zur Schuld zugerechnet, sondern daß er >so einer ist<, das macht ihn schuldig. ... In § 51 II gibt das Gesetz dem Richter die Macht, dem Täter nicht nur das, was er tat, sondern das, was er ist, zur Schuld zuzurechnen." - Cf. hierzu auch Werle 1989,104.

[163] Cf. die scharfe Polemik Freislers, 1939,340f., gegen diese durch das Reichsgericht offensichtlich gestützte Auffassung.

[164] Cf. hierzu Werle 1989,103, mit seiner Frage: "Wie erklärt es sich, daß den vermindert Zurechnungsfähigen die volle Strafe treffen kann?"

Schuldgehalt anzunehmen, ohne deswegen zwangsläufig zu einer Strafmilderung kommen zu müssen, so vollzog es später einen dahingehenden "Stellungswechsel", daß "von dem mit einer minderwertigen Anlage behafteten Täter ... die Volksgemeinschaft verlangen (müsse), daß er durch erhöhte Kraftanstrengungen seine gemeinschaftsschädlichen Anlagen ausgleiche"[165].

Der § 51 II war von vornherein mit einer Doppelfunktion ausgestattet: Neben der Strafzumessungsregelung bot er die gesetzliche Voraussetzung auch für die Unterbringung des nicht gänzlich Unzurechnungsfähigen nach § 42b StGB-GewVbrG in der Heil- oder Pflegeanstalt[166]. Im Blick auf diese Steuerungsfunktion des § 51 II vermitteln die systematische Konstruktion und die Teleologie des GewVbrG den Eindruck, die Kategorie der verminderten Zurechnungsfähigkeit sei nicht ein Unterfall der vollen Zurechnungsfähigkeit, die nur reduziert aber nichtsdestoweniger realiter vorhanden sei, sondern eher eine nicht so gravierend ausgeprägte Unzurechnungsfähigkeit, speziell gedacht für Psychopathen, um sie einerseits von den 'echt somatisch Kranken' nach § 51 I durch Bestrafung abzugrenzen, sie aber andererseits in gleicher Weise wie jene aus dem Erfordernis der öffentlichen Sicherheit heraus in der Heil- oder Pflegeanstalt unbefristet unterbringen zu können. Im Zusammenfallen mit der Gesetzwerdung des Maßregelrechts ist für Güse/Schmacke[167] "die besonders auf die 'Psychopathen' zugeschnittene Einführung der 'verminderten Zurechnungsfähigkeit' weniger das Ergebnis wissenschaftlicher oder humanitärer Überlegungen, sondern vornehmlich Resultat rechtspolitischen Kalküls".

In diesem Sinn hatte bereits von Weber den Begriff der Freiheit im Verhältnis zwischen dem Individuum und dem Staat neu definiert und zugeordnet: "Der neue Freiheitsbegriff wird kein naturalistischer, sondern ein sozialer sein, und er wird seinen Ausgang nicht vom Können des Individuums, sondern von den Anforderungen des Staates nehmen müssen."[168] Und weil, nach von Weber, der Staat den Geisteskranken keine Freiheit gewähren könne, da von ihnen kein rechter Gebrauch

[165] Cf. Werle 1989,104 mit zahlreichen Nachweisen. Dort auch der Hinweis auf Bockelmann 1940,35, der der Schwäche des vermindert Zurechnungsfähigen entgegenhielt: "Du sollst um so mehr, je weniger Du kannst."

[166] Dazu s. u. Abschnitt 2.2.4.2. - Nach AK-StGB-Schild §§ 20,21 Rz.15 war "Zweck dieser Bestimmung ... ausdrücklich, die Möglichkeit zu schaffen, auch den vermindert zurechnungsfähigen Täter in einer Anstalt unterbringen zu können, wenn die öffentliche Sicherheit es erfordere".

[167] Güse/Schmacke 1976,287

[168] von Weber 1934,672

dieser Freiheit zu erwarten sei[169], behandelt er - und nun meint er ausdrücklich den Psychopathen - "auch den, der durch sein Verhalten den Nachweis seiner Gefährlichkeit für die öffentliche Sicherheit erbracht hat, als unverantwortlich... Diese Unverantwortlichkeit bedeutet aber zugleich Verlust der sozialen Freiheit und erlaubt, den Rechtsbrecher als Objekt der Rechtsordnung nach seiner Sozialschädlichkeit zu behandeln"[170].

2.2.4.2 Theorie des Maßregelrechts I: Zweck der Maßregel und individuelle Anordnungsvoraussetzungen

"Die Maßregeln der Sicherung und Besserung dienen dem Schutz der Allgemeinheit gegen den Rechtsbrecher."[171] Mit diesem programmatischen Satz aus der offiziellen Gesetzesbegründung wurde der Zweck der Maßregeln erklärt: Sie grenzen den Rechtsbrecher in Sicherungsabsicht von der Allgemeinheit ab. Sie sollen der Allgemeinheit Sicherheit vor dem Rechtsbrecher gewähren, indem sie diesen sichernd unterbringen. Dieser Zweck gilt grundsätzlich auch und gerade für die Unterbringung nach § 42b StGB-GewVbrG in der Heil- oder Pflegeanstalt[172]. Dabei hat "nach gesunder Volksanschauung das Interesse des Täters an Respektierung seiner persönlichen Freiheit hinter dem Sicherungsbedürfnis der Volksgemeinschaft zurückzutreten"[173].

Neben dem reinen Sicherungszweck wurden noch weitere Zwecke der Maßregel genannt. So sprach Rietzsch[174] davon, einerseits verfolge die Unterbringung in der

---

[169] cf. ibid. - In gleichem Sinne Mayer 1936,135: "Der Irre hat durch seine Krankheit *ipso facto* seine rechtliche Handlungsfähigkeit verloren." Und aaO.,142: "Die Unterbringung findet ihren Rechtsgrund darin, daß der Irre und der Süchtige bereits durch den Zustand, in dem sie sich befinden, der rechtlichen Freiheit entbehren. Die Unterbringung ist also keine Freiheitsentziehung, sondern Auswirkung der schon vorhandenen Unfreiheit ... Wer aber die Fähigkeit, zu vernünftiger Entscheidung in eigener Verantwortung gar nicht besitzt, der ist der rechtlichen Freiheit nicht fähig."

[170] von Weber 1934,672f.

[171] RuStAnz.,3

[172] Exner 1934,647: "Der Zweck ist bei der Heil- und Pflegeanstalt sowie bei der Sicherungsverwahrung bestimmt durch das, was >die öffentliche Sicherheit< erfordert." -
E.Schäfer 1935,1363: "Ziel ist lediglich die Sicherung der Volksgemeinschaft." -
Auch nach Langelüddeke 1944,143f. handelt es sich bei den Maßregeln um "Zweckmäßigkeitsmaßregeln", die dem Schutz der Volksgemeinschaft dienen sollen.

[173] E.Schäfer/von Dohnanyi 1936,82. - Zur Klärung des Sprachgebrauchs: Abweichend von den ungenauen Formulierungen im Schrifttum wird in dieser Arbeit von der Sicher*ung* des Individuums und von der Sicher*heit* der Allgemeinheit gesprochen.

[174] Cf. Rietzsch [1938a],10. AaO.,2 spricht er davon, die Maßregeln der Sicherung und Besserung seien, anders als in den früheren Entwürfen, in den von Maßregeln der >Besserung und Sicherung< gesprochen wurde, Ausdruck dafür, "daß bei ihnen der Sicherungszweck an erster Stelle steht und nur ein Teil der Maßnahmen daneben auch eine Heilung oder Besserung des Rechtsbrechers erstreben."

Heil- oder Pflegeanstalt den Zweck, die Allgemeinheit vor gefährlichen Geisteskranken oder geistig Minderwertigen durch Verwahrung zu schützen, daneben habe die Maßregel aber auch den Zweck, den krankhaften Zustand des Täters zu heilen oder zu bessern.

Bei E. Schäfer/von Dohnanyi[175] war zwar nur von einem Zweck der Maßregeln die Rede, nämlich "die Volksgemeinschaft zu sichern", aber in diesen einen Zweck wurden die Mittel zu seiner Erreichung einbezogen, indem sie fortfuhren, "sei es durch Unschädlichmachung, sei es durch die Heilung des Rechtsbrechers, so daß keine Gefahren mehr von ihm drohen." Ähnlich Langelüddeke[176]: "Ihr [sc. der Maßregel] Sinn ist Rückfallbekämpfung durch eine der Persönlichkeit angepaßte Sonderbehandlung." Andere[177] sprachen insofern von einer Zweckvielfalt, als sie sagten, die Sicherung stelle bei einzelnen Maßnahmen, wie bei Entmannung, Berufsverbot und Reichsverweisung den ausschließlichen, bei den meisten übrigen Maßnahmen den weitaus überwiegenden Zweck dar. Gleichzeitig begründeten sie eine Überordnung des Sicherungs- über den Besserungszweck mit dem Argument, die Sicherung der Volksgesamtheit habe "Vorrang vor den Belangen des einzelnen und vor allem vor den Belangen des Rechtsbrechers"[178]. Und Exner[179] bewertete das Maßregelrecht des GewVbrG gegenüber dem E 1930 dahingehend, daß hier eine Verschiebung des Schwerpunktes zugunsten der Sicherung erfolgt sei.

Das Verhältnis des Maßregelrechts zum Strafrecht war unter der nationalsozialistischen Herrschaft, anders als in den Jahrzehnten zuvor, kaum noch ein Diskussionsthema. Eher beiläufig wurde erwähnt, die Unterbringung in der Heil- oder Pflegeanstalt sei "für die Fälle vorgesehen, in denen eine Sicherung der Gesellschaft durch eine Strafhaft wegen mangelnder Zurechnungsfähigkeit nicht möglich ist"[180]. Nach Mezger[181] konnte der Richter nunmehr den Freispruch "mit den nötigen Maßnahmen im Interesse der öffentlichen Sicherheit ... verbinden." Und der § 51 II StGB-GewVbrG biete die Möglichkeit, die "verringerte Strafreaktion durch eine ergänzende Maßregel anderer Art auszugleichen."[182] Ebenso betonte Rietzsch[183], daß ein wirksames Strafrecht "die Strafe durch Sicherungsmaßnahmen ergänzen (müsse), die für den Schutz der Gesellschaft gegen den Verbrecher gerade dann sorgen, wenn die auf den Gedanken der Sühne und Vergeltung aufbauende Strafe nicht mehr wirksam sein kann."

---

175 E.Schäfer/von Dohnanyi 1936,78

176 Langelüddeke 1944,144

177 L. Schäfer et al. 1934,111. - So ist wohl auch Exner 1934,632f. zu verstehen, wenn er die Unterbringung in der Heil- und Pflegeanstalt als Maßregel der Sicherung bezeichnet, die zugleich auch Maßregel der Besserung ist.

178 L.Schäfer et al. 1934,111

179 Exner 1934,631

180 K.Schäfer 1935,LIXf.

181 Mezger 1934,145

182 ibid.

183 Rietzsch [1938a],2

Das Maßregelrecht wurde nicht mehr als genuin polizeiliches Sicherungsrecht gesehen; es war hier bereits ein Bestandteil, nicht nur des Straf*gesetzbuches*, sondern des Straf*rechts*[184]. So kam für Rietzsch[185] in der Maßregelanordnung "die neue Zielsetzung für das Strafrecht zum Ausdruck", die neben der bisherigen rückschauenden Beurteilung für die Zumessung der Strafe die Aufgabe der Sicherung der Volksgemeinschaft durch Maßnahmen treten läßt, "die zwar an die Tat anknüpfen, aber aufgrund einer *in die Zukunft schauenden* Betrachtung im Interesse der Allgemeinheit zu verhängen sind." Und Langelüddeke[186] erinnerte an die längst als selbstverständlich anerkannte Position, daß die Maßregeln zwar von den Betroffenen im allgemeinen als Strafe angesehen werden, jedoch nicht als Strafe gedacht seien. Zuvor hatte bereits Exner kurz nach Erlaß des GewVbrG gefordert[187], die Maßregeln müßten in Bezug auf Voraussetzungen, Bemessung, Vollzug und Aufhebung nach anderen Grundsätzen ausgerichtet sein als die Strafe.

Die Maßregeln sind mit ihrer Einführung durch das GewVbrG und ihrer Implementierung ins StGB zu einem Element des strafrechtlichen Sanktionensystems, wenn nicht gar zu einem Bestandteil des Strafrechts geworden. So stellten E. Schäfer/von Dohnanyi fest[188]: "Das große Neue [sc. des GewVbrG] ... liegt darin, daß es ... der modernen Strafrechtspflege eine neue Aufgabe stellt und den Kreis der zur Bekämpfung des Rechtsbrechers zur Verfügung stehenden Mittel des Strafrechts bedeutend erweitert." Für Rietzsch war damit das deutsche Strafrechtssystem ein zweispuriges geworden: Die Strafe begegnet schuldhaftem Willen, die Maßregel "tritt ohne Rücksicht auf das Bestehen oder das Maß eines schuldhaften Willens lediglich aus Gründen der Sicherung der Volksgemeinschaft ein."[189] Nach seinem Verständnis sprach der "Gedanke der Gerechtigkeit ... entschieden für die Zweispurigkeit."[190].

Anknüpfungspunkt für eine strafrichterlich anzuordnende psychiatrische Maßregelunterbringung war eine rechtswidrige Tat, bzw. in der Formulierung des § 42b StGB-GewVbrG eine mit Strafe bedrohte Handlung. Die Maßregel wurde aber nicht wegen der Tat verhängt. Ihr Rechtsgrund war der gefährliche Zustand des Täters[191]. Dennoch kam der Tat symptomatische Bedeutung für die der Unterbringungsanordnung zugrundeliegende Gefährlichkeit zu[192]. "Zwischen der den Gegenstand des Verfahrens bildenden Tat und der für die Volksgemeinschaft drohen-

---

[184] Anderer Ansicht Bockelmann 1940,10, demzufolge "das Sicherungs- und Besserungsrecht kein echtes Strafrecht" ist.
[185] Rietzsch 1933,746
[186] cf. Langelüddeke 1944,143
[187] cf. Exner 1934,631
[188] E.Schäfer/von Dohnanyi 1936,66
[189] Rietzsch 1935,151
[190] ibid.
[191] cf. Exner 1934,631,633
[192] Nach Exner 1934,636f. muß ein solches Kausalverhältnis zwischen der Tat und der Gefährlichkeit des Täters bestehen, die Gefährlichkeit muß gleichsam aus der Tat herleitbar sein.

den Gefahr muß ein Zusammenhang bestehen, sodaß die erstere die Gefahr des Täters für die öffentliche Sicherheit irgendwie erkennen läßt"[193]. Mit anderen Worten, es mußte ein Rückschluß vom "Wesen der Tat" auf das "Wesen des Täters"[194] möglich sein. Insoweit war für Exner[195] die Tat "Erkenntnisgrund des gefährlichen Zustandes, wenn dieser der Realgrund der Tat ist." Ein hierin liegender Zirkel wurde von ihm allerdings nicht gesehen. Diesen Bezug stellte er als neuartige Form der Zurechnung heraus, es handele sich nicht mehr um Schuldzurechnung, sondern um "*Zurechnung zur Gefährlichkeit*"[196]. Präziser formulierten L. Schäfer et al.[197] den hier geforderten Konnex: "Zwischen der allgemeinen Gefährlichkeit des Rechtsbrechers und der von ihm in dem zu entscheidenden Einzelfall begangenen strafbaren Handlung muß ein solcher Zusammenhang bestehen, daß gerade diese Handlung als Beweis für seine Gefährlichkeit erscheint." Auf dieser Linie lag auch Bockelmanns Argumentation. Seiner Auffassung nach sind die Maßregeln "sämtlich nicht auf bestimmte Taten gemünzt, sondern gegen bestimmte Täter gerichtet: gegen Unzurechnungsfähige und vermindert Zurechnungsfähige ..."[198]. Zwar sei die "technische Gestaltung des Gesetzes" so, daß eine einzelne Tat "notwendige Voraussetzung für die staatliche Reaktion" bleibe; "aber der Schwerpunkt liegt ganz in der Person des Täters."[199] Damit trete aber die Eigenbedeutung der Tat völlig zurück: "Sie ist nur Anlaß, nicht Rechtfertigungsgrund für die Maßregel."[200]

Eine weitere Präzisierung der Gefährlichkeit als Unterbringungsvoraussetzung ist aus der kommentierenden Literatur der Zeit kaum herauslesbar. Erkennbar sind eine Reihe von Einzelaussagen zur Gefährlichkeit. So ist nach Exner die Gefahr in Graden abstufbar; sie ist zudem "eine der Wertung des Richters unterliegende Sicherungsvoraussetzung, ein normatives Tatbestandselement, wenn man den Begriff des Tatbestands auf diese Tätertypen ausdehnen will."[201] Gleichzeitig bedeutete für ihn[202] die Gefährlichkeit einer Person "die Wahrscheinlichkeit, daß von ihr strafbedrohte Handlungen zu erwarten sind." L. Schäfer et al.[203] nahmen eine Gefahr nur dann an, "wenn die Zurechnungsunfähigkeit oder verminderte Zurechnungsfähig-

[193] E.Schäfer/von Dohnanyi 1936,82
[194] Exner 1934,638; im Original gesperrt
[195] Exner 1934,639; im Original gesperrt
[196] ibid.
[197] L.Schäfer et al. 1934,120 unter Rückgriff auf die Begründung des E 1927,45.
[198] Bockelmann 1940,10
[199] Bockelmann 1940,11
[200] ibid. - Bockelmanns Fazit hierzu, 1940,10: Im GewVbrG "hat der Tätergedanke ... seinen bisher kräftigsten Ausdruck gefunden."
[201] Exner 1934,634f.
[202] Exner 1934,633; im Original gesperrt. -
Auch nach RGSt 68,304 müssen für eine tragfähige Unterbringungsanordnung mit bestimmter Wahrscheinlichkeit gegen den Bestand der Rechtsordnung gerichtete Handlungen erwartet werden.
[203] L.Schäfer et al. 1934,120

keit ihren Grund in einem dauernden Zustand hat." Hürten dachte bei der Bestimmung der Gefährlichkeit vom gewollten Ergebnis her. So war Gemeingefährlichkeit dann anzunehmen, "wenn ein öffentliches Interesse an der Unterbringung des Geisteskranken obwaltet."[204]

Im Blick auf die Unterbringung in einer Heil- oder Pflegeanstalt betonte Rietzsch[205], daß die Gefährlichkeit der vermindert zurechnungsfähigen und unzurechnungsfähigen Verbrecher die gleichen Maßnahmen staatlicher Verwahrung erfordere, wie die Gefährlichkeit der geistig gesunden Gewohnheitsverbrecher. Bei Mezger dagegen schien diese Gleichheit der Voraussetzungen als Anforderung für die Unterbringung nicht zu bestehen, eher war die Schwelle abgesenkt. So sollte der § 42b StGB-GewVbrG bereits dann greifen, wenn "auch nur mittelbar eine an sich vielleicht geringfügige Tat die Einsicht in die Gefährlichkeit des Täters ermöglicht"[206]. Die von Exner noch geforderte Adäquanz im Zusammenhang zwischen der Gefährlichkeit der Tat und der Gefährlichkeit des Täters wurde hier aufgerissen, indem fast ausschließlich auf die prognostizierte Gefährlichkeit des Täters unter weitgehender Ausblendung der Schwere bzw. der Gefährlichkeit der Tat abgestellt wurde: ein Einfallstor für die Unverhältnismäßigkeit bei der Anordnung der Maßregel. Ähnlich sah dies auch E. Schäfer[207]; für ihn knüpften die sichernden Maßnahmen "an die Verwirklichung des Tatbestandes einer strafbaren Handlung nur an und entn(a)hmen im übrigen aus dem tatsächlichen Zustand der Gefährlichkeit des Rechtsbrechers und dem Grad seiner Gefährlichkeit einerseits, dem Sicherungsbedürfnis der Volksgemeinschaft andererseits die innere Berechtigung für die tief in die Freiheit des Einzelnen eingreifenden Maßregeln, ihre Dauer und die Art ihrer Ausgestaltung."

Auffällig ist, daß im Zusammenhang mit dem Versuch einer Bestimmung des Wesens und der Funktion der prognostizierten Gefährlichkeit kaum noch ein Gedanke darauf verwendet wurde, in welchem Verhältnis zueinander Gefährlichkeit und Krankheit stehen könnten. Dieser Frage schien nach der Normierung des Maßregelrechts außer bei der Feststellung von Einschränkung oder Ausschluß der Zurechnungsfähigkeit keine besondere Bedeutung mehr zuzukommen. Lediglich Leppmann erwähnte die Unterbringung als ein Erfordernis der öffentlichen Sicherheit bei einer chronischen Geistesgestörtheit solcher Art, daß "die Wiederholung von Angriffen gegen wichtige Rechtsgüter zu erwarten ist." Dabei hielt er die Zahl der chronisch Geisteskranken, "die durch ihre Krankheit dauernd die öffentliche Sicherheit gefährden", für gering[208]. Ob eine Heilung oder Besserung bei der Un-

---

[204] Hürten 1937,319
[205] cf. Rietzsch 1933,747
[206] Mezger 1934,147
[207] E.Schäfer 1937,370
[208] Leppmann 1934,395. In diesem Zusammenhang schätzt er, daß bei etwa 40% der Exculpierten die Unterbringung wegen des Erfordernisses der öffentlichen Sicherheit nötig sei, aaO.,402.

terbringung in der Heil- oder Pflegeanstalt erwartet werden konnte, war für die Anordnungsentscheidung unerheblich. "Vor unheilbaren gemeingefährlichen Geisteskranken muß die Volksgemeinschaft nicht minder geschützt werden als vor heilbaren."[209]

Als weitere Voraussetzung der Unterbringung mußte das Erfordernis der öffentlichen Sicherheit hierzu bestehen, dh. es mußten vom Täter weitere Angriffe auf strafrechtlich geschützte Güter irgendwelcher Art zu besorgen sein[210]. Für Hürten[211] war diese Voraussetzung dann erfüllt, wenn eine Störung der öffentlichen Ruhe, Sicherheit und Ordnung oder eine Gefahr für Rechtsgüter anderer Personen zu befürchten war. Damit formulierte er einen weiten polizeirechtlich geprägten Begriff des Erfordernisses der öffentlichen Sicherheit, der über einen engeren am Strafrecht orientierten Begriff einer befürchteten Tatbestandsverletzung hinausging. Da nicht jeder Geisteskranke "für die öffentliche Sicherheit gefährlich ist, auch dann nicht, wenn er eine strafbare Handlung begangen hat"[212], mußte das Gericht das Unterbringungserfordernis eigens prüfen[213]. Wie in den Gesetzentwürfen vor der Einführung des Maßregelrechts ins StGB ist auch im Text des § 42b StGB-GewVbrG keine Rede von der "Gefährlichkeit" als der erforderlichen Unterbringungsvoraussetzung, nur vom "Erfordernis der öffentlichen Sicherheit". Gleichwohl wurden auch hier wie bereits früher die Begriffe "Gefährlichkeit" und "Erfordernis der öffentlichen Sicherheit" synonym verwendet und ihre - nicht zwangsläufig identischen - Inhalte als Unterbringungsvoraussetzungen gleichgesetzt. Wurde in diesem Sinne das Vorliegen von Gefährlichkeit des Täters angenommen, war damit das Erfordernis der öffentlichen Sicherheit als Voraussetzung für die Anordnung der Unterbringung gegeben[214].

---

[209] E.Schäfer/von Dohnanyi 1936,82

[210] cf. RuStAnz.,3

[211] cf. Hürten 1937,319

[212] L.Schäfer et al. 1934,120

[213] Cf. Rietzsch 1933,747: Wenn das Gericht freispricht oder einstellt, muß es prüfen, ob die öffentliche Sicherheit die Unterbringung des Täters in einer Heil- oder Pflegeanstalt erfordert. -
Exner 1934,640: "Neben und unabhängig von der Feststellung der Tat obliegt ... dem Richter, stets die künftige Gefährlichkeit des Täters festzustellen." -
Im Jahre 1939 stellte das RG, RGSt 73,303,304mwN., diesbezüglich fest: Es läßt sich dem § 42b StGB nicht entnehmen, daß *jeder* dauernd zurechnungsunfähige Geisteskranke oder Geistesschwache in einer Heil- oder Pflegeanstalt untergebracht werden müsse, sobald er eine >mit Strafe bedrohte Handlung< begeht. Die Voraussetzung, daß >die öffentliche Sicherheit es erfordert<, ist ... nur dann erfüllt, wenn der Bestand der Rechtsordnung durch die bestimmte Wahrscheinlichkeit künftiger gegen sie gerichteter Handlungen unmittelbar bedroht wird und eine Abhilfe für die Zukunft zur Aufrechterhaltung des Bestandes der Rechtsordnung geboten und nicht auf andere Weise als durch die jeweils in Betracht kommenden Sicherungsmaßnahmen zu erreichen ist.

[214] Für Zweifelsfragen sollte bei der Anordnung nach der Regel >in dubio pro reo< entschieden werden, cf. Exner 1934,648.

Mit der Einführung des Maßregelrechts ins StGB durch das GewVbrG war auch die Auseinandersetzung darüber entschieden, wer bzw. welche Instanz die Anordnung der Unterbringung in der Heil- oder Pflegeanstalt zu treffen hatte. Das neue Gesetz wies dem Strafrichter die Aufgabe des Schutzes der Volksgemeinschaft vor gefährlichen Unzurechnungsfähigen und vermindert Zurechnungsfähigen zu, wenn diese objektiv gegen die Strafgesetze verstoßende Handlungen begangen hatten[215]. Daneben blieb die konkurrierende Zuständigkeit der Verwaltungsbehörden für diejenigen Geisteskranken erhalten[216], die aufgrund anderer Umstände untergebracht werden sollten. Für L. Schäfer et al. trugen gleich eine ganze Reihe von Gründen die neue Zuständigkeit der Gerichte für die Anordnung der psychiatrischen Maßregel: Erstens seien die Gerichte zuständig, "weil Strafe und Maßregel sich gegenseitig ergänzen müssen, also zweckmäßig in einer Entscheidung ausgesprochen werden"; zweitens, weil die Maßregeln empfindliche Eingriffe in die persönliche Freiheit darstellen; drittens wegen der Garantie der richterlichen Unabhängigkeit; viertens sei dadurch eine größere Rechtssicherheit gegeben als bei nur einer Zulässigerklärung der Unterbringung; fünftens habe der Richter aufgrund der Hauptverhandlung einen besseren Einblick in die Unterbringungsnotwendigkeit als die Verwaltungsbehörde; und sechstens schließlich erspare diese Kompetenzzuweisung an das Gericht unnütze Doppelarbeit und Kosten[217]. Für E. Schäfer/von Dohnanyi traten hierüberhinaus "die grundsätzliche Wandlung in der Auffassung über die Aufgaben des Strafrechts und des Strafrichters (und) das Indenvordergrundrücken der Interessen der Volksgemeinschaft gegenüber den Interessen des Einzelnen"[218] als weitere Erwägungen hinzu.

Lagen die gesetzlichen Voraussetzungen für die Unterbringungsanordnung vor, so hatte der Richter die psychiatrische Maßregel zwingend anzuordnen; ihm verblieb insoweit kein Ermessensspielraum[219].

Die Zahl der rechtskräftigen Anordnungen der psychiatrischen Maßregel nach § 42b StGBGewVbrG betrug 1934 = 506, 1935 = 579, 1936 = 757 und 1937 = 698, zusammen 2.540 Personen[220].

---

[215] RuStAnz.,3

[216] ibid.

[217] cf. L.Schäfer et al. 1934,111f.

[218] E.Schäfer/von Dohnanyi 1936,78

[219] cf. Dohna 1935,413

[220] nach Creutz 1939,141; Gruchmann 1988,844 kommt für den Zeitraum 1934 bis 1939 unter Berufung auf Pfundtner/Neubert 1940,21, allerdings nur auf insgesamt 430 Anordnungen gemäß § 42b StGB-GewVbrG.

2.2.4.3 Theorie des Maßregelrechts II: Strafvollstreckung und Maßregelvollstreckung kumulierend oder gegenseitig vikariierend?

Fragen nach der Reihenfolge der Vollstreckung[221], nach Kumulation oder Vikariierung von Strafe und Maßregel konnten dort auftreten, wo ein Täter nach § 51 II StGB-GewVbrG als vermindert Zurechnungsfähiger gleichzeitig zu Strafe und Maßregel verurteilt oder wo nach § 42n StGB-GewVbrG verschiedene Maßregeln nebeneinander angeordnet wurden. Bei nur zu Strafe oder nur zu einer Maßregelunterbringung verurteilten Tätern stellte sich dieses Problem nicht.

Nach den diesbezüglichen Diskussionen und unterschiedlichen Lösungsvorschlägen im ersten Drittel dieses Jahrhunderts[222] wurde durch das Ausführungsgesetz zum GewVbrG[223], ebenfalls vom 24.11.1933, der § 456b in die StPO eingefügt, der wenigstens eines dieser Probleme normativ löste. Danach wurde eine neben einer Freiheitsstrafe angeordnete Maßregel grundsätzlich nach der Strafe vollzogen; ausnahmsweise konnte die Unterbringungung in der Heil- oder Pflegeanstalt ganz oder teilweise vorweg vollzogen werden. Diese Regelung wurde damit begründet, daß die Freiheitsstrafe die schwerere Maßnahme[224] sei. Die Ausnahmeregelung sollte nur dann zum Zuge kommen, wenn der Zustand des Betroffenen dem sofortigen Vollzug der Freiheitsstrafe, nicht aber dem der Maßregel entgegenstand[225]. E. Schäfer/von Dohnanyi[226] hielten die vorgängige Strafvollstreckung im Hinblick auf die Sühnefunktion der Strafe für angebracht, betonten aber auch, Strafen und Maßregeln könnten nicht nur einander ergänzen, sondern sich zum Teil sogar ersetzen. Für Mezger gestattete § 42b II StGBGewVbrG mit seinem "Standpunkt der Zweispurigkeit"[227] kein formelles Vikariieren der Strafe mit anderen Maßnahmen.

Für den Fall, daß nach § 42n StGB-GewVbrG mehrere Maßregeln nebeneinander angeordnet worden waren, hatte das GewVbrG kaum Regelungen[228] über die Vollstreckungsreihenfolge oder ein mögliches Vikariieren getroffen. Nach E. Schä-

---

221 Die Begriffe Vollstreckung für den administrativ-organisatorischen Rahmen und Vollzug für die konkrete Durchführung in einer bestimmten Vollzugseinrichtung wurden in der Literatur der Zeit nicht einheitlich gebraucht und erscheinen gelegentlich als synonym und austauschbar.

222 s. o. Abschnitt 1.4.4

223 RGBl.I,1000, in Kraft ab dem 01.01.1934

224 RuStAnz.,Erste Beilage,4

225 ibid.

226 Cf. E.Schäfer/von Dohnanyi 1936,83 und 78; im übrigen verwiesen sie auch auf die nach § 456b StPO-GewVbrG zulässige Ausnahmereihenfolge, ibid.

227 Mezger 1934,148, der an dieser Stelle ebenfalls auf die "Freiheit in der Reihenfolge des Vollzugs" gemäß § 456b StPO-GewVbrG hinwies, die unberührt bleibe. - Den Standpunkt, daß ein Vikariieren im Sinne eines Ersatzes der Strafe durch die Maßregel nicht zulässig sei, teilte auch Exner 1934,649.

228 Dohna 1935,418 sprach hinsichtlich der Konkurrenz von Rechtsfolgen von "nur sehr dürftige(n) und keineswegs ausreichende(n) Anweisungen".

fer/von Dohnanyi hatte in einem solchen Fall die Vollstreckungsbehörde "nach Zweckmäßigkeitsgesichtspunkten je nach der Lage des einzelnen Falles"[229] die Entscheidung zu treffen. Auch ein Vikariieren als Übergehen von einer Maßregel auf eine andere erst im Stadium des Vollzugs, wenn nur eine einzige Maßregel angeordnet worden war, wurde vom Gesetz nicht vorgesehen; ob für eine solche Regelung überhaupt ein praktisches Bedürfnis bestehe, sollte nach E. Schäfer/von Dohnanyi[230] abgewartet werden.

Andere Varianten wurden von Rietzsch ins Spiel gebracht. Zwar hielt er es grundsätzlich für zweckmäßig, erst die Strafe und dann die Maßregel zu vollziehen; jedoch sollten bei "heilenden Maßnahmen"[231] erst diese vorgenommen und danach die Strafe vollstreckt werden. In diesem Zusammenhang schlug er vor, die Vollstreckungsregelung des § 456b StPO-GewVbrG künftig ins StGB zu übernehmen. Darüberhinaus trat er dafür ein, die Vollstreckungsbehörden zu ermächtigen, nach der Verbüßung von Strafe vom Vollzug der Maßregel abzusehen, wenn sie entbehrlich erscheine[232].

Erweiternde Vikariierensregeln wurden von der Amtlichen Strafrechtskommission für die angestrebte Reform des StGB vorgesehen. Danach sollte im Vollzug ein Vikariieren zwischen der Sicherungsverwahrung und der Heil- und Pflegeanstalt möglich sein, wenn ein Gefangener den sog. Zuchthausknall bekommen habe, oder wenn ein vermindert oder Unzurechnungsfähiger zwar geheilt sei, aber dennoch gefährlich bleibe[233]. Leppmann[234] empfahl eine ähnliche Vikariierensregelung; danach sollte die Überführung nicht oder nicht mehr heil- oder pflegebedürftiger Krimineller in die Sicherungsverwahrung ermöglicht werden können.

Langelüddeke schließlich hielt die Möglichkeit, den Verurteilten erst in der Anstalt unterzubringen und danach die Strafe zu vollstrecken "in manchen Fällen für außerordentlich zweckmäßig"[235], insbesondere bei Süchtigen. Mit seinem Vorschlag[236], unter bestimmten Voraussetzungen dann sogar die Strafe zu erlassen, ging er noch einen deutlichen Schritt weiter.

Zusammenfassend läßt sich auch hier feststellen, daß die Maßregel gegenüber der Strafe 'aufgewertet' worden ist. Sollte sie nach den früheren Entwürfen[237] gleichsam in einer 'Auffangfunktion' nur dort eingreifen, wo die Strafen nicht ausreichten,

[229] E.Schäfer/von Dohnanyi 1936,107
[230] cf. ibid.
[231] Rietzsch 1935,152
[232] cf. ibid.
[233] cf. Rietzsch 1935,153
[234] cf. Leppmann 1934,403
[235] Langelüddeke 1944,152
[236] cf. Langelüddeke 1944,152 und 163
[237] s. o. Abschnitt 1.4.4

so erscheint sie im GewVbrG deutlich als eine neben der Strafe eigenständige Sanktionsform, die künftig sogar in der Lage sein könnte, den Vollzug von Strafe[238] zu verdrängen.

Wenn mit der Vollstreckung einer angeordneten Maßregel nicht innerhalb von drei Jahren nach Rechtskraft begonnen wurde, war ihr Vollzug nur noch aufgrund besonderer Anordnung des Gerichts zulässig, § 42g StGB-GewVbrG. Nach § 70 II StGB-GewVbrG verjährte die Vollstreckung einer rechtskräftig angeordneten Maßregel der Sicherung und Besserung endgültig in zehn Jahren. Exner unterschied diese beiden Varianten als "bedingte" und "unbedingte Vollstreckungsverjährung"[239].

2.2.4.4 Theorie des Maßregelrechts III: Unterbringung oder andere Schutzmaßnahmen (Subsidiaritätsprinzip)?

Außer dem Vorliegen der persönlichen Voraussetzungen von verminderter Zurechnungsfähigkeit und einer Verurteilung zu Strafe oder von Unzurechnungsfähigkeit, mußte, wie oben bereits ausgeführt[240], nach § 42b StGB-GewVbrG vor einer Maßregelanordnung das Erfordernis der öffentlichen Sicherheit geprüft werden. Diese Erforderlichkeit bestand außer beim Vorliegen von 'Gefährlichkeit', das hieß einer Gefahr weiterer Angriffe auf strafrechtlich geschützte Güter irgendwelcher Art[241], immer dann, wenn die Gefahr nicht auf andere Weise gebannt werden konnte[242]. Mit anderen Worten, eine Unterbringung war dann nicht erforderlich und ihre Anordnung durfte nicht ausgesprochen werden, wenn weniger einschneidende und zumutbare Mittel genügten[243]. Damit galt für die Anordnung der Unterbringung in der Heil- oder Pflegeanstalt das Subsidiaritätsprinzip[244].

Genaugenommen setzte dies eine zweigliedrige Erforderlichkeit voraus. Das eine Element bestand demnach in der 'Gefährlichkeit' des Täters, das andere im Fehlen einer geeigneten und zumutbaren Alternative zur Unterbringung. So war auch das RG[245] zu verstehen, wenn es neben der bestimmten Wahrscheinlichkeit weiterer gegen die Rechtsordnung gerichteter Handlungen die Unterbringungsanordnung davon abhängig machte, daß auf andere Weise als durch die Anordnung von Sicherungsmaßnahmen keine Abhilfe geschaffen werden konnte.

---

[238] Soweit bereits der Vorschlag Radbruchs und der AE 1925, cf. oben Abschnitt 1.4.4.
[239] Exner 1934,646; im Original gesperrt
[240] s. o. Abschnitt 2.2.4.2
[241] RuStAnz.,3
[242] ibid.
[243] cf. E.Schäfer/von Dohnanyi 1936,82
[244] cf. Blau 1984,4; cf. LK-Hanack vor § 61 Rz. 60 und § 63 Rz. 82
[245] RGSt 73,303,304

Als Alternative zur subsidiären Anstaltsunterbringung kamen in erster Linie Angehörige in Betracht, wenn sie nach Überzeugung des Gerichts genügend Gewähr für die Sicherung des Betroffenen bieten konnten.

Eine weitere Variante brachte Rietzsch ins Spiel. Er schlug im Blick auf die geplante Strafrechtsreform für vermindert Zurechnungsfähige die Möglichkeit des Aufschubs der Unterbringung in der Heil- oder Pflegeanstalt für eine gewisse Probezeit vor: "Da viele Psychopathen bei Androhung einer scharfen Behandlung durchaus motivierbar sind, ist zu hoffen, daß dieser Aufschub auf Probe nicht selten die Durchführung der Unterbringung ersparen wird."[246]

Wie weit in der Praxis tatsächlich von einer Unterbringungsanordnung aufgrund des Vorliegens von Alternativen abgesehen wurde, konnte im Rahmen dieser Arbeit nicht herausgefunden werden.

2.2.4.5. Theorie des Maßregelrechts IV: Vollzugsziele und Mittel. Staatliche Fürsorge. Arbeit

Auf der Ebene des Straf- bzw. Maßregelrechts war mit dem GewVbrG gegenüber den Entwürfen die Priorität der Zweckbestimmung verändert worden: Sicherung vor Besserung[247], Interesse der Volksgemeinschaft vor dem des Individuums. Für L. Schäfer et al. war die Unterbringung in der Heil- oder Pflegeanstalt sowohl eine Maßregel der Sicherung als auch der Besserung; dabei "dient (sie) in erster Linie dem Interesse der Volksgesamtheit, in zweiter Linie auch dem des Verwahrten."[248] Diese neue Prioritätensetzung fand in der geänderten Reihenfolge der Worte Sicherung und Besserung sowohl im Titel des Gesetzes als auch in der Überschrift über den neuen Abschnitt 1a. des StGB ihren Ausdruck.

Von daher verwundert es nicht, wenn der Behandlung im Unterschied zur Sicherung in der kommentierenden Literatur der nationalsozialistischen Zeit wenig Be-

---

[246] Rietzsch 1935,156
[247] s. o. Abschnitt 2.2.4.2
[248] L.Schäfer et al. 1934,119

achtung[249] geschenkt wurde. Darüberhinaus war das diesbezügliche Schweigen insoweit sachlich berechtigt, als die Ebene der Theorie und der Normierung des Maßregelrechts systematisch nicht der richtige Ort war, zu Fragen des Vollzugs inhaltliche Aussagen zu machen.

Nach E. Schäfer/von Dohnanyi[250] überwog bei der Unterbringung in der Heil- oder Pflegeanstalt "je nach der Art und dem Grad der geistigen Erkrankung bald der Gedanke der Sicherung, bald das Ziel der Heilung und Besserung." Und für Exner[251] bedeutete "'Besserung' ... freilich nicht mehr als ein Ungefährlichwerden des Individuums", ohne daß er sich dazu geäußert hätte, auf welche Weise dies Vollzugsziel zu erreichen sei. Bei anderer Gelegenheit betonte E. Schäfer[252], auch wenn diese Stimme singulär blieb, bei der Anstaltsverwahrung stünden Heilung und Besserung als Ziel im Vordergrund, "nur mittelbar" übernehme "die Unterbringung zugleich die Funktion der Sicherung der Volksgemeinschaft."

Der in den Diskussionen der Weimarer Zeit wenigstens rudimentär angeklungene Gedanke einer staatlichen Fürsorgeverpflichtung für die um der Sicherheit der Allgemeinheit willen unterzubringenden Personen[253], tauchte im Nationalsozialismus nicht wieder auf.

Für die in einer Heil- oder Pflegeanstalt nach § 42b StGB-GewVbrG untergebrachten Personen bestand nach dem Wortlaut des § 42i II StGB-GewVbrG keine Arbeitspflicht. Ihnen konnte eine "fakultative und individualisierte Beschäftigung"[254] angeboten werden. Dennoch beschrieben L. Schäfer et al.[255] diese Beschäftigungsmöglichkeit als "Arbeitspflicht", die "auch für die zurechnungsunfähigen Verbrecher (bestehe), die in einer Heil- oder Pflegeanstalt untergebracht sind". Und sie fügten hinzu: "damit wird die gesetzliche Grundlage für eine sachgemäße Arbeitstherapie gelegt." Creutz[256] stellte für die Gruppe der aktiven antisozial leicht

---

[249] Zur Behandlung im Strafvollzug cf. Viernstein 1939,4ff., der auf den in der Weimarer Zeit "in reine Ideologie und Operettenhaftigkeit" ausgearteten Strafvollzug anspielte und die 1937 nach bayerischem Vorbild erfolgte Einrichtung eines reichseinheitlich ausgerichteten kriminalbiologischen Dienstes pries, der prüfen sollte, ob Besserungsfähigkeit oder Unverbesserlichkeit vorläge. Hinsichtlich der Behandlung von Psychopathen meinte er, aaO.,7: "Man ist sich ja heute in der Beurteilung und Behandlung vor allem der excedierenden Psychopathen einig, daß schärfste, rücksichtslose Anfassung das beste und wirksamste Mittel ist, um der Uferlosigkeit ihrer Triebe, charakterlichen Unarten und daraus fließenden Verhaltensweisen einen Damm zu setzen." - Hier kehrten die Begründungen zum E 1927,15 und zum GewVbrG, RuStAnz.,1, wieder, nach denen vermindert zurechnungsfähige Psychopathen nicht milder, sondern eigentlich schärfer zu bestrafen seien, s. o. Abschnitt 2.2.4.1.

[250] E.Schäfer/von Donanyi 1936,80

[251] Exner 1934,635

[252] E.Schäfer 1937,372

[253] s. o. Abschnitt 1.4.6

[254] Exner 1934,645

[255] L.Schäfer et al. 1934,144

[256] cf. Creutz 1939,167

Schwachsinnigen und Psychopathen die Forderung nach straffem Arbeitszwang bis zur Ermüdung, bzw. nach Unterbringung in einem gesicherten Arbeitslager auf.

2.2.4.6 Theorie des Maßregelrechts V: Geeignete Unterbringungsinstitutionen. Vollzugsregelungen. Zahlen

Trotz der in den früheren Jahrzehnten heftig geführten Diskussion über die geeigneten Unterbringungseinrichtungen, insbesondere für die vermindert zurechnungsfähigen sog. Psychopathen[257], bestimmte § 42b StGB-GewVbrG wie alle voraufgehenden Entwürfe die Heil- oder Pflegeanstalt zur aufnehmenden Vollzugsinstitution auch für die nach § 51 II in den Maßregelvollzug eingewiesenen Personen.

Nach einigen Jahren Erfahrung mit der Praxis des Maßregelvollzugs wurde die frühere Diskussion nunmehr als Kritik an der neuen Regelung wieder aufgenommen. Creutz[258] verwies zwar einerseits darauf, daß sich auch früher schon Rechtsbrechertypen, soziale Schädlinge mit verminderter Zurechnungsfähigkeit, in den Heil- und Pflegeanstalten befunden hätten, jetzt aber belasteten sie räumlich und zeitlich diese Einrichtungen. Mehr noch, die Gruppe der aktiven antisozial leicht Schwachsinnigen und Psychopathen, etwa 20% der untergebrachten Männer, sei auf Dauer in der Heil- und Pflegeanstalt nicht tragbar[259].

Auch das früher schon gebrauchte Argument, die vermindert Zurechnungsfähigen und sog. Psychopathen störten die Anstalten, weil diese sich als "Krankenhausbetrieb" verstünden[260] bzw. ihren Charakter "als Heil- und Pflegeanstalten" erhalten und nicht zu Bewahranstalten für Verbrecher degradiert werden wollten, - sonst "leidet naturgemäß das Ansehen der Anstalten"[261] -, tauchte wieder auf. Schon 1934 hatte Mezger[262] daraufhingewiesen, daß "die *Heil- und Pflegeanstalt* ... grundsätzlich *nicht* der richtige Ort zur Verwahrung der chronisch kriminellen [!] Psychopathen" sei, weil ihr Aufenthalt dort diese Anstalten diskreditiere. Ähnlich äußerte sich Hürten; die Unterbringung solle zwar keine Strafe sein, aber die geistig abnormen Rechtsbrecher genössen in der Irrenanstalt Vorteile wie Geisteskranke: "Das ist eine Gleichsetzung, die das Rechtsgefühl verletzt."[263]

So waren sich diejenigen, die sich zu diesem Problem äußerten, auch darüber einig, die psychiatrischen Anstalten "von unerwünschten Elementen"[264] nach Möglichkeit

---

[257] s. o. Abschnitt 1.4.7
[258] cf. Creutz 1939,139
[259] cf. Creutz 1939,165
[260] so Exner 1939,94
[261] so Langelüddeke 1944,148
[262] Mezger 1934,149
[263] Hürten 1937,262
[264] Langelüddeke 1944,148

freizuhalten bzw. diese Personen von der Justiz abgenommen zu bekommen[265] oder in den aufgelösten privaten Irrenhäusern[266] unterzubringen[267]. Exner[268] hielt es in diesem Zusammenhang für wünschenswert, daß die Gerichte, wo dies möglich sei, gleichzeitig auf psychiatrische Maßregel und Sicherungsverwahrung erkennten und den Vollzugsbehörden die Wahl der Vollzugseinrichtung überließen. In die gleiche Richtung zielte Gruhle mit seiner Ansicht, sehr viele Psychopathen bedürften keiner besonderen psychiatrischen Vollzugsabteilungen, sondern könnten "sehr wohl im normalen Vollzug und der normalen Sicherung belassen werden"[269].

Andererseits können die psychisch kranken Rechtsbrecher doch nicht so störend und schwierig in den Anstalten gewesen sein, wie ihre Abschiebewünsche suggerierten. So berichtete beispielsweise Hürten[270], daß der Zustand der gerichtlich Untergebrachten nicht immer eine fluchtsichere Unterbringung erfordere. Der größte Teil von ihnen befinde sich nicht im Bewahrhaus, sondern auf anderen Abteilungen, teils Wachabteilungen, teils auf freien Abteilungen ohne Wache[271].

Nach der Begründung[272] des GewVbrG sollten die Landesregierungen Grundsätze über den Vollzug der Maßregeln entsprechend den Grundsätzen über den Vollzug von Freiheitsstrafen vereinbaren. Am 16.02.1934, also kurz nach Inkrafttreten des Maßregelrechts, wurde die Rechtspflege auf das Reich übergeleitet[273]. Daraufhin erließ der Reichsjustizminister am 14.05.1934 die Verordnung über den Vollzug von Freiheitsstrafen und von Maßregeln der Sicherung und Besserung, die mit Freiheitsentziehung verbunden sind[274]. Diese Verordnung beinhaltete im wesentlichen die Fortgeltung der aufgrund von Ländervereinbarungen entstandenen Vollzugsgrundsätze vom 07.06.1923[275] mit einigen Erweiterungen. In Preußen wurden aufgrund des Gesetzes vom 16.10.1934[276] zur Ausführung des Reichsgesetzes gegen gefährliche Gewohnheitsverbrecher und über Maßregeln der Sicherung und Besserung vom 24. Novemeber 1933 die Landesfürsorgeverbände für den psychiatrischen Maßregelvollzug zuständig.

---

[265] cf. Creutz 1939,166

[266] hierzu cf. beispielsweise Schmuhl 1987,149f.

[267] so Hürten 1937,263

[268] cf. Exner 1939,94

[269] Gruhle 1942,328

[270] cf. Hürten 1937,266

[271] Am 11.06.1937 waren in Eickelborn 118 Personen nach § 42b StGB, 7 nach § 126a StPO untergebracht. Von diesen 125 Personen befanden sich nur 13 im Bewahrhaus, 43 auf einer Wachabteilung und 69 auf sog. Nichtwachen, cf. Hürten 1937,332.

[272] RuStAnz.,3

[273] RGBl.I,91

[274] RGBl.I,383

[275] RGBl.II,263

[276] prGesS.,403

Mit dem GewVbrG wurden auch die §§ 122a und 122b neu ins StGB aufgenommen. Sie stellten terminologisch klar, daß die im Maßregelvollzug Untergebrachten nicht Gefangene sind, obwohl sie ihnen ansonsten gleichstanden, sondern "behördlich Verwahrte"[277].

2.2.4.7. Theorie des Maßregelrechts VI: Kostenregelungen

Das GewVbrG hatte weder im Bereich der materiellen Regelung des Maßregelrechts im StGB noch in den geänderten oder neu eingeführten Paragraphen der StPO bestimmt, wer die Kosten des psychiatrischen Maßregelvollzugs zu tragen habe. Zwar bezogen die geänderten §§ 465 I und 466 StPO-GewVbrG die Kosten der Maßregelvollstreckung in die Kosten der Strafvollstreckung ein; gleichzeitig bestimmte aber der neue § 467 III StPO-GewVbrG: Diese Bestimmungen gelten nicht, wenn gegen den Angeschuldigten die Unterbringung in einer Heil- oder Pflegeanstalt angeordnet wird. Auch das preußische Gesetz vom 16.10.1934 über die Zuständigkeit der Landesfürsorgeverbände für den Vollzug schwieg zur Frage der Kostenträgerschaft. Es bestimmte in § 1 lediglich, daß die zur Unterbringung Verurteilten, soweit die Kosten der Unterbringung von ihnen nicht beigetrieben werden können, als hilfsbedürftig im Sinne der Verordnung über die Fürsorgepflicht vom 13.02.1924[278] gelten, aber ohne Rückgriffsmöglichkeit auf die nach bürgerlichem Recht Unterhaltspflichtigen. So blieb die Kostenlast wegen dieser insoweit bestehenden Gesetzeslücke an den Landesfürsorgeverbänden hängen[279].

Allerdings berichtete Hürten[280] über eine Entscheidung des Bundesamtes für das Heimatwesen, der obersten Entscheidungsinstanz in Fürsorgesachen, nach der die Kosten der Unterbringung nach §§ 42b StGB und 429a StPO neuerdings Strafvollziehungskosten seien, die die Justizverwaltung zu tragen habe. Gleichzeitig hielt er diese Entscheidung für in sich widersprüchlich, da die Unterbringung doch

---

[277] RuStAnz.,Erste Beilage,1

[278] RGBl.I,100

[279] Cf. Hürten 1937,320. -
Für nicht strafrechtlich in der Psychiatrie untergebrachte sog. gemeingefährliche Geisteskranke schob das Gesetz vom 29.04.1935, RGBl.I,565, mit dem neuen § 21b FV die Kostenlast von der Polizei auf die öffentliche Fürsorge. Damit wurde diesen Kosten reichsrechtlich der Charakter von Fürsogekosten beigelegt, BAHE 88,74,76. Nach § 21b FV stand nunmehr der gemeingefährliche Geisteskranke dem nicht gemeingefährlichen Geisteskranken fürsorgerechtlich gleich, BAHE 89,66,68.

[280] Cf. Hürten 1937,320. -
Möglicherweise hatte Hürten von der Entscheidung vom 29.09.1936 Kenntnis erhalten, in der ausdrücklich klargestellt wurde, daß die oben FN 279 erwähnte Gleichstellung von Polizei- mit Fürsorgekosten gerade nicht für die strafrechtliche Unterbringung nach § 42b StGB-GewVbrG galt. Danach hatte aufgrund von § 21b S. 2 FV grundsätzlich der Justizfiskus als die Behörde, in deren Aufgabenkreis die Unterbringung fällt, die Kosten zu tragen, BAHE 90,126,128.

keine Vollziehung von Strafe darstelle[281]. Größere dogmatische Klarheit über den Charakter der durch maßregelrechtliche Unterbringung entstehenden Kosten schuf auch § 10 der Verordnung über Kosten im Bereich der Justizverwaltung (JVKostO) nicht[282]; immerhin blieb seitdem der Justizfiskus der Kostenträger, allerdings mit einem Erstattungsanspruch versehen.

Klarer war die Rechtslage hinsichtlich der Gewährung von Sozialversicherungsleistungen geregelt. Das bisher schon geltende Ruhen von Leistungen bei längerer Freiheitsstrafe wurde auf die Sicherungsverwahrung ausgedehnt[283]. Eine vormals unklare Rechtslage beim Bezug von Renten und Versorgungsleistungen wurde dahingehend durch die Art. 8 bis 12 AG-GewVbrG geregelt, daß diese Leistungen künftig bei der Unterbringung in der Heil- oder Pflegeanstalt nicht ruhten. Gleichzeitig erschien es dem nationalsozialistischen Gesetzgeber aber wünschenswert, den Stellen, denen die Kosten der Unterbringungsmaßnahmen zur Last fielen, einen unmittelbaren Zugriff auf die Renten und Gebührnisse der von ihnen betreuten Personen zu ermöglichen. Deshalb sah eine Reihe neuer Vorschriften vor, daß die Ansprüche aus Renten oder Versorgungsleistungen kraft Gesetzes bis zur Höhe der Unterbringungskosten auf die Stellen übergingen, die die Kosten der Unterbringungsmaßnahmen zu tragen hatten[284].

2.2.4.8 Theorie des Maßregelrechts VII: Unterbringungsdauer. Bedingte Aussetzung. Entlassung

§ 42f I StGB-GewVbrG bestimmte: Die Unterbringung dauert so lange, als ihr Zweck es erfordert. Und nach § 42f III war die Unterbringung in einer Heil- oder Pflegeanstalt an keine Frist gebunden. Die Koppelung der Unterbringungsdauer an den Zweck des Unterbringungserfordernisses tauchte erstmals im Entwurf Radbruchs von 1922 auf und war in die Entwürfe von 1925, 1927 und 1930 übernommen[285] worden. Allerdings stand diese Zweckerfordernisformel unter der Vorgabe einer auf zwei bzw. drei Jahre begrenzten Unterbringungsdauer, die nur durch eine neue Anordnung oder Zulässigkeitserklärung des Gerichts um jeweils weitere zwei bzw. drei Jahre verlängert werden konnte.

---

[281] cf. Hürten 1937,320

[282] JVKostO vom 14.02.1940. RGBl.I,357. Über die Fälle und die Höhe der Erstattungsforderung sollte die Verwaltung bestimmen; cf. hierzu § 48 der Durchführungsverordnung zu den Kostengesetzen (Kostenverfügung), wonach die Justizverwaltungskosten nach den Vorschriften über die Gerichtskosten bestimmt werden, Wedewer 1948,213ff.

[283] cf. dazu die Erläuterung in RuStAnz.,Zweite Beilage,1

[284] cf. ibid.

[285] s. o. Abschnitt 1.4.9

Nunmehr war die Unterbringung in einer Heil- oder Pflegeanstalt von vornherein auf eine unbestimmte Dauer[286] angelegt. Die Orientierung der Dauer am Zweckerfordernis wurde durch die Gesetzesbegründung als wichtiger Grundsatz des neuen Rechts herausgestellt; eine Freilassung durfte solange nicht erfolgen, als der Untergebrachte der öffentlichen Sicherheit noch gefährlich war[287]. Nach E. Schäfer/von Dohnanyi[288] vertrugen und verlangten die Maßregeln von vornherein hinsichtlich ihrer Dauer eine gewisse Beweglichkeit; das konnte auch heißen: "nötigenfalls lebenslänglich"[289]. Jedenfalls waren sie "berechtigt, solange ihr Sicherungs- und Besserungszweck sie erfordert, und (verloren) ihre Bedeutung in dem Augenblick, wo sie der Sicherungs- oder Besserungszweck nicht mehr erfordert."[290] Nach L. Schäfer et al.[291] sollte der Untergebrachte solange nicht freigelassen werden, "als er der öffentlichen Sicherheit noch gefährlich ist." Und an anderer Stelle[292] betonten sie ausdrücklich: "Der Zweck ist nicht erreicht, solange die durch die Maßregel bekämpfte Gefahr noch fortbesteht."

Angesichts der Bindung der unbegrenzten Unterbringungsdauer an das Erfordernis des Unterbringungszwecks, dh. der Gewährleistung der öffentlichen Sicherheit, hielt es der nationalsozialistische Gesetzgeber[293] für geboten, von Zeit zu Zeit die Notwendigkeit der weiteren Unterbringung durch das Gericht prüfen zu lassen. Nach § 42f III StGB-GewVbrG betrug diese Frist drei Jahre. Während des Fristlaufs konnte es jederzeit auf Antrag oder von Amts wegen die weitere Unterbringungsnotwendigkeit überprüfen. Eine Entlassung durfte nur erfolgen, wenn die Zweckerreichung positiv bejaht[294] werden konnte. Im Zweifel war nicht zugunsten

---

286 Exner 1934,644: "Die Unbestimmtheit der Dauer wird nicht einmal durch die Entlassung behoben, denn diese Entlassung ist immer nur eine bedingte."

287 RuStAnz.,3

288 cf. E.Schäfer/von Dohnanyi 1936,90

289 E.Schäfer 1935a,1373. - Einzig Leppmann 1934,403 meinte, bei den meisten Untergebrachten dürfte die Unterbringungsdauer voraussichtlich weniger als drei Jahre betragen. - In einem Kommentar zur Allgemeinen Verfügung des Reichsministers der Justiz vom 03.03.1938 (Strafsachen gegen gefährliche Gewohnheitsverbrecher), stellte Rietzsch in Bezug auf die Sicherungsverwahrung heraus: "Die Sicherungsverwahrung dauert grundsätzlich lebenslänglich." Die dreijährige Frist des § 42f III bedeute nicht, daß der Gesetzgeber mit einer Umstellung des Verwahrten in drei Jahren rechne, "sondern sie soll lediglich die Allgemeinheit die Durchführung entbehrlicher Verwahrungen ersparen." Keinesfalls dürfe der Allgemeinheit ein weiteres Risiko aufgebürdet werden; eine auch nur versuchsweise Entlassung sei daher nicht zulässig, Rietzsch [1938b],88ff.

290 E.Schäfer/von Dohnanyi 1936,90

291 L.Schäfer et al. 1934,133

292 L.Schäfer et al. 1936,136

293 cf. RuStAnz.,3

294 RuStAnz.,3. - Cf. auch E.Schäfer 1935,1373a, demzufolge eine Entlassung nur erfolgen durfte, "wenn positiv feststeht, daß der Zweck der Unterbringung erreicht ist". - Ebenso E.Schäfer/von Dohnanyi 1936,91.

des Untergebrachten, sondern - pro re publica - zugunsten der gefährdeten Allgemeinheit zu entscheiden[295].

Beim Überprüfungsverfahren hielten L. Schäfer et al.[296] die "Anhörung der Verwaltung der Anstalt" für geboten; schließlich gebe das Gutachten der Anstalt die "wichtigsten Anhaltspunkte" dafür zu erfahren, ob der Zweck der Unterbringung erreicht sei oder noch nicht.

Ergab sich bei der Überprüfung, daß der Zweck noch nicht erreicht war, bedurfte es im Unterschied zu den früheren Entwürfen keiner - erneuten - Anordnung über die Fortdauer der Unterbringung. Das Gericht lehnte einfach in einer Verfügung bzw. einem Beschluß die Entlassung des Untergebrachten ab[297].

Durch § 8 des Gesetzes zur Änderung des Reichsstrafgesetzbuchs vom 04.09.1941[298] wurde diese bisher dem Richter zustehende Überprüfung und Feststellung des Erreichens oder des Nichterreichtseins des Unterbringungszwecks der höheren Vollzugsbehörde übertragen. § 1 der VO vom 24.09.1941[299] zur Durchführung des Gesetzes zur Änderung des Reichsstrafgesetzbuchs stellte in § 42f StGB-GewVbrG den Satz ein: Höhere Vollzugsbehörde ist der Generalstaatsanwalt bei dem Oberlandesgericht, in dessen Bezirk die Vollzugsanstalt gelegen ist. Art. 1 Nr. 12 KRG Nr. 55 vom 20.06.1947[300] stellte vorläufig, Art. 1, Ziff. 7 des 3.StrÄndG vom 04.08.1953[301] endgültig den alten Rechtszustand der richterlichen Überprüfungs- und Entlassungszuständigkeit wieder her.

Die Entlassung aus der psychiatrischen Unterbringung erfolgte nach § 42h StGB-GewVbrG nur bedingt; dabei konnten dem Entlassenen, auch nachträglich, Pflichten auferlegt werden. Diese bedingte Entlassung bedeutete für den Betroffenen eine "gesetzliche Probezeit, die erst mit der Vollstreckungsverjährung abläuft."[302] Sie brachte nach einhelliger Ansicht gegenüber den früheren Entwürfen eine "wesentliche Verstärkung des Schutzes der Allgemeinheit vor dem Schwerverbrecher-

---

[295] Cf. L.Schäfer et al. 1934,136 und E.Schäfer/von Dohnanyi 1936,92, nach denen der Satz in dubio pro reo bei der Aussetzungsentscheidung keine Geltung beanspruchen könne, sondern "im Interesse der unbedingten Sicherung der Volksgemeinschaft" umgekehrt zu entscheiden sei: in dubio contra reum. -
Ebenso Exner 1934,648: bei der Anordnung der Maßregel solle in dubio pro reo, bei der Entlassung in dubio pro re publica entschieden werden.

[296] L.Schäfer et al. 1934,137

[297] Cf. L.Schäfer et al. 1934,136 und Rietzsch [1938a],15.

[298] RGBl.I,549

[299] RGBl.I,581

[300] KR-ABl.,284

[301] BGBl.I,735

[302] Rietzsch [1938a],17; cf. auch L.Schäfer et al. 1934,142. - Nach Exner 1934,644 stand die bedingte Entlassung immer unter dem Vorbehalt des möglichen Widerrufs: "Erst die Vollstreckungsverjährung macht sie entgültig."

tum"[303]. Nach E. Schäfer/von Dohnanyi[304] erfolgte die Entlassung deshalb nur auf Probe, weil "Personen, bei denen einmal eine Unterbringung sich als notwendig erwiesen hat, bei ihrer Veranlagung eine volle Gewähr für die künftige Achtung des Rechts- und Arbeitsfriedens der Volksgenossen kaum zu bieten vermögen" - eine pessimistische Variante.

Die Bedeutsamkeit des Anlasses für einen Widerruf der bedingten Entlassung wurde unterschiedlich eingeschätzt. Für Exner[305] brauchte der Anlaß zum Widerruf "nicht ein Rückfall zu sein, vielmehr genügt ein Verhalten, das seine (sc. des Entlassenen) noch fortdauernde Gefährlichkeit erweist." Nach L. Schäfer et al.[306] ließen "nur bedeutsamere Verfehlungen krimineller oder sonstiger Art ... den Schluß zu, daß die erneute Unterbringung geboten ist." Und für E. Schäfer/von Dohnanyi sollte die Entlassung "rücksichtslos"[307] widerrufen werden, wenn die Notwendigkeit der Sicherung neu eintrat. Der Widerruf der bedingten Entlassung war gleichbedeutend mit einer erneuten Anordnung der Unterbringung[308].

Zusammenfassend läßt sich über die Regelungen von Unterbringungsdauer und Entlassung im GewVbrG vorläufig sagen: einerseits sollte mit der Zweckerfordernisformel die unbefristete und langdauernde Unterbringungszeit legitimiert und mit der bedingten Entlassung die Öffentlichkeit stärker geschützt werden, andererseits aber stellten diese Regelungen auf die in der Person des Untergebrachten veranlagungsbedingt liegende Gefährlichkeit ab, deren Reduzierung eigentlich nicht zu erwarten war, deren wider Erwarten dennoch erfolgter Eintritt dann aber von dem eine Entlassung Begehrenden nachzuweisen wäre.

2.2.4.9 Theorie des Maßregelrechts VIII: Sonstige maßregelrechtliche Bestimmungen

Einstweilige Unterbringung, § 126a StPO-AG-GewVbrG: - Nach geltendem Recht durfte Untersuchungshaft gegen einen Beschuldigten nicht angeordnet werden, wenn seine Unzurechnungsfähigkeit von vornherein feststand. Die Untersuchungshaft diente ausschließlich der Sicherung des Verfahrens; ein solches Verfahren kam aber bei einem Unzurechnungsfähigen gar nicht erst in Gang. Zum anderen galt die Tat eines Unzurechnungsfähigen nicht als strafbare Handlung, § 51 RStGB.

Hier bestand nach Auffassung des nationalsozialistischen Gesetzgebers eine Sicherungslücke. Um diesen offensichtlichen Mangel zu beheben und die sofortige Un-

---

303 L.Schäfer et al. 1934,140; cf. auch Rietzsch [1938a],17
304 E.Schäfer/von Dohnanyi 1936,93
305 Exner 1934,648
306 L.Schäfer et al. 1934,142; im Original teilweise gesperrt
307 E.Schäfer/von Dohnanyi 1936,93
308 cf. L.Schäfer et al. 1934,142

terbringung des verbrecherischen Geisteskranken in einer Heil- oder Pflegeanstalt zu ermöglichen[309], wurde mit dem AG-GewVbrG der § 126a neu in die StPO eingeführt. Er ermöglichte die einstweilige Unterbringung als besondere Maßnahme, wenn anzunehmen war, daß gegen den Beschuldigten die Unterbringung nach § 42b StGB-GewVbrG angeordnet werden würde und wenn die öffentliche Sicherheit die sofortige Verwahrung erforderte.

Sicherungsverfahren, §§ 429a ff. StPO-AG-GewVbrG: - Das geltende Recht ließ die Eröffnung eines Hauptverfahrens nur zu, wenn die Unzurechnungsfähigkeit nicht von vornherein feststand; andernfalls mußte die Staatsanwaltschaft das Verfahren einstellen, bzw. das Gericht die Eröffnung der Hauptverhandlung ablehnen. Strafprozessual bestand dann keine Möglichkeit, den Beschuldigten psychiatrisch unterzubringen.

Um einen möglichst lückenlosen Schutz vor solchen Personen zu erreichen, die als Unzurechnungsfähige objektiv gegen Strafgesetze verstoßen hatten, sollte neben der Maßregelanordnung in der Hauptverhandlung, § 42b StGB, und der einstweiligen Unterbringung eines offensichtlich unzurechnungsfähigen Beschuldigten, § 126a StPO, der Strafrichter auch und gerade dann eine Unterbringung anordnen können, wenn er aus strafprozessualen Gründen an der Durchführung einer Hauptverhandlung gehindert war. Hierzu wurden durch das AG-GewVbrG die §§ 429a ff. in die StPO eingefügt. Sie ermöglichten ein selbständiges richterliches Sicherungsverfahren ohne Hauptverhandlung.

Auch mit dieser neuen Regelung war die Funktion des Strafrichters von Grund auf[310] verändert[311] worden. Er hatte nunmehr das Recht auch dort einzugreifen, wo der Täter im Sinne des Strafrechts nicht schuldig war[312]. E. Schäfer/von Dohnanyi[313] betonten in diesem Zusammenhang, das selbständige Sicherungsverfahren werde "lediglich mit dem Ziel (durchgeführt), die Unterbringung des Täters in einer Heil- oder Pflegeanstalt anzuordnen", eine Schuldfeststellung scheide aus. Henkel[314] trat darüberhinaus für eine erweiterte Zulassung des Sicherungsvefahrens "im Hinblick auf die anderen Gruppen innerhalb der Gemeingefährlichen" ein; damit sollte eine Prüfung der Sicherungsfrage auch unabhängig von der Straffrage ermöglicht werden.

Das Sicherungsverfahren war bei nur verminderter Zurechnungsfähigkeit, § 51 II StGB-GewVbrG, nicht zugelassen.

---

[309] cf. RuStAnz.,Erste Beilage,2
[310] cf. RuStAnz.,Erste Beilage,3
[311] Mezger 1934,146 sprach von einer Stärkung der richterlichen Kompetenz durch die Ermöglichung eines Sicherungsverfahrens.
[312] cf. RuStAnz.,Erste Beilage,3
[313] E.Schäfer/von Dohnanyi 1936,83
[314] Henkel 1938/39,172

Ärztliche Mitwirkung, §§ 80a, 81, 81a, 246a StPO-GewVbrG: - Durch diese neu eingeführten oder veränderten Paragraphen wurde die ärztliche Mitwirkung bei dem Unterbringungsverfahren strafprozessual festgeschrieben. Danach sollte sich bereits im Vorverfahren ein Sachverständiger als Gutachter mit dem Beschuldigten befassen. Zu diesem Zweck konnte der Beschuldigte zur Beobachtung in eine Heil- oder Pflegeanstalt eingewiesen und dort auch körperlich untersucht werden. War in der Hauptverhandlung mit einer Unterbringung zu rechnen, so mußte ein Arzt hierzu als Sachverständiger vernommen werden.

Nichtgeltung des strafrechtlichen Rückwirkungsverbotes für die Maßregelanordnung, § 2a StGB-GewVbrG: - Im Unterschied zur Strafe, die nur nach dem zur Zeit der Tat geltenden Gesetz bestimmt werden konnte, sollte sich die Anordnung der Maßregel nach dem zur Zeit der Entscheidung geltenden Gesetz richten. Damit realisierte das GewVbrG entsprechende Überlegungen der Verfasser des GE 1911 und der Entwürfe ab 1922[315]. Diese Unterscheidung zwischen Strafe und Maßregel wurde deshalb für gerechtfertigt gehalten, weil die Maßregeln nicht Sühne für Schuld sein sollten, sondern den Schutz der Allgemeinheit vor weiteren Gefahren zum Zweck hatten[316]. Dieser Zweck würde verfehlt, wenn in bereits anhängigen Verfahren das neue Maßregelrecht noch nicht angewandt werden könne. Mit dem neuen § 2a StGBGewVbrG wurde es möglich, bei Inkrafttreten des GewVbrG am 01.01.1934 alle noch nicht rechtskräftig Verurteilten, soweit hierzu die Voraussetzungen vorlagen, der Maßregel zu unterwerfen.

Für Exner[317] hatte hinsichtlich der Rückgeltung von Maßregeln das Argument, die Maßregel sei keine Strafe, weniger Gewicht als die neue Bestimmung des Verhältnisses zwischen Individuum und Gesellschaft, wonach das Individualinteresse leichter wiege als das dringende Interesse der Gesamtheit.

Nichtgeltung des Verbotes der reformatio in peius, § 331 II StPO-AG-GewVbrG: - Der alte § 331 RStPO verbot bei Strafurteilen eine reformatio in peius in Rechtsmittelverfahren. Diese Regelung sollte für die psychiatrische Maßregelunterbringung keine Geltung haben, § 331 II StPO-GewVbrG. Begründet wurde die Aufhebung des Verbots der reformatio in peius damit, daß die Maßnahmen nicht nur dem Schutz der öffentlichen Sicherheit dienten, sondern für den Verurteilten auch Heilmaßnahmen seien[318]. Eine fragwürdige Begründung, wenn in anderen Zusammenhängen deutlich das Wissen um die - wenn auch nur subjektiv so empfundene, aber trotzdem reale - Schwere und Belastung des Verurteilten mit der Maßregelunterbringung erkennbar war, auch wenn theoretisch die Strafe als die

[315] s. o. Abschnitt 1.4.2.1
[316] cf. RuStAnz.,4f.; - so auch Rietzsch [1938a],26
[317] cf. Exner 1934,643
[318] cf. RuStAnz.,Erste Beilage,3

belastendere Maßnahme bezeichnet und ihr deshalb bei der Reihenfolge der Vollstreckung Priorität eingeräumt wurde.

2.2.5 Zusammenfassende Darstellung und vorläufige Bewertung der Theorie des Maßregelrechts im GewVbrG

Als einer der wichtigsten Autoren und Kommentatoren des neuen Maßregelrechts bezeichnete E. Schäfer[319] das GewVbrG als "Wendepunkt in der Entwicklung des deutschen Strafrechts". Nicht nur von ihm, sondern auch von zahlreichen weiteren Juristen wurde das GewVbrG als "Vorwegnahme eines wichtigen Stückes der im Gange befindlichen Strafrechtsreform"[320] verstanden. Es knüpfe an die "wertvolle Vorarbeit der früheren Entwürfe" an, gehe aber mit "dem Ziel einer wirksamen Verbrechensbekämpfung weit über sie hinaus"[321]. Damit ist es an dieser Stelle angezeigt, die Theorie bzw. die Systematik des Rechts der psychiatrischen Maßregel nach dem GewVbrG zusammenfassend darzustellen, ihre Kontinuitäten und Abweichungen zu den früheren Entwürfen hervorzuheben und auf dieser Ebene eine erste Bewertung vorzunehmen.

Mit dem neuen § 51 I nahm das StGB idF. des GewVbrG weitgehend die Formulierungen der früheren Entwürfe auf. Damit entsprach der neue Wortlaut zugleich der bisher schon geübten sachlichen Anwendung des alten § 51 RStGB durch die Rechtsprechung. Insoweit scheint hinsichtlich der Bestimmung der Unzurechnungsfähigkeit auf den ersten Blick eine Kontinuität zu den Rechtsvorstellungen der Weimarer Republik vorzuliegen.

Die neue Bestimmung über die verminderte Zurechnungsfähigkeit in § 51 II StGB-GewVbrG läßt in ihrem Wortlaut gleichfalls die Aufnahme von Vorschlägen aus der Weimarer Zeit erkennen. Ebenso bildete die früher schon intendierte Zielgruppe der sog. kriminellen Psychopathen, 'Minderwertigen' und 'krankhaft Persönlichkeitsentarteten' weiterhin den eigentlichen Grund zur Einfügung dieser Bestimmung ins StGB. Aber im Unterschied zu früher - damals unter dem Einfluß der und mit Rücksicht auf die klassische Schule - erscheint in der nationalsozialistischen Regelung die verminderte Zurechnungsfähigkeit nicht mehr so eindeutig als Unterfall der vollen Zurechnungsfähigkeit, sondern eher als auf die genannten Personengruppen zugeschnittene eigenständige Kategorie und als solche näher an der gänzlichen Unzurechnungsfähigkeit als an der Zurechnungsfähigkeit stehend.

---

[319] E.Schäfer 1935a,1362

[320] ZB. E.Schäfer/von Dohnanyi 1936,66. - An anderer Stelle bezeichnete E.Schäfer das Maßregelrecht als "das praktisch vielleicht wichtigste Stück der Gesamterneuerung unseres Strafrechts", 1937,369.

[321] E.Schäfer 1935a,1363; cf. auch ders. 1937,370, wonach die Strafrechtspflege mit der Maßregel der Sicherung und Besserung eine "neue Aufgabe" zur Sicherung der Volksgemeinschaft erhält.

Doch diese neue Kategorie offenbarte auch Ambivalenzen. Die aus dem E 1927 übernommene "Kann"-Regelung für eine fakultative Strafmilderung stellte sich alsbald als dysfunktional dar. Sinnvoll war sie für den nationalsozialistischen Gesetzgeber nur insoweit, als damit eine obligatorische Strafmilderung umgangen wurde; denn eigentlich sollte das richterliche Ermessen bei den intendierten Täter- bzw. Personengruppen auf eine Strafschärfung und nicht auf eine Milderung gerichtet sein. Zum andern kamen gerade von Praktikern Hinweise, die unter psychiatrischen Diagnose- bzw. juristischen Zuordnungsgesichtspunkten für eine äußerst enge Anwendung des § 51 II plädierten und darüberhinaus vorschlugen, die hierunter fallenden Personen statt nach § 42b in die Heil- oder Pflegeanstalt besser nach § 42e in die der Strafe näherstehende Sicherungsverwahrung zu überweisen.

Diese scheinbare Kontinuität der Bestimmungen über die verminderte Zurechnungsfähigkeit und die Unzurechnungsfähigkeit zwischen den Entwürfen der Weimarer Republik und dem Wortlaut im GewVbrG erweist sich aber als eine funktionelle Diskontinuität, wenn man sie im Kontext der geänderten Aufgabenbestimmungen des Strafrechts und im neuen Zuordnungsverhältnis des Maßregelrechts zum Strafrecht betrachtet.

Wie oben im 1. Teil[322] für die Zeit vor 1933 dargestellt wurde, kam der Frage der Zurechnungsfähigkeit im Rahmen eines Strafrechts, das von der Tat ausgehend die Schuld festzustellen und dafür das Maß an Sühne in Gestalt der Strafe zu bestimmen hatte, nur eine gleichsam vertikale Filterfunktion zu: eingeschränkte oder fehlende Zurechnungsfähigkeit milderten oder sperrten eine Bestrafung. Beruhte dieser insuffiziente Zustand auf Krankheit, war er von Dauer und ließ er erneute Rechtsgutverletzungen befürchten, dann sollte damit subsidiär die Voraussetzung für eine Maßregelanordnung vorliegen, wenn und soweit nicht andere Maßnahmen dem Erfordernis der öffentlichen Sicherheit vorrangig zu entsprechen vermochten. Im Verhältnis zum Strafrecht stand die Maßregel auf einer Stufe der Nachrangigkeit und Unterordnung; ihr kam nur der Status einer Auffangreaktion zu. Das Maßregelrecht stellte keinen eigenständigen Teilbereich des Kriminalstrafrechts dar, sondern es blieb, trotz vorgesehener Implementierung ins StGB, genuin polizeirechtlicher Natur. Insofern mußte dort von einer Zweistufigkeit des strafrechtlichen Reaktionssystems gesprochen werden. Vor allem aus prozeßökonomischen Gründen wurde dem Strafrichter lediglich die zusätzliche Aufgabe übertragen, die eigentlich der Verwaltung zukommende Anordnung der Sicherungsmaßnahme mit zu übernehmen.

Demgegenüber hatten die Nationalsozialisten dem Strafrecht mit dem GewVbrG eine neue Aufgabe und eine neue Zielrichtung[323] gewiesen, die sich signifikant vom bisherigen Strafrechtsverständnis unterschied. Nunmehr hatte nicht nur der mit

[322] s. o. Abschnitte 1.4.2.2 und 1.4.3
[323] s. o. Abschnitte 2.2.1 und 2.2.4.2

einer eigentlich fremden Verwaltungssache betraute Strafrichter, sondern das Strafrecht selbst zusätzlich auch die Aufgabe der präventiven Sicherung wahrzunehmen. Das Strafrecht erschöpfte sich nicht mehr darin, nur rückblickend als Reaktion auf Schuld eine angemessene Strafe zu verhängen. Vielmehr hatte es, an die rechtswidrige Tat nur anknüpfend, in die Zukunft zu schauen und die Sicherheitsinteressen der Allgemeinheit durch die Anordnung von Maßregeln zu berücksichtigen, soweit die gesetzlichen Voraussetzungen dies vorsahen. Neben die Folge: rechtswidrige Tat - Schuld - Strafe war somit die Folge: rechtswidrige Tat - Gefährlichkeit - Maßregel getreten[324]. Die Maßregeln waren im neuen Recht zu einem Teil des Kriminalstrafrechts, zu einem eigenständigen Element im strafrechtlichen Sanktionensystem geworden, das gleichwertig neben dem Strafrecht im engeren Sinne stand. Das Maßregelrecht stellte nun keine bloße Auffangreaktion mehr dar, sondern war zur zweiten Spur des Kriminalrechts geworden; insofern muß ab hier richtigerweise von einer Zweispurigkeit[325] des deutschen Strafrechts gesprochen werden.

In dieser neuen, erweiterten Konzeption des Strafrechts bekam auch die Frage der Zurechnungsfähigkeit[326] einen neuen Stellenwert und eine veränderte Funktion. Die zusätzliche Aufgabe der präventiven Sicherung durch das Strafrecht erforderte eine Auseinandersetzung mit der Frage der Gefährlichkeit des Täters als Kehrseite des Erfordernisses der öffentlichen Sicherheit. Der Begriff der Gefährlichkeit war in das ehedem strafrechtliche Vakuum bei Unzurechnungsfähigkeit eingetreten. Dabei bezog er sich in erster Linie auf die mit verminderter Zurechnungsfähigkeit handelnden Rückfalltäter und sog. Psychopathen, aber auch auf die im Zustand der Unzurechnungsfähigkeit handelnden geisteskranken Rechtsbrecher, und trat funktionell auf gleicher Ebene neben den Begriff der Schuld für die zurechnungsfähigen, dh. schuldhaft handelnden Täter. Kam der Frage der Zurechnungsfähigkeit früher eine vertikale Filterfunktion in dem Sinne zu, nicht bestrafbare Täter auszusondern und sie damit einer strafrechtlichen Sanktion zu entziehen, so stellte sich ihr nunmehr im Strafrechtssystem des GewVbrG die Aufgabe einer horizontalen Steuerungsfunktion, dergestalt, daß sie die aufgrund einer rechtswidrigen Tat erforderliche Sanktion in Richtung: Tat - Schuld - Strafe oder alternativ in die Folge: Tat - Gefährlichkeit - Maßregel zu steuern und in diesem Fall nunmehr in die strafrechtliche Sanktion einzubeziehen hatte. Dabei gestattete § 42b II StGB-GewVbrG bei aufgrund von § 51 II vermindert Zurechnungsfähigen kumulativ beide Alternativen. Diese neue horizontale Steuerungsfunktion der Zurechnungsfähigkeitsbestimmung, sowohl zur Feststellung von Strafe nach dem Maß des Schuldgehaltes der Tat als auch zur Anordnung der psychiatrischen Maßregel aufgrund der Ge-

---

[324] Nach Bockelmann 1940,16, hat der Gesetzgeber mit dem GewVbrG Strafe und Maßregel streng unterschieden und damit "nicht nur der Maßregel den Strafcharakter versagt und sie auf präventive Funktionen beschränkt, sondern gleichzeitig der Strafe die präventiven Elemente genommen."

[325] s. o. Abschnitt 2.2.4.2

[326] s. o. Abschnitt 2.2.4.1

fährlichkeit des Täters, machte beide Varianten zu gleichwertigen strafrichterlichen Aufgaben der Festsetzung von Strafrechtsfolgen.

Die Legitimation für die psychiatrische Maßregel bezogen die Nationalsozialisten ebenso wie die Entwürfe der Weimarer Republik aus dem Sicherheitsinteresse und dem daraus abgeleiteten Schutzanspruch der Öffentlichkeit vor gefährlichen Tätern. Dementsprechend bestand der Zweck[327] der psychiatrischen Maßregel nach § 42b StGB-GewVbrG darin, durch die Unterbringung des gefährlichen Täters in einer Heil- oder Pflegeanstalt die öffentliche Sicherheit gegenüber dem Rechtsbrecher zu gewährleisten. Diese Zweckbestimmung fand ihren Ausdruck in der entsprechenden Kapitelüberschrift des StGB mit "Maßregeln der Sicherung und Besserung". Durch diese Reihenfolge sollte der Vorrang vor und die Überordnung der Sicherung über die Besserung als Nebenzweck oder Mittel zur Erreichung des Sicherungszwecks deutlich hervorgehoben werden. Eine systematische Präzisierung des Zuordnungsverhältnisses von Sicherung und Besserung wurde durch die zeitgenössischen Kommentatoren nicht erreicht; einige sprachen hinsichtlich der Begriffe Besserung, Heilung und Unschädlichmachung von Nebenzwecken, andere von Mitteln zur Zweckerreichung. Eindeutig stand bei allen das Interesse der Volksgemeinschaft am Schutz vor dem gefährlichen Individuum vor dessen Heilungs- oder Besserungsbedürfnissen und entsprechenden staatlichen Fürsorgeverpflichtungen im Vordergrund.

In dieser Bestimmung des Maßregelzwecks durch die Nationalsozialisten lag mehr als nur eine Akzentverschiebung gegenüber ihrer Zweckbestimmung nach den Entwürfen. Dort hatte es nicht nur mit dem Titel[328] "Maßregeln der Besserung und Sicherung" eine andere Wortfolge gegeben, sondern der dort der Maßregel gleichermaßen wie hier zugrundegelegte Zweck der Gewährleistung der öffentlichen Sicherheit wurde als Behebung der im Individuum liegenden Gefahr, als Bekämpfung der Gefährlichkeit personzentrierter[329] verstanden. Dieser Perspektivenwechsel hing mit einer geänderten Bedeutung und Bewertung von Krankheit und Gefährlichkeit durch das GewVbrG zusammen.

Nach den Entwürfen hatte die psychiatrische Maßregel ihren Rechtsgrund im Vorhandensein von Gefahr bzw. im Erfordernis der öffentlichen Sicherheit. Nach einer rechtswidrigen Tat im Zustand psychischer Krankheit, die als verminderte Zurechnungsfähigkeit oder Unzurechnungsfähigkeit Schuld minderte oder ausschloß und dementsprechend die Bestrafbarkeit milderte oder ganz sperrte, konnte die Unterbringung angeordnet werden, wenn der Täter weiterhin als krankheitsbedingt ge-

---

[327] s. o. Abschnitt 2.2.4.2

[328] Gemeint sind die Überschriften der im zu ändernden StGB für die Maßregeln vorgesehen Abschnitte der Entwürfe von 1913 bis 1930; im VE 1909 und im GE 1911 war von "Sichernden Maßnahmen" die Rede gewesen.

[329] s. o. Abschnitt 1.4.3

fährlich für die Allgemeinheit beurteilt wurde. Die Krankheit galt als Bindeglied zwischen der Tat und dem gefährlichen Täter.

Auch nach dem GewVbrG hatte die Maßregel ihren Rechtsgrund nicht in der rechtswidrigen Tat, sondern im gefährlichen Zustand des Täters. Die Tat war nur Anknüpfungspunkt für die durch einen Strafrichter vorzunehmende Maßnahme. Ihre Schwere hatte kaum noch eine Bedeutung, nur auf Übertretungen durfte nicht mit einer Maßregel strafrechtlich reagiert werden. Aber während nach den Entwürfen die Gefährlichkeit aus dem krankhaften Zustand des Täters herzuleiten war, verlangte die Konstruktion des GewVbrG für die Annahme von Gefährlichkeit das Bestehen eines derartigen Zusammenhanges zwischen dem Wesen der Tat und dem Wesen des Täters, daß die Gefährlichkeit des Täters durch die Art und Weise der Tatbegehung nicht nur indiziert wurde, sondern sich gleichsam in ihr manifestierte. Damit wurde ein unmittelbarer Zusammenhang zwischen der rechtswidrigen Tat und dem gefährlichen Täter konstruiert und gefordert, bei dem der Krankheitsbegriff objektiv so gut wie keine Rolle mehr spielte und eigentlich entbehrlich[330] war: eine bestimmte Art der Tatbegehung offenbarte aus sich heraus einen bestimmten Täter-Typ, dessen Zustand als für die Öffentlichkeit gefährlich galt. Insofern diente die in der StPO festgeschriebene ärztliche Mitwirkung im Strafverfahren, §§ 80a, 81, 81a, 246a, auch nicht einer medizinischen Differentialdiagnostik, sondern dem Nachweis des Bestehens oder Nichtbestehens einer 'veranlagungsbedingten' Gefährlichkeit, die sich im Tatgeschehen realisiert hatte[331]. Bei dieser Konstruktion der Anordnungsvoraussetzungen für die psychiatrische Maßregel reagierte die Frage der Zurechnungsfähigkeit nicht mehr filternd auf möglicherweise entschuldende oder Schuld reduzierende Krankheitsanteile, sondern beschrieb und quantifizierte die Anteile von Schuld bzw. Gefährlichkeit unmittelbar in der Täterpersönlichkeit - gleichsam wie der Zeiger einer Waage sich zwischen links und rechts einpendelnd - und steuerte damit zugleich die Zuweisung zur Rechtsfolge Strafe oder zur Rechtsfolge Maßregel[332] oder, nach §§ 51 II, 42b II StGB-GewVbrG wie bei dem

---

330 In diesem Sinn hätte die Bestimmung der Unzurechnungsfähigkeit auch so formuliert werden können: Eine strafbare Handlung ist nicht vorhanden, wenn der Täter zur Zeit der Tat *wegen seines gefährlichen Persönlichkeitszustandes* unfähig ist, das Unerlaubte der Tat einzusehen oder nach dieser Einsicht zu handeln. -
Allerdings stellte Leppmann 1934,396, im Rückblick auf seine 1.063 Gutachtenfälle fest, daß es immer "ganz besondere Konstellationen" waren, wodurch nach seiner Ansicht die Taten ausgelöst wurden, und wodurch die Wahrscheinlichkeit einer Wiederkehr ähnlicher Konstellationen nicht gegeben war, - was konkludent gegen den >gearteten< Tätertypen spräche.

331 So wies Freisler 1939,337, darauf hin, daß der medizinische bzw. psychiatrische Sachverständige allenfalls zum Zustand während der Tatzeit "technische" Hinweise geben könne, eine rechtliche Bewertung des Zustandes aber ausschließlich Sache des Richters sei.

332 Nach E.Schäfer 1935a,1363 läßt das GewVbrG bei geisteskranken oder asozialen Rechtsbrechern den Gedanken von Schuld und Sühne zurücktreten und rückt "das Interesse der Allgemeinheit, das Bedürfnis der Volksgemeinschaft nach wirksamer Sicherung rücksichtslos in den Vordergrund".

gemeinsamen Segment von zwei sich schneidenden Kreisen, zu beiden Rechtsfolgen neben- bzw. nacheinander.

E. Schäfer kennzeichnete diese beiden strafrechtlichen Reaktionsformen mit den Antithesen: "hier Schuld, dort Gefährlichkeit; ... hier mehr *Tat*strafrecht, dort mehr *Täter*strafrecht"[333]. Da das GewVbrG das richterliche Ermessen auf den Typ des gefährlichen Täters[334] fixierte, dessen Gefährlichkeit an seiner 'Artung' und an seinen "Persönlichkeitsanlagen" ablesbar sein sollte, erübrigte sich für die nationalsozialistischen Juristen eine präzise Definition der Gefährlichkeit im Hinblick auf einen engeren strafrechtlichen oder weiteren polizeirechtlichen Gefährlichkeitsbegriff; für die Maßregelanordnung reichte als Begründung das Erfordernis der öffentlichen Sicherheit, - ein nach Oppertunitätsgesichtspunkten verwendbarer unbestimmter Rechtsbegriff. Gruchmann[335] bezeichnete diese Bestimmungen des GewVbrG gegenüber den Entwürfen der Weimarer Republik als eine Wendung zum "Tätertypenstrafrecht", das den Keim für späteres Unheil mit der Bestimmung von Tätertypen wie "Volksschädling", "Gewaltverbrecher" u. a. bereits in sich barg.

Da das Strafrecht mit dem GewVbrG auch die Aufgabe präventiver Sicherung erhalten hatte, war nunmehr der Strafrichter auf Grund originärer Zuständigkeit für den Ausspruch der Maßregelanordnung verantwortlich. Insoweit ist E. Schäfer zuzustimmen, wenn er die Einreihung der Maßregeln ins Strafrecht und die Übertragung der Maßregelanordnung auf den Strafrichter mit der "grundsätzlichen Wandlung unserer Auffassung über die Aufgaben des Strafrechts"[336] und dem rechtsstaatlichen Bedürfnis rechtfertigte, diese einschneidenden Maßnahmen in die Hand des Richters zu legen. Darüberhinaus konnten auf diese Weise Strafe und Maßregel aufeinander abgestimmt werden[337]. Prozeßökonomische Gründe und Zweckmäßigkeitserwägungen erübrigten sich als Rechtfertigungen weitgehend[338]. Ähnlich sah auch Mezger[339] "in der *Einheit* des Ausspruchs über die Straftatsfolgen, soweit sie die Person des Täters betreffen, ... das kriminalpolitisch Wertvolle" liegen. Seiner[340] Ansicht nach war dies nur durch die Zusammenfassung in der Hand des Richters erreichbar gewesen.

Obwohl die Maßregel mit dem GewVbrG rechtssystematisch zu einer gleichwertig neben der Strafe stehenden kriminalrechtlichen Sanktion geworden war, hielt E. Schäfer die Erinnerung daran aufrecht, daß die Maßregeln als Präventivmaß-

---

333 E.Schäfer 1935a,1364
334 cf. Werle 1989,104
335 cf. Gruchmann 1988,843
336 E.Schäfer 1937,370; ähnlich bereits ders. 1935a,1364
337 cf. E.Schäfer 1935a,1364
338 insoweit gegen E.Schäfer 1937,370
339 Mezger 1934,146
340 cf. ibid.

nahmen "ihrer Natur nach nicht typische strafrechtliche Maßnahmen"[341] seien. War anhand der Entwürfe der Weimarer Republik hinsichtlich des Maßregelrechts nur von einer Implementierung des polizeilichen Sicherungsrechts ins Strafgesetzbuch zu sprechen gewesen, so kann im Blick auf die Erweiterung der Aufgaben des Strafrechts durch die Nationalsozialisten Werle[342] zugestimmt werden, wenn er formuliert: "Die Justiz übernimmt mit dem Gewohnheitsverbrechergesetz Präventivaufgaben, dh. Aufgaben, die bei materieller Betrachtung polizeilichen Charakter tragen. So gesehen faßt die Justiz im Gebiet der Polizei Fuß."

Diese Tatsache bleibt nicht ohne Auswirkungen auf die Bewertung der nationalsozialistischen Konstruktion des Maßregelrechts als Bestandteil des Kriminalstrafrechts. Während es ohne rechtswidrige Tat bei der konkurrierenden Zuständigkeit der Polizeiverwaltung blieb, ging die Zuständigkeit nach einer rechtswidrigen Tat auf die Strafjustiz über. Indem aber die Legitimation für die Sicherung im Bereich des Kriminalstrafrechts auf die prognostizierte Gefährlichkeit gegründet wurde, rückte die psychiatrische Maßregel in die Nähe eines Willensstrafrechts; und indem sie auf in bestimmter Weise 'geartete' Tätertypen gestützt wurde, kam es potentiell zu einer Vorverlegeung der 'Strafbarkeit' vor das prognostizierte, künftig wahrscheinliche Tatgeschehen[343]; diese 'Strafbarkeit' konnte sich letztlich aber erst nach erneuter rechtswidriger Tat realisieren. In diesem Zusammenhang stellt für Gruchmann[344] das GewVbrG den entscheidenden Schritt zur vorbeugenden Verbrechensbekämpfung, vom Vergeltungs- zum Gefährdungsstrafrecht dar. Deshalb ergibt die Theorie der psychiatrischen Maßregel nach dem GewVbrG als Fazit: Der 'anlagebedingt persönlichkeitsentartete' kriminelle Täter stellt ein dauerndes gesellschaftliches Gefährdungspotential dar, für das er mit dem Freiheitsentzug der psychiatrischen Maßregel haftend einzutreten hat.

Als geeignete Institution zur Aufnahme der nach § 42b StGB-GewVbrG unterzubringenden Personen wurde die Heil- oder Pflegeanstalt, wie in den früheren Entwürfen auch, bestimmt; dies galt auch für vermindert Zurechnungsfähige gemäß § 51 II. Hierzu fanden im Vergleich zur Zeit vor dem GewVbrG kaum noch nennenswerte Diskussionen statt. Lediglich das Argument, die sog. Psychopathen

---

341 E.Schäfer 1937,370; ders. hatte 1935a,1363 hierzu bereits angemerkt, die Maßregeln fielen nicht lediglich in den Bereich der Strafrechtspflege, sondern seien "ebenso berechtigt in der Hand der Verwaltungsbehörden, der Polizei, der diese Aufgaben schon bisher wenigstens teilweise oblagen". - Cf. auch Bockelmann 1940,12: "Materiell sind die Maßregeln Verwaltungssache."

342 Werle 1989,108

343 Ähnliche Gestaltungsformen stellt Werle 1988,2866 beim E 1936 fest. - Letztlich bestätigt sich hier, was Foucault hinsichtlich der Einführung der Biographie bei der Erforschung des Verbrechers festgestellt hat, nämlich daß sie in letzter Konsequenz den Verbrecher vor dem Verbrechen, ja unabhängig vom Verbrechen geschaffen habe, cf. hierzu die ausführlichen Darstellungen bei Strasser 1978b,15f. und ders. 1984,19f.

344 cf. Gruchmann 1988,843

störten und diskreditierten den Krankenhauscharakter der Heil- und Pflegeanstalten wurde wiederholt.

Entsprechend eindeutig wurde auch die Reihenfolge der Vollstreckung bei vermindert Zurechnungsfähigen geregelt, bei denen neben der Strafe eine psychiatrische Maßregel angeordnet worden war. Die Strafvollstreckung ging dem Vollzug der Maßregel voraus, es sei denn, der Zustand des Betroffenen machte ihn strafvollzugsunfähig. Ein Vikariieren zwischen beiden Vollzugsformen war aufgrund ihrer unterschiedlichen Zwecke und der daraus resultierenden Wesensverschiedenheit nicht zugelassen. Die Unterbringung konnte durch andere geeignete Maßnahmen abgewendet werden, die der Öffentlichkeit in erforderlichem Maße Sicherheit vor dem gefährlichen Täter boten; insofern galt wie in den Entwürfen auch im GewVbrG das Subsidiaritätsprinzip.

Die wesensmäßige Unterscheidung der Maßregel von der Strafe bedingte auch eine differenzierende Bezeichnung der von ihr Betroffenen. Im Unterschied zu den Strafgefangenen galten die dem Maßregelvollzug Unterworfenen als behördlich Verwahrte. Dennoch wurde ihr Vollzug in strukturell gleicher Weise wie bei Strafgefangenen mittels Strafandrohungen sichergestellt. Dem dienten die neuen §§ 122b und 257a StGB-GewVbrG mit den Tatbeständen der Befreiung behördlich Verwahrter und Maßregelvollzugsvereitelung.

Zu einer im Vollzug möglichen, zu gewährenden oder gar zwangsweise durchzusetzenden Behandlung machte das GewVbrG auf der Ebene des materiellen Rechts keine Aussagen; durch § 42i II StGB-GewVbrG wurde lediglich auf fakultative Beschäftigungsmöglichkeiten verwiesen. Ansonsten sollte die Vollzugsgestaltung einer Ländervereinbarung überlassen bleiben.

Die Unterbringung in einer Heil- oder Pflegeanstalt war an keine Frist gebunden, § 42f III, und dauerte solange es ihr Zweck erforderte, § 42f I StGB-GewVbrG, evtl. also lebenslänglich. Eine Entlassung erfolgte gemäß § 42h StGB-GewVbrG nur als bedingte und konnte bei gegebenem Anlaß widerrufen werden. Ob der Maßregelzweck erreicht war, mußte alle drei Jahre überprüft werden. Mit dieser Regelung hatte der nationalsozialistische Gesetzgeber bei gleichlautender Zweckerfordernisformel wie in den Entwürfen seit 1922 hinsichtlich der Unterbringungsdauer im psychiatrischen Maßregelvollzug einen signifikanten Perspektivenwechsel[345] vollzogen. Aus der auf zwei bzw. drei Jahre begrenzten Unterbringungsdauer der Entwürfe hatten die Nationalsozialisten im GewVbrG eine prinzipiell unbegrenzte gemacht. Die ehedem vorgesehene gesetzliche Unterbringungsbefristung, die, wenn erforderlich, durch richterlichen Beschluß um jeweils maximal den gleichen Zeitraum verlängert werden konnte, war zu einer bloßen Prüfungsfrist hin-

---

[345] Nach Baur 1990,474, erhielt die "Entlassungsformel ... eine umgekehrte, gegen den Untergebrachten gewandte Stoßrichtung."

sichtlich des Erreichens des Zweckerfordernisses herabgestuft worden; bei negativem Prüfergebnis wurde nun statt einer erneuten Anordnung der Maßregel nur die Ablehnung ihrer Aussetzung beschlossen. Zudem sollte in dubio nicht pro reo, sondern contra reum, dh. pro re publica entschieden werden. Hiermit war hinsichtlich des Bestehens bzw. Nichtmehrbestehens von Gefährlichkeit quasi eine Beweislastumkehr eingetreten. Im Gegensatz zu den Entwürfen oblag es nach dem GewVbrG nunmehr dem Betroffenen, überzeugend darzutun, daß er nicht mehr gefährlich war, - ein theoretisch und praktisch unmögliches Unterfangen.

Nicht nur in der Dauer, sondern auch in der Breite wurden durch die Einführung der einstweiligen Unterbringung nach § 126a und durch das Sicherungsverfahren nach §§ 429a ff. StPOAG-GewVbrG noch bestehende Sicherungslücken geschlossen, ohne daß ein Richter rechtskräftig über das Vorliegen der Voraussetzungen für eine Maßregelunterbringung nach § 42b StGB-GewVbrG entschieden hatte.

Dem oben angesprochenen Perspektivenwechsel kommt noch in einer weiteren Hinsicht Bedeutung zu. Während in der Zeit vor der nationalsozialistischen Machtergreifung die Freiheit als der Normalzustand und die Internierung in der Psychiatrie als die gefährlichkeitsbedingte und im Regelfall zeitlich befristete Ausnahmesituation für den Menschen galt (die Fortdauer der Unterbringung mußte von neuem angeordnet oder für zulässig erklärt werden), war nunmehr die potentiell lebenslängliche Sicherung des veranlagungsbedingt gefährlichen 'Tätertyps' der Regelfall (darf solange nicht entlassen werden, als er der öffentlichen Sicherheit noch gefährlich ist) und die bedingte Aussetzung der Unterbringung die hiervon mögliche Ausnahme, denn eine Besserung oder Heilung erblich schlechter Veranlagung ernsthaft in Erwägung zu ziehen, war für die Nationalsozialisten undenkbar. Ein solches Sicherungskonzept konnte nur noch durch die Tötung der von ihm Betroffenen 'effektiviert' werden.

In die Darstellung und Bewertung der nationalsozialistischen Theorie und Systematik des Maßregelrechts ist auch die Regelung der Ausnahme vom strafrechtlichen Rückwirkungsverbot durch § 2a StGB-GewVbrG einzubeziehen. Diese Ausnahmeregelung für die Maßregelanordnung fand sich bereits in den Entwürfen ab 1922 und ist insofern unter Gesichtspunkten der Kontinuität nicht typisch nationalsozialistisch. Ihr kann auch eine logische Plausibilität und rechtsstaatliche Zulässigkeit dann nicht ohne weiteres und von vornherein abgesprochen werden, wenn für sie das Argument der Wesensverschiedenheit von Strafe und Maßregel herangezogen wird, insbesondere deshalb nicht, weil die letztere ja nur an die rechtswidrige Tat anknüpft, in ihr nicht ihren Rechtsgrund hat, und nur vor künftiger Gefährlichkeit sichert. Wenn darüberhinaus, wie in den Entwürfen vor 1933, das Maßregelrecht weiterhin im Grunde als präventives Polizeirecht aufgefaßt wird, das nur ins Strafgesetzbuch inkorporiert wird, laufen rechtsstaatliche Einwände schnell ins Leere.

Allerdings führt die Bewertung der Aufhebung des Rückwirkungsverbotes bei der Maßregelanordnung dann zu einem anderen Ergebnis, wenn das Maßregelrecht, wie in der systematischen Struktur des GewVbrG, nicht mehr als ein ins Strafgesetzbuch disloziertes Segment des Polizeirechts, sondern als originärer Bestandteil des Kriminalstrafrechts verstanden wird. Dann nämlich ist die rechtswidrige Tat unabdingbares und konstitutives Element der Maßregel als einer Strafrechtsfolge, auch wenn diese Folge nicht ihren Rechtsgrund, sondern nur ihren Anknüpfungspunkt in dieser Tat findet, wobei der Zusammenhang zwischen dem 'Wesen der Tat' und dem 'Wesen des Täters' beachtlich ist. Somit müßte an der gesetzlichen Bestimmung der Strafbarkeit vor der Tatbegehung als fundamentalem Rechtsgrundsatz des gesamten Kriminalstrafrechts festgehalten werden: nulla poena sine lege. Unter dieser Voraussetzung mangelt es aber der nationalsozialistischen Ausnahmeregelung von der Geltung des Rückwirkungsverbotes an der beanspruchten Legitimation[346].

Die dargestellte Theorie und Struktur des nationalsozialistischen Maßregelrechts als eines originären Bestandteils des Kriminalstrafrechts erweist sich an zwei weiteren Punkten als inkonsistent. Zum einen hätte der Staat für den Vollzug der Maßregel als Ausfluß der Strafrechtsfolge die Kostenlast zu übernehmen gehabt; diese hat er mittels der Rechtsprechung den Kommunen bzw. Kommunalverbänden als Fürsorgeträgern überlassen[347]. Zum anderen hat er den im Maßregelvollzug Untergebrachten zwar den Bezug von Renten und Versorgungsleistungen im Unterschied zu den Strafgefangenen belassen, den Anspruch auf diese Leistungen aber gleichzeitig bis zur Höhe der Unterbringungskosten per Gesetz auf die Stellen übergeleitet, denen die Kosten der Unterbringung zur Last fallen[348].

Erste zeitgenössische Bewertungen des neuen Maßregelrechts noch in den dreißiger Jahren sind nicht frei von Skepsis. So sprach Henkel davon, "daß die 'Verstrafrechtlichung' der Maßregeln einer zielbewußten vollen Entfaltung des Sicherungsgedankens hindernd im Wege gestanden"[349] habe. Straf- und Sicherungsverfahren ließen sich nicht miteinander verschmelzen, "weil sie nach Voraussetzung, Grund und Zielrichtung wesensverschieden" seien, sie könnten nur im Verhältnis gegenseitiger Ergänzung zueinander äußerlich verbunden werden[350]. De lege ferenda trat er für eine Vereinigung der Zuständigkeit für ein Sicherungsrecht und -verfahren "*in einer Hand*" ein, gleich ob es aus Anlaß einer Straftat oder ohne eine solche erforderlich sei. Hierfür forderte er zweckmäßigerweise ein Verwahrungs- oder

---

[346] Cf. zu dieser Problematik unten in Kapitel 2.5 die Ausführungen von Naucke 1982.

[347] s. o. Abschnitt 2.2.4.7

[348] s. o. ibid.

[349] Henkel 1939,217; an anderer Stelle, aaO.,229, sprach er davon, daß "auf dem Gebiet der Prävention der Zug zur richterlichen Zuständigkeit unaufhaltsam in Erscheinung (Sterilisationsgesetz, Gewohnheitsverbrechergesetz)" getreten sei.

[350] Henkel 1939,237

vormundschaftsrichterliches Bewahrungsgesetz[351]. Röling[352] hielt den in der neuen Konzeption des Kriminalrechts angelegten Dualismus für "eine notwendige Übergangsphase"; er plädierte dafür, die Sicherung mit dem Schuldgedanken zu verschmelzen und zu einer einzigen Sanktion, der Sicherungsstrafe zusammenzuführen. Exner kritisierte 1939, daß die Polizei entsprechende Bekämpfungsmittel verwendet, wie sie die Maßregeln sind, was zu einer unerfreulichen "*Zweispurigkeit von Justiz und Verwaltung*"[353] geführt habe: der NS-Gesetzgeber habe für den Richter ein wohlerwogenes Verfahren geregelt, während eine andere Staatsstelle die gleiche Maßregel verhänge, ohne an dieses Verfahren gebunden zu sein[354].

Merkwürdig mutet an, wie Exner einerseits feststellen konnte: "Gerade in wichtigen Punkten wissen wir heute noch nichts über die tatsächliche Wirkung der Maßnahmen"[355], Heilerfolge schienen nicht häufig zu sein und Entlassungen seien eher selten, um andererseits im gleichen Atemzug auszusprechen: "Trotz des geringen Heilerfolgs hat sich die Maßnahme bewährt", weil sie Gemeingefährliche unschädlich mache[356]. An rassenhygienischen Absichten der Nationalsozialisten gemessen, kam Hürten[357] zu einem eindeutig positiven Fazit: "Die Maßnahmen des Gesetzes vom 24. Nov. 33 bewähren sich ... als ein wertvolles Hilfsmittel zur Erreichung der Aufartung unseres Volkes." In die gleiche Richtung wiesen auch die zustimmenden Äußerungen Henkels, die Prävention weite sich zur "*sozialen Hygiene* schlechthin" aus: "Die Verhütung von Schäden am Volkskörper und innerhalb des Volkskörpers ist zur vornehmsten, zur zentralen Aufgabe unserer Gesetzgebung geworden."[358]

Nach dieser weitgehend strafrechtsimmanenten Betrachtung des nationalsozialistischen Maßregelrechts ist nun ein knapper Blick auf die weitere mit diesem Themenbereich zusammenhängende Rechtsentwicklung im Dritten Reich zu werfen. Abschließend werden noch kurz die Praxis der Rassenhygiene und der sog.

---

[351] Cf. Henkel 1939,221,225f. - In diesem Zusammenhang sprach er sich für eine Überführung der bisher noch im polizeilichen Verfahren verbliebenen Angelegenheiten in richterliche Zuständigkeit aus; dann sei die Polizeibehörde für unmittelbare Gefahrenabwehrmaßnahmen, der Richter für längerfristige zuständig, aaO.,229f.

[352] Röling 1934,21

[353] Exner 1939,105. - Bereits 1936 stellte Mayer, 133, fest, "daß der Gedanke eines allgemeinen Präventionsrechts zu einem positiven Kompetenzkonflikt mit der Justiz führt ... wenn etwa die Polizei Berufsverbrecher in Schutzhaft nimmt, indem sie sich auf ihre präventive Funktion beruft." Und: "Jede gesetzliche Regelung des Verwahrungsproblems wird gegenstandslos, wenn andere Behörden die Verwahrung durchführen können, ohne an die Normen des Gesetzes zur Bekämpfung der Gewohnheitsverbrecher gebunden zu sein."

[354] cf. ibid.

[355] Exner 1939,91

[356] Exner 1939,94f.

[357] Hürten 1937,335

[358] Henkel 1938,708

'Euthanasie' sowie das ärztliche Handeln und die Stellung der Psychiatrie im Nationalsozialismus dargestellt.

2.3 Weitere strafrechtspolitische Absichten und Entwicklungen im Dritten Reich

2.3.1 Aspekte des Strafrechtsreform-Entwurfs 1936

"Für den nationalsozialistischen Staat wird das Strafrecht zum Rüstzeug der Volksgemeinschaft, das dem Reinigungs- und Schutzbedürfnis des Staates dient."[359] Mit diesem Satz bezeichnete der damalige Staatssekretär im Reichsjustizministerium Freisler programmatisch die von ihm anvisierte rechtspolitische Richtung der Strafrechtsreform. Dabei setzte er das Schutzbedürfnis mit dem Selbsterhaltungstrieb des Volksorganismus gleich. Als Rechtsquelle diente ihm für diese Konzeption das gesunde Volksempfinden[360]. Ähnlich stellte E. Schäfer[361] ein Ergebnis der Beratungen zum Allgemeinen Teil des kommenden "Deutschen Strafrechts" dar, indem er auf den Übergang zur materiellen Unrechtsauffassung in der Anerkennung der sog. Analogie, § 2 StGB-E 1936, als einer zweiten Rechtsquelle neben dem Gesetz hinwies, das er als ausdrücklich bekundeten Willen des Führers verstand. Aus dem Satz "nulla poena sine lege" werde nun die neue Parole "nullum crimen sine poena"[362].

Für Mezger hatte sich der neue Staat "die *Verantwortlichkeit des einzelnen* gegenüber dem Ganzen und die *Ausscheidung volks- und rasseschädlicher Bestandteile* aus der Volksgemeinschaft zum Ziel gesetzt"[363]. Nach seiner Ansicht stellte das neue "*Täterstrafrecht*" als Ganzes "einen wichtigen und bedeutsamen Schritt auf dem Wege zur Verwirklichung eines wahrhaften und wehrhaften nationalsozialistischen Strafrechts dar."[364] Diese neue Ausrichtung der "Notwendigkeit eines wirksamen Schutzes der Volksgemeinschaft gegen gefährliche Elemente"[365] sei dem Bewußtsein des Strafrichters nahezubringen; darüberhinaus müsse er dazu erzogen werden, die ihm bisweilen noch fremde Aufgabe "der Ausscheidung volks- und rasseschädlicher Bestandteile aus der Volksgemeinschaft mit den Mitteln des Strafrechts"[366] erfolgreich vorzunehmen.

Nach § 1 StGB-E 1936 sollte das "gesunde Volksempfinden in Übereinstimmung mit dem Grundgedanken eines Strafgesetzes" die Grundlage der Bestrafung sein. Mit dieser Eröffnung der Analogie iVm. § 2 StGB-E 1936 war für die politische Führung ein Interpretationsmonopol vorgesehen worden, bei dem alle Ableitungen von Recht auf den Führer verwiesen[367]. Danach konnte das Gesetz nicht mehr die

---

[359] Freisler 1935,1251
[360] cf. ibid. - So bereits die Präambel des E 1936.
[361] cf. E.Schäfer 1935b,1516
[362] cf. ibid.
[363] Mezger 1934,161
[364] ibid.
[365] Mezger 1934,127
[366] ibid.
[367] cf. Werle 1988,2866

Funktion einer Schranke der Macht der poltischen Führung ausüben, sondern es war zum Mittel politischer Führung bestimmt. Entsprechend wurde auch das Strafrecht als Organisationsmittel, anstelle eines Mittels zur Begrenzung, bei der staatlichen Verbrechensbekämpfung verstanden[368]. In dieser Anbindung des Strafrechts an die politische Führung spiegelte sich nach Werle[369] das Grundkonzept des E 1936 wieder. Sie war Leitthema der gesamten Strafrechtsentwicklung[370] zwischen 1933 und 1945.

Die Novellen zur Umgestaltung des Strafrechts ab 1933, insbesondere das GewVbrG, lagen bereits auf der Linie des E 1936 und nahmen schon einiges vorweg. Im Krieg, etwa ab 1941, vollzog sich dann in dramatischem Tempo eine Umgestaltung des Strafrechts mit der Stoßrichtung auf die Klassifizierung von "Tätergruppen" und "Tätertypen" mit dem Ziel ihrer "Ausmerzung"[371]. Zwischen diesen beiden zeitlichen Eckpunkten kann der E 1936 als Übergangsphänomen und Zwischenstation zu einem "nationalsozialistischen Strafrecht" eingeordnet werden[372]. Die wichtigsten programmatischen Stichworte des E 1936 lauten[373]: Aufhebung des Analogieverbotes, Einbau ausfüllungsbedürftiger Tatbestände mit sittlichem Wertungszwang, Willensstrafrecht mit Vorverlegung der Strafbarkeit, gesetzliche Aufstellung von Tätertypen. Letztere hatten nach Freisler[374] im nationalsozialistischen Strafrecht den Platz der bisherigen Tattypen einzunehmen; dabei ging das nationalsozialistische Strafrecht davon aus, "daß der Täter sich außerhalb der Volksgemeinschaft gestellt hat"[375].

Für das gerade neu eingeführte Maßregelrecht schlug die Amtliche Strafrechts-Kommission folgende Änderungen vor[376]: die Sicherungsverwahrung nach § 42e StGB sollte schon nach einer einzigen Tat angeordnet werden können[377]; die zwangsweise Entmannung gemäß § 42k sollte auch bei Unzurechnungsfähigen und bei Homosexuellen zulässig sein[378]; nach rechtskräftiger Anordnung sollte ein nachträgliches Vikariieren zwischen den Maßregeln der Sicherungsverwahrung und

---

368 cf. ibid.

369 cf. Werle 1988,2867

370 Zu den nationalsozialistischen Strafrechtsreformvorhaben cf. auch AK-StGB-Schild §§ 20,21 Rz. 11.

371 cf. Werle 1988,2867

372 cf. ibid.

373 Nach Werle 1988,2866; cf. hierzu auch Peters 1965,166, der neben der Erweiterung der Strafbarkeit und Auflockerung der Tatbestandsmäßigkeit die "stärkere Verwendung subjektiver und wertausfüllender Tatbestandsmerkmale als Ausdruck eines sog. Willensstrafrechts" aufführt.

374 cf. Freisler 1935,1251

375 ibid.

376 nach E.Schäfer 1935b,1518

377 Die Endfassung des E 1936 (Dezember 1936) beließ es dann aber doch bei zwei Vorverurteilungen, §§ 49,65 StGB-E 1936.

378 Auch hier blieb die Endfassung des E 1936 im wesentlichen beim geltenden Recht, § 73 StGB-E 1936.

der Unterbringung in einer Heil- oder Pflegeanstalt ermöglicht werden; und schließlich sollte anstelle des Gerichts die höhere Vollzugsbehörde über die Dauer des Maßregelvollzugs bestimmen können[379]. Außerdem schlug die Kommission vor, die Begriffe Zurechnungsfähigkeit und Unzurechnungsfähigkeit durch "Schuldfähigkeit" bzw. "Schuldunfähigkeit" zu ersetzen[380].

2.3.2 Die Entrechtlichung von Menschen, insbesondere von sogenannten Psychopathen und Gemeinschaftsfremden

Die 'Ausscheidung' von Menschen aus der Rechtsgemeinschaft war als Idee nicht erst von den Nationalsozialisten hervorgebracht worden. Hinsichtlich psychisch Kranker galt lange schon als Selbstverständlichkeit, was der Psychiater Pelman 1912 ausgesprochen hatte: "Der Geisteskranke steht außerhalb des Rechts"[381]. Daß nun auch die sog. Psychopathen den psychisch Kranken in dieser Hinsicht gleichgestellt wurden, hatte ebenfalls seine vorlaufende Entwicklung in den Diskussionen um die Einführung der verminderten Zurechnungsfähigkeit und des Maßregelrechts im ersten Drittel dieses Jahrhundert genommen[382]. Wurde auf der einen Seite die "Deliktbereitschaft" der sog. Psychopathen letzten Endes nur als ein Ausdruck ihres abnormen Seelenlebens und ihre Kriminalität nur als ein Symptom ihrer minderwertigen Konstitution gesehen[383], so nahm man auf der anderen Seite[384] die "abnorm angelegte Persönlichkeitsstruktur [sc. der Psychopathen], die zum störenden Verhalten innerhalb der Gemeinschaft führt", als Erklärung dafür, "daß diese Menschen zu Gegnern des Staates werden können", und schloß daraus: "Viele Psychopathen stehen dem Leben primär gesellschaftsfeindlich gegenüber."

Bereits 1934 hatte sich von Weber[385] zufrieden darüber geäußert, daß mit der Einführung des Maßregelrechts durch das GewVbrG "ein energischer Kampf gegen die verbrecherischen Psychopathen eingeleitet worden" sei. Psychopathen mit ungünstiger Prognose und ohne Besserungserwartung würden nun "aus der Ge-

---

379 Durch § 8 des Gesetzes vom 04.09.1941, RGBl.I,549, und durch § 1 der VO vom 24.09.1941, RGBl.I,581, wurde dieser Programmpunkt bereits umgesetzt; danach besaß der Generalstaatsanwalt beim OLG die entsprechende Zuständigkeit, s. o. Abschnitt 2.2.4.8.

380 Cf. E.Schäfer 1935b,1516. - Auch diese Begriffe bezeichnen nicht das, worum es eigentlich geht, um die Zurechnung, verminderte oder Nichtzurechnung zur Schuld im strafrechtlichen Sinn; insofern könnte man annäherungsweise allenfalls von "Zurechenbarkeit" reden, cf. auch FN 387 im 1. Teil.

381 Pelmann 1912, zit. nach Rixen 1921;III

382 s. o. besonders Abschnitt 1.3.3

383 cf. Hürten 1937,326

384 Kühn 1942,164

385 von Weber 1934,669, wobei er aber mit Bezug auf die Kategorie der verminderten Zurechnungsfähigkeit und der fakultativen Strafmilderung eine klare Antwort des Gesetzes vermißt: "Bei ihnen nimmt das Gesetz mit der einen Hand, was es mit der anderen gibt", aaO.,670.

meinschaft der Rechtsgenossen ausgeschieden und der Unterbringung in einer Verwahranstalt zugeführt."[386] Im gleichen Jahr forderte der bayerische Staatskommissar für das Gesundheitswesen Schultze öffentlich, die Sterilisierung von Psychopathen, Schwachsinnigen und anderen Minderwertigen genüge nicht, sie müßten vielmehr abgesondert und ausgemerzt werden, um dann hinzuzufügen: "Diese Politik hat ihren Anfang teilweise schon in unseren heutigen Konzentrationslagern gefunden."[387]

Das Herausdrängen aus schützenden Rechtsstrukturen vom Beginn der nationalsozialistischen Herrschaft an kann als der erste Schritt in Richtung 'Euthanasie' und Holocaust verstanden werden. Dies betraf Juden, politische Gegner des Nazi-Regimes und psychisch Kranke. Sie wurden "durch Legalitätsakte außerhalb des Rechts gestellt."[388] Daß dies nicht nur für das Strafrecht, sondern auch im Zivilrecht galt und offen eine rassistische Tendenz verfolgte, läßt sich am Beispiel des Juristen Larenz zeigen. Er[389] schrieb: "Rechtsgenosse ist nur, wer Volksgenosse ist. Volksgenosse ist, wer deutschen Blutes ist." Und nur ein solcher konnte schließlich Träger von Rechten und Pflichten sein; das schloß sowohl Juden und Marxisten wie psychisch Kranke aus[390]. In der Konsequenz bedeutete es für Larenz auch, daß der Person-Begriff des Bürgerlichen Gesetzbuches nicht mehr brauchbar war; er war seiner Meinung[391] nach durch den Ausdruck "Rechtsgenosse" zu ersetzen. Damit war nach nationalsozialistischer Rechtsauffassung nicht mehr jeder, der Menschenantlitz trug, auch wirklich ein Mensch.

An dieser Stelle ist noch einmal kurz auf den Personbegriff der §§ 51 RStGB und 51 StGBGewVbrG zurückzukommen, der der Formulierung "eine strafbare Handlung ist nicht vorhanden" zugrunde liegt. Was dort vordergründig zunächst nur wie der Ausschluß von Handlungsqualität im strafrechtlichen Sinne aussieht, aber für die Weimarer Zeit bereits die Frage nach dem anthropologischen Menschenbild[392] aufwarf, kann im nationalsozialistischen Kontext nur noch so gedeutet werden, daß der nach § 51 I StGB-GewVbrG Unzurechnungsfähige und weithin auch der nach § 51 II vermindert Zurechnungsfähige überhaupt keinen Menschenwert mehr besitzt, ein Nicht-Mensch, ein Un-Mensch oder schließlich nur noch ein zu entsorgendes 'Ding' ist. So gesehen, konnten auch über den Machtwechsel hinaus gleichgebliebene scheinbar nebensächliche gesetzliche Normierungen im neuen Zusammenhang ihre 'Unschuld' verlieren und zur Entrechtlichung von Menschen beitra-

---

386 von Weber 1934,673

387 Schultze 1935, zit. nach Platen-Hallermund 1993,34f.

388 Blasius 1986c,136. - So auch bereits Arndt 1947: "Wenn es einmal in einem Satz zusammengefaßt werden soll, worin die Katastrophe der Euthanasie-Aktion bestand, so war es dies: Es wurden Menschen außerhalb des Rechts gestellt", zit. nach Blasius, aaO.,130

389 Larenz, zit. nach H.Wagner 1980,254

390 cf. H.Wagner 1980,255

391 cf. H.Wagner 1980,258 mwN.

392 s. o. Abschnitt 1.3.3 und FN 395 und 396 im 1. Teil

gen. H. Wagner ist beizupflichten, wenn er schreibt: "Der spezifische Beitrag der Juristen zum Holocaust ist nur verstehbar, wenn man sich die Entrechtlichung großer Teile des gesellschaftlichen Lebens klarmacht"[393].

Zur normativen Absicherung von faktisch schon lange praktizierter Entrechtlichung sollte in den letzten Kriegsjahren auch das Gesetz zur Behandlung Gemeinschaftsfremder beitragen. Nach diesem Entwurf[394] galt beispielsweise als gemeinschaftsfremd, wer nach Persönlichkeit und Lebensführung aus eigener Kraft nicht den Mindestanforderungen der Volksgemeinschaft genügt[395], wer aus Arbeitsscheu oder Liderlichkeit die Allgemeinheit belastet oder gefährdet, wer aus Unverträglichkeit oder Streitlust den Frieden der Allgemeinheit hartnäckig stört, wer nach seiner Persönlichkeit und Lebensführung erkennen läßt, daß seine Sinnesart auf die Begehung von ernsten Straftaten gerichtet ist, womit die 'Tätertypen' "gemeinschaftsfeindlicher Verbrecher" und "Neigungsverbrecher" 'definiert' wurden. Als Maßnahmen gegen sog. Gemeinschaftsfremde waren Lager (= Arbeitshäuser mit Zwangsarbeit), geeignete Anstalten (= Konzentrationslager), Gefängnis, Zuchthaus, Todesstrafe, Sterilisation und Entmannung vorgesehen.

Die Begründung zum GemeinschaftsfremdenG-E[396] führte dazu aus, "daß die Behandlung Gemeinschaftsfremder nicht so sehr in den Aufgabenkreis der Fürsorge als in denjenigen der Polizei"[397] gehöre. Darüberhinaus stellte der Entwurf den Gerichten zur Bekämpfung der straffällig gewordenen 'Gemeinschaftsfremden' "die unbestimmte Verurteilung zur Verfügung und stattet sie damit über das Gewohnheitsverbrechergesetz vom 24.11.1933 hinaus mit einer Waffe aus, die von der Strafrechtswissenschaft und von der Kriminalbiologie seit langem gefordert wird."[398] Unverbesserliche Verbrecher sollten von den Gerichten von vornherein ausgeschieden und an die Polizei überwiesen werden. "Sie werden damit zu Personen minderen Rechts erklärt und um ihrer minderwertigen Veranlagung willen einer im wesentlichen auf Verwahrung abgestellten Behandlung zugeführt."[399] Und im Blick auf die Regelung der Behandlung straffällig gewordener 'Gemeinschafts-

---

[393] H.Wagner 1980,249

[394] Bundesarchiv, R 18/3386, abgedruckt bei Hirsch et al. 1984,536. -
Dies Gesetz blieb Entwurf. Dazu lakonisch Pfäfflin 1987,136: "Praktisch hatte es längst seine Anwendung gefunden."

[395] Gruhle referierte hierzu 1942,324 Knorr, der die Wesensart des "typisch Gemeinschaftsunfähigen" für ererbt hält, was er, Gruhle, selbst aber nicht glaube; dennoch ist er daran interessiert, daß "sich der Staat zu einem Gesetz gegen die sozialen Schmarotzer entschließt."

[396] Bundesarchiv, R 22/944,Bl.228f., abgedruckt in: Frei 1989,204

[397] in: Frei 1989,204

[398] in: Frei 1989,206

[399] in: Frei 1989,207

fremder' führte die Begründung[400] aus, dies Gesetz "bedeutet eine erhebliche, aber dringend notwendige Umgestaltung des Strafrechts, nämlich den Verzicht auf die Zweispurigkeit der strafgerichtlichen Erkenntnisse ... zugunsten der entsprechend gestalteten Erziehungsstrafe, während die reine Sicherung als Aufgabe der Polizei anerkannt wird."

Dieser Gesetzentwurf offenbarte unmißverständlich die rassenhygienische Absicht der Nationalsozialisten, für die Strafrecht, Strafjustiz und Polizei als Durchsetzungsmittel eingesetzt werden sollten: "Endziel war der jeder Form von Devianz entledigte 'Volkskörper'."[401] Insoweit sollte das GemeinschaftsfremdenG der "Regelung des Vorfeldes der Euthanasie"[402] dienen. Die Ausmerzung von sog. Gemeinschaftsfremden, Psychopathen und Asozialen wurde durch die Nationalsozialisten auch ohne die hier im Entwurf vorgestellte gesetzliche Grundlage in die Praxis umgesetzt. Nach Gruchmann[403] setzte sich in den Konzentrationslagern die Ausbeutung der Arbeitskraft als 'Vernichtung durch Arbeit' gegenüber der Sterilisierung und raschen 'Euthanasie' durch. Und Dörner weist auf eine Stufenfolge der Vernichtungsstrategie hin, die über pädagogische Maßnahmen, Zwangsarbeit und medizinische Behandlung schließlich für die nicht zu sozialisierenden Gemeinschaftsfremden "die Möglichkeit des medizinischen bzw. therapeutischen Tötens als Akt der laufenden Verwaltung"[404] vorsah.

---

[400] ibid. - Cf. hierzu bereits Freisler, ein Anhänger der sog. Einspurigkeit, 1939,335: "Daher ist die Gemeinschaftsfeindschaft des Gemeinschaftsgliedes, vom Glied aus gesehen, die Selbstaberkennung der Lebensberechtigung; von der Gemeinschaft her gesehen die Notwendigkeit, dies Glied auszustoßen, wenn seine Heilung nicht möglich ist." Im Original teilweise gesperrt.

[401] Frei 1989,148

[402] ibid.

[403] cf. Gruchmann 1987,172

[404] Dörner 1988,62

2.4 'Heilen als Vernichten'. Psychiatrie. Rassenhygiene und 'Euthanasie'

Wiederholt ist bereits darauf hingewiesen worden, daß die Ideen der rassenhygienischen 'Aufartung' des Volkes mit dem Ziel der Herstellung einer umfassenden Volksgesundheit lange vor der Machtübernahme durch die Nationalsozialisten in weiten Fachkreisen, insbesondere in Medizin und Psychiatrie, diskutiert wurden. Schmuhl[405] sieht dementsprechend "die Diffusion des rassenhygienischen Paradigmas in die Theoriebildung der Medizin, besonders der Psychiatrie und der Sozialhygiene ... zu Beginn des 'Dritten Reiches' (als) weitgehend abgeschlossen" an. So konnten die neuen Machthaber zügig an die praktische Umsetzung[406] gehen: Im Jahre 1935 wurden die Gesundheitsämter für die zentrale Führung der "Erbkarteien" zuständig; 1935/36 entstanden Kataster der "erbbiologischen Bestandsaufnahme" in Heil- und Pflegeanstalten, Gefängnissen und Zuchthäusern; Sachsen und Bayern richteten sog. Kriminalbiologische Sammelstellen ein; und für den Strafvollzug wurden Kriminalbiologische Untersuchungsstellen geschaffen.

Anhand der praktischen Umsetzung des GzVeN und der erbbiologisch orientierten Gesundheitspolitik der Nationalsozialisten gelangt Schmuhl zu der Ansicht, "nicht die 'Euthanasie', sondern die Zwangssterilisierung und -asylierung bildeten das Kernstück der rassenhygienischen Programmatik Hitlers."[407] Damit aber habe der Nationalsozialismus der sich seit der zweiten Hälfte des 19. Jahrhunderts herausgebildeten Argumentationsfigur zur Legitimierung rassenhygienischer Sterilisierungen "keine genuin nationalsozialistische Komponente"[408] mehr hinzugefügt. Allerdings besteht das qualitativ Neue[409] des Nationalsozialismus in der konsequenten und zielbewußten Umsetzung und praktischen Anwendung der lange gärenden Theorien. In diesem Zusammenhang wurde einerseits das Abtreibungsverbot generell verschärft, andererseits wurde bereits im März 1934, zwei Monate nach dem Inkrafttreten des GzVeN, die Abtreibung aus eugenischer Indikation freigegeben. Durch das Änderungsgesetz zum GzVeN vom 26.06.1935[410] wurde dann sogar eine Abtreibung aus erbpflegerischen Gründen zugelassen. In diesen Maßnahmen erblickt Schmuhl schließlich doch eine qualitative Veränderung gegenüber den vorausgegangenen Theoriediskussionen und beschreibt sie als Anbahnung des "Übergang(s) von der Verhütung zur Vernichtung 'lebensunwerten Lebens'"[411].

---

[405] Schmuhl 1987,138
[406] cf. Schmuhl 1987,145ff.
[407] Schmuhl 1987,152
[408] Schmuhl 1987,155
[409] Damit ist für Siemen 1987,137, "der qualitative Sprung erfaßt, der sich zwischen der Psychiatrie in der Weimarer Republik und der im Nationalsozialismus vollzog: Zwar hatten sich die Psychiater immer ... loyal zu ihrem gesellschaftlichen Auftrag verhalten. Nun aber erforderte diese Loyalität die absolute Vorherrschaft staatlicher Interessen und die absolute Gegnerschaft zum Psychiatriepatienten."
[410] RGBl.I,773
[411] Schmuhl 1987,161

Die komplementäre Ergänzung zur Ausmerzung der sog. Erbkrankheiten und zu einer dementsprechenden Pflege eugenisch einwandfreien Nachwuchses in Sinne einer 'Aufartung' der germanischen Rasse stellte das Konzept der Volksgesundheit dar. "Die Idee der ärztlichen Bemühungen um die Gesundheit des einzelnen bei gleichzeitigem körperlichen Selbstbestimmungsrecht wurde politisch abgelöst durch das Konzept der Volksgesundheit."[412] Hürten[413] bemerkte 1937 paradigmatisch zur neuen gesellschaftpolitischen Auffassung von Gesundheit: "Man sollte sich freimachen von der Vorstellung, daß das Krankhafte etwas Berechtigtes sei, das auf Kosten des Gesunden Anspruch auf Anerkennung hätte." Und in gleichem Maße, in dem der Nationalsozialismus das Krankhafte aus der Konzeption der Volksgesundheit theoretisch ausgrenzte und praktisch auszumerzen begann, machte er nicht nur im Rahmen der Sozialpolitik auf das Ganze der Gesellschaft gesehen, sondern auch für jedes einzelne Individuum Gesundheit zur Pflicht[414]. Diese Forderung verlangte dem Einzelnen eine willige Unterwerfung unter ärztliche Therapiemaßnahmen ab, da eine Ablehnung oder Verweigerung ärztlicher Therapien einem Widerstand gegen das von allen anzustrebende Höchstmaß an möglicher Volksgesundheit gleichkam. Als Konsequenz dieser Linie erschien Carl Schneider 1944 die Forderung berechtigt, "das Widerstreben gegen die ärztliche Therapie und den mangelnden Gesundungswillen während der Therapie unter Strafe zu stellen."[415]

Der Wandel des ärztlichen, speziell des psychiatrischen Ethos vom hippokratischen "nihil nocere" zum 'Heilen als Vernichten' kann hier nicht im einzelnen aufgezeigt werden. Es können nur einige wenige ärztlich-psychiatrische Aspekte des Bezugsrahmens angedeutet werden, in den hinein das Maßregelrecht gestellt wurde und mit dem zusammen es im Dritten Reich die gemeinsame Aufgabe der 'Aufartung' des Volkes zu erfüllen hatte.

Die nationalsozialistische Konzeption der Volksgesundheit bzw. der Pflicht zur Gesundheit wies den Ärzten und speziell den Psychiatern nicht erst an der Rampe von Auschwitz die Funktion des Selektierens und damit von Macht über Leben und Tod zu. Dieser Machtzuwachs begann bereits mit dem GzVeN und der damit zusammenhängenden Bildung von Erbgesundheitsgerichten, in denen Ärzte als Beisitzer mit richterlicher Funktion neben gutachtenden Ärzten tätig waren. In diesen Funktionen wurden die Ärzte, überwiegend Psychiater, als Erfasser und Denunzianten in die "neue Form sozialer Repression eingebunden und konnten über diese Tätigkeit ihre Erwartungen an einen Prestigegewinn erfüllen."[416] Bereits Hürten wies auf die enge Verzahnung von ärztlicher und richterlicher Tätigkeit im neuen

[412] Frei 1989,147
[413] Hürten 1937,262
[414] cf. Frei 1989,147
[415] zit. nach Klee 1989,364
[416] Siemen 1987,144

Staat hin; so hätten im Dritten Reich Ärzte und Richter neue verantwortungsvolle Aufgaben bekommen, die sie in völkischem Sinne anzugehen hätten[417]. Mehr noch: "Ist doch der Arzt heute selber Richter geworden, indem er als Beisitzer in den Erbgesundheitsgerichten fungiert." Aber nicht nur dort, sondern auch vom nationalsozialistischen Strafrecht werde eine "besonders verständnisvolle und innige Zusammenarbeit zwischen Richter und medizinischem Sachverständigen"[418] verlangt.

An der neuen medizinischen Aufgabenstellung im Dritten Reich, dem ärztlichen Kompetenzzuwachs und Statusgewinn hatte auch die Psychiatrie teil. Speziell im Blick auf sie ist Frei[419] zuzustimmen, wenn er feststellt, daß sich in ihr "(arbeits)therapeutischer Aktivismus, Erkenntnisfortschritte der Eugenik und ein ins Extreme gesteigertes kaltes Leistungs- und Produktivitätsdenken ... zu einer brisanten neuen Geschäftsgrundlage" verbanden. Diese bestand schließlich in der aktiven Beteiligung der Psychiatrie als Institution und vieler einzelner Psychiater an der Aussonderung angeblich unwerter und minderwertiger Anstaltsinsassen und schließlich an der 'Endlösung' der A-sozialen-Frage[420]. Damit vollzogen die Psychiater den Übertritt von der Hypostasierung ihres Heilauftrages an der Gesellschaft zum Töten des ihnen als Individuum anvertrauten Menschen. In diesem Modell verstanden sie ihre tötende Tätigkeit "weniger als eine weltanschaulich-politische Herausforderung denn als eine fachlich vertretbare, ja notwendige Aufgabe."[421] So betrachtet erscheinen die Morde an psychiatrischen Patienten in systemimmanenter Konsequenz als "integraler Bestandteil eines Psychiatriereformprogrammes, in dem Heilen und Vernichten wie Vorder- und Rückseite einer Medaille zusammengehörten"[422]. Und in den Worten Mitscherlichs[423] unter wertender Einbeziehung der medizinischen Menschenversuche: "Der Arzt konnte erst in der Kreuzung zweier Entwicklungen zum konzessionierten Mörder und zum öffentlich bestellten Folterknecht werden. Dort wo sich die Aggressivität seiner Wahrheitssuche mit der Ideologie der Diktatur traf. ... Dies ist die Alchemie der Gegenwart, die Verwandlung von Subjekt in Objekt, des Menschen in eine Sache, an der sich dann der Zerstörungstrieb ungehemmt entfalten darf."

Den Auftakt des "sozialbiologischen 'Reinigungsprozesses'[424] im Dritten Reich bildete die Vergasung von rund 70.000 geistig Behinderten und psychisch Kranken. Offizieller Beginn der sog. 'Euthanasie'-Aktion war der 1. September 1939, - zeit-

---

[417] cf. Hürten 1937,336
[418] ibid.
[419] Frei 1989,145
[420] Für Scherer 1990 lag die "zynische Logik" der Erbpfleger in ihrer Ansicht und Haltung, "derart Kranke seien umso gefährlicher, je gesünder sie schienen."
[421] Frei 1989,144
[422] Pfäfflin 1987,136 mwN.
[423] zit. nach Hanauske-Abel 1988
[424] Frei 1989,143

gleich mit dem Beginn des Krieges gegen Polen[425]. Dabei scheint in der Vernichtung zunächst eine gewisse Reihenfolge eingehalten worden zu sein. "Erst kamen mit Vorzug die kriminellen Psychopathen in die Tötungsanstalten sowie alle Sicherheitsverwahrten, besonders Sittlichkeitsverbrecher (einschließlich der Homosexuellen)."[426] Schließlich wurde das 'Euthanasie'-Programm auf immer breitere Gruppen gesellschaftlich 'Unbrauchbarer' und Unerwünschter ausgedehnt, auf Kriegshysteriker, erschöpfte Fremdarbeiter, bettlägrige Alte und insbesondere auf die Juden[427].

Zur organisatorischen Vorbereitung dieser Vernichtungsaktionen waren von den Anstalten Meldebögen[428] auszufüllen. Auf ihnen hatte ausdrücklich auch die Nennung der gemäß §§ 51, 42b StGB-GewVbrG Untergebrachten zu erfolgen. Von der Meldung ausgenommen waren nur solche Personen, die mit "positiven Arbeiten beschäftigt werden können"[429]. Ausschließliches Kriterium war folglich die Arbeitsfähigkeit dieser Menschen "und sonst nichts"[430]. Zuvor schon wurden verschiedene Gruppen von Häftlingen, wenigstens in einigen Gebieten des Reiches, in den Jahren 1942 bis 1944 in die 'Vernichtung durch Arbeit' in den Konzentrationslagern einbezogen[431]. Am 02.07.1943, etwa ein Jahr nach dem Beschluß, Häftlinge durch Arbeit zu vernichten, erging eine Anordnung des Justizministers[432], derzufolge auch die nach § 42b StGB-GewVbrG untergebrachten 'kriminellen' Geisteskranken ebenfalls in die Konzentrationslager zu schicken seien. Damit wurde die strafrechtliche Reaktion der psychiatrischen Maßregel faktisch zum Todesurteil![433] Während "die Besten des Volkes an der Front fielen"[434] sollte nach dem Willen des Führers im Inneren des Reiches der Krieg gegen die psychisch Kanken geführt werden. Dieser Krieg "begann (aber) nicht (erst) am 1. September 1939. Er begann, als der kranke, leidende Mensch dem gesunden Menschen in wertender Absicht gegenübergestellt und in zwei verschiedene Waagschalen gelegt wurde. Er begann, als sogenannte 'Minderwertige' von einem Erlaß, von einer Verfügung zur anderen so weit aus dem gesellschaftlichen Zusammenleben entfernt worden waren, daß der

---

[425] Der diese Aktion auslösende Führererlaß ist aber erst später unterzeichnet und bewußt auf dieses Datum rückdatiert worden. - Cf. auch Freisler 1939,332f. zum "Zweifrontenkrieg".

[426] Dörner 1989,96

[427] cf. ibid. und Frei 1989,144

[428] abgedruckt bei Mitscherlich/Mielke 1991,189

[429] Mitscherlich/Mielke 1991,192

[430] ibid.

[431] cf. Klee 1989,356ff.

[432] cf. Klee 1989,360 mwN.

[433] Platen-Hallermund 1993,67 berichtet über, auch aus politischer Überzeugung, "kriminelle Psychopathen", die von wohlwollenden Gutachtern zu ihrer Rettung für nicht voll zurechnungsfähig erklärt wurden und in die Sicherungsverwahrung oder die Maßregelunterbringung kamen: "Damals war der § 51 oft ein ebenso sicheres Todesurteil wie die >Schutzhaft< im KZ."

[434] Klee 1989,358 unter Bezugnahme auf die Prozeßakten und das Urteil LG Wiesbaden 2 Ks 2/51

ermächtigte heimtückische Überfall auf Leib und Leben schließlich zu einer administrativen Abwicklung wurde."[435]

Die unter Historikern geführte Diskussion über die Bewertung der nationalsozialistischen Massenmorde an unterschiedlichen Menschengruppen wie psychisch Kranken, 'Minderwertigen', Sinti und Roma und schließlich an den Juden hat bisher noch zu keiner von einem breiten Konsens getragenen einheitlichen Ansicht geführt. Wenn Frei[436] schreibt, die "Praxis der gesellschaftssanitären 'Ausmerze'" sei kein zufälliges Nebenprodukt, sondern wichtigstes Feld der Politik des Dritten Reiches gewesen und "ihre Durchschlagskraft (habe) auf der Verschränkung von wissenschaftlicher Modernität, sozialtechnischer Rationalität und reaktionär-utopischen Zielvorstellungen" beruht, greift er damit auf Dörners[437] zentrale These zurück, es sei die Absicht der Nationalsozialisten gewesen, "der Welt am Beispiel Deutschlands ein einziges Mal zu beweisen, daß eine Gesellschaft, die sich systematisch und absolut jedes sozialen Ballastes entledigt, wirtschaftlich, militärisch und wissenschaftlich unschlagbar sei". Dem hält G. Bock[438] entgegen, die Formel von der "Endlösung der Sozialen Frage" sei ein doppelter Etikettenschwindel; sie reduziere die Rassen- auf die Klassenfrage und verleite zu einer falschen Hierarchisierung der Opfergruppen. Sie greift auf Lifton[439] zurück, der im Sterilisationsrassismus und in der Sterilisationspolitik die gemeinsame Vorgeschichte von Krankenmord und Judenmord als späteres "medizinisches Töten" herausgearbeitet hat[440]. Alle Opfergruppen waren in gleicher Weise durch den nationalsozialistischen Rassismus erfaßt. Insoweit stellte der Übergang vom Krankenmord zum Judenmord nicht den Schritt auf eine qualitativ neue Stufe der Vernichtung dar, sondern den "Übergang vom individuellen zum industriellen Töten."[441] In G. Bocks[442] Fazit besteht das Spezifikum des Nationalsozialismus darin, daß er den Rassismus in den Rang staatlicher Politik erhob, die systematisch alle gesellschaftlichen Bereiche durchdringen sollte und dies auch weitgehend tat. "Durch diese Institutionalisierung von Rassismus als Rassenpolitik wurde der Nationalsozialismus zum Vollstrecker aller damals bekannten Formen von Rassismus."[443] - In diese

---

[435] Teppe 1989.33

[436] Frei 1989,146

[437] Dörner 1988,10. - In ders. 1990,35, beschreibt er diese Absicht der Nationalsozialisten als Vorhaben, "die gesellschaftliche Industrialisierung konsequent zu Ende zu führen - und zwar durch die Endlösung der Sozialen Frage."

[438] cf. G.Bock 1991,294

[439] cf. Lifton 1986

[440] Cf. G.Bock 1991,299: "In der Sterilisationspolitik übten Ärzte den Eingriff in Leib und Leben, und in ihr wurde die Entwertung menschlichen Lebens physische, medizinische und bürokratische Wirklichkeit."

[441] G.Bock 1991,301

[442] Cf. G.Bock 1991,302. Zu ihrem Verständnis von Rassismus cf. aaO.,301.

[443] G.Bock 1991,302

"Vollstreckung" waren die in der psychiatrischen Maßregel untergebrachten Personen von Anfang an zentral einbezogen[444].

[444] Cf. hierzu neuerdings auch Schröter 1994.

2.5 Zusammenfassende Bewertung des Maßregelrechts im Kontext nationalsozialistischer Rechtspolitik im Dritten Reich

Eine im wesentlichen auf strafrechtsimmanente Aspekte beschränkte Darstellung und Bewertung[445] des nationalsozialistischen Maßregelrechts im GewVbrG vermochte noch keine eindeutige Antwort auf die Frage zu geben, ob es sich bei diesem Gesetz und speziell bei der psychiatrischen Maßregel nach § 42b StGB-GewVbrG um typisch nationalsozialistisches Unrecht gehandelt hat oder ob es als rechtsstaatlich einwandfrei zu bezeichnen ist.

In der Diskussion dieser Frage waren und sind die Ansichten nach wie vor geteilt. Nach Eb. Schmidt[446] beabsichtigte das GewVbrG zwar ein zielbewußtes Vorgehen gegen sog. Zustandsverbrecher, dennoch habe es aber zum rechtsstaatlichen Teil der Strafrechtsentwicklung jener Zeit gehört. Auch Blau[447] vermag in diesem Gesetz keine "latent vorhandene Perversionstendenz des Prinzips der Zweispurigkeit" zu entdecken; "kriminalpolitisch war dieses Prinzip, damals wie heute, weder rückschrittlich noch notwendigerweise inhuman." So kommt er zu dem Ergebnis: "Nicht das Gesetz, wohl aber seine Handhabung in der Zeit bis 1945, ist ... dem nationalsozialistischen Regime zur Last zu legen." Selbst nach Gruchmann[448] "verwirklichte die Novelle [sc. das GewVbrG] noch keineswegs spezifisch nationalsozialistische Vorstellungen vom Strafrecht." Im Unterschied hierzu liegt für Baur[449] zwar die Einführung der Maßregeln auf der Linie der Entwürfe, "ihre konkrete Ausgestaltung (war aber) von spezifisch nationalsozialistischem Gedankengut geprägt"; von daher gelangt er zu einer etwas differenzierteren Antwort, wenn er feststellt, daß das GewVbrG den Sicherungs- dem Besserungsgedanken überordnete[450].

Aber durch den Hinweis auf diesen einen Aspekt wird weder die faktische Einbeziehung der im psychiatrischen Maßregelvollzug Untergebrachten in die nationalsozialistische Tötungsmaschinerie erklärbar, noch läßt sich von da aus zu einer

---

[445] s. o. Abschnitt 2.2.5

[446] cf. Eb.Schmidt 1965,430f.

[447] Blau 1984,4

[448] Gruchmann 1988,843. - Auch Frisch 1990,347 sieht im GewVbrG "trotz des irritierenden zeitlichen Zusammenfallens mit dem Beginn des nationalsozialistischen Regimes ... nicht nationalsozialistisches Gedankengut" verwirklicht. -
Ähnlich Ukena 1991,26f.: "Bei der 1933 geschaffenen Regelung handelte es sich nicht um ein in spezifischer Weise durch nationalsozialistisches Gedankengut geprägtes Gesetz."

[449] Baur 1988,24; im Blick auf die gegen den Untergebrachten gerichtete Entlassungsformel, s. o. FN 345, trägt das GewVbrG nach Baur 1990,474, Anm.31, "durchaus nationalsozialistische Züge."

[450] Cf. Baur 1988,22; zum Vollzug der Maßregeln in der NS-Zeit cf. aaO.,44-46. -
Auf dieser Linie liegen auch die gängigen Kommentare, cf. statt vieler LK-Hanack vor §§ 61 ff. Rz. 6: "Das GewohnheitsverbrecherG ... war freilich nicht unbeeinflußt von nationalsozialistischem Gedankengut ... Im ganzen gesehen kann jedoch das damals eingeführte System der Maßregeln nicht als nationalsozialistisches Unrecht gelten".

tragfähigen Bewertung des Maßregelrechts anhand rechtsstaatlicher Maßstäbe unter Beachtung der Menschenwürde kommen[451]. Deshalb vermag nur die Ausweitung des Blickes auf die anderen politisch-strafrechtlichen Gesetze des Jahres 1933 und auf die weitere Rechtsentwicklung im Dritten Reich weiterzuhelfen.

Hellmer[452] hielt als einer der ersten unter Bezug auf den Zusammenhang mit den anderen Gesetzen des Jahres 1933 das GewVbrG für ein nationalsozialistisches Gesetz, mindestens im Blick auf die Sicherungsverwahrung; seiner Ansicht nach knüpfte es nicht an die vorhergehende Rechtsentwicklung an. Auch für den Historiker Blasius muß das GewVbrG im Zusammenhang mit anderen Gesetzen, wie dem GzVeN vom 14.07.1933[453], dem Gesetz zum Schutze der Erbgesundheit des deutschen Volkes (Ehegesundheitsgesetz) vom 18.10.1935[454] und den "Nürnberger Gesetzen" vom 15.09.1935[455] gesehen werden: Das erste Gesetz "war zentraler Bestandteil der rassistischen Ordnungspolitik des deutschen Faschismus"[456] und bildete zusammen mit den anderen Gesetzen eine Einheit.

Die Bewertung des GewVbrG durch zeitgenössische Autoren als "Wendepunkt in der Entwicklung des deutschen Strafrechts"[457] kann auch heute noch Bestand haben, - wenn auch unter anderen Vorzeichen und aus einer anderen Perspektive. Dabei ist zum einen auf die an den neuen Formulierungen erkennbaren Veränderungen des GewVbrG gegenüber den Entwürfen hinzuweisen. Diese Veränderungen sind aber allenfalls äußerliche Indikatoren dieser Wende.

So gibt erst die neue Reihenfolge der Worte Sicherung und Besserung dogmatisch korrekt wieder, daß es sich bei der nationalsozialistischen Konzeption des Maßregelrechts im Kern um ein präventives Sicherungsrecht als Rechtsfolge auf die Erfüllung des Tatbestandes einer mit Strafe bedrohten, rechtswidrigen Handlung handelt. Abschied genommen ist damit von der Vorstellung, das Maßregelrecht sei ein polizei- bzw. fürsorgerechtliches Instrumentarium zur zwangsweisen Asylierung psychisch Kranker in der Hand des Strafrichters anstatt der Verwaltungsbehörde.

Die vorrangige Betonung des Sicherungsgedankens kommt auch in der Aufhebung der Unterbringungsbefristung bei der psychiatrischen Maßregel auf drei Jahre, mit

---

451 In diesem Zusammenhang sei auch auf H. Wagner 1980,245 hingewiesen: "Gründliche Analysen führen zu dem Ergebnis, daß es keine spezifisch nationalsozialistischen Rechtsfindungsmethoden gab; der Anteil der Rechtswissenschaft an den barbarischsten und inhumansten Terrormaßnahmen wurde durchweg mit bereits vorher gehandhabten, auch heute praktizierten und im Rahmen bürgerlicher Rechtshermeneutik auch weitgehend unentbehrlichen Methoden geleistet."

452 cf. Hellmer 1961,293

453 RGBl.I,529

454 RGBl.I,1246

455 RGBl.I,1145

456 Blasius 1986c,111

457 statt vieler E.Schäfer 1935a,1362

Verlängerungsmöglichkeit, zugunsten einer prinzipiell unbefristeten Unterbringung, bei dreijährigem Prüfrhythmus, zum Ausdruck. Während die sog. Zweckerfordernisformel im ersten Fall eine vorzeitige Entlassung ermöglichen sollte, war sie, bei gleichem Wortlaut, im GewVbrG dazu bestimmt, den Entlassungszeitpunkt in Verbindung mit einer quasi einhergehenden 'Beweislastumkehr' möglichst lange hinauszuschieben.

Eindeutig rückten ebenfalls die Strafschärfung und die gegenüber den Entwürfen verschärften Bestimmungen der Sicherungsverwahrung die Sicherungsabsicht der Strafrechtsnovelle in den Vordergrund. Dem entsprach auch die in den Übergangsbestimmungen vorgesehene Rechtskraftdurchbrechung im Hinblick auf eine nachträgliche Anordnung dieser Maßnahmen. Diese Regelung versuchten die Nationalsozialisten als kriminalpolitisch sinnvolle Sofortmaßnahme zu legitimieren; sie ist aber Ausdruck der Unterwerfung des Rechts unter politische Opportunität und damit als rechtsstaatlich inakzeptabel zu bezeichnen. Ähnliches gilt auch bezüglich der Ausnahme vom Verbot der reformatio in peius.

Auch über die Aufhebung des Rückwirkungsverbotes bei der Maßregelanordnung könnte, wegen ihrer in gewisser Weise logischen Plausibilität[458] und trotz einer zwar kriminalpolitisch sinnvollen, aber rechtsstaatlich bedenklichen Sofortmaßnahme, als zeitbedingte 'Äußerlichkeit' relativ zügig hinweggegangen werden, müßte sie nicht im Gesamtzusammenhang nationalsozialistischer Rechtspolitik betrachtet werden. Hierzu weist Naucke[459] nach, daß die Einschränkung des generellen Rückwirkungsverbotes durch § 2a StGB-GewVbrG nur die Fortsetzung der schwachen Stellung dieses Rechtssatzes im 19. und frühen 20. Jahrhundert ist. Anhand der Gesetzgebung und Kommentierung der gesamten NS-Zeit gelangt er zu der Feststellung, es habe im Dritten Reich nicht nur eine ausnahmsweise Durchbrechung des Rückwirkungsverbotes gegeben, "vielmehr besteht das Rückwirkungsverbot nicht mehr, es wird mißachtet."[460] "Es kommt zu einer Verwendung der Rückwirkung nach Opportunität bei prinzipieller Gleichgültigkeit gegenüber dem Rückwirkungsverbot."[461]

Von bloßer zeitbedingter 'Äußerlichkeit' unterschied sich dagegen bereits die Maßregel der zwangsweisen Kastration nach § 42k StGB-GewVbrG. Sie verwahrte den gefährlichen Täter nicht mehr durch den bloßen Entzug seiner äußeren Bewegungs-Freiheit sicher, sondern griff in gesellschaftlicher Sicherungsabsicht zwangsweise und unmittelbar in die personale leiblich-seelische Integrität des Individuums ein. Dieser Eingriff wurde vordergründig kriminalpolitisch motiviert, war aber im

---

[458] s. o. Abschnitt 2.5.5

[459] cf. Naucke 1982,240

[460] Naucke 1982,236

[461] Naucke 1982,237 und aaO.,238: "Das Kriterium >Rechtsstaat<, an dem man den Umgang mit dem strafrechtlichen Rückwirkungsverbot messen könnte, ist nach 1933 überhaupt nicht vorhanden."

Kern von eugenischen Absichten getragen; er war damit zu einem Instrument nationalsozialistischer Rassenhygiene und Rassenpolitik als einem gesellschaftlichen Gestaltungsmittel des Strafrechts geworden.

Die entscheidende Wende in der Gesetz gewordenen Konzeption des Maßregelrechts, insbesondere bei der psychiatrischen Maßregel, gegenüber den vorangegangenen Entwürfen wird aber erst am Paradigmenwechsel von Krankheit und Gefährlichkeit im Zusammenhang der Bestimmung von verminderter Zurechnungsfähigkeit und Unzurechnungsfähigkeit erkennbar: Auf der Grundlage nationalsozialistischer Anthropologie und Rassenhygiene erfolgte die Zuerkennung einer Minderung oder des Ausschlusses von strafrechtlich relevanter Zurechnungsfähigkeit nicht mehr ausschließlich aufgrund einer akzidentiellen *Krankheit*, gleichsam einer durchaus auch vorübergehenden '*Eigenschaft*', die jemand, aus welchen Gründen auch immer, zur Zeit der Tat *hatte*, sondern prinzipiell wegen seiner habituellen '*Minderwertigkeit*', die das *Wesen*, den 'anlagebedingt entarteten' *Zustand* seiner Person ausmachte. Daraus ergab sich auch ein verändertes Verständnis von Gefährlichkeit. Sie erschien nun nicht mehr nur als mögliche Folge der die Zurechnungsfähigkeit beeinträchtigenden Krankheit, sondern sie galt als integraler Bestandteil der 'Minderwertigkeit': 'Minderwertige' waren aus rassenpolitischen Prämissen für die Arterhaltung und die 'Aufartung' des deutschen Volkes grundsätzlich 'gefährlich'; ihre Kriminalität war nur ein möglicher Aspekt, mit dem ihre 'Gefährlichkeit' in Erscheinung treten konnte.

In dieser 'anlagebedingten Entartung' eines Menschen, die ihn als gefährlichen Gewohnheitsverbrecher, als kriminellen Psychopathen, als Gemeinschaftsfremden, als psychisch Kranken oder geistig Behinderten, als Juden etc. erscheinen ließ, offenbarte sich für die nationalsozialistischen Machthaber und Gesetzgeber sein für das deutsche Volk in biologischer und gesellschaftpolitischer Hinsicht 'gefährliches' Wesen. Wer so war, war keine Person mehr, kaum noch Mensch, auch wenn er Menschenantlitz trug. Er galt nicht mehr als Volksgenosse und hatte deshalb nicht mehr den Status eines Rechtssubjekts, sondern wurde zu einem Objekt, vor dem die Volksgemeinschaft mit allen Mitteln geschützt werden mußte, was am besten, am sichersten durch Ausmerzung erfolgte: als 'Endlagerung' oder 'Entsorgung' von menschlicher 'Ausschußware', als Beseitigung von Dingen.

Das GewVbrG wurde durch die nationalsozialistischen Machthaber trotz der und unter weitgehender Beibehaltung des Wortlauts der Entwurfsfassungen der Weimarer Zeit, die ihrerseits bereits präfaschistische Tendenzen enthielten, als einer der zentralen Bausteine ihrer rassenpolitischen Konzeption in das Strafrecht eingefügt. Es erfüllte hier eine rassenhygienisch-gesellschaftpolitische Funktion. Damit ist das Maßregelrecht und gerade auch die psychiatrische Maßregel im GewVbrG Teil des typisch nationalsozialistischen Unrechts. Das Maßregelrecht sicherte kriminalpolitisch die strafrechtliche Flanke des nationalsozialistischen Rassismus im Konzept des "Rassismus als staatliche Vernichtungspolitik"[462] ab.

[462] cf. G.Bock 1991,302. - Nach Stratenwerth 1988,113, "hat es nichts Zufälliges, wenn der erste Schritt zu einer Strafrechtsreform unter dem NS-Regime in der Schaffung eines Massnahmenrechts bestand, das in seiner Substanz zum grossen Teil Vorschlägen der modernen Schule entsprach: Der reine Zweckgedanke setzt keinem Missbrauch Widerstand entgegen."

3. Teil

Zur Struktur und Legitimation der psychiatrischen Maßregel in der Bundesrepublik Deutschland

3.1 Skizzierung einiger Entwicklungslinien von Recht und Psychiatrie nach 1945

Nach der Befreiung Deutschlands von der nationalsozialistischen Gewaltherrschaft fand sich die Psychiatrie in ihren ideellen und materiellen Trümmern wieder. An die 100.000 psychisch kranke und geistig behinderte Menschen[1], einschließlich der nach § 42b StGB-GewVbrG im psychiatrischen Maßregelvollzug untergebrachten, waren Opfer der rassistischen Vernichtungspolitik geworden. Die psychiatrische Versorgung war weitgehend zusammengebrochen; viele Anstalten bzw. psychiatrische Krankenhäuser waren zerstört. Durch die bauliche Vernachlässigung der Psychiatrie während der Weimarer Republik und der Zeit des Nationalsozialismus hatten auch die nicht durch Bomben zerstörten Einrichtungen in ihrer Substanz erheblichen Schaden genommen. Zudem wurden sie über das Kriegsende hinaus notwendigerweise noch längere Zeit weiter als Lazarette oder Ausweichquartiere somatischer Krankenhäuser genutzt. Die überlebenden Psychiatriepatienten mußten in qualvoller Enge zusammenhocken, teilweise ohne ärztliche Versorgung.

Das 1933/34 durch das GewVbrG[2] ins strafrechtliche Sanktionensystem eingefügte Maßregelrecht blieb nach dem Ende des Faschismus in überwiegenden Teilen seiner Struktur in Geltung. Der alliierte Kontrollrat hob lediglich rechtsstaatlich nicht mehr vertretbare Extreme auf[3]. Damit galt auch die psychiatrische Maßregel in ihrer nationalsozialistisch geprägten Normierung[4] weiter; wiederhergestellt wurde lediglich die ursprüngliche richterliche Zuständigkeit für die Überprüfung der Frage, ob der Zweck der Maßregel nach § 42f StGB erreicht sei[5]. Die im psychiatrischen Maßregelvollzug Untergebrachten hatten ebenso wie die Patienten der allgemeinen Psychiatrie unter der desolaten Nachkriegssituation der psychiatrischen Versorgung zu leiden.

Erst allmählich fand die Psychiatrie in Deutschland wieder zu einer neuen Orientierung. Nicht zuletzt unter dem Einfluß der Existenzphilosophie näherten sich Psychiatrie und Philosophie wieder einander an: Den führenden Vertretern dieser Diszi-

---

[1] cf. Dörner 1989,88ff.

[2] vom 24.11.1933, RGBl.I,995, in Kraft getreten am 01.01.1934

[3] so u. a. die Kastrations-Maßregel des § 42k StGB-GewVbrG durch Art. 1 KRG Nr. 11 vom 30.01.1946, KR-ABl.,55, und die Möglichkeit der Todesstrafe im Zusammenhang mit der Strafschärfung des § 20a StGB durch Art. 2 KRG Nr. 11

[4] s. o. Kapitel 2.2

[5] Art. 1 Nr. 1 KRG Nr. 55 vom 20.06.1947, KR-ABl.,284

plinen[6] war "gemeinsam, daß sie den Menschen - auch den psychisch kranken - als selbständig handelndes Subjekt wieder in die Psychiatrie einführ(t)en"[7]. Damit konnten kulturimperialistische, biologistisch-modernistische und rassistische Theorien und ihre unheilvollen Praktiken - wenigstens theoretisch - überwunden werden. "Im Zentrum (stand) jetzt nicht mehr menschliches Leiden, sondern der leidende Mensch."[8]

Diese Beurteilung der allgemeinen Psychiatrie gilt keineswegs auch für die forensische. Führende Vertreter dieser Teildisziplin an Forschungsprojekten und Menschenversuchen in der Zeit des Nationalsozialismus nahmen in den ersten Jahren der Bundesrepublik leitende wissenschaftliche Funktionen ein und dominierten das psychiatrische und rechtspolitische Erscheinungsbild ihres Fachs[9].

Obwohl die Psychiatrie als medizinische Disziplin ab 1952 mit dem Einsatz von Chlorpromazin in eine bis heute noch nicht abgeschlossene Entwicklung der Psychopharmakatherapie eintrat, war es ab etwa 1960 doch gerade die durch die jüngere Nachkriegsgeneration der Psychiater eingeleitete und geprägte Sozialpsychiatrie, die fortan eine vom reinen medizinischen Paradigma gelöste Reformbewegung in Gang setzte[10]. Begleitet und unterstützt durch empirische Untersuchungen[11] und modellhafte Projekte[12] der Bundesregierung entwickelte sich die bundesdeutsche Psychiatrie in den 70er und 80er Jahren zu einem gemeindenahen bzw. gemeindeintegrierten pschiatrischen Versorgungssystem, das stationäre, teilstationäre und ambulante Einrichtungen und Dienste miteinander vernetzte. So kann dies System heute im Idealfall dem psychisch kranken Menschen eine seiner jeweiligen Beeinträchtigung adäquate therapeutische und rehabilitative Hilfe durch Kliniken, Übergangs- und Wohnheime, ambulante Sozialpsychiatrische Dienste, niedergelassene Psychiater, Werkstätten und tagesstrukturierende Freizeiteinrichtungen mit inzwischen überwiegend fachlich qualifiziertem Personal anbieten.

Die landesrechtlichen Regelungen zur Unterbringung psychisch kranker Personen spiegeln diese Entwicklung wieder. Waren die ersten Nachkriegsgesetze der Länder noch von polizei- bzw. ordnungsrechtlicher Struktur und Begrifflichkeit ge-

---

[6] zB. Jaspers, Binswanger, von Baeyer, von Gebsattel, V. von Weizsäcker

[7] Dörner/Plog 1989,477

[8] Dörner 1975,17

[9] cf. hierzu Moser 1971; Güse/Schmacke 1976; Pfäfflin 1987

[10] Cf. hierzu beispielhaft aus der umfangreichen Literatur Dörner/Plog 1989,477ff.

[11] umfassend die sog. Psychiatrie-Enquete: Bericht der Bundesregierung 1975, BT-Drs. 7/4200

[12] beispielsweise das "Modellprogramm Psychiatrie" und der eine Vielzahl kleinerer innovativer Einrichtungen und Dienste fördernde sog. kleine "Modellverbund Psychiatrie"; zum ersten cf. die "Empfehlungen der Expertenkommission", zum zweiten die Schriftenreihe zum Modellverbund, beide hg. vom Bundesministerium für Jugend, Familie, Frauen und Gesundheit

prägt[13], so nahmen seit dem 1969 verabschiedeten nordrhein-westfälischen Gesetz über Hilfen und Schutzmaßnahmen bei psychischen Krankheiten[14] bei allen novellierten oder ganz neu gefaßten Psychisch-Kranken-Gesetzen der Bundesländer sozialstaatliche Leistungsaspekte einen wesentlich breiteren Raum ein als vorher. Das polizeiliche Ordnungsrecht als Teilbereich der staatlichen Intervention bei psychisch kranken Personen wurde zunehmend marginalisiert. Im Gegenzug bildete sich die Intervention zu einem eigenständigen Segment des Gesundheitswesens und Sozialleistungsbereichs heraus. Wenigstens tendenziell verschob sich damit das Bild des psychisch Kranken von einem Störer, der aus Gründen der öffentlichen Ordnung ruhiggestellt werden muß, zu einem Menschen, der individueller und sozialer Hilfe bedarf.

Hinter dieser insgesamt positiv zu bewertenden Entwicklung der allgemeinen Psychiatrie hinkte der durch den nationalsozialistischen Gesetzgeber ihr zugeordnete Maßregelvollzug mit dem ihm anhaftenden Odium einer strafrechtlichen Reaktion mit großem Abstand hinterher. Sowohl die therapeutische und materielle Versorgung[15] der im Maßregelvollzug Untergebrachten als auch die materiell-rechtlichen Regelungen des Vollzugs[16] einschließlich des Rechtsschutzes[17] der Maßregelvollzugspatienten konnte bis in die 80er Jahre hinein nur mit Ausdrücken von desolat bis menschenunwürdig adäquat beschrieben werden. Von strukturellen Veränderungen der Unterbringung psychisch kranker Rechtsbrecher war nur insofern die Rede, als für die Gruppe der persönlichkeitsgestörten Täter von einer bis etwa Ende der 60er, Anfang der 70er Jahre international verbreiteten Behandlungseuphorie auch in Deutschland die Hoffnung ausging, durch eine neu zu konzipierende Sozialtherapie[18], sei es im psychiatrischen Krankenhaus, sei es in beson-

---

[13] zB. Bayern 1952: Verwahrungsgesetz; Hessen 1952: Gesetz über die Entziehung der Freiheit geisteskranker, geistesschwacher, rauschgift- oder alkoholsüchtiger Personen; Niedersachsen 1951: Gesetz über die öffentliche Sicherheit und Ordnung; Schleswig-Holstein 1958: Gesetz über die Unterbringung von psychisch Kranken und Süchtigen, - Nachweise bei Saage/Göppinger 1975

[14] vom 02.12.1969, GVBl.I,872, cf. ebenfalls bei Saage/Göppinger 1975

[15] Die Psychiatrie-Enquete der Bundesregierung sprach 1975 von einer "absolute(n) Schlußlichtposition" im Versorgungsbereich, BT-Drs. 7/4200,281. - Cf. auch Kammeier 1985.

[16] cf. P.-A.Albrecht 1978; Baur 1980; Kammeier/Tondorf 1981a; Baur 1982; Tondorf 1983; Kammeier 1984; Blau 1985

[17] cf. Blau 1959; Volckart 1984a; Volckart 1984b; Hohlfeld et al. 1985; B.Wagner 1988; Kammeier 1988a; B.Wagner 1995

[18] Nach Art. 7 II 2.StrRG vom 04.07.1969, BGBl.I,717, sollte die mit § 65 StGB neu vorgesehene Sozialtherapeutische Anstalt nicht sofort, sondern erst 1973 als eigenständige Maßregel in Kraft treten. Von fast allen Fachleuten einhellig befürwortet, cf. hierzu statt vieler BT-Drs. 7/4200,284f., fiel dieser Termin wie auch das Inkrafttreten der Strafrechtsreform 1975 in eine Phase des allmählichen "Abschieds von der Behandlungsideologie" und enger werdender finanzieller Handlungsspielräume, so daß nach mehrmaligem Hinausschieben des Inkrafttretens die endgültige Streichung dieser Maßregel durch das StVollzÄndG vom 20.12.1984, BGBl.I,1654, nicht mehr wundert. - Cf. hierzu Rotthaus 1988; AK-StVollzG-Feest vor § 2 Rz. 5ff.

deren Abteilungen des Strafvollzugszugs oder in neu zu errichtenden Sonderanstalten, bessere Rehabilitationsergebnisse im Legal- und Sozialverhalten erzielen zu können als mit dem Instrumentarium der herkömmlichen Anstalts-Psychiatrie.

Dennoch hat die psychiatrische Maßregel trotz aller zu beachtenden Einschränkungen[19] inzwischen nicht nur im Bereich der stationären Versorgung, sondern insbesondere auf dem Feld der rechtlichen Normierung einen Standard erreicht, der zur dogmatischen Legitimation der Maßregel als strafrechtliche Sanktion in einem bisher unaufgelösten Spannungsverhältnis[20] steht. Dieses Ergebnis ist der vorläufige Höhepunkt einer Entwicklung der grundrechtlichen Aufwertung der Subjekt-Stellung von Straftätern und psychisch Kranken und einer zunehmenden Verrechtlichung des Vollzugs.

Auf einige Stationen dieses Prozesses soll kurz hingewiesen werden[21]. Als im Jahre 1960 die VwGO in Kraft trat[22], wurden durch sie gleichzeitig damit die §§ 23 ff. in das EGGVG eingefügt. Sie ermöglichten es den aufgrund strafgerichtlicher Anordnung im Freiheitsentzug befindlichen Personen, einzelne sie belastende Maßnahmen der Unterbringungseinrichtung gemäß Art. 19 IV GG nunmehr gerichtlich überprüfen zu lassen. Auch wenn nach einem erfolglosen Verwaltungs-Vorverfahren nur mit Hilfe eines Anwalts direkt das OLG[23] als zuständige Instanz angerufen werden mußte, hatte der Strafgefangene bzw. der im Maßregelvollzug Untergebrachte damit dennoch erstmals die Möglichkeit, der totalen Verfügungsgewalt der staatlichen Unterbringungsinstitution als Rechtsschutz begehrendes Subjekt gegenüberzutreten.

Am 01.07.1962 trat eine für alle Bundesländer einheitliche Dienst- und Vollzugsordnung (DVollzO) als Ländervereinbarung in Kraft. Sie regelte die Rechte und Pflichten der Strafgefangenen und galt bis zum 31.12.1976.

Eine entscheidende Wegmarke im Prozeß der Aufwertung der Subjektstellung von Strafgefangenen und Untergebrachten und der Verrechtlichung des Vollzugs freiheitsentziehender Unterbringungen stellte der Beschluß des Bundesverfassungsgerichts zur Beendigung des sog. besonderen Gewaltverhälnisses[24] dar. Hierdurch wurden die Betroffenen endlich aus der faktischen Stellung eines bloßen Objekts staatlichen Handelns, das sich nicht selten als Willkür von Bediensteten und Anstaltsleitern realisierte, herausgenommen. Dieser Beschluß bestätigte die volle Teil-

[19] Cf. hierzu die ausführlichen Untersuchungen von Schumann 1987 und Leygraf 1988a.

[20] Cf. Müller-Dietz 1983,145: Zweifel an der Legitimation und Ausgestaltung der "zweiten Spur"; Frisch 1990a,351: "kränkel(ndes)" Konzept, "Krisis der Zweispurigkeit"; Kaiser 1990,3: "Krise" der Maßregeln, erhöhter Legitimationsbedarf.

[21] Cf. hierzu bereits Kammeier 1990,2f.

[22] BGBl.I,17

[23] § 25 I EGGVG

[24] BVerfGE 33,1

habe von Strafgefangenen, im Maßregelvollzug Untergebrachten und anderen, in Sonderstatusverhältnissen stehenden Personen, an den Grundrechten der Verfassung. Auch in ihre Rechte dürfe künftig nur durch ein Gesetz oder aufgrund eines Gesetzes[25] eingegriffen werden.

Bereits im Jahre 1967 hatte eine aus Praktikern des Vollzugs und aus Wissenschaftlern zusammengesetzte Strafvollzugskommission den Auftrag erhalten, ein Strafvollzugsgesetz zu erarbeiten, das die Beziehungen zwischen dem Staat und den Strafgefangenen verfassungsgemäß regeln sollte. Aufgrund der politischen Situation Anfang der 70er Jahre wurde das StVollzG jedoch erst im Frühjahr 1976 verabschiedet[26]; es trat am 01.01.1977 in Kraft. Abgesehen von den Rahmennormen der §§ 136 und 137 hat der Bund darin von seinem Regelungsrecht auch für den Vollzug der Maßregeln nach Art. 74 Nr. 1 GG keinen Gebrauch gemacht und diesen Bereich nach § 138 I StVollzG den Ländern überlassen[27]. Zunächst war den Untergebrachten im Maßregelvollzug auch der umfangreiche Rechtsschutz der §§ 109 ff. StVollzG noch vorenthalten worden; dieser Rechtsweg wurde ihnen schließlich ab 01.01.1985 eröffnet[28].

Eine bundeseinheitliche materiell-rechtliche Regelung des Maßregelvollzugs versuchten die Länder und der Bund 1979 mit Hilfe eines "Rahmenentwurfs zu einem Gesetz über den Vollzug von Maßregeln der Besserung und Sicherung"[29] zu erreichen. Allerdings wurde dieser, stark am StVollzG angelehnte Entwurf in keinem Bundesland Gegenstand parlamentarischer Beratungen. Als Alternative hierzu legte die Arbeitsgemeinschaft sozialdemokratischer Juristen (AsJ) 1981 einen von Kammeier und Tondorf[30] erarbeiteten "Musterentwurf eines Maßregelvollzugsgesetzes" vor, der den Grundrechtsschutz und die grundrechtlichen Leistungsansprüche von Untergebrachten des Maßregelvollzugs stärker herausstellte. Diesen Weg, den Maßregelvollzug als einen neben Strafvollzug und allgemeiner Psychiatrie eigenständigen Bereich in einem überwiegend umfangreichen Normenwerk mit klaren Rechtsverhältnissen und Leistungsansprüchen materiell-rechtlich zu regeln, sind inzwischen acht[31] Bundesländer gefolgt. Weitere sieben[32] haben sich für eine Einbeziehung der Regelungen für den Maßregelvollzug in ihre PsychKGs bzw. UnterbrGe entschieden.

---

[25] BVerfGE 33,1,11

[26] BGBl.I,581, ber. 2088; geänd. 18.08.1976, BGBl.I,2181

[27] Cf. Blau 1984,13; Kaiser 1990,38: danach hat die Abstinenz des Bundesgesetzgebers insbesondere im Hinblick auf die Rechtsstellung der psychisch kranken Rechtsbrecher zu verfassungsrechtlich nicht unbedenklichen Divergenzen zwischen den Bundesländern geführt.

[28] Gesetz zur Änderung des Strafvollzugsgesetzes vom 20.01.1984, BGBl.I,97

[29] BT-Drs. 8/2565,216ff.

[30] Kammeier/Tondorf 1981b

[31] Bremen, Hamburg, Hessen, Niedersachsen, Nordrhein-Westfalen, Rheinland-Pfalz, Saarland und Sachsen-Anhalt

[32] Baden-Württemberg, Bayern, Berlin, Mecklenburg-Vorpommern, Sachsen, Schleswig-Holstein und Thüringen; ohne gesetzliche Regelung zur Zeit nur noch Brandenburg

Vor dem Hintergrund dieser hier skizzierten Entwicklung von Psychiatrie, Maßregelvollzug und Rechtsstellung der von Freiheitsentzug Betroffenen sind nun die rechtliche Entwicklung und die derzeitige Struktur des Rechts der psychiatrischen Maßregel, sowie die Fragen ihrer Legitimation zu betrachten.

3.2 Schuldunfähigkeit und sogenannter juristischer Krankheitsbegriff im Kontext des Maßregelrechts der Bundesrepublik Deutschland: von § 51 StGB a.F. zu §§ 20,21 StGB-2.StrRG

Mit der Weitergeltung wesentlicher Teile des durch die Nationalsozialisten ins StGB eingefügten Maßregelrechts im Strafrecht der Bundesrepublik Deutschland blieben auch die Bestimmungen über die Unzurechnungsfähigkeit bzw. die verminderte Zurechnungsfähigkeit in § 51 StGB unverändert in Kraft. BGH[33] und BVerfG[34] betonten in wiederholten Entscheidungen der 50er und frühen 60er Jahre die verfassungsrechtliche Geltung des Schuldprinzips: nulla poena sine culpa. Damit blieb die Strafbarkeit eines Täters an die Voraussetzung seiner persönlichen Schuld[35] gebunden.

Allerdings mußte unter der Geltung des Grundgesetzes das nationalsozialistische, insbesondere im Bereich der Humanwissenschaften rassenideologisch geprägte Menschenbild im Hinblick auf die strafrechtliche Zurechnungs- bzw. Unzurechnungsfähigkeit einer Revision unterzogen werden. Nach Art. 1 I und 3 I GG können der Wert und die Würde als wesentliche Persönlichkeitselemente eines Menschen nicht von rassischen, anlagebedingten, biologischen, intellektuellen oder sonstwie bewertenden Persönlichkeitsdiagnosen mit gleichsam ontologischer Aussagekraft bestimmt und abhängig gemacht werden. Vielmehr spricht das GG jeder menschlichen Person[36] Würde und Wert unabhängig von seinem Aussehen, seinen Qualifikationen und seinen Handlungen als allem weiteren vorgängig[37] zu. Dies gilt auch für den ggf. unzurechnungsfähigen Straftäter.

---

[33] BGHSt 2,194,200; 13,190,192; 18,87,94

[34] BVerfGE 6,389,439; 20,323,331

[35] Strafen unterliegen von Verfassungs wegen dem Schuldgrundsatz, BVerfGE 54,100,108 mwN.

Im Rahmen dieser Arbeit kann dem strafrechtlichen Schuldbegriff nicht weiter nachgegangen werden. Ein paar Hinweise müssen genügen. Nach Kargl 1982,225 bestehen zwei Alternativen: Entweder wird Schuld zugeschrieben, dann bedarf es hierzu einer Legitimation aus gesellschaftlichen Belangen, zB. des Rechtsgüterschutzes; eine naturwissenschaftliche Beglaubigung ist entbehrlich. Oder Schuld wird festgestellt, dann braucht man Disziplinen, die eine Theorie des Verstehens menschlicher Handlungen, die ein Verständnis- und Sinnkonzept ausgebildet haben. Er selbst hält aaO.,214 nur die erste Alternative für möglich: "Sowohl über Schuld wie über die Schuldunfähigkeit wird gesellschaftlich entschieden, sie wird, ohne daß empirisch validierbare Aussagen über >Freiheit< oder >Unfreiheit< mit dem Instrumentarium der Psychiatrie möglich sind, *zugeschrieben.*" - Ebenfalls fehlt es hier an Raum für die Behandlung von Problemen der Bestimmung des Schuldgehaltes der Tat oder der Maßstäbe für die Strafzumessung; dies ist nicht zuletzt deshalb entbehrlich, da im Zentrum der Arbeit gerade andere Reaktionen als die Strafe stehen.

[36] BVerfGE 4,7,15f.; 7,320,323; 8,274,329

[37] BVerfGE 18,112,117

Dieser grundgesetzlichen Neubestimmung des Personbegriffs trug der BHG in einer frühen Entscheidung zur Zurechnungsfähigkeit Rechnung[38]. Darin definierte der Große Senat auch den Straftäter wie jeden anderen als einen mit freiem Willen[39] ausgestatteten Menschen. Der innere Grund des strafrechtlichen Schuldvorwurfs liege demnach darin begründet, "daß der Mensch auf freie, verantwortliche, sittliche Selbstbestimmung angelegt und deshalb befähigt ist, sich für das Recht und gegen das Unrecht zu entscheiden und das rechtlich Verbotene zu vermeiden"[40]. Damit machte der BGH das Normale zum Maßstab und Ausgangspunkt bei Fragen nach Einschränkung oder Ausschluß der Zurechnungsfähigkeit und nicht mehr das Pathologische in Gestalt anlage- oder krankheitsbedingter Beeinträchtigungen.

Hatten Minderung und Ausschluß der strafrechtlichen Zurechnungsfähigkeit nach § 51 StGB unter dem herrschenden Einfluß insbesondere der forensischen Psychiater der NS- und der frühen Nachkriegszeit bisher nur aufgrund eines ausgeprägten somatischen Krankheitsverständnisses angenommen werden können, so führte der BGH nach seiner grundlegenden Entscheidung zur personalen Handlungsfreiheit des Menschen[41] diese neue Linie im Jahre 1957 fort, indem er die Bindung der Merkmale des § 51 StGB an einen rein somatischen verstandenen Krankheitsbegriff aufhob[42]. Der neue Richtwert hieß nunmehr "juristischer Krankheitsbegriff"[43].

Die entscheidende Konsequenz aus dem damit eingeschlagenen Weg zog der BGH dann 1959[44], indem er zunächst ausdrücklich betonte, unter den Begriff der krankhaften Störung der Geistestätigkeit "fallen nicht nur Geisteskrankheiten im klinisch-psychiatrischen Sinne, sondern alle Arten von Störungen der Verstandestätigkeit sowie des Willens-, Gefühls- oder Trieblebens, welche die bei einem normalen und geistig reifen Menschen vorhandenen, zur Willensbildung befähigenden Vorstellungen und Gefühle beeinträchtigen"[45], um dann festzustellen: "Entscheidend für die Frage der Schuldfähigkeit ist allein, ob eine Wesensveränderung gegeben ist, die auf die Einsichtsfähigkeit oder das Hemmungsvermögen ... einwirkt, gleichviel ob

---

[38] BGHSt 2,194

[39] Darauf, daß sich die relative Selbstbestimmtheit des Menschen über weite Strecken "als Resultat psychosozialer Vermittlungsvorgänge von ziemlicher Komplexität" darstellt, weisen Bernsmann/Kisker 1975,332 hin.

[40] BGHSt 2,194,200

[41] ibid.

[42] Nach BGHSt 11,20 kann eine Bewußtseinsstörung im Sinne des § 51 StGB bei einem in äußerster Erregung (Affekt) handelnden Täter auch dann vorliegen, wenn er an keiner Krankheit leidet. Der Verlust der Selbstbesinnung kann also außer in einer somatisch nachweisbaren Krankheit auch in einer tiefgreifenden Störung des emotionalen Bereichs wurzeln; das Bewußtsein des Täters kann durch einen äußersten Erregungszustand so gestört sein, daß seine Zurechnungsfähigkeit völlig ausgeschlossen ist, BGHSt 11,20,24.

[43] cf. Bauer/Thoss 1983,307. - Zur kritischen Würdigung des "juristischen" Krankheitsbegriffs cf. Bernsmann 1978,94ff.

[44] BGHSt 14,30

[45] BGHSt 14,30,32

sie von einer Veränderung gewisser körperlicher Merkmale begleitet ist oder nicht."[46]

Kurz nach dem Inkrafttreten der Strafrechtsreform[47] mit den in § 20 StGB neugefaßten Bestimmungen über die Schuldunfähigkeit[48] hatte das OLG Hamm[49] darüber zu entscheiden, ob auch die unter das vierte Merkmal zu subsumierenden Normabweichungen zum völligen Schuldausschluß oder nach § 21 StGB nur zur Schuldminderung führen können. Zwar stellte es einerseits zur Unterscheidung völliger Schuldunfähigkeit von verminderter Schuldfähigkeit auf die "Schwere der krankhaften oder krankheitswerten Normabweichung im psychopathologischen Sinne"[50] ab, war aber andererseits an einer weitergehenden ätiologischen oder nosologischen Erschließung und Einordnung dieses Merkmals völlig uninteressiert. Für entscheidend hielt es dagegen allein, welchen Einfluß[51] die psychopathologische Normabweichung auf die "Einsichtsfähigkeit oder auch nur das Steuerungsvermögen im Einzelfalle"[52] hat. Danach kann auch ein - somatisch betrachtet - Gesunder schuldunfähig sein[53]. Entscheidendes Kriterium der Schuldunfähigkeit ist somit nicht mehr die Krankheit[54], sondern die an dem mit personaler Handlungs-

---

46 BGHSt 13,30,33f.

47 2.StrRG vom 04.07.1969, BGBl.I,717 und BGBl.(1973)I,909, in Kraft getreten am 01.01.1975

48 Aus Gründen der Konvention wird für die Zeit nach Inkrafttreten der Strafrechtsreform vom Begriff Schuldunfähigkeit anstelle von Zurechnungsunfähigkeit gesprochen, ohne daß damit eine sachliche Änderung impliziert wäre, cf. FN 387 im 1. Teil. -
Streng 1991,262 hält den Begriff der "Schuldfähigkeit" für "wenig glücklich" und findet, daß der "Aspekt der Zuschreibung von Tatverantwortlichkeit mit dem Begriff der >Zurechnungsfähigkeit< ... weit besser" erfaßt war. Cf. auch Kammeier 1990,3. -
Die Anzahl der Literaturtitel zur Problematik der Schuldunfähigkeit geht mittlerweise in die Tausende, cf. beispielsweise AK-StGB-Schild §§ 20,21, der allein mit der Auflistung "neuerer Literatur" rund 30 Druckseiten füllt.

49 OLG Hamm NJW 1977,1498

50 OLG Hamm NJW 1977,1498,1499

51 Bauer/Thoss 1983,309 fällt in diesem Zusammenhang auf, daß sich die Rechtsprechung mit der Subsumtion des Anlasses für die Schuldfähigkeitsprüfung keine Mühe macht, "dafür aber umso genauer die Auswirkungen dieses Anlasses auf Einsicht und Steuerung ..., also die für die Schuld entscheidende Frage" prüft.

52 OLG Hamm NJW 1977,1498,1499; BGH StV 1989,104f.: entscheidend ist, ob das Hemmungsvermögen gemindert ist.

53 cf. Bauer/Thoss 1983,307

54 Es kommt "nicht entscheidend darauf an, ob die Fehlentwicklung eine Krankheit ist oder vielleicht Krankheitswert hat ..., sondern ob sie im Endergebnis die Schuldfähigkeit beeinträchtigt. Im Konfliktfall darf niemand strafrechtlich verantwortlich gemacht werden, dessen Willensfreiheit aufgehoben ist, nur weil seine Abweichung in keine begriffliche Schublade zu passen scheint", Bauer/Thoss 1983,309.

freiheit ausgestatteten Menschen gemessene Fähigkeit[55] zur Einsicht in das Unrecht[56] des Tuns oder zur Steuerung des Handelns[57].

In foro war damit eine wertende Qualifizierung der Person aufgegeben zugunsten einer wertneutralen Quantifizierung[58] ihrer Fähigkeit zur Einsicht in das Unrecht bzw. zur Steuerung des Handelns. Dies gründet exakt auf dem Wortlaut von § 20 StGB - ohne die konditionalen Einschübe: "Ohne Schuld handelt, wer ... unfähig ist, das Unrecht der Tat einzusehen oder nach dieser Einsicht zu handeln." Zugespitzt formuliert: Krankheit[59] entschuldigt nicht per se, sondern fehlende Einsichts- und/oder Steuerungsfähigkeit, die neben anderem *auch* durch Krankheit[60] verursacht sein können, bewirken die strafrechtliche Schuldunfähigkeit.

Gegen diese Rechtsprechung der Herausarbeitung eines "juristischen Krankheitsbegriffs"[61] und der vorhandenen, defizienten oder ausgeschlossenen Steuerungsfähigkeit[62] als dem entscheidenden Dreh- und Angelpunkt der Schuldfähigkeitsfrage liefen die führenden forensischen Psychiater Sturm. Ihre Ablehnung dieser Rechtsprechungslinie verbanden sie in der Strafrechtsreformdiskussion mit dem Bemü-

[55] Für Bernsmann/Kisker 1975,328 setzt ein legaler Umgang mit den §§ 20,21 StGB voraus, "daß die Rechtsprechung sich an einem >Krankheits<-Begriff orientiert, der nicht von biologisch-medizinischen Kanons, sondern allein von der psychosozialen Selbstverfügbarkeit ausgeht, welche dem Täter durch seine (mehr oder minder abweichende) Kondition zur Tatzeit belassen wird."

[56] Deshalb kommt weder eine Schuldminderung noch eine Maßregelanordnung in Betracht, wenn der beschränkt einsichtsfähige Täter das Unrecht seiner Tat tatsächlich eingesehen hat, BGH R&P 1988,28.

[57] Bernsmann/Kisker 1975,333: "Es ist der Zentralbegriff >Unrecht< und nicht der psychiatrisch->biologische< Merkmalskatalog, auf den sich die Grunderwartung der Rechtsgemeinschaft auf Aktualisierung der Einsichts- und Hemmungsfähigkeit bei ihren Mitgliedern bezieht."

[58] Schreiber 1978,36: "Der Erheblichkeitsgrad der pathologischen Abweichung, die Intensität, ist hier das entscheidende Kriterium für die sog. psychologischen Merkmale der §§ 20,21."

[59] BGH NJW 1988,2054: schwere andere seelische Abartigkeit erfaßt nicht pathologisch bedingte, also nicht krankhafte seelische Störungen; BGH StV 1988,529f.: Psychopathie kann auch ohne "Krankheitswert" für die strafrechtliche Verantwortung bedeutsam sein; BGH StV 1989,104f.: schwere seelische Abartigkeit erfaßt auch Persönlichkeitsveränderungen, die nicht pathologisch sind, die nicht im medizinischen Sinne Krankheiten darstellen; ebenso BGH NStZ 1989,430.

[60] Nach Marschner 1985,7 muß Krankheit im gesamten Unterbringungsrecht "funktional", dh. mit Blick auf die Rechtsfolgen verstanden werden.

[61] Marschner 1985,102 führt das Entstehen bzw. die Bildung eines juristischen Krankheitsbegriffs als eine Reaktion auf das Fehlen eines eindeutigen psychiatrischen Krankheitsbegriffs zurück.

[62] Die in § 20 StGB normierte "mangelnde Einsichtsfähigkeit" ist nur ein besonderer Anwendungsfall der umfassenderen Regelung über den Verbotsirrtum in § 17 StGB und läuft deswegen an dieser Stelle faktisch ins Leere, cf. Lenckner 1972,114, S/S-Lenckner § 20 Rz. 4, AK-StGB-Schild §§ 20,21 Rz. 20. - Für Haffke 1991,96f. stellt sich angesichts dieser Regelungen die Frage, ob nicht die unterschiedlichen "Eingangspforten" des § 17 und der §§ 20,21 StGB zu unterschiedlichen, dh. nicht-identischen Schuldminderungs- und -unfähigkeitsbegriffen führen.

hen[63], einen engen "somatisch-psychiatrisch" fundierten Krankheitsbegriff als Grundlage der Schuldunfähigkeit durchzusetzen. Ihre Abwehrhaltung richtete sich insbesondere gegen das Vordringen von Psychologie, Psychoanalyse und Sozialwissenschaften in die Strafjustiz und speziell in die Beurteilung von Schuldfähigkeitsfragen.

Deutlich zeigte sich dies am Streit um die Begriffe Psychopathie bzw. seelische Abartigkeit[64]. Nach jahrzehntelang herrschender Auffassung der forensischen Psychiater[65] fielen Psychopathie bzw. (anlagebedingte) Abartigkeit nicht unter den psychiatrischen Krankheitsbegriff und sollten deshalb auch nicht zu einer Exculpierung führen können[66]. Noch in den E 1960 und E 1962 hatten sie diese Ansicht mit der sog. differenzierten Lösung durchzusetzen vermocht, wonach Psychopathie bzw. seelische Abartigkeit nur als Schuldminderungsmerkmal vorgesehen und zugelassen waren. Eine Exculpierung wurde darüberhinaus von den Vertretern dieser Argumentationslinie aus kriminalpolitischen Gründen[67] abgelehnt, weil dadurch das Schuldprinzip gefährdet würde und eine unerträgliche Ausweitung der Exculpationen[68], ein "Dammbruch"[69], zu befürchten[70] sei. Schließlich hielten vor allem die

---

63 Cf. zur Nachkriegsgeschichte der Reformdiskussion AK-StGB-Schild §§ 20,21 Rz. 16ff.

64 Pfäfflin 1987,138 mit Verweis auf Rasch 1982 und Rasch 1986,35: "Der Begriff der Abartigkeit ist eine unmittelbar nazistische Variante des ohnehin problematischen Psychopathiebegriffs". -
Für Bauer/Thoss 1983,308 ist "Abartigkeit ... kein Begriff, der eine Erscheinung faßbar macht, sondern ein >diskriminierender Ausdruck<".

65 s. o. Abschnitte 1.3.3 und 2.2.4.1

66 So lehnten die Autoren des Sondervotums der Psychiatrie-Enquete, BT-Drs. 7/4200,420, eine künftige medizinische Behandlung von Psychopathen mit der Begründung ab, sie paßten nicht ins psychiatrische Krankheitsbild. -
Cf. statt vieler insbesondere Bresser 1978,1188ff. -
Selbst der BGH bei Holtz MDR 1979,105 wollte Psychopathie nur dann als Exculpationsgrund durchgehen lassen, wenn sie "krankheitswert" habe; nach Bauer/Thoss 1983,308 wären hiermit "Ärzte zu Oberaufsehern über ... Psychologen und Psychoanalytiker" geworden. -
AK-StGB-Schild §§ 20,21 Rz. 17: "Für den Fall einer Neufassung waren sich alle Psychiater darüber einig, daß Psychopathien und Neurosen nur dann als Exkulpationsgrund miterfaßt werden dürften, wenn sie >Krankheitswert< hätten oder wenn zu ihnen noch ein anderes Moment (als >konstellativer Faktor<, wie zB. toxische oder traumatische Einwirkungen)" hinzutritt.

67 cf. Güse/Schmacke 1976,254; Marschner 1985,108

68 Für Moser 1971,182 läßt sich diese Argumentationsrichtung nur mit Gründen der Abschreckung erklären. -
Strasser 1978b,3ff. sieht hierin das Bemühen, die >gesunden< Anteile des sog. Psychopathen zu betonen und damit dem öffentlichen Strafbedürfnis entgegenzukommen.

69 Zweiter schriftlicher Bericht des Sonderausschusses für die Strafrechtsreform, BT-Drs. V/4095,10

70 Eine Steigerung der Zahlen bei der Zuerkennung verminderter Schuldfähigkeit (§ 21 StGB) seit 1975 wird von Rasch/Volbert 1985,137ff. nicht auf eine stärkere Berücksichtigung von Persönlichkeitsstörungen zurückgeführt, sondern auf eine Zunahme des Einflusses von Alkohol und Drogen auf die Straftäter.

Psychiater diese Personen für nicht behandelbar und deshalb bei einer auf den Schuldausschluß folgenden Maßregelanordnung für eine Belastung[71] der psychiatrischen Krankenhäuser.

Dennoch hat der Gesetzgeber des 2.StrRG die schwere andere seelische Abartigkeit[72] als viertes Merkmal in den Katalog der Schuldausschließungsgründe des § 20 StGB neben die nunmehr so formulierte krankhafte seelische Störung[73], die tiefgreifende Bewußtseinsstörung[74] und den Schwachsinn[75] aufgenommen und sich damit für die Einheitslösung[76] entschieden.

In der Bewertung der Rechtsprechung des BGH zum Krankheitsbegriff und der mit dem 2.StrRG normierten Einheitheitslösung blieben die Meinungen geteilt. Die einen fanden in den neuen Formulierungen, in den inhaltlichen Aussagen und in der Struktur der §§ 20,21 StGB im wesentlichen das wieder, was Wissenschaft und Praxis bisher schon dem alten § 51 StGB entnommen hatten[77]. Dagegen war für andere, beispielsweise für die Psychiatrie-Enquete der Bundesregierung[78], mit dem

---

[71] Leferenz 1976,44 sah eine zusätzliche Belastung auf die psychiatrischen Krankenhäuser mit Insassen zukommen, "die aus der Sicht einer Klinik nur selten dorthin gehören und einen erheblichen Störfaktor darstellen". -
Nach Güse/Schmacke 1976,253 fürchteten die Anstaltspsychiater, durch eine zu >milde< Rechtsprechung rolle eine Welle voll- und teilexculpierter Straftäter auf ihre Institutionen zu. -
Cf. auch Rasch 1982,180 und Marschner 1985,109.

[72] Zur Geschichte, Begriffsbestimmung und gutachterlichen Praxis cf. insbesondere Bresser 1978; Haddenbrock 1979; Bresser 1979; Rasch 1982; Foerster 1988; Saß 1988; Rasch 1991.

[73] Dieser Ausdruck ist gegenüber der alten Fassung "Störung der Geistestätigkeit" vom intellektuellen Bezug entbunden und auf die gesamte Psyche des Menschen bezogen.

[74] Dies Merkmal knüpft unmittelbar an § 51 I StGB a.F. an, schließt mit "tiefgreifend" aber bloß vorübergehende und noch im Bereich des Normalen liegende Störungen aus. -
Zur Definition dieses Begriffs cf. neben den einschlägigen Kommentierungen vor allem Bresser 1978; Rasch 1980; Rasch 1983; Schorsch 1988; Bernsmann 1989; Krümpelmann 1990.

[75] Er kann als Unterart des vierten Merkmals verstanden werden. Seine Nennung wäre nach Aufnahme der Abartigkeit in § 20 StGB entbehrlich gewesen. -
Nach Bauer/Thoss 1983,308 hat Schwachsinn keinen selbständigen Gehalt mehr, seit sich die Behinderungen als organ- oder sozialpathologischer Befund (nach Kisker) erklären lassen.

[76] Nach Lenckner 1972,113 geschah dies mit Rücksicht auf die "Sorge um das Schuldprinzip". -
Den Gegnern der Einheitslösung hatte der Gesetzgeber insofern etwas Wind aus den Segeln genommen, als er mit der vorgesehenen Einführung der Sozialtherapeutischen Anstalt als eigenständige Maßregel durch § 65 StGB-2.StrRG vorwiegend solche persönlichkeitsgestörten Täter erfassen wollte, die nicht einer psychiatrischen Behandlung im engeren Sinn in einem Krankenhaus bedurften.

[77] Cf. statt vieler Lenckner 1972,114; Rasch 1992,257. - Ebenso AK-StGB-Schild §§ 20,21 Rz. 21: "Offensichtlich und unbestreibar ist somit keine Veränderung in der Anwendung der Schuldfähigkeitsbestimmungen eingetreten, was dafür spricht, daß die Reform im sachlichen Gehalt keine Änderung gebracht hat."

[78] BT-Drs. 7/4200,281

2.StrRG die "Abkehr von einem ausschließlich am Somatischen orientierten Krankheitsbegriff eindeutiger als bisher vollzogen" worden. Neben diesen Meinungen wurde auch Skepsis geäußert. Nach Kargl[79] "ist mit einer Ausweitung des Krankheitsbegriffs auf Psychopathen und Neurotiker wenig gewonnen, da soziale Probleme nur wiederum in das Individuum verlagert und dort behandelt werden." Auch Schreiber[80] meinte, die neugefaßten Bestimmungen hätten an den bestehenden Problemen wenig geändert; für die Beurteilung der Schuldunfähigkeit entscheidend werde nun die Bestimmung des Beeinträchtigungsgrades des sog. zweiten (psychologischen bzw. normativen) 'Stockwerks'.

Auf diesen Punkt konzentrierte denn auch Rasch[81] seine Bemühungen um eine eher empirisch nachvollziehbare und damit am Bestimmtheitsgebot gemessen juristisch einwandfreie Schuldunfähigkeitsfeststellung. Er schlug die Verwendung eines "*strukturell-sozialen Krankheitsbegriffs*"[82] vor, dem erheblich mehr an Kompatibilität zwischen den beiden 'Stockwerken' eignet als eng somatisch verstandene Krankheitsmerkmale. Dieser Krankheitsbegriff umfaßt im Hinblick auf die Schuldfähigkeitsfeststellung leichter operationalisierbare Aspekte bzw. sogar "Tatbestände" wie Verminderung sozialer Handlungskompetenz, Herausfallen aus den gewohnten Bezügen, Einengung der Lebensführung, Stereotypisierung des Verhaltens und Häufung sozialer Konflikte auch außerhalb strafrechtlicher Relevanz[83]. Dennoch beharrte er[84] darauf, "das Krankheitsmodell als entscheidende Bezugsgröße beizubehalten", damit sich "das Konzept der Schuldfähigkeit nicht in beliebige und zufällige Ausdeutungen" verliere.

Nach der hier nur skizzenhaft angedeuteten Entwicklung bleibt zusammenfassend festzuhalten: Rechtsprechung, Strafrechtsreform und wissenschaftliches Schrifttum haben in den letzten Jahrzehnten im Blick auf die strafrechtliche Schuldunfähigkeitsfeststellung zu einer Entmythologisierung des dabei verwendeten Krankheitsbegriffs geführt. Ein Schuldausschluß als im Ergebnis fehlende Kompetenz[85] zur Steuerung des eigenen Handelns kann nunmehr auch auf andere als ausschließlich somatisch-biologische Krankheitsursachen gegründet werden[86].

---

[79] Kargl 1975,563,Anm.67

[80] cf. Schreiber 1981,51

[81] cf. Rasch 1982; Rasch 1983; Rasch 1986; Rasch 1991

[82] Rasch 1982,182ff.

[83] ibid. -
Für Blau/Franke 1982,397 stellt eine defizitäre Sozialisation aber keinen unter die §§ 20,21 StGB einzuordnenden Schuldausschluß- oder Schuldminderungssachverhalt dar.

[84] Rasch 1992,260

[85] Eine Bestrafbarkeit trotz Schuldunfähigkeit nach den Regeln der actio libera in causa oder aufgrund des § 323a StGB muß hier unerörtert bleiben.

[86] Von "*Bewertungen* der festgestellten individualpsychischen Befunde *unter gesellschaftlichen Gesichtspunkten*" spricht Streng 1991,262. -
Zur Differenz bzw. zur Identität von Schuldunfähigkeit mit fehlender Einsichts- und/oder Steuerungsfähigkeit, auf die hier nicht näher eingegangen werden kann, cf. Haffke 1991,96.

Die festgestellte strafrechtliche Schuldunfähigkeit gilt nur für die konkrete zur Verhandlung stehende Tat und ist nur auf den Tatzeitpunkt bezogen[87]. Sie enthält, anders als zur Zeit des Nationalsozialismus[88], keine weiteren, insbesondere keine qualitativ wertenden Aussagen über die beurteilte Person. Der im NS-Strafrecht geschaffene Zusammenhang zwischen dem Wesen der Tat und dem Wesen des Täters, bei dem sich die Gefährlichkeit des Täters in der Weise der Tatbegehung manifestierte und damit den Typ des 'gefährlichen Täters' offenbarte, ist durch die Systematik der §§ 20 und 63 StGB aus der Prüfung der Schuldfähigkeit herausgenommen worden. Versperrt ist damit auch ein Rückschluß von einer 'anlage- oder krankheitsbedingten Minderung des Wertes eines Menschen' auf seine darin begründete Gefährlichkeit und von dieser auf die Schuldunfähigkeit. Gefährlichkeit ist kein konstitutives Element mehr zur Begründung von Schuldunfähigkeit. Von daher sind Steuerungsunfähigkeit bzw. Schuldunfähigkeit oder auch nur die ihnen zugrundeliegenden Merkmale nach § 20 StGB nicht identisch mit der normativ bestimmten Gefährlichkeit aufgrund einer Gesamtwürdigung des Täters und seiner Tat in § 63 StGB. Die Schuldunfähigkeit nach § 20 StGB oder eine verminderte Schuldfähigkeit nach § 21 StGB ist zwar eine notwendige aber keine hinreichende Bedingung für die in § 63 StGB geforderte Bestimmung der Gefährlichkeit als Voraussetzung für die Anordnung einer psychiatrischen Maßregel. Insoweit besteht ein auch strafprozessual[89] zu beachtender Unterschied zwischen der Prüfung, ob ein Schuldausschluß nach § 20 bzw. eine Schuldminderung nach § 21 StGB auf die konkrete Tat und den konkreten Tatzeitpunkt bezogen vorliegt und dem "Zustand" im Zusammenhang der "Gesamtwürdigung des Täters und seiner Tat" in § 63 StGB.

Nach der ratio legis des § 20 StGB bewirkt der festgestellte Ausschluß von Schuld auf dieser Ebene ausschließlich eine Sperrung der Strafbarkeit des Täters. Strukturell entsprechend weist § 21 StGB auch nur auf die fakultative Strafmilderungsmöglichkeit nach § 49 I StGB hin. Auch lassen sich den §§ 20,21 StGB weder ex-

---

[87] "Für die Beurteilung der Schuldfähigkeit kommt es auf die konkrete Tat und die Zeit ihrer Begehung an. Schuldunfähigkeit ist rechtlich *keine Dauereigenschaft*; sie bewirkt nur den Ausschluß der Schuld im Hinblick auf eine bestimmte Tat.", Lackner § 20 Rz. 16 unter Hinweis auf BGHSt 14,114; NJW 1983,350; Sperrung von mir, Ka.

[88] s. o. Abschnitte 2.2.4.1 und 2.2.5

[89] Im Rahmen dieser Arbeit kann weder auf die Problematik der Auswahl des pychiatrischen und/oder psychologischen Gutachters noch auf die Bestimmung der zu fordernden Gutachtenqualität eingegangen werden. Aus der hierzu vorliegenden umfangreichen Literatur wird nur - keinesfalls repräsentativ - hingewiesen auf: Bernsmann/Kisker 1975; Strasser 1978b; Pfäfflin 1978; Täschner 1980; Schorsch/Pfäfflin 1981; Heinz 1982; Müller-Dietz 1983; Bauer/Thoss 1983; Maisch/Schorsch 1983; G. Wolff 1983; Fabricius 1984; Maisch 1984; Bischof 1985; Maisch 1985; Schorsch 1985; Schüler-Springorum 1986a; Duncker 1988; Fabricius/Pfefferer-Wolf 1988; Foerster 1988; Jäger 1988; St. Wolff 1989; Renzikowski 1990; Gohde/Wolff 1991; Rasch 1992; seit 1992 erscheint in loser Folge in der Zeitschrift R & P ein "Gutachtenforum", das sich anhand von forensischen Beispielen der Beschreibung von Qualitätsstandards in der Gutachtenpraxis widmet.

pressis verbis noch konkludent Normen oder Hinweise auf andere staatliche Reaktionsweisen auf die rechtswidrige Tat entnehmen. Durch die Eliminierung des Gefährlichkeitsbegriffs aus dem Prozeß der Schuldfeststellung fehlt den §§ 20,21 StGB im Unterschied zum § 51 StGB-GewVbrG eine Steuerungsfunktion in Richtung Strafe oder Maßregel. Die Prüfung der Schuld- bzw. Schuldunfähigkeit dient nicht der Beantwortung der Frage, ob Strafe oder Maßregel als Rechtsfolge in Betracht kommt. Sie gibt nur Antwort darauf, ob auf Strafe zu erkennen ist oder nicht. Entsprechendes gilt für die Frage nach dem Vorhandensein einer erheblichen Minderung der Schuldfähigkeit. Eine evtl. erforderliche Sicherungsmaßnahme wegen der Befürchtung erheblicher weiterer Rechtsgutverletzungen ist ausschließlich nach anderen Normen, im Hinblick auf die psychiatrische Maßregel zB. nach § 63 StGB zu beurteilen. Insoweit steht das Maßregelrecht nicht neben, sondern auf einer Stufe *unter* dem Strafrecht. Das kriminalrechtliche Reaktionssystem ist de lege lata somit wieder zur Zweistufigkeit der früheren Entwürfe anstelle der nationalsozialistischen Zweispurigkeit zurückgekehrt. Für die psychiatrische Maßregel bedeutet dies, auch wenn sie nach der Strafrechtsreform von 1969/75 weiterhin im Strafgesetzbuch als 'kriminalrechtliche' Reaktion auf eine rechtswidrige Tat verankert geblieben ist: ihr kommt nunmehr wiederum 'nur' die Funktion einer Auffangreaktion[90] zu.

Indem das 2.StrRG im Rahmen der sog. Einheitslösung das Merkmal der "Abartigkeit" in den § 20 StGB integriert hat, ist die Problematik der Bestimmung der verminderten Schuldfähigkeit auf der dogmatischen Ebene weitgehend entschärft. Die Kategorie der verminderten Schuldfähigkeit nach § 21 StGB kann nicht mehr generell mit einer Personen- oder Diagnosegruppe gleichgesetzt werden, auch nicht mit der unter das vierte Merkmal des § 20 StGB zu subsumierenden Täterpopulation, denn auch bei dieser ist eine völlige Schuldunfähigkeit nicht prinzipiell[91] ausgeschlossen. Darüberhinaus ist durch die Entscheidung des OLG Hamm von 1976[92] klargestellt, daß die verminderte Schuldfähigkeit nach § 21 StGB keine 'qualitative' Zwischenstufe zwischen voller und ausgeschlossener Schuldfähigkeit ist. Sie stellt in Gestalt einer erheblichen quantitativen Minderung nunmehr eindeutig einen Unterfall der vollen Schuldfähigkeit dar.

Abschließend soll noch auf die "Ambivalenz des § 21 StGB"[93] eingegangen werden. Haffke stellt in seinen Ausführungen[94] zum § 21 StGB (!) die biologisch-

---

[90] Frisch 1990b,708 beispielsweise bezeichnet das Maßregelrecht als "Regelung einer nur ausnahmsweise zum Zuge kommenden Rechtsfolge".

[91] Cf. das insoweit wegweisende Urteil des OLG Hamm vom 30.11.1976 NJW 1977,1498,1499: "Sind Einsichtsfähigkeit oder auch nur das Steuerungsvermögen im Einzelfalle derart herabgesetzt, daß dem Täter normgemäßes Verhalten nicht zugemutet werden kann, ist also das Persönlichkeitsgefüge weitgehend *zerstört*, ist er nach § 20 StGB als entschuldigt anzusehen."

[92] OLG Hamm NJW 1977,1498

[93] so die Überschrift bei Haffke 1991

psychologischen Merkmale als unverzichtbare generalisierte Unterbringungsvoraussetzungen dar. Als solche "sind die Merkmale *tatbestandliche* Voraussetzungen für den Eingriff in verfassungsrechtlich geschützte Grundrechte"[95]. Die Ambivalenz des § 21 zeigt sich für ihn dann darin, daß diese Merkmale im Bereich der Strafe - in dubio *pro* reo - *ent*lasten, während sie gleichzeitig im Bereich der Maßregel - *contra* reum - *be*lasten[96]. Schon im Ansatz dieser Ausführungen unterläuft Haffke - er ist hier wegen seiner ansonsten scharfen Analyse paradigmatisch anstelle zahlreicher anderer herausgegriffen - ein grundlegender Fehler: Er interpretiert die normativen Voraussetzungen und die empirischen Bedingungen der Feststellung von Schuldunfähigkeit und verminderter Schuldfähigkeit sowie die systematische Struktur der §§ 20,21 StGB von der Warte des Maßregelrechts gemäß § 63 StGB her und in einer Weise als käme ihnen in einem System zweier gleichberechtigter Reaktionsspuren - entweder Strafe oder Maßregel - eine Steuerungsfunktion zur einen oder anderen Spur zu! Dabei übersieht er, daß die §§ 20,21 StGB weder normative Anhaltspunkte für die Prüfung von Gefährlichkeit noch für die Erforderlichkeit einer anstelle oder neben der Strafe anzuordnenden Sicherung enthalten, sondern sich zunächst ausschließlich auf die Sperrung von Strafbarkeit überhaupt bzw. auf die Milderung von Strafe beziehen. Eine Doppelfunktion[97] und möglicherweise eine Ambivalenz enthält der § 21 StGB nicht per se in sich; vielmehr wird sie ihm allenfalls erst im Rahmen der in § 63 StGB geforderten Prüfung, ob eine Maßregelanordnung erforderlich ist oder nicht, aufgebürdet. Insoweit aber fördert Haffkes Sichtweise nicht, eher behindert sie die Herausarbeitung einer konsistenten Theorie und Struktur des Maßregelrechts, das sich nicht nur in seiner normativen Grundlage, sondern auch in seiner verfassungsrechtlichen Legitimation signifikant vom überkommenen und noch geltenden 'strafrechtlichen' Maßregelrecht unterscheidet.

---

[94] cf. Haffke 1991,100f.

[95] ibid.

[96] cf. ibid.

[97] Daß § 21 StGB im Blick auf Strafe bzw. Strafzumessung seine Funktion weitgehend verloren, richtiger gesagt: von Anfang an nicht besessen habe und nur eine "allgemeine Strafzumessungsregel" darstelle, führt Haffke 1991,99f. aus.

3.3 Das Maßregelrecht im geltenden StGB: Darstellung von Struktur, Legitimationsversuchen und Aporien

3.3.1 Ansätze zur Legitimation der psychiatrischen Maßregel

Seit einigen Jahren ist von einer Krise der Zweispurigkeit[98] bzw. von einem "erhöhten Legitimationsbedarf"[99] der Maßregeln die Rede. Im Jahre 1990 fragte Kaiser: "Befinden sich die kriminalrechtlichen Maßregeln in der Krise?" und stellte fest, daß es keine der Straftheorie vergleichbare eigenständige Theorieentwicklung des Maßregelrechts gebe; über die "Theorie der Sicherungsmittel" von Exner (1914) seien wir kaum hinausgelangt[100]. Zudem habe sich der reine Zweckgedanke nach der Einführung des Maßregelrechts in den 30er Jahren als "mißbrauchsanfällig"[101] erwiesen. Heute gehe es deshalb "um die Rechtfertigung und theoretische Begründung des Maßregelsystems überhaupt sowie um dessen Erfolgskontrolle"[102].

Das Problem der Rechtfertigung des Maßregelrechts ist aber nicht erst jetzt als ein neues Thema in das rechtspolitische Blickfeld getreten. Es hat bereits seit den 50er Jahren die Strafrechtsreformdiskussion begleitet. So wies schon Bruns darauf hin, daß nach den Erfahrungen mit dem Nationalsozialismus die bloße Zweckmäßigkeit, ein "gesellschaftlicher Utilitarismus allein"[103] nicht mehr ausreiche, um derart schwerwiegende Eingriffe, wie sie das Maßregelrecht vorsehe, zu verantworten. Auch nach Stree[104] darf die Persönlichkeit des Menschen "nicht einfach dem Nutzen der Gemeinschaft geopfert werden, auch nicht dem überaus bedeutsamen öffentlichen Anliegen der Verbrechensbekämpfung." Er stellte deshalb den im Interesse des Betroffenen[105] liegenden Besserungszweck der Maßregel in den Vordergrund, räumte aber auch ein, daß der Freiheitseingriff um der Sicherung der Allge-

---

[98] Cf. Müller-Dietz 1983,145; Frisch 1990a,351, macht darüberhinaus "zugleich eine Krisis der Individualprävention" aaO.,354 aus; ihm geht es nicht nur um die Rechtfertigung der Maßregeln, sondern um die Rechtfertigung der Individualprävention als "zweckgerichtete Staatstätigkeit überhaupt", aaO.,365.

[99] Kaiser 1990,3

[100] cf. Kaiser 1990,6,Anm.15

[101] Kaiser 1990,10; die neue Sensibilität für Mißbrauchsgefahren erinnerten an den polizeirechtlichen Ursprung der Maßregeln, aaO.,4.

[102] Kaiser 1990,4; gleich Frisch befindet sich auch für ihn die "Individualprävention selbst in der Krise", aaO.,48.

[103] Bruns 1959,211

[104] Stree 1960,220

[105] Stree 1960,226: "Auf die Freiheit des Einzelnen wird eingewirkt, um ihn zu heilen und zu bessern und ihn auf diese Weise vor weiteren Konflikten mit den Normen des Gemeinschaftslebens zu bewahren."

meinheit willen erfolge. In diesem Sinne sind für Nowakowski[106] die Maßregeln dann gerechtfertigt, wenn bei ihrer Anwendung das Sicherheitsbedürfnis der Gesellschaft mit dem Persönlichkeitsrecht des Betroffenen nach dem "Prinzip des überwiegenden Interesses" abgewogen wird.

Welzel dagegen beruft sich zur Rechtfertigung der Maßregel auf eine Qualifizierung der Persönlichkeit. Demnach sei der Verlust der äußeren Freiheit im Maßregelvollzug aufgrund des vorausgegangenen Verlustes der inneren Freiheit legitimiert[107]. Wer wegen eines Mangels an sittlicher Selbstbestimmung nicht zur Freiheit fähig sei, könne auch keine soziale Freiheit beanspruchen[108].

Ein entschiedener Gegner eines Maßregelrechts ist Mayer. Für ihn[109] kann es ein derartiges Recht überhaupt nicht geben, "denn ein solches Maßregelrecht mißbraucht begrifflich den Menschen als Mittel für soziale Zwecke." Ein "nackter Sicherungsgedanke" unterscheide zwei Menschenarten, einerseits den gesunden Durchschnitt mit vollem Lebensrecht, "während (andererseits) die angeblich irgendwie abnormen Täter zu bloßen Objekten eliminierender Zweckmaßnahmen gemacht werden dürfen."[110]

Viele Befürworter des Festhaltens an einem eigenständigen Maßregelrecht gründen ihre Haltung letztlich auf kriminalpolitische Erwägungen, die mit der Geltung des Schuldstrafrechts zusammengesehen werden müssen. Aber auch dieser Bezug führt zu keiner einheitlichen Theoriebildung. So stehen für Bruns[111] Strafrecht und Maßregelrecht "als zwei grundsätzlich verschiedene, sich sinnvoll ergänzende Formen der staatlichen Reaktion gegen das Verbrechen *selbständig nebeneinander*." Auch nach Maurach/Zipf sind Strafe und Maßregel bei der "Deliktsfolgenverhängung ...

---

[106] Cf. Nowakowski 1963,103. Als Voraussetzung nennt er ihre Notwendigkeit und eine nach Art und Umfang angemessene Anwendung. Dann kann ein Eingriff in die Bewegungsfreiheit durch den kriminalpolitischen Zweck gerechtfertigt sein, aaO.,103f. Die Eingriffsgrenze werde durch den Wert und die Würde des Menschen bestimmt; das schließe aber Zwang nicht aus, denn auch er sei ein Wesenselement des Rechts, aaO.,105. -
Neuerdings hält Streng 1991,119 unter Rückgriff auf Nowakowski die Maßregeln "als eine Art *Notwehr* der Gemeinschaft oder als notstandsähnliche *Wahrung überwiegender Interessen* (für) legitimierbar".

[107] cf. Welzel, in: Niederschriften I,267, wonach "die äußere Freiheit ein Korrelat in der *inneren Freiheit* haben muß. Man kann nur insoweit die äußere Freiheit genießen, als man innere Freiheit besitzt."

[108] cf. Welzel 1969,245

[109] Mayer 1962,42

[110] Mayer 1962,47

[111] Bruns 1959,217; dabei ist für ihn das Maßregelrecht im Gegensatz zum "Tatstrafrecht" mehr ein "Täterbehandlungsrecht", aaO.,228.

als eine aufeinander bezogene und abgestimmte *Wirkungseinheit* anzusehen"[112]. In diesem Zusammenhang halten sie es aber für erforderlich, die Theorie der Strafe und der Maßregel aus der allgemeinen Staatstheorie und der Staatszielbestimmung zu entwickeln[113]. G. Jakobs hebt in seiner Theorie des Maßregelrechts im wesentlichen auf die Normgeltung ab. Dabei differenziert er zwischen strafergänzender, strafersetzender und strafvertretender[114] Maßregel. Baumann/Weber[115] halten eine "Ansiedlung der Maßregeln im Strafrecht" wegen des festen "Anknüpfungspunktes" für sinnvoll. Dagegen betont von Hippel[116], "die materielle Zuordnung der Maßregeln zum *Strafrecht* (sei) heute noch nicht geleistet und ist vielleicht noch nicht einmal anzustreben."

Da nach Jescheck die Gefahrenabwehr zu den legitimen Aufgaben des Strafrechts gehört, liegt darin für ihn auch die Rechtfertigung des Maßregelrechts[117]. In diesem Sinne ist auch Müller-Dietz zu verstehen, der sich gegen Versuche wendet, die Unterbringung im psychiatrischen Krankenhaus von den Kriterien der Schuldunfähigkeit abzukoppeln, denn "wenn und soweit wegen des Defekts Strafe entfällt, tritt ... bei entsprechender Dauer der Störung und Gefährlichkeit des Täters die

---

[112] Maurach/Zipf 1983,91; hierbei weisen sie ausdrücklich auf § 67 V StGB hin. Im übrigen seien die Maßregeln der Preis dafür, "um ohne Wirkungseinbuße des Strafrechts an der Schuldproportionalität der Strafe festhalten zu können", ibid., - ein inzwischen hundert Jahre altes Argument.

[113] Maurach/Zipf 1983,80; hierbei sehen sie die Rechtfertigung des Strafrechts im staatlichen Schutzauftrag, wobei das Strafrecht ein Bestandteil der staatlichen Ordnungsfunktion und insoweit eine Teilfunktion der allgemeinen Staatszielbestimmung sei, aaO.,81. - Hierauf wird unten noch zurückzukommen sein.

[114] G.Jakobs 1993; zur strafergänzenden Maßregel: "Die Aufgabe dieser Maßregeln besteht darin, dasjenige Maß an kognitiver Sicherheit herzustellen, ohne das die normative Garantie keine taugliche Organisationsgrundlage abgibt." Die "Indizwirkung der Tat hindert eine Bereinigung der Situation allein durch Strafe." AaO.,32.
Die strafersetzende Maßregel ist "eine eigene Erledigungsart"; "Zielpunkt ist ... nicht die Normgeltung, sondern die Gefahrfreiheit." AaO.,33.
Bei der strafvertretenden Maßregel (§ 67 IV,V StGB) geht es um die "Festigung von Normgeltung allein durch Beseitigung von Gefahr." Ibid.

[115] Baumann/Weber 1985,713. Sie sehen in der Zuständigkeit von Strafgericht und Strafverfahren eine bessere Garantie für die Richtigkeit und Gesetzlichkeit des sichernden Freiheitsentzugs geboten, aaO.,711.

[116] von Hippel 1976,32

[117] Cf. Jescheck 1978,67; allerdings seien sie nur dann gerechtfertigt, wenn auch für die Zukunft ein Sicherungsbedürfnis bestehe, aaO.,70. Inhaltlich orientiert er sich insoweit an Stree und Welzel als er betont, wer die Fähigkeit nicht besitze, sich sozialverträglich zu verhalten, müsse notwendige Einschränkungen seiner Freiheit im Interesse der Sicherheit aller hinnehmen, aaO.,68. Bei der psychiatrischen Maßregel liege die "innere Rechtfertigung" in der Aufgabe des Staates, "körperlich oder seelisch defekte Personen, die kriminell gefährlich sind, ... einer Behandlung zuzuführen", ibid.

Unterbringung gleichsam an ihre Stelle."[118] Ebenso haben für Stratenwerth[119] die Maßregeln die Aufgabe der Spezialprävention zu übernehmen, die die Strafe nicht erfüllen kann. Ihr maßgebender Gesichtspunkt ist die Gefahrenabwehr[120]. Doch verbleibt es hier bei terminologischer Unklarheit. Beispielsweise spricht Frisch gelegentlich davon, ein Maßregeleinsatz lasse sich nur gegenüber "gefährlichen Personen"[121] rechtfertigen, womit nur eine subjektbezogene Qualifikation gemeint sein kann, während er an anderer Stelle[122] den in den Maßregeln liegenden Freiheitseingriff nur gegenüber Personen für legitimierbar hält, von denen Straftaten zu erwarten sind, also objektive Gegebenheiten, - wobei diese 'Erwartung' eben nicht ohne weiteres mit einer als 'gefährlich' qualifizierten Person gleichgesetzt werden kann.

Entsprechend dem Konzept des 'gefährlichen Täters' sehen Jescheck und Kaiser den Zweck der Maßregeln darin, der 'Gefährlichkeit' "für die Zukunft durch pädagogische, therapeutische oder eliminierende Eingriffe zu begegnen"[123] bzw. in "Besserung, Heilung oder Sicherung, ausnahmsweise auch ... (in) Abschreckung."[124]

---

[118] Müller-Dietz 1983,150, wobei er allerdings voraussetzt, daß die Schuldunfähigkeit eine Gefährlichkeit des Täters impliziert, - was den §§ 20 und 63 StGB nicht zu entnehmen ist, wie oben Kapitel 3.2 gezeigt wurde. -
Ebenso unzutreffend bereits Maurach/Zipf 1978,535: Bei § 20 StGB ist "die Verhängung einer Strafe ausgeschlossen, so daß die Unterbringung *an Stelle* der Strafe tritt."

[119] Cf. Stratenwerth 1981,26, wobei er hier das Zurückbleiben der Strafe hinter den Maßregeln in den Behandlungsbedürfnissen und in der Notwendigkeit gegeben sieht, weitergehend in die Freiheit des Täters einzugreifen, als unter Schuldgesichtspunkten zulässig wäre. -
Auch nach Frisch 1982,574 können über die Strafe hinausgehende präventive Interessen nur von den Maßregeln erfüllt werden. An anderer Stelle, 1989,513, weist Frisch auf den Unterschied zwischen Strafe und Maßregel hin, der darin liege, daß bei der Strafe ein gegenüber dem Täter durch die Höhe der Strafe ausgedrückter sozialethischer Vorwurf erhoben werde, während dies bei der Maßregel nicht der Fall sei. -
Für Baumann/Weber 1985,714, liegt der Zweck der Maßregeln in der Sicherung der Rechtsgemeinschaft vor Tätern, die schuldunfähig oder vermindert schuldfähig waren und nicht oder nur milder bestraft werden konnten; hier reiche die Rechtsfolge Strafe nicht aus, um das "Sicherungsbedürfnis der Allgemeinheit zu befriedigen." -
Cf. bereits Lenckner 1972,25 und 185: Der wahre Grund der Maßregeln liegt "allein in der durch die Strafe nicht wirksam zu bekämpfenden Gefährlichkeit des Täters".

[120] Cf. Müller-Dietz 1983,148, wobei er sich ausdrücklich gegen generalpräventive Absichten ausspricht. -
Für G.Jakobs 1993,30 stellt das Maßregelrecht die "Reaktion auf eine in der Tat objektivierte Wiederholungsgefahr" dar; dementsprechend sollen die Maßregeln ein "*habituelles* Defizit des Täters ausgleichen", aaO.,31.

[121] Frisch 1989,516; nach Frisch 1989,513 ist der gemeinsame Zweck aller Maßregeln die "Verhinderung weiterer Straftaten seitens des gefährlichen Täters".

[122] cf. Frisch 1990c,21

[123] Jescheck 1978,66

[124] Kaiser 1990,5

Andere sehen den Zweck der Maßregeln in der Gefahrenabwehr und dem Gewinn an Sicherheit für die Allgemeinheit legitimiert[125]. Nach dem BVerfG[126] dürfen Rechtsfolgen ohne Strafzweck, wenn sie in einer Freiheitsentziehung bestehen oder mit ihr verbunden sind, nur zum Schutz der Allgemeinheit vor weiteren erheblichen rechtswidrigen Taten vorgesehen werden. Nur dann steht das Freiheitsgrundrecht aus Art. 2 II 2 GG nicht entgegen. Der BGH hat ebenfalls in diesem Sinne die Vorrangigkeit des Schutzprinzips der Maßregel herausgestellt[127] und betont, die Maßregel nach § 63 StGB sei auch dann anzuordnen, wenn eine Heilung oder Besserung des Untergebrachten nicht erwartet werden könne. Dem steht Nauckes[128] Auffassung gegenüber, der Schutz der Mitglieder der Gesellschaft als Ziel der Maßregeln sei eine Ursachenerklärung, aber keine Rechtfertigung.

Auch der Besserungszweck als mögliche Legitimation der Maßregel findet keine einheitliche Beurteilung. Im Rückblick auf das 2. StrRG meint Kaiser[129], es habe die Resozialisierung als Ziel der Maßregeln in den Vordergrund gerückt. Eisenberg[130] sieht den Unterbringungszweck in der "Sicherung des Schutzes der Allgemeinheit durch Isolierung", wobei "zugleich ... eine 'Re-Sozialisierung' des Täters angestrebt werden" solle. Und Baumann/Weber[131] formulieren: "So ist gerade die Maßregel nach § 63 eine schönes Beispiel für die Vereinigung von Besserungszweck mit Sicherungszweck." Noch weitergehend sieht Ukena[132] im gesamten Maßregelrecht dem Besserungszweck Vorrang vor dem Sicherungszweck zukommen.

Dieser Ansicht steht ein Urteil des OLG Karlsruhe[133] - allerdings noch zum alten § 42b StGB - entgegen, nach dem der Aspekt der Fürsorge nicht primär ist und für sich allein nicht die Maßregelanordnung rechtfertigt. Daß nicht der Täter selbst seine Besserung im Sinne einer Heilung will, sondern die Gesellschaft die Besserung des Untergebrachten zu ihrer eigenen Sicherheit fordert, betont Bae[134], schließlich soll die Gesellschaft vor dem Täter geschützt werden, nicht dieser vor sich selbst[135].

---

[125] cf. von Hippel 1976,40; Müller-Dietz 1979,73; LK-Hanack, vor §§ 61 ff. Rz. 20; AK-StGB-Hassemer, vor § 1 Rz. 439

[126] BVerfGE 22,180,219f.

[127] BGH bei Holtz MDR 1978,110: "Die in Grundrechte eingreifende Maßregel ist nur gerechtfertigt, wenn die vom Täter ausgehende Gefahr so gewichtig ist, daß der Eingriff ihm um der Belange der Allgemeinheit willen zugemutet werden muß."

[128] cf. Naucke 1991,112

[129] cf. Kaiser 1990,1

[130] Eisenberg 1983,35

[131] Baumann/Weber 1985,715

[132] Cf. Ukena 1991,36; in anderem Zusammenhang verweist er zur Unterstützung seiner Ansicht auf die Vollzugsnorm § 136 S. 1 StVollzG, aaO.,41.

[133] OLG Karlsruhe, Die Justiz 1971,358

[134] cf. Bae 1985,104

[135] cf. ibid.

Zurückhaltender im Blick auf den Besserungsaspekt als Legitimation der psychiatrischen Maßregel äußert sich Frisch. Besserung sei keine Aufgabe des Strafrechts; und erst recht dürfe sie nicht im Wege des Zwanges vom Staat betrieben werden[136]. Deshalb ist für ihn die Freiheitsentziehung "funktional ... nur Entzug der Aktionsbasis oder Basis für die Durchführung der Heilung"[137], keineswegs ein mittels eines Besserungszwanges oder anderswie intendiertes Übel. Dennoch muß ein individualpräventives Konzept auf der Vollzugsebene Maßnahmen vorsehen, "die auf die Beseitigung jener Defekte gerichtet sind, die den Grund für die drohenden Taten bilden"[138].

Insgesamt vermittelt dieser knappe Überblick über einige Rechtfertigungsversuche den Eindruck einer gewissen Ratlosigkeit angesichts der Frage, wie die im Dritten Reich eingeführte, nach 1945 bzw. unter der Geltung des Grundgesetzes weiter praktizierte und in der Strafrechtsreform 1969/75 in ihrer überkommenen Struktur beibehaltene psychiatrische Maßregel als Teil des Strafrechts heute noch zu legitimieren ist. Vor einer abschließenden Bewertung der gegenwärtigen Struktur des Rechts der psychiatrischen Maßregel soll dieser Rechtskomplex anhand der einschlägigen Normen des StGB dargestellt werden.

3.3.2 Die Struktur der psychiatrischen Maßregel nach dem geltenden StGB

3.3.2.1 Theorie des Maßregelrechts I: Die Anordnungsvoraussetzungen nach § 63 StGB

Die Anordnung der Maßregel der Unterbringung in einem psychiatrischen Krankenhaus kann nach §§ 63,71 I StGB dann in Betracht kommen, wenn der Betroffene eine rechtswidrige Tat im Zustand der Schuldunfähigkeit, § 20, oder der verminderten Schuldfähigkeit, § 21, begangen hat. Bei Vorliegen der Voraussetzungen des § 20 ist eine Bestrafung absolut gesperrt. Bei § 21 kann die auszusprechende Strafe zunächst gemildert werden. Eine Zwangsläufigkeit der Rechtsfolge Maßregelanordnung bei Vorliegen der Voraussetzungen der §§ 20,21 besteht, wie oben[139] bereits dargelegt, nicht. Aufgrund dieser Normen kann sowohl ein entschuldeter als auch ein schuldhaft, im Sinne von 'mit minderer Schuld' handelnder Täter Anlaß zur Prüfung der Maßregelnotwendigkeit anhand der normativen Kriterien des § 63 geben. Insoweit sind die Merkmale des § 20 notwendige, aber noch keine hinreichenden Bedingungen für die psychiatrische Maßregel. Über die aufgehobene Einsichtsfähigkeit nach § 17 StGB (Verbotsirrtum) führt kein Weg zur Maßregel. Die in § 63 StGB vorgesehene eigenständige Prüfung der Maßregelnotwendigkeit ist auch möglich, wenn das Strafverfahren wegen Schuld- oder Ver-

[136] cf. Frisch 1989,513 unter Hinweis auf BVerfGE 22,180
[137] Frisch 1990a,358
[138] cf. Frisch 1990a,381
[139] s. o. Kapitel 3.2

handlungsunfähigkeit undurchführbar ist, § 71. Mindestens muß eine Handlung als gewolltes Verhalten, mit "natürlichem"[140] Handlungswillen vorliegen. Die rechtswidrige Tat wird üblicherweise als Auslöse- oder Anlaßtat bezeichnet. Sie ist nur Anknüpfungspunkt, nicht aber Ursache oder Grund der Maßregel.

Nicht in § 20, sondern erst in § 63 StGB ist die Rede von einem "Zustand", der bei der Tatbegehung vorgelegen haben muß. Damit sind - im Unterschied zu § 20 hier normativ eindeutig - nur kurzfristige Beeinträchtigungen ausgeschlossen. Die sog. Krankheitsmerkmale des § 20, auf deren Grundlage unter Strafbarkeitsgesichtspunkten Schuldunfähigkeit oder verminderte Schuldfähigkeit festgestellt wurde, stellen neben der Würdigung der Anlaßtat die 'Eingangspforten' des § 63 auf dem Weg zur "Gesamtwürdigung" dar.

§ 63 StGB verlangt vor dem Ausspruch der Rechtsfolge Maßregelanordnung zunächst eine "Gesamtwürdigung des Täters und seiner Tat". Damit ist spezialiter dem Erfordernis des § 62 StGB nach Beachtung einer 'unteren' Verhältnismäßigkeitsschwelle zu entsprechen.

Über Schwere, Gewicht und Bedeutung[141] der Anlaßtat[142] bestehen im Detail unterschiedliche Meinungen. Weitgehenden Konsens gibt es hingegen darüber, daß der Anlaßtat aufklärende Merkmale bzw. Hinweise zur Beurteilung der Täterpersönlichkeit und zu künftiger (Wiederholungs-) Straffälligkeit entnehmbar sein sollten. Soweit diese als Maßregeltatbestände bezeichnet werden können, sind sie nicht identisch mit Straftatbeständen[143]. Überwiegend ist davon die Rede, daß die Anlaßtat symptomatische[144] oder "indizielle Bedeutung"[145] im Hinblick auf die Persönlichkeit bzw. den Zustand[146] des Täters, die Gesamtwürdigung, die künftige Gefährlichkeit und die Erwartbarkeit weiterer rechtswidriger Taten[147] haben soll.

---

[140] LK-Hanack § 63 Rz. 22. -
Baumann 1966,35 plädiert für ein bloßes nicht gewillkürtes körperliches Verhalten anstelle einer tatbestandsmäßigen Handlung als "Anknüpfungsgrund" der Maßregel.

[141] Frisch 1990a,377: "Ohne eine Tat mit ganz bestimmtem Aussagewert ist der individualpräventiv motivierte Zugriff auf eine Person von vornherein nicht legitimierbar."

[142] Der Begriff "Anlaßtat" wird nach Meinung von Frisch 1990a,377f. seiner "materialen Funktion" nicht gerecht, jedenfalls dann nicht, wenn sie nicht "ein Beleg gerade für jene zukünftigen Taten ist, zu deren Verhinderung man auf den Täter prinzipiell zugreifen darf."

[143] cf. von Hippel 1976,39

[144] cf. Frisch 1989,518: "symptomatische" Anlaßtat als formalisiertes Mindesterfordernis der Maßregelanordnung. -
von Hippel 1976,39 weist daraufhin, daß eine Deutung des Straftatbestandes als Symptomtat nach geltender Rechtsdoktrin nicht zulässig ist, die Straftat beim Maßregeltatbestand dagegen "diagnostisch und prognostisch zu durchdringen" sei.

[145] Frisch 1989,519

[146] cf. LK-Hanack § 63 Rz. 76 mwN.

[147] Für Frisch 1989,518 ist eine fundierte Negativprognose vor der Begehung einer Tat nicht möglich; wenn sie geschehen ist, muß mit dem Eintritt der zu ihrer Auslösung führenden Situation aber realistischerweise wieder gerechnet werden, Frisch 1990a,376.

Unklarheit besteht über das Verhältnis von Anlaßtat und Krankheit. Nach Frisch[148] ist die Anlaßtat eine Tat, die sich als Ausdruck bestimmter krankheitsbedingter Einstellungen und Züge darstellt. Gohde/Wolff[149] weisen auf, wie 'positive' Prognosen in der Weise konstruiert werden, daß "die Straftat als unmittelbares Resultat der inneren Natur der Persönlichkeit zu verstehen ist". Mrozynski[150] hält dagegen Krankheit als Ursache einer Anlaßtat nicht für erforderlich; ihm genügt ein symptomatischer Charakter der Tat im Rahmen der Gesamtwürdigung. Unklar bleibt schließlich auch der Zusammenhang zwischen Anlaßtat und Gefährlichkeit[151].

Neben der Tat ist in die in § 63 geforderte "Gesamtwürdigung" auch der Täter einzubeziehen. Das Ergebnis der vorgenommenen Gesamtwürdigung ist nach Wortlaut und Syntax des § 63 der "Zustand", der erhebliche rechtswidrige Taten erwarten lassen kann ("wenn ... ergibt, daß ... infolge seines Zustandes"). Aus dieser konditional-konsekutiven Konstruktion ist logisch zwingend zu schließen, daß nicht jeder aufgrund der Gesamtwürdigung erkennbar gewordene Zustand zwangsläufig aus sich heraus die Erwartung rechtswidriger Taten freisetzt. Mit anderen Worten, die Gesamtwürdigung hält prinzipiell auch die Möglichkeit offen, daß der festgestellte Zustand gerade keine weiteren Taten erwarten läßt. Dies kann sich praktisch aus der nicht nur zeitlichen, sondern auch inhaltlichen Differenz zwischen dem Zustand bei den §§ 20,21 und dem Zustand aufgrund der Gesamtwürdigung des § 63 ergeben[152].

"Die Gesamtwürdigung des Täters verlangt in der Regel die genaue Aufklärung seines gesamten Lebenswegs im Sozialbereich"[153]. Hierbei sind Persönlichkeitsentwicklung, Krankheiten, sozial auffällige bzw. abweichende Verhaltensweisen, vorangegangene Unterbringungen und Straftaten, sowie der 'Krankheitszustand' und die situativen Bedingungen und Konstellationen bei der Anlaßtat zu bedenken

---

[148] cf. Frisch 1990a,376

[149] Gohde/Wolff 1992,174; im Original teilweise gesperrt

[150] cf. Mrozynski 1983,60 mwN.

[151] In einem Zirkel befinden sich mit ihren Aussagen Nowakowski 1963,112: "Die >Anlaßtat< muß auf der Gefährlichkeit beruhen, die durch die Maßnahme bekämpft werden soll" und Lenckner 1972,189, wonach Ursache der Gefährlichkeit "gerade die betreffende seelische Störung" sein muß, die begangene Tat aber nicht selbst gefährlich zu sein braucht, dennoch aber Symptomwert haben muß.

[152] Wenn die Hauptverhandlung und damit der Zeitpunkt der Entscheidungsfindung, wie dies üblicherweise der Fall ist, dem Tatzeitpunkt erst in mehrmonatigem Abstand folgt, kann der in rückwärtsgerichteter Betrachtung auf den Tatzeitpunkt bezogen festgestellte Zustand der Schuldunfähigkeit oder verminderten Schuldfähigkeit von selbst oder beispielsweise aufgrund einer Behandlung während der einstweiligen Unterbringung gemäß § 126a StPO inzwischen wieder >abgeklungen< sein. Der Zustand bei § 20 oder bei § 21 StGB muß auf die Tatsituation bezogen von gewisser Dauer und nicht nur vorübergehend sein, BGH NStZ 1993,181f.; er ist aber nicht gleichsam als ein andauerndes Persönlichkeitsmerkmal aufzufassen, auch nicht etwa dem zivilrechtlichen Verlust der Geschäftsfähigkeit vergleichbar.

[153] LK-Hanack § 63 Rz. 75a

und auszuwerten[154]. Auffallend ist, wie selbstverständlich und unreflektiert im Schrifttum bereits bei der Gesamtwürdigung, also noch auf der Stufe der Feststellung der Maßregeltatbestände, mit dem Begriff 'Gefährlichkeit' operiert wird, der nach Wortlaut und Sinn des § 63 doch erst auf der zweiten Stufe - der prognostischen Folgerung aus dem "Zustand" als der geronnenen Summe zahlreicher einzelner Maßregeltatbestände - vom Gesetzgeber seinen Platz zugewiesen bekommen hat.

In nicht unbeträchtlichem Maße wird hierüberhinaus in der forensischen Praxis eine 'Gefährlichkeit' bereits bei der Schuldfähigkeitsprüfung der §§ 20,21 und bei der Bewertung der Anlaßtat[155] festgestellt und als selbstverständliche Gegebenheit in den erst aufgrund der Gesamtwürdigung zu ermitteinden Zustand im Zeitpunkt der richterlichen Entscheidungsfindung[156] transportiert, um anschließend von dem so ermittelten 'gefährlichen Zustand' aus auch als 'künftige Gefährlichkeit' extrapoliert werden zu können. Diese mindestens als para legem zu bewertende Vorgehensweise dürfte ihre Ursache in dem nach wie vor unscharfen und in sich vielfach widersprüchlichen forensisch-psychiatrischen Krankheitsbegriff und seinem ebenso ungeklärten Verhältnis zum Gefährlichkeitsbegriff haben. Der von Janzarik[157] vorgeschlagene Kompromiß zwischen Ärzten und Juristen, die Gefährlichkeit psychisch Kranker sei an *ärztlichen Maßstäben* zu messen, weil sonst kaum jemand untergebracht werden könne, scheint immer noch tragende Operationsbasis für eine derartige Handhabung des Gefährlichkeitsbegriffs bereits auf der Stufe der Gesamtwürdigung[158] zu sein. Dagegen verdienen die Untersuchungen von Böker/Häfner[159] und Leygraf[160] für den Blick auf den Zusammenhang zwischen psychischer Krankheit und Gefährlichkeit stärkere Beachtung, wonach die Gefährlichkeit psychisch

---

[154] Beachtenswert der Hinweis von Hippels 1976,51, wonach die Diagnose >Symptomtat< als >Gesamtwürdigung des Täters und seiner Tat< über den Täter dieser Tat jegliches faßbare Verhalten des Täters einbezieht. "Ist der Täter *als solcher* Verfahrensgegenstand, kann von einer Begrenzung nicht mehr die Rede sein", aaO.,51,Anm.142.

[155] Paradigmatisch steht hierfür die Entscheidung BGHSt 27,246 = JR 1978,385. Danach kam es bereits dem Gesetzgeber darauf an, den besonderen seelischen Zustand des Täters bei der Tat als mitwirkende Ursache seiner *Gefährlichkeit* anzusprechen. Taten ohne in diesem Sinne symptomatische Bedeutung (Gelegenheits-, Konflikttaten) sollten deshalb bei der Entscheidungsfindung über die Rechtsfolgen außer Betracht bleiben. Deshalb bedürfe es "im allgemeinen keiner besonderen Feststellung und keines besonderen Beweises dafür, daß die seelische Abartigkeit, die zum Ausschluß der Einsichtsfähigkeit oder zum Abbau von Hemmungen führt, die Begehung rechtswidriger Taten gefördert hat *und auch in Zukunft fördern wird*", JR 1978,386; Sperrungen von mir, Ka.

[156] BGHSt 25,59; BGH bei Dallinger MDR 1976,15; BGH bei Holtz MDR 1978,280; LK-Hanack § 63 Rz. 81; Baumann/Weber 1985,717

[157] cf. Janzarik 1959,2290

[158] CF. Gohde/Wolff 1992,165, zur psychiatrischen Konzeption des Gefährlichkeitsbegriffs: "Gefährlichkeit wird als ein innerer Zustand einer Person konzipiert, der durch hinreichenden psychiatrischen Sachverstand prinzipiell erschlossen werden kann."

[159] cf. Böker/Häfner 1973pass.

[160] cf. Leygraf 1988a,67ff.

kranker Menschen nicht signifikant höher ist als die der seelisch gesunden. Eine tatsächlich vorhanden gewesene psychische Krankheit zum Zeitpunkt der Tatbegehung kann unter anderem ein Grund für die Feststellung von Schuldunfähigkeit oder verminderter Schuldfähigkeit gewesen sein. Sie kann zu dem unter Umständen mehrere Monate zurückliegenden Zeitpunkt ein Indikator für mögliche weitere, drohende Rechtsgutverletzungen gewesen sein. Auch kann die psychische Krankheit im Zeitpunkt der Entscheidungsfindung[161], auf den die Gesamtwürdigung zu beziehen ist, noch vorliegen; und dennoch ist psychische Krankheit für sich allein betrachtet nicht mit Gefährlichkeit identifizierbar[162]. Gefährlichkeit ist kein medizinischer Befund, sondern erst das Ergebnis einer Schlußfolgerung bzw. einer Güterabwägung[163]. Insoweit ist es nach dem Normgehalt des § 63 im Rahmen der Gesamtwürdigung unzulässig, die Person des Täters bereits auf dieser Prüfungsstufe und nur aufgrund von früherer und/oder gegenwärtiger psychischer Krankheit als gefährlich zu klassifizieren.

Die Gesamtwürdigung des Täters eröffnet die Möglichkeit, in die Persönlichkeitskomponente auch sozial-strukturelle und Sozialisationsfaktoren[164] einzubeziehen, die vor einer engen biologisch und biographisch individualisierenden Betrachtung[165] bewahren. Insoweit ist hier der Ort, über eine Bewertung von Tatkonstellationskomponenten und über Rasch's Vorschläge für einen "strukturell-sozialen Krankheitsbegriff"[166] noch hinauszugehen und die situativ-singulären oder sich perpetuierenden Bedingungen, die sozioökonomischen und soziokulturellen Einflüsse auf das Tatgeschehen und die Täterpersönlichkeit, sowie ihre Ursachen und Hintergründe zu erfassen und zu bewerten. Dennoch ist bei der Gesamtwürdigung letztlich nicht die Ansammlung von Tat- und Tätermerkmalen, aus denen sich aufgrund der überwiegend retrospektiven Betrachtungsweise der "Zustand" ergibt,

---

[161] BHG bei Holtz MDR 1978,280

[162] In einer Anmerkung zu BGHSt 27,246 = JR 1978,385 weist von Hippel 1978,387 daraufhin, "daß auch Geisteskranke sich im Regelfalle von denselben Normen motivieren lassen und prinzipiell über die gleichen Antriebe verfügen wie Gesunde." -
Cf. auch LK-Horstkotte § 67d Rz. 42 und 66, wonach mit einer bestimmten Krankheitsdiagnose noch kein Gefährlichkeitsurteil begründet ist; die Unterbringung erfolge ja nicht wegen der Krankheit, sondern wegen der Befürchtung weiterer rechtswidriger Taten.

[163] cf. Dittmann 1992,129; -
Gohde/Wolff 1992,172 kommen in ihrer empirischen Studie über forensische Gutachten zu dem Ergebnis, daß die jeweils festgestellten Schweregrade der psychischen Störung nicht die Zuschreibung von Gefährlichkeit beeinflussen.

[164] cf. LK-Hanack § 63 Rz. 75f.

[165] Cf. in diesem Zusammenhang den Hinweis von Kühl/Schumann 1989,128, wonach es ein wissenschaftlicher Irrtum ist anzunehmen, es gäbe Persönlichkeitsdispositionen zu Straftaten.

[166] Rasch 1982,182

entscheidend, sondern die Folgerung ("infolge"), ob daraus erhebliche rechtswidrige Taten zu erwarten sind[167].

Wenn mit der Anordnung der psychiatrischen Maßregel zu rechnen ist, muß in der Hauptverhandlung nach § 246a StPO ein Sachverständiger hinzugezogen[168] werden. Da im Hinblick auf sehr unterschiedliche Krankheiten, Behinderungen und Störungen eine Reihe ganz unterschiedlicher Berufsgruppen mit der Therapie von nach § 63 unterzubringenden Personen allein oder im Zusammenwirken mit anderen befaßt sein werden, kommen in der Hauptverhandlung für Sachverständigengutachten nicht nur Psychiater[169] infrage. Die Auswahl und Bestimmung[170] des Sachverständigen ist hier in der Hauptverhandlung deshalb unbeschadet des später greifenden ärztlichen Direktionsrechts und der ärztlichen Letztverantwortung nach § 136 S. 1 StVollzG bei einer tatsächlich stattfindenden Behandlung im psychiatrischen Krankenhaus (Maßregelvollzug) allein nach Prozeßgesichtspunkten[171] zu treffen. Nach § 246a StPO sind auch Aussagen über künftige Behandlungsmöglichkeiten vorzutragen, wobei im Gesetz offen bleibt, ob sie sich nur auf die Behandlungsfähigkeit und -willigkeit des Täters oder auch auf die tatsächlich institutionell vorhandenen Behandlungsangebote zu beziehen haben. Damit präzisiert § 246a StPO den Unterschied gutachterlicher Perspektiven und Aussagen zwischen der retrospektiven Frage nach Ausschluß oder Minderung strafrechtlicher Schuldfähigkeit zum Zeitpunkt der Tat, §§ 20,21 StGB, der diagnostischen Vornahme einer augenblicklich aktuellen Gesamtwürdigung, § 63 StGB, und der Prognose über künftige Behandlungsaussichten, § 246a StPO.

Eine Anordnung der psychiatrischen Maßregel gemäß § 63 ist nur bei der Erwartung erheblicher rechtswidriger Taten gerechtfertigt. Diese Erwartung muß sich für das urteilende Gericht "infolge" des in der "Gesamtwürdigung" herauskristallisierten "Zustandes" zwingend ergeben. Dabei sind mit dem Begriff "rechtswidrig"

---

[167] Unpräzise deshalb Frisch 1989,519, wenn er schreibt, der Schwerpunkt der Gesamtwürdigung liege auf "zukünftigen Taten, deren Gewicht und deren Wahrscheinlichkeit und ihr Verhältnis zu dem Eingriff in die Rechte des Täters". Der hier angesprochene Vorgang ist als Prognose bereits ein nächster Schritt zur Erfassung der Maßregeltatbestände, die eine Anordnung der Maßregel tragen.

[168] Nach § 80a StPO "soll" er bereits vor der Verhandlung Gelegenheit erhalten, ein Gutachten anzufertigen.

[169] gegen Müller-Dietz 1983,204

[170] Cf. hierzu LK-Hanack § 63 Rz. 130 mwN. zur Problematik der forensischen Gutachten und ihrer Fehlerquellen.

[171] Müller-Dietz, 1983,204, weist in diesem Zusammenhang darauf hin, daß nach ständiger Rechtsprechung des BGH die Gerichte die Gutachten selbständig würdigen müssen: BGHSt 7,238; 27,246; BGH StV 1981,605. -
Nach Rasch 1992,258, bleibt es "nach feststehender Rechtsprechung des *BGH* dem pflichtgemäßen Ermessen des Tatrichters überlassen", ob er einen Psychiater oder Psychologen hinzuzieht. "Die Auswahl sollte sich allerdings an der Erwartung orientieren, ob der Sachverständige in der Lage ist, im konkreten Fall Kenntnisse über die psychische Verfassung des Angeklagten zu vermitteln", aaO.,257.

die gleichen Anforderungen an die zu erwartenden Taten[172] gemeint, wie dies für die Anlaßtat gilt. Nicht so eindeutig sind in Rechtsprechung und Schrifttum bisher die Maßstäbe geklärt, nach denen die Erheblichkeit künftiger rechtswidriger Taten zu bemessen[173] und zu quantifizieren ist. Nach dem BGH[174] soll der Maßstab bei § 63 nicht so hoch anzusetzen sein, wie bei der Sicherungsverwahrung nach § 66 StGB. Hanack[175] hält es dagegen für bedenklich, den Grad der Anforderungen an die Erheblichkeit in Abgrenzung zu § 66 zu "niedrig zu schrauben". Allgemein anerkannt ist, daß die Erwartung bloß lästiger Taten grundsätzlich nicht die Meßlatte von "erheblich" erreicht. Erheblichkeit verlangt deshalb "Delikte, die grundsätzlich mindestens in den Bereich der mittleren Kriminalität hineinragen *und* eine ... ernsthafte Störung des Rechtsfriedens besorgen lassen"[176].

Aus dem in der Gesamtwürdigung ermittelten "Zustand" folgen nicht zwangsläufig, gleichsam mit naturgesetzlich unabänderlicher Kausalität weitere Taten[177]. Daß rechtswidrige Taten "zu erwarten" sind, weist auf einen vom Täter unabhängigen Standpunkt der Beobachtung, der Einschätzung und Bewertung hin, der die Erwartbarkeit der Bedrohung gerade nicht als leeren, indifferenten oder neutralen Ausfluß des in der Gesamtwürdigung gefundenen Zustandes erscheinen läßt. Vielmehr ist dieser Standpunkt durch eigene kriminologische Erfahrungen und Kenntnisse, persönliche Ängste und Vorurteile, öffentliche Meinungsbildung und unbewußte oder offensichtliche Rechtsfolgensteuerungswünsche im Prozeß der Bestimmung der Erwartung als einem weiteren Maßregeltatbestand - der Prognose - vorgeprägt. Insofern ergibt sich die Erwartung rechtswidriger Taten als Folgerung aus dem Zustand nicht allein aus einer allgemeingültigen Erfahrung oder humanwissenschaftlichen, empirischen Erhebung, sondern erst aus der Zusammenfassung dieser Ergebnisse mit einer kriminologischen bzw. juristisch-normativen Tatsachenbewertung, einer Kriminalprognose, in die wertend und damit letztlich ent-

---

172 cf. LK-Hanack § 63 Rz. 44

173 cf. B.Müller 1981,65

174 BGH NJW 1976,1949

175 LK-Hanack § 63 Rz. 49; allerdings gibt sein Vorschlag, maßgebend müsse sein, "ob die zu erwartenden Taten den Rechtsfrieden so ernstlich und gravierend bedrohen, daß dem Täter in Anbetracht seiner Störungen das Sonderopfer des - unverschuldeten - Freiheitsentzugs von unbestimmter Dauer auferlegt werden kann", aaO.,Rz. 50, auch keine präziseren Anhaltspunkte für die Bestimmung der Erheblichkeit, - zumal er von der Rechtsfolge her und nicht aus gesetzlichen oder Rechtsprechungsnormen den Maßregeltatbestand "erheblich" zu erfassen versucht.

176 LK-Hanack § 63 Rz. 54; - aber auch mit dieser Bestimmung sind nur vage Anhaltspunkte gegeben. -
Nur am Rande sei erwähnt, daß der Plural "Taten", der eigentlich die Erwartung nur einer einzelnen Tat als Grundlage für eine Maßregelanordnung nicht genügen läßt, soweit ersichtlich weder in der Rechtsprechung noch im Schrifttum Beachtung findet: Denken etwa Gesetzgeber und alle im Strafprozeß am Interaktionsgeschehen beteiligte Personen auch bei nur einer einzigen Anlaßtat gleich an eine Serie von Wiederholungs- oder Folgetaten?

177 Cf. Bae 1985,185; deshalb müssen die zukunftsorientierten Kriterien der Maßregel für sich festgestellt werden, aaO.,184.

scheidend die subjektiven Faktoren, die Fühlen, Denken und Handeln bestimmenden Lebensbedingungen des bzw. der Prognostizierenden[178] eingehen. Das entscheidende Problem einer jeden Prognose liegt darin, aus Beobachtungen, Tatsachenerhebungen und Erfahrungen der Vergangenheit mit rechtlich hinreichender und somit belastende Rechtsfolgenentscheidungen legitimierbarer Bestimmtheit auf Künftiges zu schließen. Nach von Hippel[179] ist in solchen Verfahren "*Beweisgegenstand ... der Verdacht.*"

Interpretationsschwierigkeiten, nicht nur auf der verbal-syntaktischen Ebene, bereitet auch der letzte Halbsatz des § 63 StGB: "und er deshalb für die Allgemeinheit gefährlich ist." Worauf bezieht sich die Relation "er"? Auf den Zustand? Dann wäre der Zustand als für die Allgemeinheit gefährlich zu bezeichnen. Oder auf den Täter? Das bedeutete die Qualifizierung der Person als eine gefährliche. Ist dieser letzte Halbsatz dem vorausgehenden Konsekutivsatz dagegen nur parallel an die Seite gestellt, worauf das "und" hinweist, dann kann das "deshalb für die Allgemeinheit gefährlich" nur als redundante Äquivokation zur Erwartung rechtswidriger Taten und wegen des Wortes "deshalb" als eine sachlich nicht über das im vorausgehenden Halbsatz ("zu erwarten") hinausgehende Interpretationshilfe aufgefaßt werden[180]. "Gefährlich" als Kennzeichnung einer Person ist somit nur die individualisierende und personalisierende Kehrseite der von der Allgemeinheit befürchteten Rechtsgutverletzungen als der Erwartung rechtwidriger Taten. Im Hinblick auf eine exakte normative Bestimmung der Anordnungsvoraussetzungen wäre dieser Halbsatz damit eigentlich überflüssig; so ist er eher verwirrend. Dabei ist noch weitergehend zu bedenken, ob das "deshalb für die Allgemeinheit gefährlich" einen stärkeren Bezug auf "seinen Zustand" und damit auf die Person des Täters oder auf die "Erwartung" der Allgemeinheit nimmt[181].

Die "zu erwartenden Taten" können nur aus dem in der "Gesamtwürdigung des Täters und seiner Tat" gewonnenen "Zustand" prognostisch benannt werden.

---

[178] cf. Streng 1991,136: "Individualität des Prognosestellers"

[179] von Hippel 1976,52

[180] Dabei schließt das "für die Allgemeinheit gefährlich" immerhin die Maßregelanordnung wegen - bloßer - Selbstgefährdung aus.

[181] Bei der Fokussierung der Blickrichtung auf den Zustand des Täters erscheint die >Gefährlichkeit< eher als Persönlichkeitsmerkmal, als Eigenschaft, als Ergebnis einer Zustandsentwicklung, möglicherweise sogar als medizinisch-psychiatrisch beeinflußter bzw. definierbarer >Krankheits<-begriff. Die Gefährlichkeitsbestimmung wird in diesen Fällen an den Persönlichkeitszustand gekoppelt.
Konzentriert sich dagegen die Blickrichtung auf den Aspekt der Erwartung rechtswidriger Taten, dann wird >Gefährlichkeit< aufgrund interpersonaler, sozialer Konstellationen unter Einbezug gesellschaftlicher Komponenten (Tatkonstellationen) beschreibbar. Gefährlichkeit erscheint dann als Grad des Bedrohtseinsgefühls der Allgemeinheit durch Rechtsgutverletzungen, als ein soziales Konstrukt. Dementsprechend ist bei dieser Blickrichtung die Gefährlichkeitsbestimmung an die durchaus variablen Sicherheitsinteressen der Allgemeinheit gekoppelt.

Gleichzeitig sind die "zu erwartenden Taten" erst das Moment, daß die Anlaßtat zur für die Zukunft Bedeutung tragenden Symptomtat macht: ein Zirkel[182]. Hierauf muß auch das sog. "Theorem der sekundären Devianz"[183] bezogen werden. Danach führt kurz gesagt die Dramatisierung abweichenden Verhaltens durch Reaktionen von Kontrollinstanzen zu weiterer Devianz. "Wenn Prognosen auf die Legalbewährung gestützt werden, hat der Prognostizierte nie eine echte Chance, seiner Vergangenheit zu entrinnen."[184] Besonders belastend wird dieses Vorgehen, wenn bei dem eine Unterbringung nach § 63 drohenden Täter auf eine längere psychiatrische und/oder kriminelle Karriere als Basis für die Prognose zurückgegriffen wird. So grenzt es schon an Zynismus[185], wenn Informationen über Stigmatisierungen, Prisonierungen[186] oder andere Benachteiligungsfaktoren als Prädikatoren Verwendung finden, auf die Entscheidungen gestützt werden, die zu weiterem Freiheitsentzug führen. Darin liegt der Versuch, sich aus den Schwierigkeiten von Vorhersagen herauszumogeln. "Die 'Prognose' wird ... zur Zuschreibung eines Charakters mit unvermeidlich hoffnungsloser Zukunft."[187] Einen Ausweg aus dieser unbefriedigenden Personfixierung suchen Frisch und Rasch in einer prognostisch stärkeren Beachtung künftiger Tatkonstellationskomponenten. So ist zwar der Zweck der Maßregel die "Verhinderung von Straftaten, die von einer bestimmten *Person* - belegt unter anderem durch die begangene Tat - in Zukunft drohen"[188], "notwendig ist (aber) das Gegebensein einer Persönlichkeitsstruktur, die derart ist, daß sie *unter bestimmten situativen Umständen* zur Entstehung von Straftaten führt"[189]. Ähnlich Rasch. Nach ihm[190] handelt es sich bei Straffälligen zum größten Teil um Persönlichkeiten, die vom Durchschnitt abweichen, "denen infolge emotionaler Bindungslosigkeit Verbindlichkeit fehlt, so daß mit eher zufälligen, vom Augenblick bestimmten Handlungen zu rechnen ist." Deshalb erscheint es ihm[191] prognostisch sinnvoller, Tatsituationen, die Gewalttätigkeiten herausfordern, zu identifizieren als gefährliche Personen.

---

[182] cf. von Hippel 1976,52

[183] Cf. Kühl/Schumann 1989,147, die sich auf Lenert 1975 beziehen.

[184] Kühl/Schumann 1989,147; -
Bei in solcher Weise vonstatten gehenden diagnostisch-prognostischen Prozessen bleibt der Täter "unentrinnbar Gefangener seiner Vorgeschichte", Hinz 1987,55.

[185] cf. Kühl/Schumann 1989,147

[186] Nach Quensel 1990,337, untersucht die Kriminologie stets den Rückfall, nicht aber die Auswirkungen der Prisonierungen durch die Anstalten.

[187] Kühl/Schumann 1989,128

[188] Frisch 1990a,358; Sperrung von mir, Ka.

[189] Frisch 1989,516; Sperrungen von mir, Ka. -
Auch für Streng 1991,242 muß "zweifelsfrei feststehen, daß der Proband eine *Persönlichkeitsstruktur* aufweist, welche die Begehung weiterer Straftaten >als wahrscheinlich< erwarten läßt".

[190] Rasch 1988,419; diese Hinweise bezieht er zwar zunächst auf Entlassungsprognosen, sie dürften aber auch hier heranzuziehen sein.

[191] cf. ibid.

Wissenschaft und forensische Praxis haben sich bei der Prüfung der hier angesprochenen Probleme in den zurückliegenden Jahrzehnten im wesentlichen auf drei Prognosemethoden gestützt, die intuitive, die klinische und die statistische Prognose. Bei der intuitiven Prognose versucht der Sachverständige oder Rechtsanwender sich von seinen Alltagstheorien über menschliches Verhalten leiten zu lassen und aufgrund seiner bisher mit Straftätern gemachten Erfahrungen, "die Persönlichkeit des zu prognostizierenden Straftäters quasi gefühlsmäßig zu erfassen und dessen zukünftiges Verhalten einzuschätzen."[192] Demgegenüber basiert die klinische Prognose darauf, "daß der Prognosesteller aus der Fülle des von ihm über den Täter erhobenen Materials die prognoserelevanten Einzelinformationen herauslöst und in Bezug zu dem von ihm zu prognostizierenden abweichenden Verhalten setzt."[193] Beim statistischen Prognoseverfahren wird herauszufinden versucht, wieviele Faktoren, die statistisch mit Straffälligkeit verknüpft sind, ein Täter aufweist, um ihn dann anhand dieser Negativfaktoren einer bestimmten Risikogruppe zuzuweisen[194].

Obwohl in der forensischen Praxis wie es scheint auf entscheidungsbeeinflussende Prognosen nicht verzichtet werden kann, wird die Treffsicherheit von Prognosen und damit die rechtlich zu fordernde Bestimmtheit doch überwiegend skeptisch beurteilt. Zwar werden weithin den verschiedenen Prognosemethoden für die beiden Extremgruppen 'absolut günstig/absolut ungünstig' annähernd sichere Vorhersagewerte zugebilligt, für 60 bis 70% aller Fälle kann aber keine mit ausreichender Wahrscheinlichkeit zu treffende Prognose erwartet werden[195]. Aus dem gegenwärtigen Stand der Prognoseforschung und -praxis zieht Kögler[196] deshalb den Schluß, "daß wissenschaftlich gesicherte Methoden, die hinreichend genaue Vorhersagen zukünftigen Rückfalls ... ermöglichen, derzeit nicht zur Verfügung stehen." Zu einer ebenso nihilistischen Einschätzung der Validität prognostischer Aussagen gelangt Hinz. Aufgrund seiner Auseinandersetzung mit den verschiedenen Prognosemethoden läßt sich für ihn "behaupten, daß heutzutage niemand in der Lage ist,

---

[192] Kögler 1988,100 mwN.

[193] ibid.

[194] Nach M.Bock 1990,461 ist die statistische Prognose für den Einsatz bei prognoserelevanten Entscheidungen völlig untauglich, weil sie gewissen normativen Minimalanforderungen von vornherein nicht genügt. -
Zur ausführlichen und zusammenfassenden Darstellung und Kritik der Prognosemethoden sei der Kürze halber auf Kögler 1988,102ff., Baur 1990,477ff. und Pollähne 1994,58ff. verwiesen.

[195] Cf. statt vieler Krainz 1984,305.

[196] Kögler 1988,106. -
In diesem Sinne skeptisch auch Kaiser 1990,18: "Von Extremgruppen abgesehen liefert der gegenwärtige Forschungsstand keinerlei Anhaltspunkte dafür, daß eine nennenswerte Steigerung der prognostischen Aussagekraft in absehbarer Zeit möglich wäre." -
Im Blick auf Lockerungs- und Entlassungsprognosen hält es auch Frisch 1990b,712 für eine Illusion zu glauben, eine Behebung der Mißstände in diesem Bereich sei durch eine Steigerung der Treffsicherheit von Prognosen möglich.

'Gefährlichkeit' ... gültig vorherzusagen."[197] Gefährlichkeitsprognosen sind nach all dem nicht nur ein ungelöstes, sondern möglicherweise ein prinzipiell unlösbares Problem. Mit den Worten Stangls[198]: "Die Gründe für abweichendes wie konformes Verhalten im Einzelfall zu benennen scheitert an der letztlich theoretisch nicht auftrennbaren Vernetzung biologischer, psychischer und sozioökonomischer Faktoren." Damit wirft die in § 63 StGB wie auch in anderen Zusammenhängen geforderte Gefährlichkeitsprognose schwer lösbare Wertungsprobleme[199] auf, da sie zwangsläufig mit dem Risiko verbunden ist, nicht oder nicht mehr 'gefährlichen' Menschen ihre Freiheit vorzuenthalten oder ihnen den Rückweg dahin zu versperren.

Dieses Prognosedilemma wird noch angereichert mit der Aporie des Bemühens um eine Quantifizierung von Wahrscheinlichkeitsgraden der Gefährlichkeit. Nach ständiger Rechtsprechung wird die Wahrscheinlichkeit zukünftiger Straftaten dann automatisch angenommen, wenn der Täter in der Vergangenheit bereits erhebliche Taten begangen hat[200]. Danach bestimmt sich Gefährlichkeit als "Wahrscheinlichkeit im Sinne eines gesteigerten überwiegenden Grades der Möglichkeit"[201]. Dieser Grad wird je nach gusto mit Ausdrücken wie "gewisse", "bestimmte" oder "höhere"[202] Wahrscheinlichkeit zu bestimmen versucht. Dazu meint Frisch[203]:"Einen unbestimmteren Begriff als den der 'gewissen Wahrscheinlichkeit' kann man sich angesichts der Bandbreite denkbarer Wahrscheinlichkeitsgrade und des Fehlens irgendeines greifbaren Vorverständnisses nur schwer denken." So bleiben zum Beispiel bei 70% Wahrscheinlichkeit für ein erneutes Delinquieren von 100 Tätern künftig 30 straffrei. Wie man angesichts dieser Tatsache dem einzelnen gegenüber einen Freiheitseingriff legitimieren will, ist für Frisch nicht nachvollzieh-

[197] Hinz 1986,126; in diesem Zusammenhang übt er auch Kritik an Rasch 1985, demzufolge nach Beseitigung einer "Mängelliste" fundierte Vorhersagen möglich seien, ibid.

[198] Stangl 1984,147

[199] Cf. Kaiser 1990,21. -
Daran ändert auch die Forderung Köglers 1988,91 nichts, an die Prognosestellung "die denkbar höchsten Anforderungen an Transparenz und Bestimmtheit der gesetzlichen Vorschriften und die erfahrungswissenschaftliche Richtigkeit der der Prognoseentscheidung zugrundeliegenden Annahmen ... zu stellen."

[200] BGHSt 34,28f.; BGH bei Holtz MDR 1981,265; BGH NStZ 1986,572; cf. auch Bae 1985,184; Frisch 1990a,370; S/S-Stree, vor § 61 Rz. 9, § 63 Rz. 14

[201] Frisch 1989,516 mwN.; ebenso Volckart 1991,6

[202] Cf. Frisch 1990a,371; ausführlich und kritisch hierzu LK-Hanack § 63 Rz. 42. -
Immerhin stellt B.Müller 1981,63 darauf ab, den Wahrscheinlichkeitsgrad für den Eintritt eines schädigenden Ereignisses umso höher anzusetzen, je stärker die an die Gefahr gekoppelten Rechtsfolgen in die Freiheit des Betroffenen eingreifen.

[203] Frisch 1990a,372,Anm.132

bar. Deshalb empfiehlt er[204] schließlich einen Abschied vom Konstrukt der Wahrscheinlichkeitsgrade. Stattdessen schlägt er vor, nicht mehr von der Wahrscheinlichkeit weiterer Straftatenbegehung zu reden, sondern auf eine Bewertung von Risikosachverhalten abzustellen[205]; dann könne eine normative Entscheidung an die Stelle empirischer Prognoseunsicherheit treten.

Diese Diskussion zusammenfassend müssen deshalb ein Prognoseansatz und -vorgehen als methodisch unhaltbar bezeichnet werden, die einen - vermeintlich - Objektivität suggerierenden Begriff von Gefährlichkeit als einem gleichsam habituellen Persönlichkeitsmerkmal als gegeben bzw. konsensuell vorhanden voraussetzen, um ihn dann im Konnex zwischen dem aus der Gesamtwürdigung sich ergebenden Zustand und der Erwartung weiterer rechtswidriger Taten mithilfe eines Wahrscheinlichkeitsgrades zu quantifizieren und ihm so die legitimatorische Grundlage für einen präventiven Freiheitsentzug geben. In diesem Sinn liegt die Absicht des Strafrechtsreformgesetzgebers klar auf der Hand: Die Konzentration der Prüfung der Notwendigkeit und die Bindung der Maßregelanordnung an die aufgrund des 'Zustands der Person' erwartbaren Taten sollte den Täter von dem durch Opportunität und politische Willkür beeinflußbaren Begriff des 'Erfordernisses der öffentlichen Sicherheit' befreien[206]. Der Preis für diese Bindung der Maßregelanordnung an den in der Gesamtwürdigung zu ermittelnden Zustand der Person scheint die qualifizierende Bezeichnung der Täterpersönlichkeit als einer "gefährlichen" zu sein. Eine so gewählte qualifizierende Bezeichnung, bei der in der forensischen Praxis häufig die 'Diagnose Gefährlichkeit' aus der Schuldfähigkeitsprüfung, der Beschreibung des Krankheitsbildes und dem Einbezug der Tatkonstellation bereits in die Zustandsfeststellung der Gesamtwürdigung importiert wird, birgt das naheliegende Mißverständnis in sich, die Person sei in ihrer Ganzheit habituell gefährlich. Die Assoziation, hier bestehe eine Kontinuität des Gefährlichkeitsbegriffs vom nationalsozialistischen "gefährlichen Tätertyp" bis in das gegenwärtige Verständnis der §§ 20 und 63 StGB hinein, kann dann nicht gänzlich von der Hand gewiesen werden[207]. Ein derart ab-qualifizierendes Personverständnis des Täters dürfte aber gegen dessen Menschenwürde aus Art. 1 I 1 GG verstoßen. Von daher kann mit dem Ausdruck "er ... gefährlich ist", wie oben bereits dargelegt, nur ein einzelnes Segment der Täterpersönlichkeit gemeint sein, und zwar nur eines, das - in soweit

---

[204] Cf. Frisch 1990a,373. -
Nach M.Bock 1990,459 verbirgt sich hinter Frischs Versuchen, trotz aller Schwierigkeiten Wahrscheinlichkeiten von Prognosen zu bestimmen, nichts anderes als Abwägungen zwischen den Interessen des Täters an für ihn günstigen Rechtsfolgen und dem Schutzbedürfnis der Allgemeinheit.

[205] cf. Frisch 1992,113f.

[206] Nach LK-Hanack vor §§ 61ff. Rz. 60 stellte bereits der E 1962 nicht mehr darauf ab, ob die öffentliche Sicherheit die Unterbringung erfordere. Nunmehr soll die Maßregelanordnung bereits im Blick auf den in den §§ 20,21 StGB erkennbaren Zustand der Person des Täters eingreifen, LK-Hanack § 63 Rz. 61 und 66.

[207] Zur Fragwürdigkeit eines Konzepts der "Tätergefährlichkeit" als quantitativem Kriterium, das die Internierung im Maßregelvollzug determiniert, cf. Stangl 1984,143.

redundant - Kehrseite der Erwartung von Rechtsgutverletzungen, das als zu erwartende rechtswidrige Taten normativ bestimmt ist. Darüberhinaus hat es der Gesetzgeber vermieden, die Maßregelanordnung ausschließlich an den 'gefährlichen' Zustand der Täterpersönlichkeit zu binden, etwa in Gestalt einer Formel, 'daß von *ihm* infolge seines Zustandes erhebliche rechtswidrige Taten *ausgehen* (können) und er deshalb für die Allgemeinheit gefährlich ist'. Die Aufnahme der 'Erwartung' rechtswidriger Taten als zweiter Komponente neben dem 'Zustand' des Täters in die normativen Voraussetzungen der Maßregelanordnung relativiert deshalb das Gewicht des Persönlichkeitszustandes und vermeidet eine einzig hierauf bezogene Gefährlichkeitsaussage. Diese auf den ersten Blick positiv erscheinende Konstruktion des Gefährlichkeitsbegriffs in § 63 StGB verschleiert aber, daß mit der 'Erwartung' rechswidriger Taten quasi durch die Hintertür doch noch eine Wertungskomponente in die Prüfung der Maßregelnotwendigkeit aufgenommen wurde, nämlich eine, die durchaus dem 'Erfordernis der öffentlichen Sicherheit' des früheren § 42b StGB-GewVbrG entspricht.

Diese Bedingungen und Zusammenhänge von Persönlichkeitsanteilen und gesellschaftlichen Einflüssen bei der Bildung des Gefährlichkeitsbegriffs sind durch einen Perspektivenwechsel offenzulegen, der darauf verzichtet, Gefährlichkeit ausschließlich als habituelles Persönlichkeitsmerkmal zu verstehen. "Gefährlichkeit ist keine dem Täter innewohnende Eigenschaft, sondern das Ergebnis eines komplexen Zusammenwirkens von Persönlichkeitsmerkmalen, Lebensumständen und Umweltbedingungen", so Horstkotte[208] den bisherigen Gebrauch des Gefährlichkeitsbegriffs vorsichtig einer eher soziologischen Betrachtungsweise öffnend. Aber Gefährlichkeit ist nach dem oben gesagten mehr und anderes. Gefährlichkeit ist eine normativ-juristische Konstruktion[209] der Erwartbarkeit bestimmter konkreter Rechtsgutverletzungen aus der Sicht der Allgemeinheit, ein Konzept, "das nur auf dem Hintergrund der besonderen Problemsituation des Gerichts 'Sinn macht'."[210] Protagonisten quantifizierender Verfahren übersehen hierbei, "daß Gefährlichkeit ein Ausdruck *sozialer Erwartbarkeit*, d.h. einer von allen Beteiligten vor Ort entwickelten und daher nachvollziehbaren Unterstellung ist, und keine Frage persönlichkeitsdiagnostischer Exaktheit."[211] Gefährlichkeit ist eine soziale Konstruktion.

---

208 LK-Horstkotte § 67d Rz. 77; aaO.,Rz. 34 bezeichnet er Gefährlichkeit als "eine Konstellation, bei der die Umwelt des Täters von maßgebender Bedeutung ist."

209 nach Gohde/Wolff 1992,166 ein "Produkt sozialer Beschreibungs- und (Aus)Handlungsprozesse"

210 Gohde/Wolff 1992,175; nach ihnen sind nur Personen gefährlich, die im Verfahren nicht befriedigend >prozessiert< werden können. Gefährlichkeit stellt sich dabei als Resultat einer vielschichtigen sozialen Aussonderungsoperation dar, als ein soziales Verhältnis zwischen dem Probanden und den sich oder andere in Gefahr wähnenden Personen, einschließlich der Gutachter, des Gerichts oder anderer, aao.,175f.

211 Gohde/Wolff 1992,177

In der Verhandlung ist bei Zweifeln hinsichtlich des Vorliegens von Maßregeltatbeständen in dubio pro reo[212] zu entscheiden; dies gilt auch für Zweifel am Bestehen von Gefährlichkeit[213].

Sind die Maßregeltatbestände des § 63 StGB erfüllt, ist zwingend die psychiatrische Maßregel anzuordnen[214]; dem Gericht steht kein Ermessen zu. Es wird nicht mehr darüber diskutiert, daß diese Anordnung von einem Strafgericht getroffen wird; Maßnahmen zur Straftatenverhütung gehören nach inzwischen einhelliger Meinung in die Hand des Strafrichters[215]. Ebenso wird ohne Diskussion akzeptiert, daß die Voraussetzungen für freiheitsentziehende Maßnahmen "im Strafgesetz selbst geregelt"[216] sein müssen. Die in § 63 genannten Anordnungsvoraussetzungen gelten uneingeschränkt in gleicher Weise für nach § 20 schuldunfähige, wie für nach § 21 vermindert schuldfähige und damit zu Strafe verurteilte Täter. Letztere sind entweder nicht im Sinne des § 63 gefährlich, dann bleibt es allein bei einer gemilderten Bestrafung. Oder bei ihnen sind aufgrund der Gesamtwürdigung nach § 63 weitere rechtswidrige Taten zu erwarten, dann ist auch bei ihnen die Maßregel zwingend anzuordnen[217]. Die persönliche Therapiemotivation des Täters oder ein erkennbarer Widerstand gegen eine Therapie spielen bei der Anordnung keine Rolle. Diese Fragen haben erst für die Reihenfolge der Vollstreckung nach § 67 I oder II Bedeutung. Dagegen dürfen nach Rüping[218] bei der Anordnung der psychiatrischen Maßregel die tatsächlichen, institutionellen Therapiemöglichkeiten nicht außer Betracht bleiben, dh. eine Anordnung muß unterbleiben, wenn keine Therapieplätze zur Verfügung stehen[219]. Eine Anordnung der Maßregel ist auch bei einer geringen, aber die untere 'Verhältnismäßigkeitsschwelle' des § 62 überschreitenden Anlaßtat nicht ausgeschlossen, wenn nach der Gesamtwürdigung weitere rechts-

---

212 Läßt sich die "Eigenschaft", die den Eingriff rechtfertigen soll, nicht sicher nachweisen, so entfällt auch der Eingriff. Nach M.Bock 1990,461, wird in solchen Fällen nicht die "geringere Gefährlichkeit" oder das "Resozialisierungsinteresse" auf der Täterseite in die Waagschale geworfen, sondern der davon unabhängige rechtsstaatliche "Wert", daß ein Eingriff auf nicht bewiesener Grundlage nicht stattfinden soll, führt zur Entscheidung.

213 cf. LK-Hanack vor §§ 61 ff. Rz. 49f.; von Hippel 1978,387f.; Kögler 1988,96 mwN.

214 cf. LK-Hanack § 63 Rz. 94 mwN.

215 cf. statt vieler Stratenwerth 1981,29

216 ibid.

217 Die richtige Rechtsfolge nach § 21 hängt also ausschließlich vom Ergbenis der Prüfung gemäß § 63 ab. In diesen Fällen bestimmt sich die Reihenfolge der Vollstreckung von Strafe und Maßregel nach § 67 StGB. -
Auf der dogmatischen Ebene bleibt es daher unverständlich, wieso Kaiser 1990,35 es für "klärungsbedürftig" hält, "nach welchen Kriterien die Gerichte bei vermindert schuldfähigen Tätern die Unterbringung anordnen."

218 cf. Rüping 1988,410

219 cf. LG Dortmund StV 1982,371; für Jugendliche LG Bonn NJW 1977,345; für die Anordnung der Entziehungsmaßregel nach § 64 StGB: OLG Dresden NStZ 1993,511f.; a.A. BGHSt 28,327,329 -
Zur Problematik von Fehlanordnungen der psychiatrischen Maßregel cf. Rasch 1988,415f. und Konrad 1991b,315ff.

widrige Taten zu erwarten sind[220]; insofern wird die präventive Zielrichtung der Maßregel betont. Dabei ist anzumerken, daß mit dem Einsatz der psychiatrischen Maßregel gegen künftig erwartete rechtswidrige Taten noch nichts darüber gesagt ist, ob auch diese unter die Voraussetzungen der §§ 20 oder 21 fallen werden oder nicht. Mit anderen Worten, die psychiatrische Maßregel muß auch als Prävention gegen potentiell schuldhaftes Handeln verstanden werden.

Die Anordnung der Maßregel bedeutet die Unterbringung des Täters in einem psychiatrischen Krankenhaus. Seit Beginn der Bemühungen um die Einführung des Maßregelrechts war diese Institution zur Aufnahme von schuldunfähigen, insbesondere aber von vermindert schuldfähigen Tätern umstritten[221]. Auch während der Arbeiten an der Reform des Strafrechts in den 60er Jahren gab es Bestrebungen, für diesen Personenkreis sog. Sonder- oder Bewahranstalten vorzusehen. Erst als sich die Einführung der Sozialtherapeutischen Anstalt nach § 65 StGB als zusätzliche Maßregel für vorwiegend persönlichkeitsgestörte Täter als Lösung des Problems abzeichnete, wurde das psychiatrische Krankenhaus als Aufnahmeinstitution für die nach § 63 Unterzubringenden akzeptiert[222]. Auch die Psychiatrie-Enquete der Bundesregierung[223] von 1975 unterstützte die gefundene Lösung. Darüberhinaus betonte sie, daß der Maßregelvollzug "prinzipiell in den allgemeinen Zuständigkeitsbereich der psychiatrischen Versorgung"[224] gehöre. Darauf, daß der Maßregelvollzug im psychiatrischen Krankenhaus nicht nur in der Praxis, sondern auch im Blick auf die rechtliche Legitimation der psychiatrischen Maßregel weiterhin erhebliche Probleme aufwirft, wird unten[225] noch einzugehen sein.

3.3.2.2 Theorie des Maßregelrechts II: Die Bedeutung der Verhältnismäßigkeitsnorm in § 62 StGB

Nach herrschender Auffassung erfüllt § 62 StGB eine gewisse strafrechtliche Formalisierungsaufgabe[226] im Maßregelrecht, um die Zweckbestimmungen der Maßre-

---

[220] cf. LK-Hanack § 63 Rz. 77 mwN.

[221] s. o. Abschnitte 1.4.7 und 2.2.4.6

[222] cf. hierzu zusammenfassend LK-Hanack § 63 Rz. 3ff. mwN. - Dagegen hält es Kaiser 1990,15, für fraglich, "ob reine Eigentums- oder Vermögensdelikte - sei es als Anlaßtaten oder als bevorstehende Taten - schon ausreichen, eine so einschneidende Sanktion zu rechtfertigen."

[223] BT-Drs. 7/4200; anders das abweichende Votum von Degkwitz et al., aaO.,418ff.

[224] aaO.,282

[225] s. u. Abschnitt 3.3.2.4

[226] Cf. Bae 1985,81; aaO.,87f. weist Bae darauf hin, daß die Rede vom *Grundsatz* der Verhältnismäßigkeit in diesem Zusammenhang unkorrekt sei, richtiger müsse hier von einer *Norm* gesprochen werden.

geln auf das rechtsstaatlich erträgliche Maß zu begrenzen[227]. Unter den Gesichtspunkten von Proportionalität und Angemessenheit geht es hierbei lediglich um eine Abwägung zwischen dem Eingriffsziel und der Eingriffswirkung[228], mit anderen Worten um die Relation zwischen dem öffentlichen Interesse und dem Individualinteresse[229], um die generelle Abwägung zwischen dem Schutz der Allgemeinheit und dem Freiheitsrecht des Einzelnen[230]. Dabei sind gerade im Maßregelrecht, so eine Mahnung Kaisers[231], die Anforderungen an den Verhältnismäßigkeitsgrundsatz noch ernster zu nehmen, als dies herkömmlicher Handhabung entspricht.

Unklar ist der Geltungsbereich von § 62 StGB. Der Wortlaut bezieht sich eindeutig[232] nur auf die Anordnung von Maßregeln. Dies ergibt sich aus der Benennung von drei Kriterien, auf die unter Verhältnismäßigkeitsgesichtspunkten bei der Prüfung der Anordnungsnotwendigkeit Bezug zu nehmen ist. Unabhängig von dieser formalen Begrenzung des § 62 gilt aber der mit Verfassungsrang ausgestattete Grundsatz der Verhältnismäßigkeit auch "für alle anderen und weiteren Entscheidungen, die bei und nach einer Maßregelanordnung nötig werden können."[233] Darauf ist unten[234] zurückzukommen.

§ 62 StGB erklärt eine Maßregelanordnung für unzulässig, wenn nicht von allen drei genannten Kriterien die durch den Verhältnismäßigkeitsgrundsatz gelegte Schwelle überschritten wird. Mit dem Bezug auf die begangenen Taten sollen vor allem Bagatelldelikte abgeschichtet werden; wichtig erscheint die indizielle Bedeutung der Taten für die künftige Gefährlichkeit, die Art der Tatbegehung und ihre Bedeutung für die Allgemeinheit[235]. Darüberhinaus soll das Kriterium der begange-

---

[227] Cf. LK-Hanack § 62 Rz. 1. -
Nach Jescheck 1978,67 übernimmt das Verhältnismäßigkeitsprinzip bei den Maßregeln die Schutzfunktion, die das Schuldprinzip bei den Strafen erfüllt.

[228] cf. B.Müller 1981,96

[229] cf. LK-Hanack § 62 Rz. 4

[230] cf. Bae 1985,90f.

[231] cf. Kaiser 1990,9

[232] Dagegen spricht LK-Hanack § 62 Rz. 6 von einem "bedauerlich unklaren Gesetzeswortlaut des § 62".

[233] LK-Hanack § 62 Rz. 6; "Er [sc. der Verhältnismäßigkeitsgrundsatz] beherrscht Anordnung und Fortdauer der Unterbringung in einem psychiatrischen Krankenhaus", BVerfGE 70,297 = NJW 1986,767,769.

[234] s. u. Abschnitt 3.3.2.6

[235] cf. LK-Hanack § 62 Rz. 11 mwN. -
Holtus 1991,144, hält "die Unterbringung von Delinquenten, von denen keine Straftaten gegen Leib und Leben zu erwarten sind", für unverhältnismäßig.

nen Taten auf den Täter und seine Rechte aus der "Opfergrenze"[236] verweisen[237]. Bei einem solchen Rückbezug, wie auch bei der Würdigung der Taten nach § 63, bleibt unklar, ob die psychiatrische Maßregel und die Gestaltung und Dauer ihres Vollzuges nicht letztlich doch strukturell durch die 'gefährliche Art' und die 'Schwere' der Tat begründet und legitimiert werden, statt daß die begangenen Taten nur den Anlaß für präventive Sicherungsmaßnahmen geben.

Die zu erwartenden Taten sollen sich auf die Gewichtigkeit der bedrohten Rechtsgüter, auf das mögliche Opfer-werden, beziehen[238]. Der Grad der Gefahr soll auf die Größe der Wahrscheinlichkeit Bezug nehmen[239].

Wieweit § 62 StGB wirklich eine normative Präzisierung der Maßregelvoraussetzungen zu leisten imstande ist, bleibt zweifelhaft. Nach Frisch[240] fehlt es hierfür an einer Definition bestimmter Schwellenwerte. Streng[241] kritisiert, § 62 mache nicht genug deutlich, daß die Beachtung der Verhältnismäßigkeit schon bei der Auslegung "der einzelnen Maßregelvoraussetzungen" zu erfolgen habe. Und für Bae[242] erscheint es unmöglich, den normativen Typus "Verhältnismaß" als Maß der Opfergrenze genau zu bestimmen; wegen des Wirklichkeitsbezuges sei ein Verhältnismaß nicht definierbar, sondern nur beschreibbar.

Weitere Schwierigkeiten macht die Anwendung des Verhältnismäßigkeitsgrundsatzes im Maßregelrecht im Hinblick auf das Problem der Subsidiarität der Maßregelanordnung und der tatsächlichen Unterbringung im psychiatrischen Krankenhaus sowie sub specie § 67d II StGB bei Einbezug des Übermaßverbotes in die

---

236 Bae 1985,93; aaO.,87f. verweist Bae darauf, daß der Bezug auf die Schwere der begangenen Tat einen Schutz des Täters vor überzogenen Gemeinwohlerwägungen bieten soll. -

Nach LK-Hanack § 62 Rz. 14 darf nicht die Schwere der begangenen Taten, sondern muß die vom Täter ausgehende künftige Gefahr im angemessenen Verhältnis zur Schwere des Eingriffs stehen, mwN.

237 Cf. Baumann/Weber 1985,714, wonach sich aus dem Verhältnismäßigkeitsgrundsatz ergibt, daß bei einer geringen Anlaßtat auch dann keine Maßregel anzuordnen ist, wenn ansonsten die formalen Voraussetzungen hierfür vorliegen; eine Maßregelanordnung auch bei einer "hohen" Anlaßtat ausscheide, wenn in Zukunft nur geringe Taten drohen; daß aber auch bei einer "hohen" Anlaßtat und "hoher" zu erwartender Rechtsgüterverletzung eine Maßregelanordnung ausscheide, wenn nur eine geringe Wahrscheinlichkeit für den Eintritt der Verletzung festgestellt werden könne.

238 cf. Bae 1985,93; LK-Hanack § 62 Rz. 12; aaO.,Rz. 15, rechtfertigt Hanack eine Maßregelanordnung auch dann, wenn die bisherigen Taten "für sich betrachtet wenig gewichtig sind", aber künftig Taten von besonderer Schwere drohen, mwN.

239 cf. LK-Hanack § 62 Rz. 13

240 cf. Frisch 1989,518

241 Streng 1991,120

242 cf. Bae 1985,190f.

Bewertung der Dauer und der Intensität des Eingriffs in die persönlichen Freiheitsrechte des schuldunfähigen bzw. vermindert schuldfähigen Täters[243].

3.3.2.3 Theorie des Maßregelrechts III: Umgestaltung des Subsidiaritätsprinzips

Mit der Beachtung des Verhältnismäßigkeitsgrundsatzes bei der Anordnung der Maßregel eng verknüpft ist die Frage nach der Geltung bzw. der Gestaltung des Subsidiaritätsprinzips. Der alte § 42b StGB-GewVbrG hatte die Anordnung der Maßregel noch davon abhängig gemacht, daß sie erforderlich sei. Sie war demnach nicht erforderlich, solange und soweit andere, mildere Maßnahmen zur Gefahrenabwehr zur Verfügung standen und ausreichten. Erst wenn geeignete Alternativen fehlten, war die Maßregelanordnung - subsidiär - erforderlich.

Die "Erforderlichkeit" des alten Maßregelrechts hat im neuen keinen Niederschlag gefunden[244]. Heute ist die psychiatrische Maßregel immer dann anzuordnen, wenn ihre Voraussetzungen nach § 63 vorliegen. Mit dem Wegfall der Erforderlichkeitsklausel im geltenden § 63 StGB ist aber auch die Subsidiarität bei der Anordnung beseitigt worden. Nach herrschender Meinung wurde damit zugleich das Übermaßverbot außer Kraft gesetzt[245]. § 63 StGB verlangt eine Entscheidung nach dem Prinzip des 'Alles oder Nichts'. Dennoch ist die psychiatrische Maßregel auch heute nur dort und nur insoweit legitimierbar, als sie "zum Schutz bestimmter Interessen wirklich erforderlich (und insoweit auch geeignet) und der ... Eingriff im Blick auf die zu verhindernden Beeinträchtigungen verhältnismäßig ist."[246] "Der individualpräventiv motivierte Eingriff in die Rechte des potentiellen Täters läßt sich ... nur rechtfertigen, wenn und soweit er unerläßlich ist."[247]

Am entschiedensten behauptet gegenwärtig Hanack die Weitergeltung des Subsidiaritätsprinzips. Danach leitet sich das Subsidiaritätsprinzip aus dem verfassungsrechtlichen Übermaßverbot ab; seine Begründung und Geltung sei "keine bloße kriminalpolitische Zweckmäßigkeitsfrage" und stehe auch nicht zur Disposition des Gesetzgebers[248]. Demnach hat bei der Prüfung der Frage, ob auch dann, wenn ansonsten die Voraussetzungen des § 63 StGB vorliegen, die psychiatrische Maßregel anzuordnen ist, aus Rechtsstaatsgründen der Grundsatz des mildesten Mittels

[243] dazu siehe unten Abschnitt 3.3.2.6
[244] cf. Frisch 1989,519
[245] cf. B.Müller 1981,100
[246] Frisch 1989,515, unter Rückbezug auf Nowakowskis Gedanken der Rechtfertigung der Maßregel durch die Wahrung des überwiegenden Interesses.
[247] Frisch 1990a,369 mwN.
[248] LK-Hanack vor §§ 61 ff. Rz. 61; cf. aaO.,Rz. 58 und § 63 Rz. 83

beachtet[249] zu werden. Deshalb sei bereits auf die Anordnung zu verzichten, wenn weniger einschneidende und nicht erheblich risikoreichere Alternativen zur Verfügung stehen[250]. Insoweit kann die Prüfung der Erforderlichkeit einer Maßregel auch auf die Bewertung der Erwartung rechtswidriger Taten in § 63 zurückwirken und hier gewissermaßen eine Filterfunktion zwischen der Gesamtwürdigung und der durch gesellschaftliche und institutionelle Faktoren beeinflußten und beeinflußbaren 'Erwartung' erfüllen.

Abgesehen von diesen Überlegungen hat das 2.StrRG die Geltung des Subsidiaritätsprinzips nicht gänzlich abgeschafft, sondern strukturell umgestaltet, indem es auf die 'Ebene' der Vollstreckung verlagert[251] wurde. Nach § 67b StGB setzt bei Beachtung der weiteren Konditionen das erkennende Gericht die Vollstreckung einer angeordneten Maßregel zugleich mit der Anordnung aus, wenn besondere Umstände die Erwartung rechtfertigen, daß der Zweck der Maßregel auch dadurch erreicht werden kann. Die "besonderen Umstände" meinen hierbei stationäre bzw. ambulante Behandlungsmöglichkeiten und eine entsprechende Behandlungsbereitschaft des Betroffenen, die Wirkungen der Führungsaufsicht, § 67b II, unter Umständen auch Vorkehrungen im Zusammenhang mit einer Betreuung, §§ 1896 ff. BGB[252]. Daraus ist nicht abzuleiten, daß die Meßlatte für "besondere Umstände" höher anzusetzen wäre als der durchschnittliche Sicherungs- und Versorgungsstandard psychiatrischer Krankenhäuser. Mindestens müßte das Angebot einer zum psychiatrischen Krankenhaus gleichwertigen Alternative die Prüfungsfrage einer Vollstreckungsaussetzung auslösen. Mit dieser Maßgabe ist mithin zweistufig zu prüfen: einmal die Erforderlichkeit der Anordnung überhaupt, §§ 63, 62, zum anderen die Erforderlichkeit der Vollstreckung[253], § 67b.

Bei diesen Prüfungsstufen besteht zwischen dem Verzicht auf die Anordnung der Maßregel und dem Verzicht auf ihre Vollstreckung nicht nur ein zeitlich-gesetzestechnischer Unterschied, sondern ein erheblich qualitativer[254]: Beim Verzicht auf die Anordnung kommen keine maßregelrechtlichen Eingriffe zum Tragen, beim bloßen Vollstreckungsverzicht, § 67b, tritt kraft Gesetzes für mindestens zwei Jahre Führungsaufsicht mit dem drohenden 'Damoklesschwert' des Widerrufs der Aussetzung ein.

[249] Cf. Müller-Dietz 1983,149, der sich damit ebenfalls für die Geltung des Subsidiaritätsprinzips de lege lata ausspricht.
[250] cf. Rüping 1988,407; a.A. BGH NJW 1978,599
[251] Cf. Lenckner 1972,192. -
Baumann/Weber sehen den früheren Subsidiaritätsgrundsatz durch § 67b StGB ersetzt.
[252] BGH NStZ 1992,538f.; cf. Konrad 1991a,5; aaO.,2 weist Konrad darauf hin, daß die Häufigkeit der Anwendung des § 67b zugenommen habe.
[253] Cf. LK-Hanack § 63 Rz. 83; Müller 1981,103f. -
Darüberhinaus wird durch die Maßregelvollzugsgesetze die Subsidiaritätsfrage sub specie erforderlicher Sicherung auch noch auf die Vollzugsebene erstreckt.
[254] cf. B.Müller 1981,102

Zusammenfassend bleibt festzuhalten: Das alte nationalsozialistische Recht zog an diesem Punkt, mindestens auf der theoretischen Ebene, einer kriminalrechtlichen Stigmatisierung engere Grenzen; bei Einsatz anderer Sicherungen war die Anordnung der kriminalrechtlichen Maßregeln entbehrlich. Nach geltendem Recht hat beim Vorliegen der Voraussetzungen die Anordnung der Maßregel in jedem Fall zu erfolgen, auch wenn sie gleichzeitig nach § 67b ausgesetzt wird. Damit ist eine kriminalrechtliche Stigmatisierung erst einmal gegeben, mit allen Konsequenzen sozialer Kontrolle und Etikettierung von der Führungsaufsicht bis zur Erfassung im Bundeszentralregister[255].

3.3.2.4 Theorie des Maßregelrechts IV: Unterbringung im psychiatrischen Krankenhaus

Die Anordnung der Maßregel nach § 63 StGB bedeutet die Unterbringung des Täters im psychiatrischen Krankenhaus. Dabei spielt die Art und die Schwere seiner Krankheit, Behinderung oder Störung zum Zeitpunkt der tatrichterlichen Entscheidung keine Rolle, ebensowenig seine Behandlungsbedürftigkeit, -fähigkeit, -willigkeit oder -unwilligkeit[256]. Erst recht ist die Unterbringung nicht auf eine medizinisch-psychiatrische ärztliche Behandlungs- und/oder eine soziale und berufliche Rehabilitationsindikation gestützt[257]. Auch nach dem Grad der Schuldfähigkeit ist nicht zu unterscheiden. So sind von der Unterbringung im psychiatrischen Krankenhaus sowohl schuldunfähige Täter als auch solche betroffen, die mit geminderter Schuld gehandelt haben und gleichzeitig zu einer - wenngleich gemilderten - Strafe verurteilt wurden.

Daraus lassen sich zwei Schlüsse ziehen. Zum einen besteht zwischen dem nach § 63 unterzubringenden Personenkreis und dem Aufnahmeprofil des psychiatri-

[255] § 4 Nr. 2, § 8 BZRG; cf. dazu auch § 12 BZRG hinsichtlich von Schuldfähigkeit; hinsichtlich des Spannungsverhältnisses der Eintragung zur Rehabilitation cf. Rebmann 1988.

[256] BGH bei Holtz MDR 1978,110; S/S-Stree § 63 Rz. 1

[257] S/S-Stree § 63 Rz. 1 -
Nach der empirischen Untersuchung von Schumann 1987,28,37 betrug der Anteil der Persönlichkeitsstörungen einschl. sexueller Deviationen an allen mit der Hauptdiagnose erfaßten Probanden in Eickelborn 51,3%, eine Zahl, die mit bis dahin vorliegenden anderen Untersuchungen übereinstimmt. -
Anläßlich einer Untersuchung über Lockerungsentscheidungen im Westf. Zentrum für Forensische Psychiatrie Lippstadt wurde festgestellt, daß von den 202 in die Lockerungsmaßnahmen einbezogenen untergebrachten Patienten nur 67,0% eine medikamentöse Behandlung erhielten, und zwar zu 50,5% regelmäßig und zu 16,5% gelegentlich, Westf. Arbeitskreis "Maßregelvollzug" 1991,68,Anm.45.

schen Krankenhauses[258] nur zu einem Teil eine erkennbare Kongruenz; zum anderen ist für viele Untergebrachte, gerade wenn ihre 'Gefährlichkeit' nicht auf psychischer Krankheit im engeren Sinne beruht, das allgemeine psychiatrische Krankenhaus die falsche Aufnahmeinstitution. An den gegenwärtig nach § 63 untergebrachten Personen gemessen spricht insoweit auch aus der Vollzugsvorgabe des § 136 S. 1 StVollzG, nach der sich die Behandlung im psychiatrischen Krankenhaus nach ärztlichen Gesichtspunkten zu richten hat, eine überkommene Engführung medizinisch-psychiatrischer Denkweise, die jegliche Form von Psycho- und Sozialtherapie sowie beruflicher und sozialer Rehabilitation einem ärztlichen Direktions- und Letztverantwortungsrecht unterstellt[259]. Aber auch angesichts dieser Inkongruenz haben sich in der Praxis, vor allem der letzten zwei Jahrzehnte, die forensisch-psychiatrischen Krankenhäuser und Abteilungen des Maßregelvollzugs doch tendenziell zu 'Sonderanstalten' mit eigenem Sach- und Personalausstattungsprofil, zusätzlichen Sicherungsvorkehrungen und einem verstärkt psychotherapeutisch und (heil-)pädagogisch ausgerichtetem Therapieprogramm weiterentwickelt[260].

Trotz dieser konzeptionellen und zusätzlich baulichen[261] Umstrukturierungen sind die forensisch-psychiatrischen Krankenhäuser dennoch "totale Institutionen"[262] geblieben. Obwohl sie einerseits Krankenhaus mit der Aufgabe ärztlich verantworteter Heilbehandlung sind, konnten sie sich andererseits nicht dem Charakter einer "Verwahranstalt"[263] entziehen. Geprägt durch Entpersönlichung, absolute Fremd-

---

258 LK-Hanack § 63 Rz. 3 -
In der Untersuchung Leygrafs, 1988a,91, der die Diagnosen von Patienten des Maßregelvollzugs in den alten Bundesländern denen der nichtdelinquenten in allgemeinen psychiatrischen Krankenhäusern gegenüberstellte, betrug zB. der Anteil schizophrener Psychosen nur 37,9 gegenüber 45,9%, während, ähnlich wie bei Schumann 1987,28, das Verhältnis bei den Persönlichkeitsstörungen 50,1 zu 14,5% ausmachte.

259 Rasch 1992,261, weist darauf hin, daß "es eines anderen Instrumentariums als die klinische Psychiatrie bereitzustellen in der Lage ist" bedürfe, um angemessene Reaktionsformen auf sozial abweichendes Verhalten bereitzustellen; Aufgabenstellung und Selbstverständnis der forensischen Psychiatrie habe sich unabhängig von der klinischen Psychiatrie zu definieren.

260 Cf. Kammeier 1988b,106ff.; Kammeier 1990,3f. -
Zu Organisation und Ausstattung forensisch-psychiatrischer Krankenhäuser cf. Baur 1984, 17ff.; Baur 1988,51ff.; Baur 1995 Rz. C 1ff. -
Zu einer von der Personalverordnung für die allgemeine Psychiatrie (Psych-PV vom 18.12.1990, BGBl.I, 2930) notwendigerweise abweichenden Personalausstattung im Maßregelvollzug cf. Schumann 1993.

261 cf. Kammeier 1990,2ff.

262 Goffman 1981; cf. auch F.Müller 1984,107ff. und Christie 1986

263 Marschner 1985,59

bestimmung und eine weithin strukturelle Resozialisierungsfeindlichkeit[264], werden die Untergebrachten, nicht nur juristisch betrachtet, zum Objekt[265] gemacht.

Dabei können sachliche und personelle Ausstattungsdefizite und die aus ihnen resultierenden unzureichenden Unterbringungsbedingungen durchaus verfassungsrechtliche Relevanz erlangen[266].

Verfassunsrechtlich problematisch dürfte auch die Begriffsbestimmung "psychiatrisches Krankenhaus" sein, insofern hiermit ein ausschließlich stationärer Einrichtungstyp[267] gemeint ist. Es mag historisch betrachtet[268] nachvollziehbar sein, daß als Unterbringungsinstitution für die einer psychiatrischen Maßregel Unterworfenen nach langanhaltenden Diskussionen und dann im Nationalsozialismus schließlich unter Sicherheits- und Vernichtungsaspekten vorrangig[269] nur die Heil- und Pflegeanstalt als Vorläufer des jetzigen psychiatrischen Krankenhauses infrage kam. Dagegen muß heute nach dem Wegfall eines 'offenen' Subsidiaritätsprinzips[270] die Anordnung einer psychiatrischen Maßregel nach § 63 StGB dann legitimatorisch fragwürdig erscheinen, wenn im Hinblick auf den in § 63 verwandten Begriff des psychiatrischen Krankenhauses die Veränderungen in der psychiatrischen Versorgung der letzten 25 Jahre völlig ignoriert werden. Wurde die von der Psychiatriereformbewegung der 70er Jahre geforderte Auflösung der psychiatrischen Krankenhäuser auch nicht erreicht, so verfügt heute ein sog. gemeindeintegriertes psychiatrisches Versorgungsnetz neben immerhin deutlich verkleinerten und vielfach dislozierten stationären[271] Einheiten zusätzlich über Tageskliniken, Über-

---

[264] cf. hierzu ausführlich Rasch 1984,21ff.

[265] cf. Marschner 1985,123f. -
Nach Strasser 1978a,50f. bewirkt die "totale Institution" eine Totalisierung der Kontrolle über das delinquente Individuum. Übten die Haftanstalten alten Typs nur eine Kontrolle über den >äußeren< Menschen aus, so ist er in einem therapeutischen Gewahrsam in ein minutiöses System therapeutischer Maßnahmen eingeplant. Die Beziehungen zwischen den Insassen unterliegen einer permanenten Kontrolle. Die Anstaltsbiographie der Insassen wird völlig transparent gemacht; selbst noch in ihren Träumen wird nach antisozialen Elementen gefahndet.

[266] Cf. Müller-Dietz 1987,52; aaO.,46 mwN.spricht er vom Fehlen gesetzlicher Regelungen, um die Träger psychiatrischer Krankenhäuser zur erforderlichen Aussattung und Einrichtung zu verpflichten und die Deckung des entsprechenden Finanzbedarfs sicherzustellen; cf. bereits Müller-Dietz 1983,206.

[267] Soweit ersichtlich ist nirgendwo normativ festgelegt, daß das psychiatrische Krankenhaus eine prinzipiell geschlossene Einrichtung zu sein hat. Die Aufteilung der Stationen in geschlossene, halboffene und offene dürfte der Organisationsgewalt der Krankenhausträger und allenfalls noch fachaufsichtlicher ministerieller Weisung unterliegen.

[268] s. o. Abschnitte 1.4.7 und 2.2.4.6

[269] Dabei ermöglichte gerade das Subsidiaritätsprinzip nicht-freiheitsentziehende Alternativen zur geschlossenen stationären Unterbringung aufgrund der Erforderlichkeitsklausel des § 42b StGB-GewVbrG.

[270] s. o. Abschnitt 3.3.2.3

[271] Zur freiheitsentziehenden Unterbringung auf einer offenen Station cf. Bernardi 1994.

gangs- und Dauerwohnheime, Betreute Wohngemeinschaften[272], Sozialpsychiatrische Dienste, niedergelassene Psychiater, Werkstätten, Tagesstätten[273] und Freizeiteinrichtungen für psychisch Kranke[274]. Neben der stationären Behandlung gehören inzwischen die teilstationäre und die ambulante Behandlung sowie eine sozialpädagogische Betreuung zum selbstverständlichen und umfassend anerkannten Behandlungsstandard bei psychischen Krankheiten, Behinderungen und Störungen. Zusätzlich sind in einer stationären Behandlung auch Beurlaubungen als integraler Bestandteil[275] in die Therapie mit eingeschlossen. Da auch eine rechtliche Normierung nicht von den realen Bedingungen absehen kann und darf, dürfte eine zunächst einmal prinzipiell gesichert beginnende und dann über lange Zeiträume überwiegend geschlossen durchgeführte Maßregelunterbringung[276] für zahlreiche Betroffene eine unverhältnismäßige - weil in diesem Maße nicht erforderliche - Belastung und damit verfassungswidrig sein. Dies Problem erscheint in der Praxis im wesentlichen auf der Vollzugsebene als Diskussion und prozessualer Streitgegenstand um die Durchsetzung des Anspruchs auf und der Gewährung von sog. Vollzugslockerungen. Dabei entspricht die gegenwärtige landesgesetzliche Rechtslage und die ihr entsprechende Praxis durchgängig der Rechtsfigur eines '(Freiheits-)Verbotes mit Erlaubnisvorbehalt'[277]. Umgekehrt muß der Begriff psychiatrisches Krankenhaus im Hinblick auf das strafrechtlich relevante Bestimmtheitsgebot problematisch erscheinen, wenn und soweit die 'Unterbringung in einem psychiatrischen Krankenhaus' aufgrund landesgesetzlicher Vollzugsregelungen auch aus einer monatelangen Beurlaubung mit einem nur sehr locker oder gar nicht mehr kontrollierten Aufenthalt und Verhalten des 'Untergebrachten' bestehen kann[278]. Einstweilen empirisch unbestätigt muß in diesem Zusammenhang die aufgrund subjektiver Eindrücke des Verfassers gespeiste Vermutung bleiben, daß die unter Verhältnismäßigkeitsgesichtspunkten rechtlich zulässige Dauer der 'Unterbringung im psychiatrischen Krankenhaus' infolge eines extensiven offenen Vollzugs unzulässig verlängert wird.

---

[272] cf. Braa/Cremer 1986; Stojevic et al. 1989

[273] cf. Bruhn 1987

[274] cf. Kammeier 1990,5ff.

[275] beispielhaft § 16 I 4 MRVG-NW - cf. Pollähne 1994,144ff.; Pollähne 1995,Rz. F 47ff.

[276] Nach Rüping 1988,411 ist für den Maßregelvollzug als Ausdruck des Sozialstaatsprinzips ein Angebot flankierender Maßnahmen wie vorsorgende Beratung, ambulante Betreuung und nachgehende Hilfe vorzuhalten, um den weiteren Vollzug der Maßregel als ultima ratio erscheinen zu lassen.

[277] Cf. Martens 1982,94, der im Zusammenhang mit dem polizeilichen Gefahrenabwehrrecht von der "Rechtsfigur des präventiven und repressiven Verbots mit Erlaubnisvorbehalt" spricht.

[278] In diesem Zusammenhang hat das LG Paderborn bereits die Frage aufgeworfen, ob hier nicht (Landes-) Vollzugsrecht das (Bundes-) Vollstreckungsrecht unterlaufe, OLG Hamm StV 1988,115. -
Zum Einfluß der Sozialpsychiatrie auf die Forensik und speziell auf den Maßregelvollzug in der Klinik in Haina und in Hessen insgesamt cf. Heinz 1988,422f. und Kammeier 1993.

3.3.2.5 Theorie des Maßregelrechts V: Gestaltung der Rechtsfolgen nach §§ 21,63 in § 67 StGB (Vollstreckungsreihenfolge. Vikariieren. Anrechnung)

Auch bei Tätern, deren Schuldfähigkeit nach §§ 20,21 StGB vermindert und deren Strafe deshalb möglicherweise nach § 49 I StGB gemildert ist, kann, wenn die Voraussetzungen des § 63 StGB vorliegen, die psychiatrische Maßregel angeordnet werden. Historisch betrachtet[279] hielt man die hiervon betroffenen Personen für die vermuteten und beabsichtigten Hauptanwendungsfälle bei den Bemühungen um die Einführung der psychiatrischen Maßregel. Zudem ging man bei diesem Personenkreis von der Annahme aus, zu einer verminderten Schuld trete eine größere Gefährlichkeit hinzu, die nach dem Kompromiß mit der klassischen Schule[280] hinsichtlich eines schuldgebundenen Strafmaßes zusätzliche Schutzvorkehrungen in Gestalt der Maßregel anstelle einer möglichen 'Schutzstrafe' erforderlich mache. Damit war auch das Grundschema für die Rechtsfolgengestaltung in weitgehendem Konsens vorgegeben: Zuerst kam es zur 'Hauptrechtsfolge' Strafvollstreckung, daran schloß sich ggf. kumulativ die 'Nebenrechtsfolge' Maßregelvollstreckung an[281].

In den Diskussionen der 50er und 60er Jahre zur Reform des Strafrechts zeigten sich hinsichtlich der erforderlichen Vollstreckungsregelungen für vermindert Schuldfähige, bei denen zusätzlich zur Strafe eine Maßregel angeordnet war, divergierende kriminalpolitische Zielvorstellungen und dadurch bedingt erhebliche konzeptionelle Unsicherheiten. Nach den rechtspolitischen Vorgaben und den praktischen Erfahrungen im Umgang mit den sog. Minderwertigen und Psychopathen in der Zeit des Nationalsozialismus schälte sich eine dahingehende Übereinstimmung heraus, künftig eine Kumulation von Straf- und Maßregelvollzug zu vermeiden: Beide Freiheitsentziehungen würden von den Betroffenen subjektiv als Übel empfunden, die Kumulation sei ein Etikettenschwindel für eine faktische 'Doppelbestrafung' und bei zu langem Freiheitsentzug unverhältnismäßig, und schließlich würde die Berücksichtigung der Behandlungsbedürftigkeit gerade der hier infragekommenden Täter durch einen vorausgehenden Strafvollzug vernachlässigt[282]. Aufgrund der in der ersten Hälfte dieses Jahrhunderts und auch im GewVbrG unklar gebliebenen dogmatischen Struktur des Maßregelrechts als eines in das Strafgesetzbuch inkorporierten oder implantierten Segments des präventiv

---

[279] s. o. Abschnitt 1.3.3.

[280] s. o. Abschnitte 1.3.3 und 1.4.2.1.

[281] Allerdings hatten § 47 E 1922 (Radbruch) und § 47 AE 1925 dem Gericht die Möglichkeit einräumen wollen, in freier Ermessensentscheidung die Maßregel vor der Strafe vollstrekken zu lassen, was auf heftige Kritik stieß und im E 1927 wieder fallengelassen wurde, s. o. Abschnitt 1.4.4.; schließlich ließ § 456b StPO-GewVbrG die Vorwegvollstreckung der Maßregel als Ausnahmevorschrift zu, s. o. Abschnitt 2.2.4.3.

[282] Cf. LK-Harnack § 67 Rz. 1ff. mwN., vor allem auch zu den Protokollen der Beratungen im Sonderausschuß Strafrechtsreform.

orientierten polizeilichen Gefahrenabwehrrechts kam letztlich kein theoretischer Konsens über die Beziehungen zwischen retrospektiv begründeter Strafvollstrekkung und prospektiv ausgerichteter Maßregelvollstreckung zustande.

Hinzu kam, daß sich vor allem in den 60er Jahren, sowohl auf dem Hintergrund einer Krise des Verständnisses von Strafe als reiner Sühne und Vergeltung und einer erwarteten Veränderung des Strafvollzugs zum 'Behandlungsvollzug' als auch im Blick auf eine beginnende Reform der bisherigen starren Anstaltspsychiatrie eine gewisse Behandlungseuphorie einstellte, die inhaltlich-gestalterische Differenzen zwischen den beiden Vollzugsarten praktisch schrumpfen und damit theoretisch bedeutungslos erscheinen ließ. Überdies schien mit der vorgesehenen Einführung der sozialtherapeutischen Maßregel nach § 65 StGB die eigentliche Problemgruppe der vermindert Schuldfähigen mit gleichzeitiger Maßregelanordnung in den neu zu errichtenden sozialtherapeutischen Sonderanstalten zweckmäßiger aufgehoben als im Strafvollzug.

So entschied der Gesetzgeber des 2.StrRG "unter Hinwendung zu einem realitätsbezogeneren, primär an der Erforderlichkeit der Einwirkung orientierten Strafrecht"[283] in § 67 I StGB, bei gleichzeitig angeordneter Freiheitsstrafe und Maßregel diese grundsätzlich vor der Strafe vollstrecken und nach § 67 IV die Zeit des Maßregelvollzugs auf die Strafe anrechnen zu lassen. Damit war eine rechtspolitische Wertentscheidung für den Vorrang der eine Behandlung ermöglichenden Sicherung[284] solcher Personen getroffen worden, die aufgrund der nach § 63 festgestellten Krankheit, Behinderung oder Störung verbunden mit der Erwartung weiterer rechtswidriger Taten als prognostisch gefährlich[285] galten. Auch wenn letztlich dogmatisch unentschieden blieb, ob bei einem in seiner Einsichts- oder Steuerungsfähigkeit beeinträchtigten vermindert schuldfähigen Täter, bei dem außer der Strafe auch eine Maßregel angeordnet wurde, die vollverantwortlichen (schuldfähigen) Anteile seiner Persönlichkeit stärker zu gewichten seien - was für einen Vorrang der Strafvollstreckung gesprochen hätte - oder ob der defizitäre Zustand und die daraus erwartbaren Rechtsgutverletzungen gepaart mit einer staatlichen Fürsorgepflicht den sichernden und behandlungsbedürftigen Aspekten solch ein Gewicht verliehen, daß ihnen unter Erforderlichkeitsgesichtspunkten der Vorrang zukam: Der sachliche Gehalt des § 67 I StGB stellt jedenfalls normativ die nach §§ 21,63 verurteilten vermindert schuldfähigen Täter den nach §§ 20,63 Schuldunfähigen in

---

283 LK-Hanack § 67 Rz. 5; schon mit dem Vollzug der Maßregel lasse sich dem Reaktionsbedürfnis der Gesellschaft gegenüber dem Täter Genüge tun, ibid.

284 Insoweit liegt diese normative Entscheidung auf der Linie der neuen Überschrift über dem sechsten Titel des StGB mit der nunmehrigen - wenngleich nur deklamatorischen - Voranstellung der Besserung vor der Sicherung.

285 Nach Maul/Lauven 1986,397 liegt der Zweck dieser Regelung in der Gefahrbeseitigung und nicht in einer leichteren Durchführung des Maßregelvollzugs.

der Vollstreckungsrechtsfolge gleich[286]. Lenckner[287] bemerkte hierzu treffend, daß durch das Vikariieren der "Gedanke der Zweispurigkeit ... in gewissem Umfang wieder preisgegeben" werde. Andere[288] befürchteten bei dieser Regelung einen Verlust an generalpräventiver Wirkung[289]. Auch wenn Volckart[290] im Rückblick auf die Entstehung und den normativen Regelungsgehalt des § 67 theoretische Defizite beim "Zusammenspiel von Freiheitsgrundrecht, Strafe und therapeutischer Notwendigkeit" beklagt, erscheint diese Rechtsfolgenregelung für einen definierten Täterkreis dennoch insoweit konsequent, als das Verhältnis zwischen Straf- und Maßregelrecht nach dem 2.StrRG nicht (mehr) zweispurig[291], sondern (wieder) zweistufig zu verstehen ist. Danach läßt das Regel-Ausnahmeverhältnis von Strafe und Maßregel bei einem Zusammentreffen beider Rechtsfolgen durchaus ein Verständnis der Maßregelanordnung des § 63 als lex specialis gegenüber der Freiheitsstrafe und daraus ableitbar einen Vorrang der Maßregelvollstreckung zu.

Im insgesamt sehr umfangreichen vollstreckungsrechtlichen Regelwerk des StGB legte § 67 II StGB idF. des 2.StrRG zunächst abweichend von § 67 I fest, daß die Strafe vor der Maßregel zu vollziehen sei, wenn der Zweck der Maßregel[292] dadurch leichter erreicht werde. Seit dem 23.StrÄndG vom 13.04.1986[293] ist auch die Anordnung nur eines Teil-Vorwegvollzugs[294] von Strafe durch das erkennende Gericht zulässig. Nach § 67 III können tatrichterliche Entscheidungen nachträglich geändert oder aufgehoben werden, wenn Umstände in der Person des Verurteilten dies angezeigt erscheinen lassen. Und schließlich gestattet § 67a StGB die Überweisung in den Vollzug einer anderen Maßregel, wenn dies die Resozialisierung des Täters besser zu fördern geeignet ist.

---

[286] Da auch in die Maßregelanordnung, wie oben 3.3.2.1 und 3.3.2.2 dargelegt, ein retrospektiver Tatbezug einfließt und zudem beide freiheitsentziehenden Vollzugsarten (Strafe und Maßregel) als eine Erfahrung von Übel verstanden wurden, sah man im Vorrang der Maßregelvollstreckung weder eine Verletzung des Gleichheitssatzes aus Art. 3 I GG noch eine Privilegierung gegenüber dem Strafvollzug.

[287] Lenckner 1972,27

[288] cf. Marquardt 1972,58

[289] Zum Problem der Berücksichtigung der Maßregelanordnung bei der im Prozeß faktisch gleichzeitig stattfindenden Strafzumessung im Blick auf §§ 21,49 I cf. Marquardt 1972, 157ff.

[290] Volckart 1991,17

[291] für das Maßregelrecht nach dem GewVbrG s. o. die Abschnitte 2.2.4.2 und 2.2.5

[292] Das Zusammentreffen von Strafe und Maßregel aus verschiedenen Urteilen ist gesetzlich nicht geregelt; insoweit besteht hier eine Gesetzeslücke. Nach Müller-Dietz 1980,2789ff. bleibt es in solchen Fällen bei der vollstreckungsrechtlichen Zuständigkeit der Staatsanwaltschaft, die sich bei ihren Entscheidungen gemäß § 44a I 2 StVollstrO an die Vorgaben des § 67 I-III StGB zu halten hat.

[293] BGBl.I,393, in Kraft ab 01.05.1986

[294] Diese Regelung zielt vorwiegend auf Drogentäter mit langen Freiheitsstrafen und gleichzeitiger Anordnung der Unterbringung in einer Entziehungsanstalt nach § 64 StGB ab und soll dem "Rehabilitationsinteresse des Verurteilten" dienen, BT-Drs. 10/2720,13.

Auf der einen Seite kann in einer solchen Flexibilität vollstreckungsrechtlicher Regelungen ein für die Gestaltung des Maßregelvollzugs nicht zu unterschätzender Vorteil[295] gesehen werden. Andererseits erscheinen die generalklauselartigen Formulierungen für die Rechtsanwendung bedenklich[296], wenn der jeweilige Ermessensspielraum des Richters durch den Gesetzgeber nicht eindeutig begrenzt und somit ein Einfluß subjektiver Erwägungen des Richters möglich wird[297]. Dann dürfte auch das strafrechtliche Bestimmtheitsgebot berührt sein.

Der BGH hat sich in zahlreichen Entscheidungen bemüht, Richtlinien für die Anwendung des § 67 II als Ausnahmeregelung[298] zu § 67 I zu entwickeln. So wiederholt er in ständiger Rechtsprechung, eine vorweg zu vollziehende Freiheitsstrafe oder eines Teiles davon müsse eine Vorstufe zur anschließenden Behandlung darstellen[299]; deshalb dürfe eine solche Entscheidung nicht aus reinen Zweckmäßigkeitsgründen[300] getroffen werden. Ein (Teil-)Vorwegvollzug ist auch gerechtfertigt, damit sich an die darauf folgende Behandlung unmittelbar die Entlassung in Freiheit anschließen kann[301]. Insofern darf der Vorwegvollzug von Strafe ausschließlich im Rehabilitationsinteresse des Täters angeordnet werden[302]. Hinter all dem steht als zentrales Argument, daß es allein entscheidend ist, eine bessere Therapiemotivation beim Täter zu erreichen[303]. Mit anderen Worten soll durch das 'Übel' des Strafvollzugs beim Täter ein 'Leidensdruck' erzeugt werden, der ihn, wenn er schon nicht aus eigenen Interesse behandlungsbereit ist, wenigstens sekundär motiviert[304], in seine Behandlung einzuwilligen und aktiv an ihr mitzuwirken.

---

[295] cf. Mrozynski 1983,64

[296] cf. Marquardt 1972,162

[297] cf. Marquardt 1972,161

[298] BGH NStZ 1989,340

[299] BGH bei Holtz MDR 1981,98; BGH NStZ 1982,132; BGH NStZ 1986,427; - Allerdings darf andererseits die Chance einer Heilung nicht durch den Vorwegvollzug von Strafe verschlossen werden, BGH NStZ 1986,427.

[300] BGH, Beschl. v. 03.05.1978 - 4StR 184/78; BGH NStZ 1989,340

[301] BGH NStZ 1990,204 = NJW 1990,1124 = StV 1990,260. Bei dieser Entscheidung weist der BGH auf die ständige Rechtsprechung bei der Unterbringung nach § 64 StGB hin und wendet sie hier auf eine 63er Unterbringung aufgrund schwerer anderer seelischer Abartigkeit an.

[302] cf. BGH NStZ 1990,52 zur § 64er-Unterbringung mwN.; cf. auch Fischer 1991,324 mwN.

[303] cf. Maul/Lauven 1986,398; hierzu sei die Prognose des erkennenden Gerichts erforderlich, cf.ibid.

[304] Hoffmann/Feest 1986,64 sprechen im Zusammenhang mit der Neuregelung des 23.StrÄndG von einem fremddefinierten prinzipiellen Interesse des Untergebrachten an seiner Rehabilitation als "gesetzliche Festschreibung einer Drohgebärde".
Diese normative Drohung mit dem >Übel< des Strafvollzugs erinnert in fataler Weise an die generalklauselartige Erweiterung "Drohung mit einem empfindlichen Übel" des § 240 StGB durch den nationalsozialistischen Gesetzgeber am 29.05.1943, RGBl.I,339, die auch durch das 3.StrÄndG vom 04.08.1953, BGBl.I, 735, nicht wieder beseitigt wurde; cf. hierzu Callies 1985,1506f.

Gegen diesen Gedanken, durch eine Art von Leidensdruck im Strafvollzug die Erfolgsaussichten einer anschließenden Maßregelbehandlung zu verbessern, können nach dem BGH[305] grundsätzliche, allgemein geltende Einwände nicht erhoben werden. Dennoch stößt diese Entscheidungslinie auf sachliche und rechtliche Bedenken. Zum einen kann die Erzeugung von Leidensdruck statt einer Behandlungswilligkeit auch den "Aufbau einer Abwehrhaltung"[306] fördern bzw. zur "Verfestigung der antisozialen Haltung"[307] beitragen. Zum anderen kann eine mangelnde Behandlungsbereitschaft bzw. bereits die fehlende Einsicht in die Erforderlichkeit einer Behandlung ein zentrales ursächliches Element von Krankheit, Behinderung und Störung gewesen sein, das zur Delinquenz und über den "Zustand" des § 63 zur Maßregelanordnung geführt hat, und nicht das Ergebnis einer hiervon unabhängigen, freiverantwortlich getroffenen Willensentscheidung. Dann wäre die Weckung und Förderung von Behandlungsmotivation ureigenste Aufgabe der Therapie[308] und nicht eine Vorleistung, die auf anderem als therapeutischem Wege zu erbringen oder durch die staatlicherseits vorgenommene Erzeugung von Leidensdruck zu erreichen wäre. Volckart[309] hält dies Konzept für menschenunwürdig und deshalb für rechtlich nicht akzeptabel. Die Förderung einer Therapiemotivation durch die bewußte und gewollte Erzeugung von Leidensdruck im und durch den Strafvollzug muß aber auch deshalb auf rechtliche Bedenken stoßen und als unzulässig beurteilt werden, weil Therapiebereitschaft kein notwendiges Anordnungskriterium und damit keine Voraussetzung für die psychiatrische Maßregel nach § 63 StGB[310] ist. Darüberhinaus wird mit dem Vorwegvollzug von Strafe ein Sanktionsmittel eingesetzt, daß die tatschuldunabhängig begründete Maßregel zu diskreditieren geeignet und deshalb nicht legitimiert ist, weil sie mit einem vollstreckungsrechtlichen Instrumentarium Zwang[311] auf die im Vollzug als Angebot vorzuhaltende Behandlung[312] ausübt. Andernfalls könnte man mit dem Leidensdruckkonzept, male dictum, auch den Einstieg in die Zulässigkeit der Folter rechtfertigen.

---

[305] BGH NStZ 1986,139; cf. auch LK-Hanack § 67 Rz. 49 mit zahlreichen Nachweisen aus Rechtsprechung und Schrifttum; ebenso Maul/Lauven 1986,398

[306] Müller-Dietz 1983,150

[307] Streng 1987,42; Streng 1991,141: "...erscheint es als höchst fraglich, ob ein so erzwungener, nicht aber von Einsicht getragener Leidensdruck überhaupt therapieförderlich wirken kann."

[308] cf. LK-Hanack § 67 Rz. 50

[309] cf. Volckart 1991,19

[310] Anderes gilt gemäß § 64 StGB ausdrücklich bei der Frage der Unterbringung in einer Entziehungsanstalt; cf. hierzu BVerfG, Beschl. v. 16.03.1994, R&P 1994,180, der insoweit anderslautende Auslegungen des § 64 für verfassungswidrig erklärt.

[311] Cf. hierzu auch die Problematik eines verfassungsrechtlichen Besserungsverbotes, Haffke 1975,246ff.

[312] Hier ist wiederum scharf zwischen der psychiatrischen und der Entziehungsmaßregel zu unterscheiden: "In Vollzug der Maßregel [sc. nach § 64 StGB] ist die Freiheitsentziehung auf eine Therapie hin ausgerichtet, die ihrerseits mit Mitteln rechtlichen Zwangs durchgesetzt werden kann", BVerfG, Beschl. v. 16.03.1994, R&P 1994,180,182.

Als weiteres Argument wird für die Zweckmäßigkeit des Vorwegvollzugs von Strafe angeführt, daß das Bewußtsein für die Strafe erhalten bleiben soll bzw. daß der BGH, so Schüler-Springorum[313] in der Anmerkung zu einem konkreten Fall, dem Täter mit fühlbarer Strafe bewußt zu machen versucht habe, "daß die Gesellschaft ... auf Verletzung von Rechtsgütern mit dem Mittel der Strafe reagieren muß." Nach Fischer[314] besteht beim Teil-Vorwegvollzug der "Verdacht, daß allzuoft in die Begründung für die Dauer des vorweg zu vollziehenden Strafteils resozialisierungsfremde Elemente, insbesondere solche der Vergeltung, einfließen." Streng[315] sieht darin den Versuch, die "Vergeltungsbedürfnisse der Gesellschaft mit angeblichen therapeutischen Bedürfnissen des Täters in Einklang" zu bringen.

Bereits in die gesetzliche Regelung des § 67 II sind auch Gesichtspunkte des Ausgleichs für die "Schwere der Tat"[316] eingeflossen. Dabei ist in diesen Fällen das Tatschwereargument geradezu hinterhältig, da es mit im Kern nationalsozialistischen Gründen für die damals vorzunehmende Strafschärfung aufgrund des § 20a StGB-GewVbrG heute bei Tätern mit verminderter Schuldfähigkeit eine nach §§ 21,49 I zu mildernde Strafe nicht nur kompensiert, sondern bei Fällen teilweiser Nichtanrechnung sogar kumulativ erhöht.

Wenn das mit einem fremddefinierten Rehabilitationsinteresse begründete Leidensdruckkonzept für einen Vorwegvollzug von Strafe verfassungsrechtlich unhaltbar ist, bleiben keine überzeugenden Argumente für die Anwendung der vollstreckungsrechtlichen Ausnahmeregelung des § 67 II übrig. Zudem zeigt sich hier ein unaufgelöster Dissens zwischen dem der verfassungsrechtlichen Freiheitsgarantie zugrundeliegenden Gedanken, dem § 67 I verpflichtet ist, daß zwar "das Ausmaß der verhängten Sanktion generalpräventiv intendiert ist ..., daß aber das Ausmaß der Vollstreckung bei Wahrung von ebenfalls auf generalpräventiven Erwägungen beruhenden Mindestvollstreckungszeiten (nur) spezialpräventiv zu begründen ist, der Verurteilte also auf Bewährung zu entlassen ist, sobald von ihm keine Gefahr für die Allgemeinheit mehr ausgeht"[317], und der Entscheidung des Gesetzgebers mit dem 23.StÄndG, die Bewährungsaussetzung der Maßregel nicht mehr zuzulassen, bevor nicht die Hälfte der Strafe erledigt ist, was dann aus puren - hier nunmehr normativ vorgegebenen - Zweckmäßigkeitsgründen zur Anwendung des § 67 II zwingt. Die dogmatische Konzeption der psychiatrischen Maßregel als einer eigenständigen, auf Spezialprävention ausgerichteten Reaktionsform für schuldunfähige und für nach §§ 21,63,67 I StGB diesen gleichgestellten vermindert schuldfähigen Tätern wird durch die Regelungen des § 67 II iVm. § 67 V 1 StGB ausgehöhlt und unter falschem Etikett in den Dienst der tatschuldausgleichenden und

---

313 Schüler-Springorum 1986b,480
314 Fischer 1991,325
315 Streng 1987,41
316 BT-Drs. V/4095,31
317 Funck 1990,509

generalpräventiven Funktion der Strafe gestellt. Diese Überschneidung und Vermischung der Funktionen von Strafe und Maßregel macht Entscheidungen nach § 67 II und III aufgrund des Fehlens eindeutiger, kohärenter gesetzlicher Vorgaben faktisch zu willkürlichen richterlichen Wahlmöglichkeiten zwischen zwei Alternativen: ein Hauch von echter Zweispurigkeit mit Kumulationseffekt anstelle von Zweistufigkeit!

§ 67 IV StGB bestimmte in der ursprünglichen Fassung des 2.StrRG, daß die Zeit des Maßregelvollzugs - uneingeschränkt - auf die Strafe angerechnet wird. Durch das 23.StrÄndG[318] ist diese Anrechenbarkeit auf zwei Drittel der Strafe begrenzt worden. Hierbei wirft einerseits die grundsätzliche Anrechnung die Frage nach dem dogmatischen Verständnis sowohl der Maßregel als auch der Strafe auf, wie auch die nach dem Verhältnis beider zueinander; andererseits ist die rechtspolitische Absicht der normativen Anrechnungsbegrenzung auf zwei Drittel der Strafe zu bewerten.

Logisch sinnvoll und rechtlich akzeptabel ist eine Anrechnung nur dann, wenn das Anzurechnende demgegenüber, auf das es angerechnet wird, gleich, gleichwertig oder mindestens funktional äquivalent ist. Bereits in den Diskussionen über die Vorentwürfe und über das GewVbrG wurde daraufhingewiesen, daß beide strafrechtlichen Reaktionsformen mit Freiheitsentziehung und als solche mit einem Übel für den Betroffenen verbunden seien. Insoweit könnten diese Vollzugsaspekte eine Vergleichbarkeit erlauben. Diese Einschätzung wirkte in der Strafrechtsreformdiskussion der 50er und 60er Jahre auf einen Verzicht auf die kumulative Vollstreckung beider Reaktionen zugunsten des Vorwegvollzugs der Maßregel und ihrer Anrechenbarkeit auf die Strafe mit ein. So sprach Bruns[319] von einer "de facto-Strafwirkung der Maßregelvollstreckung", und auch für Stratenwerth[320] verändert sich beim Anrechnen der Charakter der Maßregeln: "... sie erfüllen dann die Aufgabe *auch* der Strafe." Ähnlich ist Hanack zu verstehen, wenn er formuliert, beim Vorwegvollzug der Maßregel nach § 67 I vermöge sie "Funktionen der Strafe mit zu erfassen"[321], bzw. bei der Anrechnung nach § 67 IV werde "die Strafe *in Form* der Maßregel verbüßt"[322].

Wenn aber die Strafe ihren Grund in der Tat, ihre wesentliche Intention gerade im Entzug der Bewegungsfreiheit und ihre Dauer im Maß der Schuld findet, wenn dagegen die psychiatrische Maßregel nur *aus Anlaß* der Tat und unabhängig vom Schuldgehalt verhängt wird, wenn ihre wesentliche Intention der präventive Schutz

---

[318] vom 13.04.1986, BGBl.I,393; -
§ 67 IV 2 StGB ist durch Beschluß des BVerfG vom 16.03.1994, R&P 1994,180 mit Art. 2 II 2 GG für unvereinbar erklärt worden; dieser Satz ist daher nichtig.
[319] Bruns 1959,223
[320] Stratenwerth 1981,28
[321] LK-Hanack § 67 Rz. 5
[322] LK-Hanack § 67 Rz. 1

der Allgemeinheit ist und dieser Schutz durch Therapieangebote und durch sichernde Freiheitseingriffe nur in dem Maße (Eingriffsintensität) und nur solange legitimiert werden kann, wie er um dieses Schutzzweckes willen erforderlich (verhältnismäßig) ist, dann ist die Maßregel wegen dieses prinzipiellen dogmatischen Unterschieds theoretisch weder der Strafe gleich, noch gleichwertig, noch funktional äquivalent. Dies gilt auch, obwohl in ihrem faktischen Vollzug Freiheitseingriffe erfolgen und andere repressive Maßnahmen vorgenommen werden. Aber während diese Erscheinungen bei der Strafe im Hinblick auf ihren Zweck bewußt und gewollt intendierte Wesenselemente sind, sind sie beim Vollzug der Maßregel bloße Mittel, die insoweit unverzichtbar sind, als andere - vor allem leistungsgewährende - Maßnahmen nicht zum Erfolg, nämlich der Sicherheit der Allgemeinheit vor weiteren rechtswidrigen Taten, führen und sie somit dem Betroffenen um des Schutzzweckes der Allgemeinheit willen - bedauerlicherweise - als Opfer abverlangt werden müssen. Damit aber sind die in ihrer äußeren Gestaltung und in der subjektiven Wahrnehmung durch die Betroffenen gleich erscheinenden Beeinträchtigungen dogmatisch nicht von derselben Qualität: Freiheitseingriffe *als* Strafe und *beim* Vollzug der Maßregel sind nicht identisch! Deshalb ist die Ausdruckweise einer 'Anrechnung des Maßregelvollzugs auf die Strafe' unkorrekt; "angerechnet" im Sinne eines insoweit einzuräumenden Verzichts auf den Vollzug von Strafe wird in der Sache gerade nicht die im und durch den Maßregelvollzug erfahrene und möglicherweise auch noch quantifizierbare Belastung, die dem Betroffenen um des Schutzes der Allgemeinheit willen auferlegt wurde, sondern einfach nur abgelaufene Zeit, in der der Untergebrachte dem Vollzug der Maßregel "im psychiatrischen Krankenhaus" unterworfen war, egal ob er auf einer sog. festen Station eingeschlossen oder aber langfristig aus dem stationären Bereich beurlaubt war. Von daher übernimmt die Maßregel weder Funktionen, noch Aufgaben, noch die Form der Strafe. Auch bei der 'Anrechnung' ist die psychiatrische Maßregel deshalb vom Odium strafrechtlicher Begründetheit freizuhalten. Daß sie im praktischen Vollzug weithin 'Strafcharakter' angenommen bzw. beibehalten hat und manchem Betroffenen 'wie Strafe' erscheint, ist nicht nur ein Versagen klarer juristischer Dogmatik, sondern weit mehr des politischen Handelns und Gestaltens.

Während der Beratungen im Sonderausschuß Strafrechtsreform schien einigen die Regelung des § 67 I mit der Möglichkeit der Aussetzung eines Strafrestes bei der bedingten Entlassung aus der Maßregelunterbringung prima facie eine "ganz unbegreifliche und ungerechte Besserstellung des kriminell gefährlichen Täters"[323]. Damals wurde diese Befürchtung mit der rechtspolitischen Absicht zurückgewiesen, schädliche Folgen bei noch zu verbüßender Strafe zu vermeiden[324]. Inzwischen zeigen empirische Untersuchungen, daß nach §§ 21,63,67 I untergebrachte Täter

[323] so Lenckner 1972,232 mwN.; cf. hierzu auch Marquardt 1972,57
[324] cf. Lenckner 1972,232

zumindest in Teilbereichen eine längere Zeit im Maßregelvollzug verbringen als die volle Dauer der gleichzeitig über sie verhängten Freiheitsstrafe beträgt[325].

Unter diesen Vorzeichen kann die rechtspolitische Zielvorstellung des 23.StrÄndG mit der Zulassung der Aussetzung erst nach 'Erledigung' der Halbstrafe und der 'Anrechnung' der im Maßregelvollzug verbrachten Zeit auf maximal zwei Drittel der Strafe nur als 'Drohung mit einem empfindlichen Übel' in Gestalt einer Teil-Kumulation und als Hinwendung zu einer verstärkten generalpräventiven Tat-Reaktion unter Zurückdrängung präventiver Ausrichtungen gedeutet werden. Mindestens im Blick auf die psychiatrische Maßregel[326] läuft diese Tendenz der Intention des 2.StrRG entgegen.

Abschließend bleibt Hanack[327] darin zuzustimmen, daß der § 67 StGB ein Regelwerk ist, dessen Kompromißcharakter in zahlreichen Sachfragen "geradezu peinlich zutage tritt." Und auch Volckarts[328] Diktum über das 23.StrÄndG als einer "Mißgeburt" ist nichts hinzuzufügen.

---

[325] Cf. hierzu den empirischen Vergleich Leygrafs 1988a,117 zwischen der angeordneten Freiheitsstrafe und der abgelaufenen Unterbringungszeit am Erhebungsstichtag. Danach befanden sich nur Untergebrachte mit Tötungsdelikten bisher weniger lang im Maßregelvollzug als ihre durchschnittliche Freiheitsstrafe betrug. Dagegen waren die Strafen bei Körperverletzungen, Sexualdelikten ohne und mit Gewalt, Eigentumsdelikten ohne und mit Gewalt und Brandstiftungen signifikant kürzer als die bisherigen mittleren Unterbringungsdauern; "bei den gewaltlosen Eigentums- bzw. Sexualdelikten betrug die bisherige Dauer der Unterbringung sogar bereits das 2 1/2 bzw. 3-fache des Strafzeitraumes", ibid. -
Zu gleichen Ergebnissen kommen Jäger/Jacobsen 1990,309; als Beispiel: "Während die Unterbringungszeit für *Vergewaltiger* im Maßregelvollzug >nur< um etwa 45% über der der Strafgefangenen liegt, nimmt der Unterschied für die Gruppe der Pädophilen ein geradezu groteskes Ausmaß an: Untergebrachte müssen wegen des gleichen Tatbestandes im Mittel mehr als die dreifache Zeit >büßen< als die Strafgefangenen."

[326] Daß das 23.StrÄndG vornehmlich auf Drogentäter zielt, wurde bereits erwähnt; die sich dabei ergebenden Probleme können hier nicht behandelt werden. Das entscheidende Versäumnis des Gesetzgebers besteht aber darin, im Bereich der Rechtsfolgengestaltung weder beim 2.StrRG noch beim 23.StrÄndG deutlich genug zwischen den verschiedenen spezifischen dogmatischen Grundlagen der einzelnen Maßregeln und ihren unterschiedlichen Anordnungsvoraussetzungen im Hinblick auf die je besonderen Vollstreckungserfordernisse differenziert zu haben. -
Jung 1986 beurteilt das 23.StrÄndG im Rahmen der Entwicklung des kriminalrechtlichen Sanktionensystems insgesamt positiv. "Allein die Änderungen im Maßregelsystem tragen repressive Züge", aaO.,745.

[327] LK-Hanack § 67 Rz. 3

[328] Volckart 1986,16

3.3.2.6 Theorie des Maßregelrechts VI: Unterbringungsdauer. Bedingte Aussetzung. Verhältnismäßigkeitsgrundsatz

Da die psychiatrische Maßregel, dogmatisch betrachtet, nicht in Bindung an den Schuldgehalt einer geschehenen Tat, sondern nur ihres Anlasses wegen zur Abwehr einer drohenden, möglicherweise sich künftig realisierenden Tat verhängt wird, entspricht es der Natur der Maßregel, "daß sie an keine zeitliche Grenze gebunden sein kann."[329] So betrachtet ist sie "Freiheitsentziehung für niemals begangene Verbrechen"[330]. In der aufgrund dieses Zukunftsbezugs unbefristeten Unterbringungsdauer erblickt Eickhoff[331] einen entscheidenden Rechtsverlust des "Anspruchs auf Wahrung der Verhältnismäßigkeit zwischen Unrecht und Sanktion."

Das Vollstreckungsrecht des StGB sieht in § 67e eine Prüfung durch das Gericht vor, ob die weitere Vollstreckung der Unterbringung zur Bewährung auszusetzen ist. Es kann dies jederzeit tun, muß es bei der psychiatrischen Maßregel aber jeweils vor Ablauf eines Jahres, § 67e II StGB. Diese Überprüfungsregelung ist bereits durch das nationalsozialistische GewVbrG anstelle der in den Vorentwürfen enthaltenen zeitlichen Befristung der Unterbringung in das Maßregelrecht eingefügt worden[332]. Das 1. und 2.StrRG haben sie mit gekürzten Prüffristen übernommen.

In Sonderfällen[333] wird die Maßregel durch das Gericht infolge einer insoweit bestehenden Gesetzeslücke analog[334] § 67c II 5 StGB für erledigt[335] erklärt. Dies gilt, wenn sich im Vollzug der Unterbringung herausstellt, daß bereits die Anordnung der Maßregel auf einer 'Fehldiagnose'[336] beruhte, dh. die Einsichts- oder Steuerungsfähigkeit nicht aufgrund der Merkmale des § 20 StGB beeinträchtigt oder ausgeschlossen war. Gleiches gilt trotz Befürchtung weiterer Straftaten, wenn zwar noch eine Behandlungsbedürftigkeit zu bejahen ist, diese aber nicht auf einer 'Krankheit' im Sinne von § 20 StGB beruht. Auch bei einer während des Vollzugs erfolgten Heilung[337] und dem damit eingetretenen Wegfall der die Unterbringung legitimierenden Erwartung rechtswidriger Taten ('Gefährlichkeit') ist die Maßregel für erledigt zu erklären. Ebenso ist zu verfahren, wenn sich das "therapeutische Ziel

[329] Lenckner 1972,192
[330] Antilla 1975, zit. nach Hoffmann/Feest 1986,62
[331] Eickhoff 1987,65
[332] s. o. Abschnitte 1.4.9, 2.2.4.8 und 2.2.5
[333] cf. Müller-Dietz 1983,151f.
[334] h.M., cf. Volckart 1991,166
[335] OLG Hamm NStZ 1982,300; OLG München R&P 1987,39
[336] cf. Rasch 1988; Konrad 1991b; SK-Horn § 67d Rz. 13: für erledigt erklären nach § 67d III 2 StGB.
[337] OLG Frankfurt NJW 1978,2347; OLG Hamm NStZ 1982,300; SK-Horn § 67d Rz. 13

weder innerhalb noch außerhalb der Einrichtung"[338] erreichen läßt. Wird die Dauer der Unterbringung unverhältnismäßig, ist die Maßregel ebenfalls für erledigt zu erklären[339]. Auch wenn alle therapeutischen Möglichkeiten ausgeschöpft sind, einer weiter bestehenden Gefährlichkeit aber durch die Vollstreckung von Sicherungsverwahrung oder Freiheitsstrafe aus einem anderen Urteil begegnet werden kann, ist die Maßregel auf dieselbe Weise zu beenden[340].

Der Untergebrachte soll nach Rüping[341] seine Entlassung und die Erledigterklärung der Maßregel auch in den Fällen beanspruchen können, in denen die Therapie ausschließlich aufgrund der tatsächlichen institutionellen Bedingungen und nicht wegen seiner eigenen Weigerung nicht weiter durchführbar erscheint[342].

Ist die Maßregel für erledigt erklärt, tritt keine Führungsaufsicht ein.

Bei allen Entscheidungen nach §§ 67c II 5, 67d StGB ist das Gericht (Strafvollstreckungskammer) nicht an die Überlegungen und Begründungen des erkennenden Gerichts bei der Anordnung der Maßregel gebunden[343].

Die Dauer der Unterbringung im psychiatrischen Krankenhaus nach § 63 StGB ist zeitlich nicht begrenzt. Das Gericht (Strafvollstreckungskammer) setzt nach § 67d II StGB die weitere Vollstreckung der Unterbringung zur Bewährung aus, sobald verantwortet werden kann zu erproben, ob der Untergebrachte außerhalb des Maßregelvollzugs keine rechtswidrigen Taten mehr begehen wird. Diese sog. Erprobensformel[344] löste mit dem Inkrafttreten des 1.StrRG[345] als neugefaßter § 42f StGB die bis dahin geltende sog. Zweckerreichensformel des GewVbrG ab und gilt als § 67d II StGB wortgleich seit dem Inkrafttreten des 2.StrRG[346] weiter. Diese Erprobens- bzw. Verantwortungsklausel hat eine mit der Legitimierbarkeit

[338] OLG Hamm R&P 1991,37; a.A. Volckart 1991,168: "... diese Form der Unterbringung ist so konzipiert, daß sie in der Regel fortdauern muß, solange von dem Patienten krankheitsbedingte erhebliche rechtswidrige Taten drohen."

[339] OLG Hamm EuGRZ 1986,545f.

[340] LG Göttingen NStZ 1990,299; sind diese Voraussetzungen nicht gegeben, ist auch bei fehlender Behandlungsaussicht die Maßregel - dann ausschließlich zur Sicherung - im psychiatrischen Krankenhaus fortzusetzen, BGH bei Holtz MDR 1978,110: eine Aufgabe, die die Psychiatrie schon immer zu erfüllen hatte.

[341] cf. Rüping 1988,410

[342] ebenso OLG Celle NStZ 1981,318; LG Paderborn R&P 1985,39; a.A. OLG München NJW 1978,552; OLG Frankfurt NStZ 1983,187f.; BVerfG NStZ 1985,381

[343] cf. Horstkotte 1986,336,338; SK-Horn § 61 Rz. 11; differenziert B.Wagner 1992b,133: hinsichtlich der Anlaßtat (Verhältnismäßigkeitsprüfung) ist die StVK an die Feststellungen des verurteilenden Gerichts gebunden, soweit es auf die Prognose im Überprüfungszeitpunkt ankommt, wertet sie eigenständig.

[344] Müller-Dietz 1983,50 verwendet den Ausdruck "Verantwortungsklausel".

[345] am 01.04.1970

[346] am 01.01.1975

der Maßregel unmittelbar zusammenhängende Funktion[347], denn wenn die Voraussetzung, daß vom Untergebrachten weitere Taten drohen, nicht mehr vorliegt, ist der Maßregelvollzug "mangels Legitimierbarkeit"[348] zu beenden. Umgekehrt kann die Ablehnung der Aussetzung zur Bewährung gleichsam als Bestätigung der Anordnungsvoraussetzung angesehen werden[349].

Mit dem Ausdruck "rechtswidrige Taten"[350] sind nur solche gemeint, die den Tatbestand eines Strafgesetzes[351] verwirklichen würden. Im Unterschied zu § 63, wo von der 'Erwartung' rechtswidriger Taten des Angeklagten gesprochen wird, nimmt die Formulierung des § 67d II einen Perspektivenwechsel des Betrachters dahingehend auf das Subjekt des Untergebrachten bezogen vor, daß zu erproben ist, ob er keine rechtswidrigen Taten mehr 'begehen' wird. Mit dieser Konzentration auf das Subjekt, unter Ausblendung des gesellschaftlichen 'Erwartungs'-horizontes, wird die Überprüfungsfrage darauf eingeengt, ob der Untergebrachte inzwischen 'reif' zur Bewährungsaussetzung ist. Von einem noch in § 63 anklingenden Spannungsverhältnis zwischen dem Zustand des Täters und der Furcht der Gesellschaft (gesetzestechnisch umgeformt in die Formel von der 'Erwartung' rechtswidriger Taten), bzw. zwischen dem Freiheitsrecht des Schuldunfähigen und dem Schutzinteresse der Allgemeinheit ist hier nicht mehr die Rede. In der Konsequenz dieses Perspektivenwechsels ist gemäß § 67d II nach der Zulässigkeit der Aufhebung des Freiheitseingriffs statt nach einer weiteren Legitimierbarkeit der Anordnung des Freiheitseingriffs zu fragen.

Diese potentiell begehbaren Taten müssen nicht nur von ihrer Art, sondern auch von ihrer Schwere her so beschaffen sein, daß sie auch die Anordnung[352] einer entsprechenden Maßregel rechtfertigen würden. In diesem Sinne wird man, den Wortlaut des § 67d II interpretierend, 'erhebliche' Taten als Kriterium[353] verlangen müssen. Kann nach der Entwicklung des Untergebrachten mit der Erprobung des Eintretens dieser Bedingungen außerhalb der Unterbringung[354] begonnen werden, ist ein weiterer Freiheitseingriff durch die psychiatrische Maßregel nicht mehr legiti-

---

[347] cf. Frisch 1990b,769

[348] Frisch 1990c,21

[349] Cf. Baur 1990,481, der in der Ablehnung der Bewährungsaussetzung allerdings kaum eine eigenständige Unterbringungslegitimation sieht.

[350] Man achte auch hier wieder wie bei § 63 StGB auf den Plural!

[351] LK-Horstkotte § 67d Rz. 26

[352] LK-Horstkotte § 67d Rz. 31,58 mwN.

[353] cf. Streng 1991,144

[354] Auch hier ist wieder zu beachten, wie sich die Begriffe und realen Sachverhalte von stationärer, geschlossener Unterbringung im psychiatrischen Krankenhaus bis hin zur langfristigen Beurlaubung, fast ohne jegliche Kontrolle, als konstitutives Element der Behandlung >im psychiatrischen Krankenhaus< überlagern. Die Begriffe Unterbringung und psychiatrisches Krankenhaus haben jegliche Trennschärfe und Anforderungen an das strafrechtliche Bestimmtheitsgebot auch für die Rechtsfolgen aus Art. 103 II GG verloren; s. dazu unten Abschnitt 3.3.2.7

mierbar. Aus verfassungsrechtlichen Gründen wird dann aus dem "sobald verantwortet werden kann" ein: 'muß' die Aussetzung verantwortet werden[355].

Anders als noch die Zweckerreichensformel des § 42f StGB-GewVbrG verlangt die Erprobensformel des § 67d II StGB-2.StrRG nicht mehr die volle Gewähr künftiger Straffreiheit[356] als Aussetzungsvoraussetzung. Nach der geltenden Fassung ist der Zweck der Unterbringung bereits dann erreicht, wenn die Erprobung der Unterbringungsaussetzung verantwortet werden kann. Insofern ist bereits nach dem Wortlaut der Norm die Entlassung "stets mit einem gewissen Risiko verbunden"[357], oder mit anderen Worten: "Als Erprobung hat die Aussetzung der Maßregel stets den Charakter eines Experiments."[358] Wenn nur (noch) Taten mittlerer Kriminalität befürchtet werden, sinken mit fortschreitendem Freiheitsentzug die Anforderungen an die Aussetzungsreife. "Hier kann der Freiheitsanspruch schließlich ein solches Gewicht erlangen, daß die Erprobung fast mit geschlossenen Augen gewagt werden muß."[359]

Ging es bei der Anordnung der Maßregel nach § 63 StGB um die Frage, welche Gründe, Argumente und Risikoabwägungen den Eingriff in die Freiheitsrechte des schuldunfähigen Täters tragen, so kehrt sich bei dem maßregelrechtlichen Verständnis der Unterbringung in einem psychiatrischen Krankenhaus als einem - wenigstens zunächst - vollständigen Freiheitsentzug die Fragerichtung in § 67d II dahingehend um: Aufgrund welcher neuen Sachverhalte, mit welchen Argumenten und Risikoabschätzungen kann bzw. muß nunmehr eine Wiedergewährung der Freiheit verantwortet werden? Auch die hierbei erforderliche Prognose verlangt ei-

---

355 cf. Frisch 1990c,21

356 Cf. Horstkotte 1986,338 unter Rückgriff auf BT-Drs. V/4094,22 ("keine sichere Erwartung..."): Die Aussetzung nach § 67d II verlangt "keine volle Gewähr künftigen Wohlverhaltens".

357 BT-Drs. V/4094,22 -
Wenn Rasch 1985,309,319ff. im Blick auf Entscheidungen über Lockerungen des Vollzugs von einem einzugehenden "kalkulierten Risiko" spricht, können seine dabei angestellten Überlegungen mutatis mutandis auch für Aussetzungsentscheidungen herangezogen werden. Folgende Punkte hält er für beachtenswert: 1. Sind im Rückblick auf die Auslösetat Wiederholungen einer gleichen oder ähnlichen Tat zu erwarten, wobei manche Täter dazu neigen, sich selbst kriminogene Situationen zu schaffen? 2. Liegt in der Persönlichkeit oder Krankheit eine Disposition zu einem bestimmten Verhalten? 3. Wie sah das Verhalten während der Unterbringung aus? 4. Wie wird der Untergebrachte künftig seine Freiheit gebrauchen? Langeweile erzeugt gefährliche Situationen, Erlebnislosigkeit wird mit vertrauten Verhaltensmustern gefüllt.

358 LK-Horstkotte § 67d Rz. 23; BVerfGE 70,297 = NJW 1986,767,769

359 Horstkotte 1986,340 -
Allerdings sieht Babatz 1988,457 auch Grenzen des Risikos. Für ihn sind Lockerungs- und Aussetzungsentscheidungen bei Personen, die Taten gegen Leib und Leben oder unmittelbar gegen die körperliche Integrität anderer gewaltsam ausgeführt haben, von besonderer Bedeutung. Solche Personen sollten notfalls lebenslang untergebracht bleiben. Bei Sexualstraftätern soll die Sicherung höchste Priorität haben. In Zweifelsfällen sei contra Therapie und pro Sicherung zu entscheiden.

ne dieser Konstruktion des Maßregelrechts entsprechende Umkehr der Blickrichtung: von der Legitimierbarkeit der Unterbringung zur Verantwortbarkeit der Bewährungsaussetzung. An der bereits oben[360] angesprochenen Prognoseproblematik ändert sich dadurch allerdings kaum etwas[361]; deshalb ist an dieser Stelle nicht erneut auf die Prognoseproblematik zurückzukommen.

Im Hinblick auf die Gewinnung von verläßlichen Kriterien für eine verantwortbare Aussetzungsentscheidung warnt Rasch[362] ausdrücklich vor einer Überschätzung der Gefährlichkeit der Untergebrachten und macht Vorschläge für eine validere Prognoseerstellung. So sollte statt von Personen mehr von Handlungssituationen gesprochen werden; bedrohte Rechtsgüter seien zu bedenken; die Persönlichkeit müsse gegen die Situation abgewogen werden; die aktuelle Krankheitssymptomatik sei nach Gefährlichkeitsindizien abzuklopfen; aus dem Maß an Verläßlichkeit, Verbindlichkeit und Offenheit während der Unterbringung[363] sollte auf das Verhalten in Freiheit projiziert werden; und schließlich seien die Perspektiven nach einer Entlassung in die Entscheidung einzubeziehen[364]. Bereits Horstkotte[365] hatte angesichts der hier geforderten Prognose daraufhingewiesen, das Merkmal der Gefährlichkeit nicht als einen psychischen Zustand zu betrachten[366], sondern als eine komplexe Konstellation von Persönlichkeitsmerkmalen, Lebensumständen und Umweltbedingungen, die hier von maßgebender Bedeutung sind. Deshalb müsse zwischen dem möglichen Fortbestehen von Krankheit und dem Aufrechterhalten

---

360 s. o. Abschnitt 3.3.2.1

361 Dörner/Plog 1989,467 machen darauf aufmerksam, daß eine Prognose bei "Insassen" in Theorie und Praxis erfahrungsgemäß immer auf eine "Insassen-Wissenschaft" hinausläuft.

362 Cf. Rasch 1988,418ff.; Rasch 1985,311f.: Er vermutet, daß zwei Drittel der Untergebrachten eigentlich nicht gefährlich sind und ohne weiteres entlassen werden könnten. Gründe für die Überschätzung der Gefährlichkeit sieht er folgende: die ungünstig Beurteilten erhalten keine Chance zu beweisen, daß sie sich im Falle einer Entlassung deliktfrei verhalten hätten; Zweifel bei der Prognose gehen zu Lasten des Untergebrachten; Therapeuten neigen dazu, abscheuliche Taten kritisch zu beurteilen bzw. zu verurteilen; der Therapeut ist an einer Fortsetzung der Behandlung interessiert; Therapeuten stellen ungeprüfte Zusammenhänge zwischen Symptom bzw. Verhaltensweisen und der Gefährlichkeit her.

363 Cf. M.Bock 1990,457 zur Berücksichtigung der "kriminellen Karriere" und des Verhaltens im (Straf-)Vollzug bei Prognosen: sie führten zu einer "kriminalpolitisch fragwürdigen Fehlplatzierung, weil gerade die sozial auffälligsten Straftäter von den Lern- und Erprobungsmöglichkeiten unseres differenzierten Rechtsfolgensystems abgeschnitten werden." Cf. auch aaO.,460.

364 cf. Rasch 1988,418ff.

365 cf. LK-Horstkotte § 67d Rz. 34,77

366 M.Bock 1990,462f. spricht (dort in erster Linie auf vergleichbare Problemlagen bei Aussetzungsentscheidungen von Strafen bezogen) angesichts der offenen Wertungsprobleme in Fällen "einer erdrückenden Kumulation objektiv nachteiliger Umstände", die vom Täter nicht bewältigt wurde, von der "Pflicht der Gemeinschaft, das Risiko der resozialisierungsfreundlicheren Rechtsfolge zu tragen", da sich dieser Gedanke mit dem Menschenbild und sonstigen grundlegenden Gedanken unserer Rechtsordnung besser vertrage als der, "gefährliche Persönlichkeitsstrukturen" als Grund für einen Freiheitsentzug gelten zu lassen.

einer Gefährlichkeitsprognose genau unterschieden werden[367]. Die Neigung mancher Therapeuten, den weiteren Vollzug der Unterbringung trotz nicht mehr bestehender Gefährlichkeit wegen fortdauernder Behandlungsbedürftigkeit[368] zu fordern, wird vom Gesetz nicht gedeckt. Den Einbezug künftiger Lebensverhältnisse in die Aussetzungsprognose fordert das BVerfG[369], was den Gedanken nahelegt, die bei der Anordnung der Maßregel nach h.M. nicht zulässige Subsidiarität bei der Aussetzungsprognose mit in Betracht zu ziehen. Rechtlich problematisch und für den Betroffenen mit weitergehenden Freiheitseinschränkungen zusätzlich belastend muß sich dieser Vorschlag allerdings dann erweisen, wenn die Gesellschaft ihm die notwendigen Ressourcen für eine Wiedereingliederung verweigert, sei es durch fiskalische Maßnahmen, sei es durch öffentliche oder veröffentlichte Meinung mit entsprechendem Druck auf Entscheidungsträger, denn viele Untergebrachte und ihre Angehörigen verfügen aufgrund ihres Sozialstatus[370] kaum über ein aktivierbares Selbsthilfepotential. Diesen Meinungen gegenüber steht die Auffassung von Streng[371], trotz weiterbestehender Gefährlichkeit sei gemäß § 67d II die Unterbringung auszusetzen, "wenn *keine krankheitswertigen Auffälligkeiten i.S.v. §§ 20,21 mehr* feststellbar sind". Andernfalls erscheine die Unterbringung als gesetzlich nicht vorgesehene Sicherungsverwahrung[372].

Bei der Risikoabschätzung künftigen Verhaltens können Zwischenfälle während Lockerungen des Vollzugs wie Alkoholmißbrauch oder Entweichen unterschiedliche, jedenfalls nicht ausschließlich zulasten des Betroffenen deutbare Indizwirkung[373] haben. Auch darf die Weigerung des Untergebrachten, an einer Therapie teilzunehmen, die ihrem Wesen und unserer Rechtsordnung nach Freiwilligkeit voraussetzt, nicht als ein prognostisch negativer Gesichtspunkt berücksichtigt werden[374]. Gleiches gilt für 'Störer'; nach M. Bock[375] erhalten sie bei schematischem Vorgehen wegen ihrer Merkmale sozialer Auffälligkeit einseitig schlechte Gefährlichkeitsprognosen. Damit werde in der Konsequenz denen, die soziale Hilfestel-

[367] Cf. LK-Horstkotte § 67d Rz. 66: ein Fortbestehen von Krankheit rechtfertigt nicht die Aufrechterhaltung der Gefährlichkeitsprognose; ebenso Leygraf 1988b,454, wobei er zusätzlich daraufhinweist, daß nach dem Abklingen der Krankheitssymptomatik anschließend in manchen Fällen Hospitalisierungsschäden bestünden.

[368] Cf. hierzu Baumann 1966,24. -
Problematisch wären in diesem Zusammenhang dann bereits Vollzugslockerungen, wenn sie Anlaß geben sollen "zu prüfen, inwieweit sich noch neue relevante Therapieaspekte ergeben", Nowara 1992,28.

[369] BVerfGE 70,297 = NJW 1986,767,769; cf. dazu Müller-Dietz 1987,49

[370] cf. Schumann 1987,15ff.; Leygraf 1988a,31ff.

[371] Streng 1991,144f.

[372] cf. Streng 1991,145

[373] cf. Horstkotte 1986,336; Volbert 1986,341ff.

[374] LK-Horstkotte § 67d Rz. 36

[375] cf. M.Bock 1990,463

lungen am nötigsten hätten, diese Hilfe gerade vorenthalten[376]. Und mit dem Hinweis auf das mögliche Fehlen institutioneller Voraussetzungen für die erforderlichen therapeutischen und sozialen Hilfen warnt Müller-Dietz[377] davor, "Schlechtprognosen" einseitig gegen den Untergebrachten[378] zu werten. Deshalb darf das Verfehlen des mit der Unterbringung bezweckten therapeutischen Erfolgs "nicht zu einer beliebigen Verlängerung der Unterbringungsdauer führen."[379] Schließlich kann auch eine langdauernde Unterbringung zu einem eigenständigen Kausalfaktor werden, der die Entlassungschancen beeinträchtigt[380].

Andererseits dürfen im Vollzug positiv verlaufende und ebenso zu bewertende Maßnahmen wie Lockerungen und Urlaube im Vollstreckungsrecht nicht dazu führen, das "Sobald verantwortet werden kann zu erproben ..." außer acht zu lassen[381], auch wenn die Abgrenzung zwischen Lockerungsbewährung und Aussetzungsreife mitunter schwierig ist[382]. Nach OLG Hamm[383] folgt aus einer "erfolgreich verlaufenden Beurlaubung von gewisser Dauer" ein Anspruch[384] auf die bedingte Aussetzung der Maßregelvollstreckung. Die sich an die bedingte Aussetzung kraft Gesetzes, § 67d II 2, anschließende Führungsaufsicht mit ihrer Ausweitung der sozialen Kontrolle hält Kaiser[385] für die geringere Belastung, denn ohne die Führungsaufsicht säßen viele nach § 63 Untergebrachte deutlich länger in den Anstalten.

Selbst ein noch offener und insoweit nicht ausgesetzter oder nicht angerechneter bzw. nicht anrechenbarer Strafrest darf nach Horstkotte[386] nicht gegen die zulässige und deshalb rechtlich geforderte Maßregelaussetzung geltend gemacht werden.

---

[376] Cf. ibid.; umgekehrt werden sozial integrierte und kompetente Täter, über deren >Gefährlichkeit< wenig bekannt ist, begünstigt.

[377] cf. Müller-Dietz 1987,46

[378] Nach Rasch 1986,83 bestehen "bei einem bestimmten Teil der Untergebrachten psychische Störungen", "die mit den derzeit gegebenen therapeutischen Methoden nicht zu beeinflussen sind."

[379] Eickhoff 1987,66

[380] Cf. Streng 1991,146 und den Hinweis, daß Hospitalisierungsschäden die Lebenstüchtigkeit des Untergebrachten gefährden, ibid. -
Cf. hierzu auch Hügel/Hupe 1984 und Baur 1990,484: "Die Konstruktion einer unbefristeten Verwahrung wälzt das Risiko einer mangelhaften Therapie und Rehabilitation durch unzulängliche Vollzugseinrichtungen und Behandlungskonzepte auf den untergebrachten Patienten über."

[381] cf. Horstkotte 1986,337

[382] cf. LK-Horstkotte § 67d Rz. 45

[383] OLG Hamm StV 1988,115 m. Anm. Pollähne

[384] Für Frisch 1990b,775 müssen prositiv verlaufende Lockerungen der Aussetzungsentscheidung vorangehen, weil eine Aussetzung vor der "befriedigenden Bewältigung bestimmter Lockerungen prinzipiell nicht verantwortet werden kann."

[385] cf. Kaiser 1990,44ff.

[386] cf. LK-Horstkotte § 67d Rz. 54

Großen Schäden, die bei einem Rückfall drohen würden, will Horstkotte[387] mit höheren Anforderungen an die Sicherheit des Persönlichkeit und Situation umfassenden prognostischen Urteils begegnen. Während nach Müller-Dietz[388] deshalb die Grenzen des Freiheitsanspruchs des Einzelnen dort gezogen sind, "wo Art, Gewicht und Wahrscheinlichkeit der vom Untergebrachten drohenden Taten eine Entlassung angesichts des staatlichen Schutzauftrages unvertretbar erscheinen lassen", sind nach Frisch[389] in diesem Zusammenhang behebbare Güterbeeinträchtigungen in den Bereichen Eigentum und Vermögen eher hinnehmbar als irreparable, wie Tötungen, schwere Körperverletzungen und mit Gewaltanwendung verbundene Sexualdelikte[390].

Alle hier aufgezählten und bei der Entscheidung über die Maßregelaussetzung zu beachtenden Faktoren haben überlange Unterbringungszeiten[391] bis heute nicht verhindern können. Angesichts der erheblich divergierenden Unterbringungsdauern der Maßregelvollstreckung bei gleichem der Einweisung in den Maßregelvollzug zugrundeliegendem Delikt und der Unterschiede bei den absoluten Verweildauern

[387] cf. Horstkotte 1986,340

[388] Müller-Dietz 1987,50

[389] cf. Frisch 1990c,22

[390] Cf. auch LK-Horstkotte § 67d Rz. 31: "Die Strafvollstreckungskammer darf ... die Aussetzung der Maßregel nur ablehnen, wenn von dem Verurteilten noch Taten zu befürchten sind, die nicht nur der Art, sondern auch ihrer Schwere nach ausreichen würden, um die Anordnung einer entsprechenden Maßregel zu rechtfertigen", mwN.; cf. ebenso aaO.,Rz. 58. Dabei hat sie sich an der Schwere der zu erwartenden Taten zu orientieren, aaO.,Rz. 67.

[391] Empirische Erhebungen zu den Unterbringungsdauern, die allerdings im einzelnen methodisch nicht ohne weiteres vergleichbar sind, liefern Schumann 1987,78ff. und Leygraf 1988a,109ff. Dabei weist Leygraf aaO.,119ff., besonders auf die signifikanten Unterschiede der mittleren Unterbringungszeiten in den einzelnen Bundesländern hin, die zwischen Hamburg mit 2,9 Jahren und Schleswig-Holstein mit 8,3 Jahren liegen. -
Unterschiedliche Verweildauern bei vergleichbaren Delikten im Straf- und im Maßregelvollzug haben Jäger/Jacobsen 1990 herausgefunden. Beispielsweise lag die Unterbringungsdauer bis zum Erhebungsstichtag bei Sexualstraftätern im Maßregelvollzug um mehr als das Doppelte über der Vergleichsgruppe im Strafvollzug; dabei befanden sich unter den Tätern im Maßregelvollzug weniger Vergewaltiger als im Strafvollzug, auch waren von ersteren weniger körperliche Schäden verursacht worden als von den zu Strafe verurteilten, aaO.,307f. Pädophile befanden sich sogar dreimal länger im Maßregel- als im Strafvollzug, aaO.,309. Schließlich kamen Untergebrachte mit hohem Aggressionsgehalt des Einweisungsdelikts auf eine kürzere Verweildauer im Maßregelvollzug als andere mit geringerer Aggression, aaO.,310.

zwischen den Bundesländern[392] stellt sich dringlich die Frage der Erträglichkeit dieser Rechtsungleichheit[393].

Offensichtlich konnte das mit der sog. Zweckerreichensformel geprägte nationalsozialistische Paradigma der Gewähr absoluter Sicherheit vor dem als gefährlich definierten Individuum durch die neue Erprobens- bzw. Verantwortungsformel nicht gebrochen werden. Letztlich ist das geltende Recht nicht einmal in der Lage, an die eingriffsbegrenzende Funktion der mit dem späteren GewVbrG wortgleichen Formel der Entwürfe der Weimarer Zeit anzuknüpfen, die diese Funktion sogar bei der damals vorgesehenen zeitlichen Limitierung des Maßregelvollzugs[394] innehatte. Ursache hierfür ist die Kontinuität des geltenden Maßregelrechts zur nationalsozialistischen Vollstreckungsstruktur und -praxis der fortdauernden unbegrenzten Unterbringung. Bei dieser Struktur ist der andauernde Freiheitsentzug der 'Normalzustand'; von ihm ausgehend muß über die Rückgewähr von Freiheit entschieden werden, und diese Entscheidung ist offensichtlich - perspektivisch betrachtet - mehr vor der Allgemeinheit als vor dem Betroffenen zu verantworten.

Unklarheiten über die richtige Perspektive des Betrachters und die bei der rechtlichen Entscheidung zu wählende argumentative Blickrichtung - Beschluß über die Ablehnung der Aussetzung oder über die Fortdauer der Unterbringung im Sinne einer erneut legitimierten Anordnung - nähren auch den Streit über den hier 'in dubio' einzuschlagenden Entscheidungsweg: pro reo oder contra reum. Die herrschende Meinung will 'in dubio pro reo' nur bei der Anordnung gelten lassen; dagegen müsse bei der Aussetzungsentscheidung der Richter von dem durch die Erprobensformel geforderten reduzierten Niveau der Gefährlichkeit bzw. der Unge-

---

392 Leygraf 1988a,122: "Da nicht anzunehmen ist, daß sich die Gefährlichkeit psychisch kranker Rechtsbrecher an der föderalistischen Gliederung der Bundesrepublik orientiert, ist sicher die Frage nach der Gleichheit vor dem Gesetz berührt, wenn ein seelisch kranker Straftäter in dem einen Bundesland eine im Mittel doppelt so lange Unterbringungsdauer zu erwarten hat, wie in einem ... Nachbarland."

393 cf. Ritzel 1988,443; -
Streng 1991,119f. sieht mit Verweis auf Jäger/Jacobsen 1990 ein "ungeklärtes Legitimationsproblem" bei einer für das gleiche Delikt im Maßregelvollzug längeren Unterbringungsdauer gegenüber dem Strafvollzug. -
Zu richterlichen "Gewissensskrupel" angesichts der Benachteiligung psychisch kranker Rechtsbrecher mit unbefristeter Unterbringung gegenüber Straftätern mit befristeter Freiheitsstrafe cf. Eickhoff 1987,67.

394 In den Entwürfen der Weimarer Zeit ging es nicht nur um eine >bloße Verlängerung< der Unterbringung, sondern um die Frage, ob eine neue Anordnung erforderlich sei, s. o. Abschnitt 1.4.9

fährlichkeit überzeugt sein[395]. Dieser Auffassung hatte bereits Nowakowski[396] widersprochen: "Wenn die Rechtsordnung dieses Risiko [sc. einer sachlich durch nichts gedeckten Freiheitsentziehung] zu Lasten des Betroffenen bei der Entscheidung über die Verhängung der Maßnahme nicht eingeht, so ist nicht einzusehen, warum es bei der Entscheidung über die Aufhebung gerechtfertigt sein sollte." Da die Vollstreckung der Maßregel nach ihrem dogmatischen Ansatz auf die Zukunft bezogen ist, hat sie nach Horn[397] ausgesetzt zu werden, wenn keine Schlechtprognose[398] mehr gegeben ist[399]. Im Gegenzug will Laubenthal[400] eine vollstreckungsrechtliche Negativentscheidung als eine neue Legitimation der Unterbringung verstanden wissen. Dann habe die Anordnung der Fortdauer[401] aber auch die gleichen Voraussetzungen zu erfüllen, wie die Verhängung der Maßregel nach § 63 selbst: sie könne nur unter der Bedingung einer unzweifelhaften Negativprognose erfolgen; ein Rückgriff auf die Anordnungsprognose sei nicht zulässig[402].

An der hier nur kurz skizzierten Diskussion wird erkennbar, wie sehr das Theoriedefizit im Maßregelrecht hinsichtlich einer retrospektiven (auf die Anlaßtat bezogenen) oder ausschließlich prospektiven (die Gefahrenabwehrfunktion betonenden) Legitimierung der Maßregel auf die Aussetzungsproblematik durchschlägt. Daran ändert auch die Normierung der Verhältnismäßigkeit in § 62 StGB nichts; vielmehr zeigt sich, daß diese dem Wortlaut nach nur für die Anordnung geltende Norm

---

[395] Nachweise bei LK-Horstkotte § 67d Rz. 75, der die Rechtmäßigkeit dieser Auffasssung nur für die Dauer der Gültigkeit der Zweckerreichensformel akzeptiert, sie im geltenden Recht aber für nicht mehr anwendbar hält. -
Frisch 1990b,775 hält eine Aussetzungsentscheidung nach Beweislastregeln (den sog. in dubio-Fällen) solange nicht für zulässig, wie Lockerungen noch nicht in optimaler Weise, weitestgehend und der Aussetzungsentscheidung unmittelbar vorgelagert, ausgeschöpft sind.

[396] Nowakowski 1963,118

[397] cf. SK-Horn § 61 Rz. 14; ebenso Streng 1991,243: "... bei Maßregeln bedeutet der Wegfall der Negativprognose zugleich den Wegfall der Anwendungsvoraussetzungen und damit den Verlust der einzigen Rechtfertigung für die belastende Maßnahme", mwN.

[398] Hierzu bemerkt Baur 1990,476, daß der Wortlaut des Gesetzes aber positive Umstände und eine günstige Prognose verlange.

[399] In dieselbe Richtung zielte ein früherer Formulierungsvorschlag von mir, Kammeier 1987,109: "Das Gericht hat mit zunehmender Unterbringungsdauer zu prüfen, ob verantwortet werden kann, ihn [sc. den Betroffenen] weiterhin im Maßregelvollzug zu belassen."

[400] cf. Laubenthal 1990,371

[401] Müller-Dietz 1987,50 weist darauf hin, daß das Aussetzungsverfahren nach § 67d II StGB auch Strafverfahren ist; insoweit habe das Gebot fairer Verfahrensführung, §§ 140 ff. StPO, zu gelten, ebenso die Möglichkeit der Einflußnahme des Beschuldigten auf den Gang und das Ergebnis des Verfahrens. -
Zur Heranziehung von >auswärtigen< Sachverständigen im Überprüfungsverfahren cf. Fabricius/Wulff 1984,23, sowie Rasch 1986,83 und Müller-Dietz 1987,49 u. 51. -
Ritzel 1988,444 spricht die Problematik von therapeutisch und rehabilitativ mit den Untergebrachten arbeitenden Ärzten oder Psychologen an, die sich gleichzeitig gutachterlich - quasi über ihre eigene Tätigkeit - äußern müssen.

[402] cf. Laubenthal 1990,371

keinen unmittelbaren Einfluß auf die Dauer der Maßregelvollstreckung zu nehmen vermag. Angesichts der strukturellen Unklarheit, die das geltende Recht trotz des Perspektivenwechsels von der Zweckerreichens- zur Erprobensformel aus dem nationalsozialistischen GewVbrG übernommen hat, und der schon länger bestehenden Auslegungsprobleme in Zweifelsfällen spricht mit Bernsmann[403] viel dafür, daß § 67d II StGB verfassungswidrig ist.

Da bisher weder die empirische Prognoseforschung noch Überlegungen zur Legitimierbarkeit der Prognose bei freiheitsrelevanten Entscheidungen signifikante Fortschritte gebracht haben[404], wird in den letzten Jahren zunehmend auf den mit Verfassungsrang ausgestatteten allgemeinen Grundsatz der Verhältnismäßigkeit[405] zurückgegriffen, um zu einer im Einzelfall[406] gerechteren Bestimmung der Maßregeldauer zu gelangen. Dabei kommt nach dem BVerfG[407] dem Verhältnismäßigkeitsgrundsatz im Maßregelrecht nicht nur eine eingriffsbegrenzende Funktion zu; vielmehr haben die gesetzlichen Eingriffstatbestände, indem sie die Grenzen zulässiger Einschränkungen bestimmen, eine freiheitsgewährleistende Funktion[408].

Hiernach wird auf der Grundlage des geltenden Rechts in zwei Richtungen nach Konkretisierungen gesucht. Zum einen soll die der Unterbringung zugrundeliegende 'Anlaßtat', ohne eine Berücksichtigung von Schuldgesichtspunkten[409], einen zeitlichen Rahmen für die Dauer der Maßregelvollstreckung abstecken. Nach No-

[403] cf. Bernsmann 1984,150

[404] S. o. Abschnitt 3.3.2.1 hinsichtlich der Verbesserung der Prognosen: zuversichtlich Rasch 1985, sehr skeptisch Hinz 1986,126; zu rechtlich-moralischen Überlegungen cf. Kühl/Schumann 1989,147.

[405] BVerfGE 4,7 (grundlegend) ; 23,133 (bisherige Rechtsprechung zusammenfassend); 24,404; 70,297 (speziell zur Dauer des Maßregelvollzugs); zur Würdigung der letztgenannten Entscheidung insgesamt cf. Müller-Dietz 1987,49ff.

[406] Nach Gribbohm 1967,354 ist der Verhältnismäßigkeitsgrundsatz nur ein formales Prinzip; er gelte der Rechtsprechung nicht als Norm, "sondern nur (als) Regulativ, das der Einzelfallgerechtigkeit dient."

[407] BVerfGE 70,297 = NJW 1986,767,769; cf. LK-Horstkotte § 67d Rz. 52: "Der Grundsatz hat ausschließlich negative, die Zulässigkeit des Eingriffs in das Grundrecht der persönlichen Freiheit begrenzende Bedeutung", mwN.

[408] BVerfGE 70,297 = NJW 1986,767,768 -
Nach Teyssen 1989,413 setzt der Verhältnismäßigkeitsgrundsatz keine über das einfache Recht hinausgehende Schranke für die Fortdauer der Freiheitsentziehung, "gibt ihr jedoch eine höhere Rechtsqualität." Die Nichtbeachtung des Verhältnismäßigkeitsgrundsatzes führt dann über die Verletzung einfachen Rechts zur Grundrechtsverletzung, cf. ibid.

[409] Allerdings vermag der Grundsatz der Verhältnismäßigkeit nicht die Aufgabe zu übernehmen, die dem Schuldprinzip bei der Strafzumessung zukommt, cf. Laubenthal 1990,372; LK-Hanack § 62 Rz. 2; a.A. Bernsmann 1984,148; -
LK-Horstkotte § 67d Rz. 55: "Generalprävention, Schuldausgleich und individuelle Abschreckung des Verurteilten dürfen nicht ins Gewicht fallen."

wakowski sollte trotz des Gefährlichkeitsbezugs und der präventiven Zielsetzung[410] "schon aus Gründen der Rechtssicherheit an der Begrenzung der Reaktionsmöglichkeit nach oben hin durch den Tatunwert festgehalten werden."[411] Für Bernsmann soll in diesem Zusammenhang das Verhältnismäßigkeitsprinzip einen Rückbezug auf das begangene Unrecht[412] leisten können. Aus Gründen der Rechtssicherheit fordert Streng[413] "sehr betont auf die begangene Tat, die ja das einzig sichere Kriterium für die mögliche Gefährlichkeit des Täters darstellt", abzustellen. Auch das BVerfG[414] will bei der Prüfung der Aussetzungsreife nach § 67d II das frühere Verhalten des Untergebrachten und die von ihm bislang begangenen Taten[415] mit abgewogen wissen.

Auf der anderen Seite wird mit dem Vollzugsfaktor 'Zeitablauf' versucht, den Verhältnismäßigkeitsgrundsatz sub specie Gerechtigkeit im Maßregelvollzug zu konkretisieren. Unter der Voraussetzung, daß diesem Grundsatz ausschließlich negative, den Eingriff in das Grundrecht der persönlichen Freiheit begrenzende Bedeutung[416] zukommt, ist der Freiheitsentzug mit fortdauerndem Zeitablauf als zunehmend schwerer werdender Eingriff[417] aufzufassen. Nach dem BVerfG[418] gewinnt damit der Freiheitsanspruch des Untergebrachten zunehmend an Gewicht, ohne daß hier von einer linearen Proportionalität zwischen Zeitablauf und Freiheitsanspruch die Rede ist. Somit hat nach dem 'Prinzip der kommunizierenden Röhren' mit zunehmendem Freiheitsanspruch des Untergebrachten das Schutzinteresse der

---

[410] Cf. Nowakowski 1972,12: Wegen des Gefährlichkeitsbezugs und da das Erforderliche sich im voraus nicht deutlich genug erkennen läßt, müßte eigentlich solange an der Maßregel festgehalten werden, bis die Gefährlichkeit erloschen ist.

[411] Nowakowski 1972,16

[412] Cf. Bernsmann 1984,148; ebenso ist nach Eickhoff 1987,67 dem psychisch kranken Rechtsbrecher ein "Anspruch auf Wahrung der Verhältnismäßigkeit zwischen begangenem Unrecht und verhängter Sanktion zu gewähren."

[413] Streng 1991,120 -
Auch für Gribbohm 1967,353 ist an das Gewicht der begangenen Tat anzuknüpfen, weil dies dem Wesen des geltenden Strafrechts entpreche; schließlich habe sich die Anwendung des Maßregelrechts "an der *Idee der Gerechtigkeit* zu orientieren."

[414] cf. BVerfGE 70,297 = NJW 1986,767,769

[415] BVerGE 70,279 = NJW 1986,767,769; neuerdings will B.Wagner, 1992b,133f., im Anschluß an die Entscheidung des BVerfG zur Strafrestaussetzung bei lebenslanger Freiheitsstrafe (R&P 1992,101 = StV 1992,470) den Verhältnismäßigkeitsgrundsatz bei § 67d II StGB zu einem "ähnlich selbständigen Bewertungskriterium" machen, wie die besondere Schwere der Schuld die Grenze für den Vollzug bei § 57a StGB markiert. Insoweit bindet auch er den Verhältnismäßigkeitsgrundsatz an die Anlaßtat.

[416] cf. BVerfGE 70,297 = NJW 1986,767,769; LK-Horstkotte § 67d Rz. 52

[417] cf. LK-Horstkotte § 67d Rz. 59

[418] BVerfGE 70,297 = NJW 1986,767,770

Allgemeinheit zurückzutreten[419]; insoweit können die Ansprüche der Allgemeinheit und des Einzelnen in ihrem Verhältnis zueinander als umgekehrt proportional bezeichnet werden. Mit zunehmendem Zeitablauf der Unterbringung ist darüberhinaus nicht nur auf den aktuellen Zustand des Betroffenen abzustellen, sondern die zu erwartenden Lebensumstände einschließlich der voraussichtlichen Wirkung der Führungsaufsicht sowie weiterer damit einhergehender Maßnahmen der Aufsicht und Hilfe sind in die Verhältnismäßigkeitsprüfung einzubeziehen[420]. Konsequenterweise sind bei langdauernden Freiheitsentziehungen wegen des zunehmenden Gewichts des Freiheitsanspruchs des Betroffenen besondere Anforderungen an die Entscheidungsbegründung des Gerichts zu stellen[421].

War die sog. Zweckerreichensformel des GewVbrG am - nach politischen Opportunitätsgesichtspunkten bestimmten - Sicherheitserfordernis bzw. -interesse der Öffentlichkeit ausgerichtet gewesen und hatten das 1. und 2.StrRG die Erprobens- bzw. Verantwortungsformel auf die prognostische Bestimmung der gegenwärtigen und künftigen Gefährlichkeit des Subjekts bezogen, so versucht nunmehr das BVerfG mit dem Rückgriff auf die Anlaßtat und den dazu in Relation zu setzenden Zeitablauf, sich stärker an objektiven Kriterien zu orientieren. Wenn hiernach aber mit zunehmendem Zeitablauf letztlich der Freiheitsanspruch des Betroffenen auf dieselbe Funktion, nämlich dem Verhältnis zwischen der Tat und der Dauer des Freiheitseingriffs, zurückbezogen wird, wie sie die Schuld bei der Strafzumessung hat, tritt dann nicht doch para oder sogar contra legem der Sanktionscharakter für begangene Taten vor die nur präventiv legitimierbare Maßregel oder gar an ihre Stelle? Und wird dann nicht die psychiatrische Maßregel zu einer bloß 'anderen Vollzugsform' außerhalb des justizeigenen Strafvollzugs?

Im Horizont der Entscheidung des BVerfG zur Verhältnismäßigkeit[422] der Dauer der psychiatrischen Maßregel bewegen sich auch de lege ferenda weiterführende Überlegungen anderer. So hatte bereits Nowakowski unter Bezug auf das "Ver-

---

[419] BVerfGE 70,297 = NJW 1986,767,769: Die mögliche Gefährdung der Allgemeinheit ist zur Dauer des erlittenen Freiheitsentzugs in Beziehung zu setzen, wobei der Strafrahmen für das Anlaßdelikt eine gewisse Orientierung geben kann, aaO.,770. - An dieser Beziehung ist das Risiko zu messen, das der Untergebrachte möglicherweise noch darstellt, cf. Müller-Dietz 1987,49.
In diesem Zusammenhang nennt das BVerfG auch Standards, die im Überprüfungsverfahren einzuhalten sind: für die Prognose ist ein erfahrener Sachverständiger hinzuzuziehen; der Richter muß aber die Prognose-Entscheidung selbst treffen; je länger die Unterbringung dauert, desto höhere Anforderungen sind an die Prognoseentscheidung zu stellen, E 70,297 = NJW 1986,767,768f.

[420] cf. BVerfGE 70,297 = NJW 1986 767,769; hieraus läßt sich der Schluß ziehen, daß das BVerfG dem nach h.M. bei der Anordnung der Maßregel nicht zulässigen Subsidiaritätsgedanken bei der Aussetzungsentscheidung doch Raum gibt.

[421] BVerfGE 70,297, = NJW 1986,767,770; cf. auch Bae 1985,189: "Die über die Schwere der Anlaßtat hinausgehende Maßregel sollte ... einer besonderen Begründung unterliegen."

[422] BVerfGE 70,297 = NJW 1986,767

hältnismäßigkeitsgebot"[423] gefordert, diesem Gebot entsprechend Höchstgrenzen vorzusehen. In diesem Sinne stellt sich nach einem Bericht der Bundesregierung[424] dem Gesetzgeber die Frage, "ob nicht an die Stelle der derzeit unbefristeten Unterbringung ... eine differenziertere Regelung treten sollte". Und für Baur[425] ist die Forderung nach einer Befristung des Maßregelvollzugs eine logische Konsequenz unserer Rechtsordnung: "Wenn die Rechtsgemeinschaft die Entlassung eines hochgradig gefährlichen schuldfähigen Täters als zwingende Folge des Schuldprinzips in Kauf nimmt, so muß prinzipiell Entsprechendes auch für den psychisch kranken Täter gelten."

Hinsichtlich einer Höchstdauer stehen zwei Varianten zur Diskussion, eine relative und eine absolute. Eine relative Höchstdauer wäre demnach an die Anlaßtat[426] zu koppeln. Laubenthal schlägt hier eine "auf das 'Tatunrecht' bezogene Höchstdauer des Maßregelvollzugs"[427] vor; sie verschaffe dem Untergebrachten zugleich eine zeitliche Perspektive. Für die Orientierung einer Höchstdauer am 'Strafrahmen' sprechen sich Bernsmann[428] und das BVerfG[429] aus. Präziser will Horstkotte[430] die Höchstdauer der Maßregel an die Dauer einer "hypothetischen Strafe" binden, was mit der Formulierung Volckarts[431] eine Orientierung an der "Strafdrohung für die jeweilige Anlaßtat" bedeutet. Bei der absoluten Variante empfielt Kaiser[432] eine "gesetzliche Höchstfrist von etwa fünf Jahren", woran sich eine Wiederholung der Einweisungsanordnung bei fortbestehender Gefährlichkeit anschließen könnte. Baur[433] plädiert für drei Jahre; beim Fortbestehen einer "*besonderen Gefährlichkeit*" könnte eine weitere Unterbringungsanordnung[434] mit verkürzter Frist vorgesehen werden. Mit dem Vorschlag einer 'erneuten Anordnung' bei weiterbestehendem Sicherungsbedarf greifen Kaiser und Baur auf die Entwurfsregelungen der Weimarer Zeit[435] zurück.

---

[423] cf. Nowakowski 1972,12

[424] BT-Drs. 10/5828,6 vom 07.07.1986; cf. auch die entsprechende Empfehlung des Rechtsausschusses des Bundestages vom 29.06.1988, BT-Drs. 11/2597,5

[425] Baur 1990,484

[426] Eine Befristung allgemein im Verhältnis zur Anlaßtat fordern Fabricius/Wulff 1984,23.

[427] Laubenthal 1990,373; Hervorhebung von mir, Ka.

[428] cf. Bernsmann 1984,148; der Verhältnismäßigkeitsgrundsatz wirke dann als "tatbestands- und unrechtsbezogene Sanktionslimitierung" im Sinne von "geronnene(r) Schuld", ibid.

[429] BVerfGE 70,297 = NJW 1986,767,770

[430] LK-Horstkotte § 67d Rz. 59,64

[431] Volckart 1991,171

[432] Kaiser 1990,36f.

[433] Baur 1990,485 mit einem Vorschlag zur Umformulierung des § 67d II StGB

[434] Nach Baur 1990,484, muß die Allgemeinheit, die die Unterbringung verlangt, aber auch die tatsächlichen und rechtlichen Gegebenheiten des Vollzugs verbessern und damit für eine angemessene Risikoverteilung sorgen, sonst verwirkt sie das Recht zur weiteren Internierung des untergebrachten Patienten.

[435] s. o. Abschnitt 1.4.9

Im Gegensatz zu solch einem retrospektiv orientierten, strafähnlichen Rückbezug einer Maßregelbefristung auf die 'begangene' Tat fordert Frisch[436], dogmatisch korrekter, die Sicherung durch eine tatschuldunabhängige Maßregel als einen individualpräventiv zu legitimierenden Vorgriff aufzufassen. Daher sei die Dauer des Freiheitsentzugs nach dem hypothetisch unrechtsspezifischen Strafmaß der zu 'erwartenden' Taten zu bemessen[437]. Darüberhinaus solle die Anordnung der Maßregel erst ab einem - in Strafdauer gemessenen - Unrechtsaspekt von zwei Jahren zulässig sein, weil das Strafrecht, § 56 II StGB, erst ab dieser Schwelle eine "Unverzichtbarkeit der Vollstreckung"[438] annehme.

Neben dieser zeitlichen Befristung wird vorgeschlagen, die Maßregelanordnung auf einer quantitativ-normativen Ebene nur für "wirklich gravierende Fälle"[439] vorzusehen. Entsprechend empfiehlt Kaiser[440] eine weitere Formalisierung des Maßregelrechts, die zu einer "deliktspezifische(n) Eingrenzung" und zu einer "Beschränkung auf die Gruppe der chronisch Kriminellen und der krankheitsbedingten Straftäter, also auf die sogenannten kriminologischen Extremgruppen" führt. In gleichem Sinne fordert Frisch[441] den Gesetzgeber auf, im Besonderen Teil des StGB oder durch Enumeration Delikte oder Wertgruppen solcher Delikte zu benennen, bei denen eine Maßregelanordnung zulässig ist.

Zusammenfassend bleibt festzuhalten, daß allein das Ersetzen der Zweckerreichens- durch die Erprobens- bzw. Verantwortungsformel nicht in der Lage ist, das nationalsozialistische Paradigma der unbefristeten Maßregelunterbringung in der Struktur eines 'Freiheitsverbots mit Erlaubnisvorbehalt' zu überwinden und somit überlange Unterbringungszeiten zu verhindern. Der Versuch, die an der Sicherheit der Allgemeinheit orientierte Zweckerreichung zugunsten einer Konzentration auf die Täterpersönlichkeit und die von ihr (noch) begehbaren Taten aufzugeben, muß deshalb als gescheitert betrachtet werden, weil die Prognose künftigen menschlichen Verhaltens keine hinreichend validen Daten für das erforderliche bzw. zulässige Maß an Sicherung des Untergebrachten liefert und weil deshalb das "Sobald-verantwortet-werden-kann" wieder auf eine Einschätzung der Allgemeinheit dar-

---

[436] cf. Frisch 1990a,385f.

[437] cf. ibid.

[438] Frisch 1990a,386,Anm.196 -
Frisch ist hier zu fragen, ob bei einer solchen Regelung für die ersten zwei Jahre eine ähnlich begründete Vollstreckungsaussetzung infragekommen soll, wie sie gegenwärtig § 67b StGB vorsieht.

[439] BT-Drs. 11/2597,5; in BT-Drs. 10/5828,6 waren Regelungen empfohlen worden, nach denen eine "lebenslange Unterbringung tatsächlich nur in den Fällen erfolgt, in denen vom Untergebrachten erhebliche Gefahren für besonders hochrangige Rechtsgüter - dh. namentlich für das Leben - ausgehen."

[440] Kaiser 1990,15,18f.; cf. auch Holtus 1991,144, wonach die Gründe, die die Unterbringung von Eigentums- und Vermögensdelinquenten rechtfertigen sollen, die Schwere des mit der Unterbringung verbundenen Sonderopfers nicht aufwiegen.

[441] cf. Frisch 1990a,386

über hinausläuft, ob sie bereit ist, das Maß und den Zweck der Sicherungsnotwendigkeit als erfüllt anzusehen und das bei der Bewährungsaussetzung verbleibende 'Restrisiko' zu tragen. Durch eine dem Strafvollzug parallel gehende Blickrichtung von einem zunächst festen Einschluß zur Bemühung um Lockerungen bis hin schließlich zur Bewährungsaussetzung bleiben vor allem die in-dubio-Fälle nicht nur rechtlich, sondern auch praktisch problematisch, wenn und solange die Bürde der Beweislast für die Reduzierung der 'Gefährlichkeit' unter die Erheblichkeitsschwelle faktisch auf den Untergebrachten liegen bleibt. Hier ist aus verfassungsrechtlichen Gründen eine Beweislastumkehr in dem Sinne geboten, daß der weitere Freiheitseingriff durch eine Übernahme der Verantwortung für die Fortdauer der Unterbringung oder durch eine erneute Anordnung zu legitimieren ist. Offensichtlich sind auch der Verhältnismäßigkeitsgrundsatz und seine Anwendung im Vollstreckungsrecht nicht in der Lage, die Dauer der Unterbringung unter Beachtung des strafrechtlichen Bestimmtheitsgebots hinreichend präzise zu limitieren und sie damit auf ein verfassungsrechtlich zulässiges Maß zu begrenzen. Die Ursache hierfür liegt in der dogmatischen Inkonsistenz der Theorie des Maßregelrechts, bei dem es nicht eindeutig klar ist, was zu wem in Relation steht und welche Werte wie gegeneinander abzuwägen sind.

Eine Verschiebung des einen Anknüpfungspunktes der Verhältnismäßigkeitsrelation von der gegenwärtigen bzw. zukünftigen Gefährlichkeit zur in der Vergangenheit durch die Tat und den Tatunwert gezeigten 'Gefährlichkeit' mag zwar zu einer die Praxis der Vollstreckungsentscheidung erleichternden Höchstfristbestimmung führen. Sie schafft aber neue Probleme: Durch die Bindung der Maßregeldauer an die Anlaßtat mittels einer Funktionsäquivalenz von Gefährlichkeit und Schuld wird die ursprünglich weitgehende dogmatische Eigenständigkeit der Maßregel weiter ausgehöhlt[442] und das Maßregelrecht noch mehr als bisher mit dem Strafrecht im engeren Sinne vermischt. Darüberhinaus ist zu befürchten, daß sich damit auch die Praxis des Maßregelvollzugs und der Vollzugs- und Vollstreckungsentscheidungen dem Strafvollzug dergestalt weiter annähern werden, daß eine resozialisierungsorientierte Behandlung zurückgedrängt wird, die Untergebrachten immer näher bis an die Höchstfrist oder die Verhältnismäßigkeitsgrenze in der weitgehend geschlossenen Unterbringung verbleiben und damit schließlich das Gefährdungsrisiko der

---

[442] Nach Laubenthal 1990,369 bedeuten "zeitliche Begrenzungen der Unterbringungsdauer ... zweifellos eine Abkehr vom ursprünglichen Grundsatz unbefristeter freiheitsentziehender Maßregeln der Besserung und Sicherung."

Öffentlichkeit nach einer unvorbereiteten Entlassung ansteigt[443]. Deshalb ist der Verhältnismäßigkeitsgrundsatz aus rechtlichen und aus kriminalpolitischen Erwägungen nicht - nur - auf die an der Anlaßtat orientierte Dauer des Maßregelvollzugs zu beziehen, sondern er muß unter Einbezug der gegenwärtig und in der Zukunft durch die Gesellschaft erwarteten und die Toleranzgrenze überschreitenden Gefährdungen, die vom Untergebrachten ausgehenden können, auch dazu herangezogen werden, die Intensität[444] des Freiheitseingriffs zu steuern und zu limitieren.

3.3.2.7 Theorie des Maßregelrechts VII: Sonstige maßregelrechtliche Bestimmungen

Ausnahme vom strafrechtlichen Rückwirkungsverbot, § 2 VI StGB: - Das 2.StrRG hat in § 2 VI StGB die Ausnahme der Maßregeln vom Verbot der Rückwirkung von Strafgesetzen aus dem GewVbrG[445] übernommen. In der Rechtsprechung vertritt das BVerfG bereits früh die These, eine Rückwirkung sei an sich immer zulässig, habe jedoch Grenzen[446]. Und nach dem BGH[447] soll das Rückwirkungsverbot im Maßregelrecht deshalb nicht gelten, weil der Grundgesetzgeber scharf zwischen Strafe und Maßregel unterscheide und das Grundgesetz nur die Strafe unter das Rückwirkungsverbot stelle.

---

[443] Aufgrund meiner eigenen 15jährigen Tätigkeit im Maßregelvollzug und meines intensiven Kontaktes zu den dort Untergebrachten hege ich die Vermutung, daß es beim Überschreiten eines bestimmten >zeitlichen Grenzstreifens<, ab dem der Untergebrachte sich selbst für >reif< hält, Ausgang, Urlaub oder die Bewährungsaussetzung verantwortlich wahrnehmen zu können, einen gewissen >Kippeffekt< gibt: Vor dem Erreichen dieses zeitlichen Grenzstreifens sind Urlaub und Bewährungsaussetzung *noch* mit einem Risiko verbunden, auf dem Grenzstreifen ist die Gefahr für die Allgemeinheit durch ein Motivtionsmaximum zum sozialadäquaten Verhalten am niedrigsten, und nach dem Überschreiten des Grenzstreifens steigt die Gefährdung der Allgemeinheit infolge von Frustration, Enttäuschung, Überdruß, Vergeblichkeitsgefühlen, Resignation und Trotz *wieder* an.

[444] Gemessen am Übermaßverbot müssen sich für Stratenwerth 1988,119f. "auch die Modalitäten des Vollzuges einer schuldüberschreitenden Internierung allein nach den im jeweiligen Einzelfall bestehenden Sicherungsbedürfnissen bestimmen."

[445] S. o. Abschnitt 2.2.5 und Kapitel 2.5; -
Nach Naucke 1982,242 sind bei der Strafrechtsreform die Möglichkeiten, das Rückwirkungsverbot bei den Maßregeln *einzuführen*, nicht genutzt worden; vielmehr habe die Strafrechtsreform die Freistellung der Maßregeln vom Rückwirkungsverbot "bewußt bestätigt", ibid.

[446] BVerfGE 1,280; 25,289f. - Dazu bemerkt Naucke 1982,243: Die Rechtsprechung des BVerfG belegt, "wie zahlreich die Einwände gegen das Rückwirkungsverbot sind und welch' vielfältige Wege gefunden werden, um diesem Verbot zu entgehen; das Bundesverfassungsgericht versperrt nicht alle Wege."

[447] BGHSt 24,103,106

Jung[448] dagegen betont, die kompromißhafte Formulierung des § 2 VI verrate Unsicherheit. Darüberhinaus sei während der Diskussionen zur Strafrechtsreform, aber auch noch nach dem 2.StrRG die "gesetzgeberische Unsicherheit in dieser Frage ständig gewachsen"[449].

Vergleichsweise behutsam merkt Eser[450] an, daß die Ansicht, bei den Maßregeln gehe es nicht um Schuldausgleich, sondern um präventive Gefahrenabwehr, nur die verfassungsrechtlichen Bedenken gegen eine Ausnahme vom Rückwirkungsverbot unterdrücke.

Deutlich kritischer hatte sich früher bereits Nowakowski zu dieser Problematik geäußert. Repressiver wie präventiver Freiheitsentzug seien eine Grundrechtsbeeinträchtigung[451]. Wenn der Staat gegen Gefährlichkeit strafgerichtlich präventiv einschreite, sei dies nur begründbar, wenn sich die Gefährlichkeit in einer Anlaßtat realisiert habe. "Bezogen auf diese Anlaßtat gelten (dann aber) alle Gründe, die gegen die Rückwirkung eines strengeren Strafgesetzes sprechen."[452]

Dieser Argumentation folgt auch Jung in ihrer Kritik. Der Gesetzgeber habe "die Maßregeln in ein repressives System der Verhaltenssteuerung integriert ... Das bedeutet, daß die Reaktionen an eine bestimmte, im einzelnen umschriebene Handlung anknüpfen."[453] Da aber Maßregeln wie Strafe Reaktionsformen eines nahtlosen Systems strafrechtlicher Handlungshaftung darstellten, sei der Gesetzgeber auch bei den Maßregeln an die Grundsätze des Strafrechts gebunden[454].

Ausnahme vom Verbot der reformatio in peius, § 331 II StPO: - Auch die Nichtgeltung des Verbotes der reformatio in peius in Rechtsmittelverfahren hinsichtlich der Anordnungsmöglichkeit von Maßregeln ist aus der im AGGewVbrG geänderten Fassung der StPO mit der Begründung in jetzt geltendes Recht übernommen worden, das Verbot der reformatio in peius gelte nur für Strafen, nicht aber für Maßregeln.

Strafrechtliches Bestimmtheitsgebot, Art. 103 II GG: - Dieser Grundsatz lautet wörtlich: "Eine Tat kann nur bestraft werden, wenn die Strafbarkeit gesetzlich bestimmt war, bevor die Tat begangen wurde."[455] Das BVerfG[456] hat diesen Grundsatz dahingehend ausgelegt, daß sowohl die strafrechtlichen Normen das Verbote-

---

[448] cf. Jung 1985,876
[449] Jung 1985,877
[450] cf. S/S-Eser § 2 Rz. 42
[451] cf. Nowakowski 1963,119f.
[452] Nowakowski 1963,120
[453] Jung 1985,885
[454] cf. Jung 1985,886
[455] cf. auch Art. 7 MRK
[456] BVerfGE 25,269,285; 41,314,319; 45,363,371; 50,142,164f.; 57,250,262

ne vom Erlaubten klar abgrenzen müssen als auch Tragweite und Anwendungsbereich der Straftatbestände hinreichend deutlich zu erkennen sind[457].

An der nicht durchgreifenden Beachtung dieses Verfassungsgebotes, insbesondere im Maßregelrecht, ist reichlich Kritik geübt worden. Diese betrifft auch den Gesetzgeber. Was Callies hierzu im Blick auf die Normgestaltung und -anwendung am Beispiel des Nötigungsparagraphen, § 240 StGB, ausgeführt hat, kann paradigmatisch auch für das Maßregelrecht herangezogen werden. Danach werde erst nach der Tat die vom Richter empfundene Strafwürdigkeit zum Gegenstand der strafrechtlichen Norm. Somit erhielten die Tatbestandsmerkmale die Funktion von "Vorrats- und Angstklauseln". Im Ergebnis stelle Art. 103 II GG dann kein Bürgerschutzrecht mehr dar, sondern fungiere "nur noch als allgemeine Ermächtigungsnorm zu staatlicher Intervention mit den Mitteln des Strafrechts."[458] Auf das Maßregelrecht im allgemeinen bezogen, betont von Hippel[459], daß in ihm als "Kernbereich des Strafrechts heute weder eine ausreichende Bestimmung des *Tatbestandes* noch des *Verfahrensgegenstandes* möglich" sei.

Die spezielle Kritik an der Mißachtung des strafrechtlichen Bestimmtheitsgebotes im Maßregelrecht konzentriert sich vornehmlich auf folgende Punkte: 1. Dauer des Vollzugs. Dazu bemerkt Stangl[460], daß das Bestimmtheitsgebot hier "ungleich schwächer ausgebildet (sei) als im Schuldstrafrecht, weil der formale Schutz des nach oben begrenzten Sanktionsrahmens (entweder zur Gänze oder beinahe)" fehle[461]. 2. kritisiert Stangl[462] die Unbestimmtheit hinsichtlich der Art[463] der Sanktion. 3. Im Zentrum der Kritik steht die Gefährlichkeitsprognose, sowohl bei der Anordnung als auch anläßlich der Frage der Verantwortbarkeit der Bewährungsaussetzung[464]. Hier wird nach Nowakowski[465] die Unsicherheit der Prognose zu einer echten Gefährdung der Rechtssicherheit. Und für Kaiser[466] führt eine nicht rechts-

---

[457] cf. Callies 1985,1508; GG-Komm-Schnapp Art. 20 Rz. 25

[458] Callies 1985,1509

[459] von Hippel 1976,54

[460] Stangl 1984,144; cf. auch aaO.,149

[461] siehe auch oben Abschnitt 3.3.2.6

[462] Cf. Stangl 1984,141f., Zipf zitierend, wonach "das Gebot der Bestimmtheit, das Analogie- und das Rückwirkungsverbot auch für die Rechtsfolgen der Tat gelten".

[463] Hinsichtlich der Unbestimmtheit der Rechtsfolgen regt Frisch 1982,588, an, den Kreis der Tatbestände zu fixieren, an die eine Sicherung anknüpfen kann; cf. auch Frisch 1990a, 386f.

[464] s. o. Abschnitt 3.3.2.1

[465] cf. Nowakowski 1972,14

[466] cf. Kaiser 1990,17 mwN. Cf. hierzu auch Krainz 1984,304; Stangl 1984,149. - Spezielle Kritik wird bei der Prognose am Begriff der Wahrscheinlichkeit geübt; sie lasse sich "nur allgemein und unbestimmt" umschreiben, Kaiser 1990,17. Im Blick auf die "Wahrscheinlichkeit" als der zentralen Anordnungsvoraussetzung meint Frisch 1990a,371f.: "Schon unter dem formalen Aspekt der Bestimmtheit und der Gewährleistung einheitlicher Rechtsanwendung sind die genannten Aussagen [sc. über Grade von Wahrscheinlichkeit wie "höhere", "gewisse", "bestimmte", "überwiegende"] unerträglich - weil viel zu wage."

staatlich vertretbare Voraussage der Gefahr zu einer möglichen Erschütterung der Legitimitätsgrundlage des Maßregelrechts. 4. trifft die Kritik an der Unbestimmtheit der Rechtsfolgen den Begriff des psychiatrischen Krankenhauses einschließlich des nur schwer bestimmbaren Maßes an Freiheitseingriffen, die mit der Behandlung verbunden sind[467]. 5. hebt Kaiser hervor, daß die Unbestimmtheit im Maßregelrecht eine Verletzung des Humanitätsprinzips und der Menschenwürde darstelle[468] und schließlich 6. auch noch dysfunktional im Hinblick auf die Wiedereingliederung wirke[469].

Bei aller Kritik an den vielfältigen unbestimmten Tatbestandsmerkmalen, den unbestimmten Rechtsbegriffen und der häufig unklaren Rechtsfolgenerwartbarkeit im Maßregelrecht ist im Rahmen einer dogmatischen Betrachtung des Maßregelrechts dennoch die Frage zu stellen, ob denn das *straf*rechtliche Bestimmtheitsgebot des Art. 103 II GG überhaupt uneingeschränkt auf ein *Maßregel*recht bezogen werden darf, dessen Teilidentität mit dem Strafrecht oder bloße Zugehörigkeit zum Strafrecht im engeren Sinne nicht unumstritten ist. Haffke fordert die Geltung des Bestimmtheitsgebotes auch im Maßregelrecht aus der Gleichheit der Relationen zwischen Schuldfeststellung und Strafe einerseits, Gefährlichkeit und Verhängung der Maßregel andererseits: "Die Anforderungen an rechtsstaatliche Klarheit und Bestimmtheit müssen für beide Scharniere gleichermaßen gelten"[470]. Für Jung[471] dagegen ist die Wurzel des "nulla-poena-Satzes" und damit des Bestimmtheitsgebotes "nicht in der Schuld, sondern im Verfassungsprinzip der Rechtsstaatlichkeit (zu suchen), das Voraussehbarkeit und Berechenbarkeit der staatlichen Machtäußerungen fordert."

Dem ist zuzustimmen. Im Blick auf diese Herleitung des Bestimmtheitgebotes aus dem Verfassungsgrundsatz der Rechtsstaatlichkeit wird die Diskussion darüber obsolet, ob das Maßregelrecht ein Teil des Strafrechts sei und somit unmittelbar in den Geltungsbereich des *strafrechtlichen* Bestimmtheitsgebotes falle oder ob dieses Gebot hier allenfalls analog zur Anwendung kommen könne. Andererseits kann umgekehrt noch nicht von der Geltung des Bestimmtheitsgebotes im Maßregelrecht auf eine dogmatische Zugehörigkeit dieses Rechtsbereichs zum Strafrecht und damit auf die Übertragbarkeit aller Strukturprinzipien des Straf- und Strafvollzugsrechts auf das Maßregelrecht geschlossen werden.

Kostentragungspflicht: - Die Kostenregelung für das Strafverfahren ergibt sich aus § 464 StPO; nach § 464a StPO gehören zu diesen Kosten auch die Vollstreckungskosten. Die Entscheidung darüber, wer die Kosten zu tragen hat, trifft das Gericht.

---

[467] s. o. Abschnitt 3.3.2.4
[468] cf. Kaiser 1990,36; Kaiser 1992,370f.
[469] cf. Kaiser 1990,36
[470] Haffke 1991,101
[471] Jung 1985,884

Die Kosten des Vollzugs[472] einer rechtskräftig angeordneten psychiatrischen Maßregel fallen auf der Grundlage von Art. 74 Nr. 1, Art. 83 GG dem jeweils zuständigen Bundesland zur Last[473]. Eine landesrechtliche[474] Bestimmung, nach der Sozialleistungsträger vorrangig zur Kostentragung des Maßregelvollzugs verpflichtet sind, ist mit dem Grundgesetz nicht vereinbar[475]. Eine Beteiligung des Untergebrachten an den Kosten seines Vollzugs ist ausschließlich im Rahmen von § 10 JVKostO möglich[476], eine darüberhinausgehende Heranziehung unzulässig[477].

---

[472] Zur Unterscheidung von Vollstreckung und Vollzug cf. Baur 1984,28; Volckart 1985,51; Kammeier 1988b,104.
[473] cf. Volckart 1991,158; Baur 1995 Rz. C 35ff.
[474] cf. die entsprechenden Gesetze von Bremen, Hamburg, Hessen, Mecklenburg-Vorpommern, Niedersachsen, Rheinland-Pfalz, Sachsen und Sachsen-Anhalt
[475] cf. Baur 1995 Rz. C 37f.
[476] cf. AK-StVollzG-Volckart § 189 Rz. 3ff.; Volckart 1991,159; Baur 1995 Rz. C 39ff.
[477] BVerfG R&P 1992,37f. = BVerfG NJW 1992,1555

3.4 Zusammenfassung und Bewertung des geltenden Maßregelrechts

Auch nach dem Ende der nationalsozialistischen Gewaltherrschaft mit ihrer rassistischen Vernichtungspolitik, in die zentral an die 100.000 psychisch kranke und geistig behinderte Menschen einschließlich der nach § 42b StGB-GewVbrG untergebrachten mit einbezogen und ihr zum Opfer[478] gefallen waren, blieb das von den Nationalsozialisten ins Strafrecht eingefügte Maßregelrecht bis zum Inkrafttreten des 1. und 2.StrRG 1970 bzw. 1975 in seiner Grundstruktur in Geltung.

Allerdings war es bereits vor dem Inkrafttreten der Strafrechtsreform aufgrund höchstrichterlicher Rechtssprechung zu einer Kurskorrektur bei der Schuldfähigkeitsfeststellung und der Bestimmung des hierbei zu verwendenden Krankheitsbegriffs gekommen[479]. Unter Bezug auf das Menschenbild des Grundgesetzes wurde dieser Begriff 'entmythologisiert': Nicht nur hatten Wert und Würde des kranken und behinderten sowie des delinquenten Menschen auch im Strafverfahren unangetastet zu bleiben, sondern auch eine sog. anlagebedingte Minderwertigkeit oder 'Psychopathie' schlossen den Täter nicht per se und von vornherein von der Verantwortung für sein Handeln, von seiner Zurechnungs- bzw. Schuldfähigkeit aus. Gegen heftigen Widerstand führender Psychiater galt diese Entscheidungslinie auch hinsichtlich möglicher somatischer Ursachen von psychischer Krankheit. Darüberhinaus konnten nicht allein bestimmte Symptome, Krankheits- oder Persönlichkeitsmerkmale und erst recht nicht der Charakter eines Menschen zur Entschuldung führen. Nur die Tatsache, daß auf ihrer wie auch immer im Disziplinenstreit verstandenen und bestimmten Grundlage die Einsichts- und/oder Steuerungsfähigkeit ausgeschlossen war, führte zur Feststellung der Schuldunfähigkeit.

Entsprechend bedeutete verminderte Schuldfähigkeit nur eine quantitative Einschränkung voller Einsichts- bzw. Steuerungsfähigkeit. Sie war nicht mehr mit einem bestimmten Persönlichkeitsbild, einer bestimmten Diagnose oder einem bestimmten Kriminalitäts- oder Legalverhalten zu identifizieren.

Ein in dieser Weise entmythologisierter 'juristischer Krankheitsbegriff' bot keinen Raum mehr für ein gleichsam ontologisches Verständnis von Gefährlichkeit. Somit konnte Gefährlichkeit nicht mehr als Persönlichkeitsmerkmal und erst recht nicht mehr in der Gestalt eines personalisierten 'gefährlichen Täter-Typs' als Konstitutivum von Schuldunfähigkeit bzw. Schuldminderung herangezogen werden. Damit war ein personal verstandener Gefährlichkeitsbegriff aus der Schuldfeststellung eliminiert.

Diese Entwicklung wurde durch die Strafrechtsreform in den neuen §§ 20,21 StGB gesetzlich festgeschrieben. Nunmehr dient die Schuldfähigkeitsfeststellung nach

---

[478] s. o. Kapitel 2.4

[479] s. o. Kapitel 3.2

§ 20 StGB wieder - wie vor 1934 bei § 51 RStGB - allein der Frage, ob die Strafbarkeit des Täters gesperrt ist oder nicht; bei § 21 StGB geht es ausschließlich um die Feststellung einer Schuldminderung aufgrund defizienter Einsichts- oder Steuerungsfähigkeit am Maßstab des § 20 StGB, die eine Strafmilderung nach § 49 I StGB zuläßt. Die §§ 20,21 StGB enthalten keine Aussagen über weitere oder andere Rechtsfolgen. Damit ist das Verhältnis des Strafrechts im engeren Sinne zum Maßregelrecht (wieder [im Blick auf die Entwürfe vor 1933]) eines der Zwei*stufig*keit anstelle des nationalsozialistischen zwei*spurigen*.

Die Maßregel der Unterbringung in einem psychiatrischen Krankenhaus als mögliche Rechtsfolge nach der Feststellung von Schuldunfähigkeit, § 20, oder verminderter Schuldfähigkeit, § 21 StGB, ist mit der Strafrechtsreform in § 63 StGB normiert worden. Nunmehr sind hier vor einer Unterbringungsanordnung, im Unterschied zu § 42b StGB-GewVbrG, weitere Prüfungsschritte[480] des erkennenden Gerichts erforderlich. Hatte in § 42b a.F. im Blick auf den Täter die Feststellung des Vorliegens von verminderter oder Unzurechnungsfähigkeit als eine der beiden Voraussetzungen neben dem Erfordernis der öffentlichen Sicherheit für die Anordnung der Maßregel ausgereicht, so verlangt nun der § 63 StGB eine "Gesamtwürdigung" der Person des Täters und der Umstände seiner Tat als Feststellung von Maßregeltatbeständen. Erst hier ist von einem "Zustand", also einer im Tatzeitpunkt länger andauernden Beeinträchtigung der Einsichts- und/oder Steuerungsfähigkeit des Täters die Rede; und erst hier sind die Art und Weise der Tat und die Tatkonstellationskomponenten als Maßregeltatbestände in die richterliche "Gesamtwürdigung" einzubeziehen. Diese Gesamtwürdigung ergibt den aktuellen, gegenwärtigen "Zustand" - gleichsam auf einer neuen Stufe -, bei dem nunmehr zu fragen ist, ob daraus kausal (= "infolge") "erhebliche rechtswidrige Taten zu erwarten sind". Diese 'Erwartbarkeit rechtswidriger Taten' wird vom Gesetz als Gefährlichkeit des Täters für die Allgemeinheit bezeichnet. Und erst diese 'Erwartbarkeit' rechtfertigt die Anordnung der Maßregel als Rechtsfolge des Zustandes, wie er sich aufgrund der "Gesamtwürdigung" als Tatsachenfeststellung ergeben hat!

Einerseits wird damit auch hier der Gefährlichkeitsbegriff in konsequenter Fortsetzung der Linie des § 20 StGB vor einer ontologischen Personalisierung bewahrt und als juristisch-normative, soziale Konstruktion der 'Erwartbarkeit rechtswidriger Taten' dargestellt; der Täter wird entdämonisiert. Andererseits wird erstmals in der Gesetzgebungsgeschichte des Maßregelrechts an dieser Stelle der Begriff 'Gefährlichkeit' normiert. Damit scheint er trotz oder wegen seiner Redundanz zur 'Erwartbarkeit rechtswidriger Taten' doch wieder eine personifizierende Funktion übernehmen zu sollen, wie sie früher dem 'Minderwertigen' und 'anlagebedingt Psychopathischen', dem Dämonischen und Bösen in § 51 StGB a.F. entsprach und von dort durch die BGH-Rechtsprechung und die Neufassung des § 20 StGB im 2.StrRG aus der Schuldunfähigkeitsfeststellung verbannt und wegrationalisiert

[480] s. o. Abschnitt 3.3.2.1

wurde und auf diese Weise die Schuldfrage entmythologisierte. Der Gefährlichkeitsbegriff wäre dann nicht bloßes Synonym für die konsekutiv aus dem Zustand der Gesamtwürdigung ableitbare Erwartung rechtswidriger Taten, sondern er erhielte wieder eine eigenständige Bedeutung, die zur Anlaßtat in eine unaufgelöste Spannung träte[481]. Zusätzlich wird die in der alten Formel vom "Erfordernis der öffentlichen Sicherheit" enthaltene Möglichkeit des Mißbrauchs der Maßregelanordnung nach politischer Opportunität in die Formel von der 'Erwartbarkeit rechtswidriger Taten' transformiert und damit in gleicher Weise dem schwankenden Schutzinteresse der Allgemeinheit, dem Schaukeln zwischen gesellschaftlicher Toleranz und Intoleranz, zwischen Nachsicht und Vergeltungsbedürfnissen, ausgesetzt wie vorher. Daran vermag auch die in § 62 StGB normierte Geltung des Verhältnismäßigkeitsgrundsatzes bei der Anordnung der Maßregel nichts zu ändern.

Nach der Konstruktion des § 63 StGB gründet die 'Erwartbarkeit rechtswidriger Taten' aber nicht allein und nicht in erster Linie auf der gesellschaftlichen Einschätzung künftigen Legalverhaltens des Täters; vielmehr soll aus dem in der Gesamtwürdigung ermittelten Zustand, aus der Zusammenschau und Bewertung von Persönlichkeitsdiagnostik und Tatanalyse, soll aus der begangenen Tat auf die Möglichkeit, die Art, Schwere und Wahrscheinlichkeit künftiger Taten prognostisch geschlossen werden. Trotz aller wissenschaftlichen Bemühungen um eine Verbesserung der Prognostik bleibt die Vorhersage menschlichen Verhaltens aporetisch. Darüberhinaus bleibt auf der normativen und faktischen Ebene ungeklärt, inwieweit fiskalisch bereitgestellte oder vorenthaltene Rehabilitationsressourcen[482] dem Unterzubringenden prognostisch zugerechnet werden dürfen bzw. müssen. Von kriminologischen Extremfällen[483] abgesehen steht damit für viele Personen die Legi-

[481] Strasser 1978a,47, spricht mit Blick auf den Komplex prädeliktischer Sicherungsmaßnahmen davon, daß die Basis hierfür nicht mehr die Schwere der Tat, sondern das Ausmaß der Gefährlichkeit des Täters sei. - Ähnlich Müller-Dietz 1983,149, wonach bei der Anordnung der Maßregel die "kriminelle Gefährlichkeit" bei der Gesamtwürdigung (!) eine größere Rolle spiele als das Gewicht der Anlaßtat. - In diesem Sinn ist es auch für Kaiser 1990,16, ein Kennzeichen der Maßregeln, daß sie nicht an in der Vergangenheit wurzelnde Tatschuld anknüpfen, sondern auf künftige Gefährlichkeit des Täters bezogen sind. Und aaO., 5: "Im Gegensatz zu den ... tatorientierten Konzeptionen des Strafensystems beziehen sich die Maßregeln auf den Täter."

[482] Im "Rahmenentwurf für ein Maßregelvollzugsgesetz" hatte die Bundesregierung zu § 11 "Grundsätze" betont, die im Interesse der Sicherheit der Allgemeinheit erfolgende Verwahrung eines psychisch kranken Rechtsbrechers erscheine nur dann vertretbar, wenn die Gemeinschaft zugleich den ernsthaften Versuch unternehme, durch Rehabilitaionsmaßnahmen die Voraussetzungen für eine spätere Entlassung des Untergebrachten zu schaffen, BT-Drs. 8/2565,230.

[483] Nach Frisch 1989,517, ist eine Maßregelanordnung wegen der Prognoseunsicherheit "gegenwärtig nur relativ selten, nämlich prinzipiell nur bei entsprechend extrem profilierten Tätern legitimierbar".

timation der Maßregelanordnung auf schwankendem Boden[484]. Und insoweit die Maßregelanordnung im Sinne einer Straf-Rechtsfolge an die Verwirklichung einer rechtswidrigen (Straf-) Tat anknüpft, dürfte angesichts dieses Prognosedilemmas bei einer Anordnung der Unterbringung im psychiatrischen Krankenhaus auch das verfassungsrechtliche Bestimmtheitsgebot, Art. 103 II GG, verletzt werden.

Eine prima facie positive Veränderung des Maßregelrechts gegenüber dem vorhergehenden Zustand hat das 2.StrRG mit dem prinzipiellen Verzicht auf die Kumulation von Strafe und Maßregel herbeizuführen versucht. Nach § 67 I StGB wird bei vermindert Schuldfähigen, bei denen neben der Strafe auch eine Maßregel angeordnet wurde, grundsätzlich die Maßregel vor der Strafe vollzogen[485]. Insoweit hat der Reformgesetzgeber der mit Therapieangeboten verbundenen präventiven Sicherung vor der retrospektiv am Schuldgehalt der Tat orientierten Strafvollstreckung normativ einen Vorrang eingeräumt. Damit werden die nach § 21 StGB immerhin Teil-Schuldfähigen auf der Grundlage der Maßregeltatbestände des § 63 und der dort vorgesehenen Rechtsfolgen den nach §§ 20,63 Untergebrachten maßregelrechtlich gleichgestellt.

Uneingeschränkt gilt diese Gleichstellung aber nur im Vollzug. Vollstreckungsrechtlich gelten beachtenswerte Ausnahmen, die diese zunächst als Rechtswohltat erscheinende Gleichstellung sachlich fragwürdig, rechtlich zweifelhaft und dogmatisch widersprüchlich erscheinen lassen.

Zum einen kann nach § 67 II StGB abweichend vom Grundsatz ausnahmsweise die Strafe, bzw. seit dem 23.StrÄndG von 1986 ein Teil der Strafe, dann vor der Maßregel vollstreckt werden, wenn "der Zweck der Maßregel dadurch leichter erreicht wird." In der Rechtsprechung wird diese Absicht des Gesetzes mit 'Förderung der Therapiemotivation' übersetzt. Diese Förderung soll durch einen im Strafvollzug erzeugten "Leidensdruck" bewirkt werden. Dabei wird übersehen, daß bei den hier im Blick stehenden Tätern die scheinbar fehlende Therapiebereitschaft gerade keine verantwortlich getroffene Negativentscheidung, sondern originärer Bestandteil ihrer Krankheit, Behinderung oder Störung ist. Insoweit ist eine defiziente Behandlungsmotivation bei ihnen mit therapeutischen Angeboten und Bemühungen im Maßregelvollzug anzugehen und nicht mit dem als repressivem Mittel eingesetzten 'Übel' des Strafvollzugs, das den Betroffenen zum Objekt staatlicher Besserungsabsicht herabwürdigt und deshalb verfassungswidrig ist. Zudem wird mit dieser Neuregelung dem Gericht ein Ermessenspielraum eröffnet, der ebenfalls das strafrechtliche Bestimmtheitsgebot tangiert. Wenn darüberhinaus auf lange Freiheitsstrafen, deren Rest nunmehr nicht vor Erledigung der Halbstrafe aussetzbar

[484] Kaiser 1990,17: "Läßt sich ... die Gefährlichkeit eines Menschen unter Anwendung rechtsstaatlich vertretbarer Methoden nicht voraussagen, dann könnte die Legitimationsgrundlage des Maßregelrechts erschüttert sein."

[485] s. o. Abschnitt 3.3.2.5

ist, auf die Tatschwere und darauf hingewiesen wird, das Bewußtsein für die Strafe müsse beim Täter erhalten bleiben, dann erinnert dies in erschreckender Weise an die Argumente für die Strafschärfung im NS-GewVbrG.

Zum anderen ist seit dem 23.StrÄndG die im Maßregelvollzug verbrachte Zeit nur noch zu zwei Dritteln auf die Strafzeit anzurechnen. Im 2.StrRG hatte der Reformgesetzgeber noch die Absicht, durch den Vorwegvollzug der Maßregel vor der Strafe eine Kumulation zu vermeiden, mit der normativ und faktisch bereitgestellten Möglichkeit eines vollständigen Verzichts auf die Strafvollstreckung verbunden. Dagegen kommt nun zur erleichterten Austauschbarkeit von Strafvollzug und Maßregelvollzug mit der nur teilweisen Anrechnung der Maßregel auf die Strafe und der Aussetzungssperre vor Erledigung der Halbstrafe wieder eine repressive Kriminalpolitik zum Zuge, die stärker auf Generalprävention setzt, deutlicher als bisher auf die Tat Bezug nimmt und spezialpräventive Rehabilitationsangebote und -bemühungen zurückzudrängen geeignet ist. Mit dieser Akzentverlagerung auf den Tat-Bezug tritt das Vollstreckungsrecht in einen Gegensatz zur Maßregelanordnung, die mit der 'Erwartung rechtswidriger Taten', mit der 'Gefährlichkeit', stärker die künftige Persönlichkeitsentwicklung im Blick hatte.

War bisher schon nicht ausdiskutiert und dogmatisch befriedigend geklärt worden, was außer dem rechtlich nicht gewollten, faktisch aber im und/oder mit dem Freiheitseingriff im Maßregelvollzug verbundenen Übel auf die Strafe angerechnet wird bzw. einen Strafvollstreckungsverzicht zu begründen geeignet ist, so werden in der Struktur des Vollstreckungsrechts seit dem 23.StrÄndG die inhaltlichen und dogmatischen Unterschiede zwischen Straf- und Maßregelvollzug noch weiter in Richtung von - beinahe beliebig - austauschbaren Vollzugsarten verwischt; ihre je eigenständige und signifikant differierende Begründung und dementsprechende Ausrichtung ihrer Zwecke verschwinden dabei fast völlig[486]. Das Maßregelrecht hat hier seinen originären Charakter weitgehend verloren und ist auf die Stufe einer anderen Vollzugsart *straf*-rechtlicher Sanktionen gesunken.

Am auffälligsten hat das geltende Maßregelrecht seine typisch nationalsozialistisch[487] geprägte Struktur in der Regelung über die unbegrenzte Unterbringungsdauer und die Aussetzungsmodalitäten[488] beibehalten. Daran hat auch die Ersetzung der sog. Zweckerreichensformel, nach der die Unterbringung solange zu dauern hatte, wie die Sicherheit der Öffentlichkeit sie erforderte, durch die sog. Erprobensklausel des § 67d II StGB nichts geändert. Zwar wollte der Reformgesetzgeber mit der Formulierung, die Unterbringung sei zur Bewährung auszusetzen, "sobald *verantwortet* werden kann zu erproben, ob der *Untergebrachte* ...

[486] Cf. in diesem Zusammenhang den Hinweis von Loos 1993,254, daß "trotz Vikariierens und Anrechnung in der rechtlichen Ausgestaltung zwischen freiheitsentziehender Strafe und freiheitsentziehender Maßregel manche Lücke klaff(e)."

[487] s. o. Abschnitt 2.2.4.8

[488] s. o. Abschnitt 3.3.2.6

keine rechtwidrigen Taten mehr *begehen* wird", die Prüfung der Aussetzungsreife von der Bindung an das Kriterium des öffentlichen Sicherheitserfordernisses lösen und sie stattdessen von der Persönlichkeitsentwicklung des Untergebrachten abhängig machen; dennoch bleibt die Verantwortung bzw. Verantwortbarkeit der Aussetzungsentscheidung ebenso gesellschaftlich beeinflußt, wie die Einschätzung der vom Untergebrachten - noch oder nicht mehr - ausgehenden Gefährlichkeit.

Auch bei dieser Prüfungssituation bleiben Prognosen in Aporien stecken. Dies umsomehr, als durch die gesetzliche Konstruktion der Fragerichtung, trotz teilweise anderslautender Interpretationsversuche im Schrifttum, die Zulässigkeit der Freiheitsgewährung vor der Gesellschaft und nicht so sehr der weiter andauernde Freiheitseingriff des Maßregelvollzugs vor dem Untergebrachten verantwortet werden muß, was die Beweislast für eine inzwischen erreichte Ungefährlichkeit faktisch dem Untergebrachten aufbürdet. Dabei bleibt zusätzlich zu bedenken, daß der Untergebrachte, auch wenn er im Vollzug 'Lockerungen' erhält, prinzipiell im 'Insassenstatus' bleibt und auf die ihm von der Gesellschaft zur Therapie und Rehabilitation bereitgestellten oder vorenthaltenen Ressourcen, die seine Prognose beeinflussen, angewiesen ist.

Diese Konstruktion hat in Verbindung mit vielerorts strukturell defizienten Vollzugsbedingungen durchweg zu langdauernden Unterbringungen geführt. Daran hat auch der wiederholte Hinweis des BVerfG auf die Beachtung des Verhältnismäßigkeitsgrundsatzes im Maßregelvollzug nichts entscheidend geändert. Die Ursache hierfür liegt im wesentlichen im gegenwärtigen Theoriedefizit des Maßregelrechts. Solange nicht geklärt ist, ob die Dauer des Maßregelvollzugs zur Anlaßtat oder zur befürchteten Rechtsgutverletzung, zu einem bei angenommener Schuldfähigkeit angemessenen Strafmaß oder zu einer Zeitdauer, die dem Strafmaß einer potentiellen neuen Tat entspräche, ins Verhältnis zu setzen ist, ob einfach parallel mit zunehmendem Zeitablauf linear der Freiheitsanspruch des Untergebrachten mitwächst oder ob die Dauer des Maßregelvollzugs ausschließlich vom Grad der vom Untergebrachten ausgehenden Gefährdung abhängt, dürfte keine Lösung dieses Problems in Sicht sein. Es sei denn, der Gesetzgeber entschlösse sich zu einer pauschalen zeitlichen Befristung des Maßregelvollzugs auf beispielsweise drei oder fünf Jahre und zu einer 'Umkehrung der Beweislast' für die Verlängerung, wie dies bereits die Entwürfe der Weimarer Zeit vorsahen. Wird die gegenwärtige Tendenz, die Unterbringungsdauer wie auch immer zur Anlaßtat in Relation zu bringen, fortgesetzt, dürfte auch dies dazu beitragen, die dogmatischen und schließlich auch die tatsächlichen Unterschiede zwischen Strafe und Maßregel in dem Sinne zu nivellieren und zu verwischen, daß die Maßregel künftig bloß noch als wahlweise andere Vollzugsform strafrechtlicher Reaktion erscheint.

Auf der Linie dieses Trends liegt auch die Verschiebung des Subsidiaritätsprinzips von der Anordnungs- auf die Vollstreckungsebene[489]. Mindestens hinsichtlich des Eintritts von Führungsaufsicht und der Erfassung der Anordnung im Bundeszentralregister wird damit dieselbe kriminalrechtliche Stigmatisierung erreicht wie durch eine Verurteilung zu Strafe. Darüberhinaus stellt die hierbei erfolgende Mißachtung des im Verhältnismäßigkeitsgrundsatz enthaltenen Prinzips des Interventionsminimums den von einer Maßregelanordnung bedrohten Täter heute schlechter als zur Zeit der Geltung des Subsidiaritätsprinzips.

Das Festhalten am psychiatrischen Krankenhaus[490] als die zur Aufnahme der Unterzubringenden bestimmte Institution entbehrt nicht gewisser Ambivalenzen. Zwar bedürfen nach wie vor die im engeren Sinne psychisch kranken unter den Tätern einer fachgerechten und überwiegend ärztlich verantworteten psychiatrischen Behandlung; diese wird in der allgemeinen Psychiatrie aber aufgrund der pharmakologischen Entwicklung und sozialpsychiatrischer Therapiekonzepte in breitgespannten sog. Versorgungsnetzen durchgeführt, in denen die stationäre Behandlung nur noch ein - gegenüber früher erheblich verringertes - Element unter anderen ist. Hiervon ist der Maßregelvollzug, nicht nur aufgrund von über die in der allgemeinen Psychiatrie zu beachtenden Sicherheitsheitsaspekte hinausgehenden Anforderungen, abgekoppelt.

Daneben haben die Maßregelvollzugskrankenhäuser eine Vielzahl von Untergebrachten aufzunehmen, die keiner stationären psychiatrischen Behandlung bedürfen, sondern eher einer Psychotherapie, schulischer oder beruflicher Ausbildung, oder denen einfach nur Arbeit anzubieten ist. Auch hier bieten vielfach nichtstationäre Einrichtungen angemessenere Rehabilitationsangebote. Die personale Beziehung zwischen Therapeuten, Lehrern, Sozialarbeitern und Krankenpflegepersonal einerseits und den im Maßregelvollzug 'Untergebrachten' andererseits vermag weitgehend die erforderliche Sicherheit zu gewährleisten.

Bleibt das darüberhinausgehende Sicherungsargument. Von einigen Untergebrachten drohen aufgrund schwerster Persönlichkeitsstörungen erhebliche Rechtsgutverletzungen; sie bedürfen unter Umständen sogar über einen längeren Zeitraum zusätzlich zur Behandlung einer intensiven Sicherung. Für andere Untergebrachte müssen in Krisenfällen gesicherte Räume zur kurzfristen Intervention zur Verfügung stehen. Soweit durch solche an nur einem Teil der Untergebrachten ausgerichteten Sicherheitserfordernisse die Anlage und baulich-technische Ausstattung von Gebäuden und die Organisation der Vollzugsgestaltung geprägt werden, nehmen zahlreiche psychiatrische Krankenhäuser des Maßregelvollzugs den Charakter von Hochsicherheitseinrichtungen an, die entsprechenden Funktionsgebäuden des Strafvollzugs in nichts nachstehen. Insoweit haben sich dann aus 'normalen' psych-

[489] s. o. Abschnitt 3.3.2.3
[490] s. o. Abschnitt 3.3.2.4

iatrischen Krankenhäusern faktisch Sonderanstalten entwickelt: auch hier eine Annäherung an den Strafvollzug, der bereits durch eine größere Differenzierung und räumliche Entzerrung von Therapie-, Rehabilitations- und ihnen zugeordneten Wohneinrichtungen entgegengewirkt werden könnte[491].

Der augenblickliche normative Zustand, die gegenwärtige Entwicklung und die fragmentarische Theoriediskussion des Maßregelrechts lassen sich am Schluß zusammenfassend und bewertend so darstellen:
Nach der Entmythologisierung der Schuldunfähigkeitsfeststellung und nach der Einführung eines 'juristischen' anstelle eines somatisch-psychiatrischen Krankheitsbegriffs und nach der - wenigstens teilweise gelungenen - Entpersonalisierung von 'Gefährlichkeit' zeigt sich das Maßregelrecht des StGB heute als ein strafrechtlich geprägtes und durchwobenes *Sicherungsrecht* auf der Grundlage von krankheits- und tatkonstellationsbedingt weiterhin befürchteten Rechtsgutverletzungen gegen nicht-verantwortliche und diesen weitgehend gleichgestellte (§ 67 StGB) teilverantwortliche Täter[492]. Das Maßregelrecht ist kein *Besserungsrecht*, auch wenn das Wort "Besserung" in der Abschnittsüberschrift im StGB genannt wird. Obwohl die Besserungsabsicht durchaus als eines der Vollzugsziele des Maßregel*vollzugs* konkludent aus der Unterbringung in einem Krankenhaus geschlossen werden kann, ist Besserung auf der Ebene des Maßregel*rechts* umsoweniger ein relevantes Thema, je mehr sich 'Gefährlichkeit' in Gestalt der 'Erwartbarkeit rechtswidriger Taten' aus der Identifikation mit psychiatrischer Krankheit löst. Das Maßregelrecht zielt als Kehrseite der Sicherheit der Allgemeinheit 'nur' auf eine Besserung des Legalverhaltens ab; daß hierbei eine Therapie der zugrundeliegenden Krankheit, Behinderung oder Störung dienlich sein kann, bleibt unbestritten. Dies ist aber ein Thema des Vollzugs und nicht des Maßregel*rechts*[493]. Insofern ist es durchaus angemessen, wenn sich im gegenwärtigen Diskurs um die Theorie des Maßregelrechts die Psychiatrie als Wissenschaft hier mit Beiträgen zurückhält und sich stattdessen eher auf die Behandlungsforschung konzentriert.

Trotz der Änderungen durch das 1. und 2. StrRG ist es dem bundesrepublikanischen Maßregelrecht nicht gelungen, völlig aus dem Schatten der nationalsozialistischen Struktur des Maßregelrechts nach dem GewVbrG herauszutreten. Die aus-

[491] cf. hierzu bereits Kammeier 1988b,106ff.; Kammeier 1990,12f.

[492] Der Ansicht von LK-Hanack § 63 Rz. 66, "die Unterbringung (stelle) insoweit das gewissermaßen notwendige Korrelat zum gesetzlichen Verzicht (§ 20) oder Teilverzicht (§ 21) auf Strafe dar", ist deshalb in den - wohl überwiegenden - Fällen zuzustimmen, in denen zur tatzeitbezogenen Schuldunfähigkeit oder -minderung sich aus dem Gegenwartsbezug der Gesamtwürdigung ergebende, künftig zu erwartende weitere Rechtsgutverletzungen hinzutreten. Zu beachten bleibt aber, daß das jeweils Vorhergehende nicht notwendigerweise und kausal-zwangsläufig das Folgende bereits impliziert!

[493] Aus diesem Grund wird im Rahmen dieser Arbeit auch nicht auf die Diskussion um das Verhältnis von Zwecken und Zielen der Maßregel und um den Vorrang der Besserung oder der Sicherung eingegangen. Dies muß aus theoretischer Stringenz heraus der inhaltlichen, organisatorischen und rechtlichen Gestaltung des Vollzugs überlassen bleiben.

schließliche Unterbringung im psychiatrischen Krankenhaus, - durch die Eliminierung des Subsidiaritätsprinzips noch unterstrichen -, die zeitliche Unbefristetheit der Unterbringungsdauer und die damit zusammenhängende Beweislastverteilung bei der Aussetzungsfrage sind als typische nationalsozialistische Relikte unzeitgemäß erhalten geblieben. Ebensowenig haben es die Reformgesetze vermocht, das Maßregelrecht aus einer gewissen strukturellen Parallelität zum Strafrecht[494] und im Blick auf die Vollstreckungsregelungen[495] auch zum Strafvollzug zu befreien; im Gegenteil wurden hier zunehmend, insbesondere durch das 23.StrÄndG, weitere Konvergenzen geschaffen. Eine wesentliche Ursache für diese Entwicklung dürfte darin liegen, daß es trotz aller Bemühungen um eine Verbesserung von Diagnostik und Prognostik nicht gelungen ist - und möglicherweise aus prinzipiellen Gründen nicht gelingen kann -, die 'Gefährlichkeit' eines Täters so exakt zu bestimmen, daß sie dadurch therapeutisch und 'straf'-rechtlich operationalisierbar wird. Und zwar nicht nur deshalb, weil die Vorhersage menschlichen Verhaltens an Erkenntnisgrenzen stößt, sondern auch, weil eine Veränderung von 'Gefährlichkeit' elementar von sozialen Umfeldbedingungen und gesellschaftlich gesteuertem Einsatz von Ressourcen abhängt, die die Chancen zu sozialadäquatem Leben verbessern, stützen bzw. überhaupt erst ermöglichen, - oder aber weiter verhindern können.

Somit bleiben die Legitimationsprobleme des gegenwärtigen Maßregelrechts im Spannungsfeld zwischen dem Schutzinteresse der Allgemeinheit und dem Freiheitsanspruch des Einzelnen einstweilen weiter bestehen. Das Maßregelrecht ist nicht aus dem Strafrecht ableitbar. Auch eine präzisere Fassung von Zweck und Ziel der psychiatrischen Maßregel in einem geänderten § 63 StGB allein könnte kein hinreichend verfassungskonformes Maßregelrecht begründen. Maßregelrechtliche Bindungen und Relationssetzungen an einen angenommenen 'Schuldwert' der Anlaßtat führen nur zu alternativen Vollzugsvarianten. 'Schuld'-überschreitende Freiheitseingriffe lassen sich dann erst recht nicht mehr legitimieren[496]. Zudem bleibt eine diesbezügliche Diskussion zeitlich-horizontaler Interventionsgrenzen in

---

494 Jung 1985,881: "Strafe und Maßregel sind einander ... in der rechtlichen Ausgestaltung nähergerückt." Diess., ibid.: "Aufs Ganze gesehen zeigt sich, daß Strafe und Maßregel sich von der Zielsetzung immer mehr aufeinander zu bewegen und eine begriffliche Trennung zunehmend schwerer fällt."

495 Cf. diess., ibid., wonach diese Entwicklung mit der Zulassung des Nebeneinander von Strafe und Maßregel vorgezeichnet war.

496 Gegen Stratenwerth 1988,114, der mit dem Verweis auf das Erfordernis eines "*überwiegende(n) öffentliche(n) Interesse(s)*" die Zulässigkeit "schuldüberschreitender Eingriffe" rechtfertigen will. -
Beachtenswert und ausbaufähig ist dagegen der Hinweis von Jakobs 1991,33, auf die Zurechenbarkeit des Verantwortungsverlustes: "Daß für einen nicht (voll) verantwortlichen Täter im Ergebnis die Gesamtbelastung durch Reaktionen anläßlich einer Straftat ... erheblich größer sein kann als diejenige eines voll verantwortlichen Täters, kann zumindest für diejenigen Fälle nicht befriedigen, in denen der Verantwortungsverlust nicht dem Täter selbst zugerechnet werden kann."

Aporien stecken. Selbst der an anderen Vorschlägen gemessen besonders kreativ erscheinende Lösungsversuch von Frisch führt nicht aus den strafrechtsimmanenten Denkschemata hinaus: "... für Zukünftiges kann aber nicht schon gegenwärtig *gestraft* werden."[497] So betrachtet bleibt dem Maßregelrecht die Funktion einer latenten Kriminalisierung im Vorfeld staatlicherseits erwarteter rechtswidriger Taten; es bleibt Segment eines Gefährlichkeits- bzw. Gefährdungsstrafrechts[498].

Eine Lösung der Krisen und Legitimationsprobleme des gegenwärtigen Maßregelrechts ist in einer anderen Richtung zu suchen: Mit dem Ausschluß bzw. der Minderung strafrechtlicher Schuld im Sinne von Verantwortbarkeit des eigenen Handelns müssen sich bei erheblichem Sicherungsbedarf die Wege von Strafe und Maßregel, von Strafvollzug und Maßregelvollzug trennen; die rechtswidrige Anlaßtat bleibt zwar notwendige, aber ist keinesfalls allein hinreichende Bedingung und erst recht kein tragfähiger Grund für eine Sicherungsreaktion; insofern kann in einem *zweistufigen* Reaktionssystem eine Theorie des Maßregelrechts grundsätzlich erst nach der Sperrung von Strafbarkeit bzw. Strafvollstreckung ansetzen; Strukturüberlegungen eines Rechts, das verfassungsrechtlich zulässige Strategien gegen rechtswidrige Taten eines nicht bestrafbaren bzw. nicht der Strafvollstrekkung unterwerfbaren Täters enthalten soll, muß den Persönlichkeitszustand des Individuums und die Erwartungshaltung der Allgemeinheit hinsichtlich weiterer Taten gleichwertig einbeziehen; über die zeitlich-horizontale Dimension hinaus ist dann auch die Diskussion über die vertikal zulässige Eingriffsintensität und über den Kompensationsanspruch des Betroffenen für seine unverschuldete, aufgrund des nicht zurechenbaren Verantwortungsverlustes erfolgende Freiheitseinbuße zum Wohle der Allgemeinheit zu eröffnen.

---

[497] G.Jakobs 1993,31; Sperrung von mir, Ka.

[498] Auch Kaisers Vorschläge, 1990,18, einer weiteren Formalisierung durch Einschränkungen bei der Anordnung, durch Begrenzung und Kontrolle in Vollstreckung und Vollzug, durch Therapie- und Sozialisationsangebote und durch Dokumentation machen die Maßregeln auf der gegenwärtigen normativen Grundlage nicht rechtsstaatlich erträglicher.

Auszüge aus Gesetzentwürfen und Gesetzestexten

1. Anordnung und Vollstreckung der psychiatrischen Maßregel in den Gesetzentwürfen von 1909 bis 1930

1.1 Vorentwurf 1909

§ 65

(1) Wird jemand auf Grund des § 63 Abs. 1 freigesprochen oder außer Verfolgung gesetzt, oder auf Grund des § 63 Abs. 2 zu einer milderen Strafe verurteilt, so hat das Gericht, wenn es die öffentliche Sicherheit erfordert, seine Verwahrung in einer öffentlichen Heil- oder Pflegeanstalt anzuordnen. ...

(2) Im Falle des § 63 Abs. 2 erfolgt die Verwahrung nach verbüßter Freiheitsstrafe.

(3) Auf Grund der gerichtlichen Entscheidung hat die Landespolizeibehörde für die Unterbringung zu sorgen. Sie bestimmt auch über die Dauer der Verwahrung und über die Entlassung. Gegen ihre Bestimmung ist gerichtliche Entscheidung zulässig.

(4) ...

1.2 Gegenentwurf 1911

§ 14

(1) Wird jemand auf Grund des § 13 Abs. 1 freigesprochen oder außer Verfolgung gesetzt oder in Anwendung des § 13 Abs. 2 verurteilt, so hat das Gericht, wenn es die Rechtssicherheit erfordert, seine Verwahrung in einer öffentlichen Heil- oder Pflegeanstalt anzuordnen. Ist im Falle des § 13 Abs. 2 der Täter zu einer Freiheitsstrafe verurteilt, so erfolgt die Verwahrung nach Verbüßung oder Erlaß der Freiheitsstrafe. Auf Grund der gerichtlichen Entscheidung hat die Landespolizeibehörde für die Unterbringung zu sorgen sowie über Dauer der Verwahrung und über die Entlassung zu bestimmen. Gegen eine die Dauer von zwei Jahren übersteigende Verwahrung ist Antrag auf gerichtliche Entscheidung zulässig; ein zurückgewiesener Antrag kann vor Ablauf von zwei Jahren nicht wiederholt werden.

(2) Personen, die in Anwendung des § 13 Abs. 2 verurteilt worden sind, ohne daß aus Gründen der Rechtssicherheit ihre Verwahrung anzuordnen war, können, sofern es notwendig erscheint, um sie vor Begehung weiterer strafbarer Handlungen zu bewahren, nach Verbüßung oder Erlaß der Strafe einer staatlichen Gesundheitsaufsicht unterstellt werden; daneben ist die Unterbringung in eine Familie oder Privatanstalt oder die Stellung unter Schutzaufsicht (§ 60) zulässig. Die Dauer einer

solchen Aufsicht wird bis zum Höchstmaße von fünf Jahren durch das Gericht bestimmt.

(3) ...

1.3 Kommissionsentwurf 1913

§ 100

(1) Wird jemand wegen fehlender Zurechnungsfähigkeit (§ 20 Abs. 1) freigesprochen oder außer Verfolgung gesetzt oder nach den Vorschriften über verminderte Zurechnungsfähigkeit (§ 20 Abs. 2) verurteilt, so hat das Gericht, wenn die öffentliche Sicherheit es erfordert, anzuordnen, daß er in einer öffentlichen Heil- oder Pflegeanstalt verwahrt wird.

(2) ...

(3) Wird weder Verwahrung noch Unterbringung angeordnet, so kann auf Schutzaufsicht erkannt werden (§ 80 Abs. 2).

§ 101

(1) Die Verwahrung bewirkt die Landespolizeibehörde. Ist auf Freiheitsstrafe erkannt, so wird der Verurteilte erst in Verwahrung genommen, nachdem er die Strafe verbüßt hat.

(2) Über die Entlassung bestimmt die Landespolizeibehörde. Soll die Verwahrung über zwei Jahre ausgedehnt werden, so ist die Entscheidung des Gerichts von Amts wegen herbeizuführen. Ordnet das Gericht die Fortdauer der Verwahrung an, so hat es zugleich zu bestimmen, nach welcher Frist die Entscheidung von neuem einzuholen ist.

1.4 Entwurf 1919

§ 88

(1) Wird jemand nach § 18 Abs. 1 wegen fehlender Zurechnungsfähigkeit freigesprochen oder außer Verfolgung gesetzt oder nach § 18 Abs. 2 als vermindert zurechnungsfähig verurteilt, so ordnet das Gericht seine Verwahrung in einer öffentlichen Heil- oder Pflegeanstalt an, falls die öffentliche Sicherheit diese Maßregel erfordert.

(2) Genügt Schutzaufsicht, so ist diese anzuordnen.

§ 89

(1) Die Verwahrung bewirkt die Landespolizeibehörde.

(2) Ist auf die Verwahrung neben einer Freiheitsstrafe erkannt worden, so verbüßt der Verurteilte zunächst die Strafe. Ist die Verwahrung durch den Strafvollzug überflüssig geworden, so wird der Verurteilte nicht mehr in der Heil- oder Pflegeanstalt untergebracht; dies gilt auch dann, wenn der Verurteilte aus der Strafhaft vorläufig entlassen und die Entlassung nicht widerrufen wird.

(3) Hat das Gericht dem Verurteilten bedingte Strafaussetzung bewilligt, so wird er in der Heil- oder Pflegeanstalt untergebracht, sobald das Urteil rechtskräftig geworden ist; die Zeit, die er in der Anstalt zugebracht hat, wird auf die Probezeit angerechnet.

§ 90

(1) Über die Entlassung bestimmt die Polizeibehörde.

(2) Eine Fortdauer der Verwahrung über zwei Jahre hinaus kann nur das Gericht anordnen. Ordnet es die Fortdauer an, so bestimmt es zugleich, wann seine Entscheidung von neuem einzuholen ist.

1.5 Entwurf Radbruch 1922

§ 3

Über Maßregeln der Besserung und Sicherung ist nach dem Gesetz zu entscheiden, das zur Zeit der Entscheidung gilt.

§ 43

(1) Wird jemand als nicht zurechnungsfähig freigesprochen oder außer Verfolgung gesetzt oder als vermindert zurechnungsfähig verurteilt, so ordnet das Gericht zugleich seine Unterbringung in einer öffentlichen Heil- oder Pflegeanstalt an, falls die öffentliche Sicherheit diese Maßregel erfordert.

(2) Genügt Schutzaufsicht (§ 51), so ist diese anzuordnen.

§ 46

(1) Die Unterbringung (§§ 43 bis 45) bewirkt die Verwaltungsbehörde.

(2) Die Unterbringung dauert solange, als es der Zweck der Anordnung erfordert.

(3) Die Unterbringung in einer Heil- oder Pflegeanstalt ... darf drei Jahre nur übersteigen, wenn sie das Gericht vor Ablauf dieser Frist von neuem anordnet. Ordnet das Gericht die Fortdauer an, so bestimmt es zugleich, wann seine Entscheidung von neuem einzuholen ist.

(4) ...

§ 47

(1) Ist auf Unterbringung neben einer Freiheitsstrafe erkannt worden, so ist zunächst die Strafe zu vollstrecken. Das Gericht kann jedoch die Vollstreckung der Strafe einstweilen aussetzen und anordnen, daß zunächst die Unterbringung vollzogen wird.

(2) Ist die Unterbringung durch den Strafvollzug überflüssig geworden, so ordnet das Gericht an, daß sie unterbleibt. Die Unterbringung unterbleibt auch dann, wenn das Gericht dem Verurteilten einen Rest der Strafe bedingt erlassen hat und der Erlaß endgültig wird.

(3) Ist der Vollzug der Strafe durch die Unterbringung überflüssig geworden, so ordnet das Gericht an, daß er unterbleibt.

§ 49

(1) Zu einer Entlassung aus der Unterbringung bedarf es, solange die Anordnung des Gerichts nicht nach § 46 Abs. 3, 4 außer Kraft getreten ist, der Zustimmung des Gerichts.

(2) Vor Ablauf der in § 46 Abs. 3, 4 bestimmten Frist darf die Entlassung in der Regel nur auf Probe geschehen. ...

(3) Zeigt sich nach der Entlassung, daß der Zweck der Unterbringung noch nicht erreicht war, oder daß das Bedürfnis für die Unterbringung wieder eingetreten ist, so kann die Entlassung mit Zustimmung des Gerichts widerrufen werden.

1.6 Amtlicher Entwurf 1925

§ 3

Über Maßregeln der Besserung und Sicherung ist nach dem Gesetze zu entscheiden, das zur Zeit der Entscheidung gilt.

§ 43

(1) Wird jemand als nicht zurechnungsfähig freigesprochen oder außer Verfolgung gesetzt oder als vermindert zurechnungsfähig verurteilt, so ordnet das Gericht zugleich seine Unterbringung in einer öffentlichen Heil- oder Pflegeanstalt an, falls die öffentliche Sicherheit diese Maßregel erfordert.

(2) Genügt Schutzaufsicht (§ 51), so ist diese anzuordnen.

§ 46

(1) Die Unterbringung (§§ 43 bis 45) bewirkt die Verwaltungsbehörde.

(2) Die Unterbringung dauert so lange, als es der Zweck der Anordnung erfordert.

(3) Die Unterbringung in einer Heil- oder Pflegeanstalt ... darf drei Jahre nicht übersteigen, wenn sie das Gericht nicht vor Ablauf dieser Frist von neuem anordnet. Ordnet das Gericht die Fortdauer an, so bestimmt es zugleich, wann seine Entscheidung von neuem einzuholen ist.

(4) ...

§ 47

(1) Ist auf Unterbringung neben einer Freiheitsstrafe erkannt worden, so ist zunächst die Strafe zu vollstrecken. Das Gericht kann jedoch die Vollstreckung der Strafe einstweilen aussetzen und anordnen, daß zunächst die Unterbringung vollzogen wird.

(2) Ist die Unterbringung durch den Strafvollzug überflüssig geworden, so ordnet das Gericht an, daß sie unterbleibt. Die Unterbringung unterbleibt auch dann, wenn das Gericht dem Verurteilten einen Rest der Strafe bedingt erlassen hat und der Erlaß endgültig wird.

(3) Ist der Vollzug der Strafe durch die Unterbringung überflüssig geworden, so ordnet das Gericht an, daß er unterbleibt.

§ 49

(1) Zu einer Entlassung aus der Unterbringung bedarf es, solange die Anordnung des Gerichts nicht nach § 46 Abs. 3, 4 außer Kraft getreten ist, der Zustimmung des Gerichts.

(2) Vor Ablauf der in § 46 Abs. 3, 4 bestimmten Frist darf die Entlassung in der Regel nur auf Probe geschehen. ...

(3) Zeigt sich nach der Entlassung, daß der Zweck der Unterbringung noch nicht erreicht war, oder daß das Bedürfnis für die Unterbringung wieder eingetreten ist, so kann die Entlassung mit Zustimmung des Gerichts widerrufen werden.

1.7 Entwurf 1927

§ 4

Über Maßregeln der Besserung und Sicherung ist nach dem Gesetz zu entscheiden, das zur Zeit der Entscheiung gilt.

§ 56

Wird jemand als nicht zurechnungsfähig freigesprochen oder als vermindert zurechnungsfähig verurteilt, so erklärt das Gericht seine Unterbringung in einer Heil- oder Pflegeanstalt für zulässig, wenn die öffentliche Sicherheit es erfordert. ...

§ 60

(1) Die Unterbringung dauert so lange als es ihr Zweck erfordert.

(2) ...

(3) Die Unterbringung in einer Heil- oder Pflegeanstalt ... darf drei Jahre nur übersteigen, wenn das Gericht sie vor Ablauf dieser Frist von neuem für zulässig erklärt oder anordnet.

(4) ...

(5) In den Fällen des Abs. 3 ... ist je vor Ablauf von weiteren drei Jahren die Entscheidung des Gerichts von neuem einzuholen, wenn das Gericht nicht eine kürzere Frist hierfür bestimmt.

§ 61

(1) Das Gericht kann eine für zulässig erklärte Unterbringung eines vermindert Zurechnungsfähigen in einer Heil- oder Pflegeanstalt ... auf die Dauer von höchstens zwei Jahren bedingt aussetzen, wenn es gleichzeitig Schutzaufsicht anordnet.

(2) Erweist sich die Schutzaufsicht als nicht ausreichend, so widerruft das Gericht die Aussetzung.

(3) Wird die Aussetzung vor Ablauf der Probezeit nicht widerrufen, so darf die Unterbringung nicht mehr vollzogen werden.

1.8 Entwurf 1930

§ 4

Über Maßregeln der Besserung und Sicherung ist, soweit nicht anderes bestimmt ist, nach dem Gesetz zu entscheiden, das zur Zeit der Entscheidung gilt.

§ 56

Ist jemand wegen einer von ihm begangenen, mit Strafe bedrohten Handlung vor Gericht gestellt, der zur Zeit der Tat zurechnungsunfähig oder vermindert zurechnungsfähig war, so ordnet das Gericht seine Unterbringung in einer Heil- oder Pflegeanstalt an, wenn es die öffentliche Sicherheit erfordert. Bei vermindert Zurechnungsfähigen tritt die Unterbringung neben die Strafe.

§ 60

(1) Die Unterbringung dauert so lange, als es ihr Zweck erfordert.

(2) Die Unterbringung in einer Heil- oder Pflegeanstalt darf drei Jahre nur übersteigen, wenn das Gericht sie vor Ablauf dieser Frist von neuem anordnet.

(3) ...

(4) ...

(5) Im Falle des Abs. 2 ist je vor Ablauf von weiteren drei Jahren ...die Entscheidung des Gerichts von neuem einzuholen, wenn das Gericht nicht kürzere Fristen hierfür bestimmt hat.

(6) ...

§ 61

(1) Das Gericht kann die Unterbringung eines vermindert Zurechnungsfähigen in einer Heil- oder Pflegeanstalt ... auf die Dauer von höchstens zwei Jahren bedingt aussetzen, die Unterbringung eines vermindert Zurechnungsfähigen aber nur dann, wenn es gleichzeitig Schutzaufsicht anordnet. ...

(2) Erweist sich nachträglich die Unterbringung als notwendig, so widerruft das Gericht die Aussetzung.

(3) Wird die Aussetzung vor Ablauf der Probezeit nicht widerrufen, so darf die Unterbringung nicht mehr vollzogen werden.

§ 62

Der Untergebrachte darf, solange die vom Gesetz oder vom Gericht festgesetzte Zeit der Unterbringung noch nicht abgelaufen ist, nur mit Zustimmung des Gerichts entlassen werden.

2. Anordnung und Vollstreckung der psychiatrischen Maßregel im Strafgesetzbuch und in der Strafprozeßordnung des Jahres 1933 idF des GewVbrG und des AG-GewVbrG

2.1 Strafgesetzbuch

§ 2a

Über Maßregeln der Sicherung und Besserung ist nach dem Gesetz zu entscheiden, das zur Zeit der Entscheidung gilt.

§ 42b

(1) Hat jemand eine mit Strafe bedrohte Handlung im Zustand der Zurechnungsunfähigkeit (§ 51 Abs. 1 ...) oder der verminderten Zurechnungsfähigkeit (§ 51 Abs. 2 ...) begangen, so ordnet das Gericht seine Unterbringung in einer Heil- oder Pflegeanstalt an, wenn die öffentliche Sicherheit es erfordert. Dies gilt nicht bei Übertretungen.

(2) Bei vermindert Zurechnungsfähigen tritt die Unterbringung neben die Strafe.

§ 42f

(1) Die Unterbringung dauert so lange, als ihr Zweck es erfordert.

(2) ...

(3) Die Dauer der Unterbringung in einer Heil- oder Pflegeanstalt ... ist an keine Frist gebunden. Bei diesen Maßregeln hat das Gericht jeweils vor Ablauf bestimmter Fristen zu entscheiden, ob der Zweck der Unterbringung erreicht ist. Die Frist beträgt bei der Unterbringung in einer Heil- oder Pflegeanstalt ... drei Jahre ... Ergibt sich bei der Prüfung, daß der Zweck der Unterbringung erreicht ist, so hat das Gericht die Entlassung des Untergebrachten anzuordnen.

(4) Das Gericht kann auch während des Laufs der in den Abs. 2 und 3 genannten Fristen jederzeit prüfen, ob der Zweck der Unterbringung erreicht ist. Wenn das Gericht dies bejaht, so hat es die Entlassungdes Untergebrachten anzuordnen.

(5) Die Fristen laufen vom Beginn des Vollzugs an. Lehnt das Gericht die Entlassung des Untergebrachten ab, so beginnt mit dieser Entscheidung der Lauf der im Abs. 3 genannten Frist von neuem.

§ 42g

(1) Sind seit der Rechtskraft des Urteils drei Jahre verstrichen, ohne daß mit dem Vollzug der Unterbringung begonnen worden ist, so darf sie nur noch vollzogen werden, wenn das Gericht es anordnet. Die Anordnung ist nur zulässig, wenn der Zweck der Maßregel die nachträgliche Unterbringung erfordert.

(2) In die Frist wird die Zeit nicht eingerechnet, in der der Unterzubringende eine Freiheitsstrafe verbüßt oder auf behördliche Anordnung in einer Anstalt verwahrt wird.

§ 42h

(1) Die Entlassung des Untergebrachten gilt nur als bedingte Aussetzung der Unterbringung. Das Gericht kann dem Untergebrachten bei der Entlassung besondere Pflichten auferlegen und solche Anordnungen auch nachträglich treffen oder ändern. Zeigt der Entlassene durch sein Verhalten in der Freiheit, daß der Zweck der

Maßregel seine erneute Unterbringung erfordert, und ist die Vollstreckung der Maßregel noch nicht verjährt, so widerruft das Gericht die Entlassung.

(2) ...

§ 42i

(1) ...

(2) Die in einer Heil- oder Pflegeanstalt ... Untergebrachten können innerhalb oder außerhalb der Anstalt auf eine ihren Fähigkeiten und Verhältnissen angemessene Weise beschäftigt werden.

§ 70

(1) ...

(2) Die Vollstreckung einer rechtskräftig angeordneten Maßregel der Sicherung und Besserung verjährt in zehn Jahren. ...

(3) ...

2.2 Strafprozeßordnung

§ 126a

(1) Sind dringende Gründe für die Annahme vorhanden, daß jemand eine mit Strafe bedrohte Handlung im Zustand der Zurechnungsunfähigkeit oder der verminderten Zurechnungsfähigkeit begangen hat und daß seine Unterbringung in einer Heil- oder Pflegeanstalt angeordnet werden wird, so kann das Gericht durch Unterbringungsbefehl seine einstweilige Unterbringung anordnen, wenn die öffentliche Sicherheit es erfordert. ...

(2) ...

(3) ...

§ 246a

Ist damit zu rechnen, daß die Unterbringung des Angeklagten in einer Heil- oder Pflegeanstalt ... angeordnet werden wird, so ist in der Hauptverhandlung ein Arzt als Sachverständiger über den geistigen und körperlichen Zustand des Angeklagten zu vernehmen. ...

§ 331

(1) ... [Verbot der reformatio in peius]

(2) Diese Bestimmung steht der Anordnung der Unterbringung in einer Heil- oder Pflegeanstalt ... durch das Berufungsgericht nicht entgegen.

§ 429a

Liegen Anhaltspunkte dafür vor, daß der Beschuldigte eine mit Strafe bedrohte Handlung im Zustand der Zurechnungsunfähigkeit begangen hat, und führt die Staatsanwaltschaft das Strafverfahren wegen der Zurechnungsunfähigkeit des Beschuldigten nicht durch, so kann sie den Antrag stellten, die Unterbringung des Beschuldigten in einer Heil- oder Pflegeanstalt selbständig anzuordnen (Sicherungsverfahren).

§ 456b

Eine mit Freiheitsentziehung verbundene Maßregel der Sicherung und Besserung, die neben einer Freiheitsstrafe angeordnet ist, wird erst vollzogen, wenn die Freiheitsstrafe verbüßt, bedingt ausgesetzt oder erlassen ist. Jedoch kann die Unterbringung in einer Heil- oder Pflegeanstalt ... ganz oder teilweise vor der Freiheitsstrafe vollzogen werden.

2.3 Reichsversicherungsordnung

§ 119a

(1) Ist ein Berechtigter ... auf strafgerichtliche Anordnung in einer Heil- oder Pflegeanstalt ... untergebracht, so geht der Anspruch auf Rente ..., soweit solche Leistungen für die Zeit der Unterbringung zustehen, bis zur Höhe der Kosten der Unterbringung auf die Stelle über, der die Kosten zur Last fallen.

(2) ...

(3) ...

[Entsprechende Passus wurden wortgleich auch in das Angestelltenversicherungsgesetz, das Reichsknappschaftsgesetz, das Gesetz über die Unfallfürsorge für Gefangene und in das Reichsversorgungsgesetz aufgenommen.]

3. Anordnung und Vollstreckung der psychiatrischen Maßregel nach dem Entwurf eines Deutschen Strafgesetzbuchs, Stand: Dezember 1936 = E 1936

§ 67

(1) Hat jemand eine mit Strafe bedrohte Tat im Zustand der Schuldunfähigkeit (§§ 19, 21) oder der verminderten Schuldfähigkeit (§ 22) begangen, so ordnet der Richter seine Unterbringung in einer Heil- oder Pflegeanstalt an, wenn die öffentliche Sicherheit es erfordert.

(2) Bei vermindert Schuldfähigen tritt die Unterbrigung neben die Strafe. Liegen auch die Voraussetzungen der Sicherungsverwahrung vor, so ordnet der Richter zugleich Sicherungsverwahrung an.

§ 69

Die Unterbringung in ... einer Heil- oder Pflegeanstalt ... kann der Richter auch selbständig anordnen, wenn das Strafverfahren gegen den Beschuldigten undurchführbar ist.

§ 70

(1) Die Unterbringung dauert so lange, wie ihr Zweck es erfordert.

(2) ...

(3) Die Unterbringung ... in einer Heil- oder Pflegeanstalt ... sind zeitlich nicht begrenzt. Innerhalb bestimmter Fristen wird geprüft, ob der Zweck der Unterbringung erreicht ist.

(4) Die Entlassung des Untergebrachten ist nur zulässig, wenn feststeht, daß seine Unterbringung ihren Zweck erreicht hat; sie ist stets widerruflich.

§ 71

Der Richter kann im Urteil ... die Unterbringung eines vermindert Schuldfähigen in einer Heil- oder Pflegeanstalt für eine Probezeit von höchstens zwei Jahren aufschieben und dem Verurteilten für diese Zeit besondere Pflichten auferlegen.

§ 72

(1) Eine mit Freiheitsentziehung verbundene Maßregel der Sicherung, Besserung oder Heilung, die neben einer Freiheitsstrafe angeordnet ist, wird erst vollstreckt, wenn die Freiheitsstrafe verbüßt, bedingt ausgesetzt oder erlassen ist.

(2) Der Richter kann jedoch bei Erlaß des Urteils anordnen, daß die Unterbringung in einer Heil- oder Pflegeanstalt ... ganz oder teilweise vor der Freiheitsstrafe vollstreckt wird.

(3) Ist die Unterbringung in einer Heil- oder Pflegeanstalt ... nach dem Vollzug der Freiheitsstrafe nicht mehr nötig, so sieht die Vollstreckungsbehörde unter Vorbehalt des Widerrufs von ihr ab

4. Anordnung und Vollstreckung der psychiatrischen Maßregel im Strafgesetzbuch der Bundesrepublik Deutschland nach dem 2. StrRG

§ 62

Eine Maßregel der Besserung und Sicherung darf nicht angeordnet werden, wenn sie zur Bedeutung der vom Täter begangenen und zu erwartenden Taten sowie zu dem Grad der von ihm ausgehenden Gefahr außer Verhältnis steht.

§ 63

Hat jemand eine rechtswidrige Tat im Zustand der Schuldunfähigkeit (§ 20) oder der verminderten Schuldfähigkeit (§ 21) begangen, so ordnet das Gericht die Unterbringung in einem psychiatrischen Krankenhaus an, wenn die Gesamtwürdigung des Täters und seiner Tat ergibt, daß von ihm infolge seines Zustandes erhebliche rechtswidrige Taten zu erwarten sind und er deshalb für die Allgemeinheit gefährlich ist.

§ 67

(1) Wird die Unterbringung in einer Anstalt nach den §§ 63 und 64 neben einer Freiheitsstrafe angeordnet, so wird die Maßregel vor der Strafe vollzogen.

(2) Das Gericht bestimmt jedoch, daß die Strafe oder ein Teil der Strafe vor der Maßregel zu vollziehen ist, wenn der Zweck der Maßregel dadurch leichter erreicht wird.

(3) Das Gericht kann eine Anordnung nach Absatz 2 nachträglich treffen, ändern oder aufheben, wenn Umstände in der Person des Verurteilten es angezeigt erscheinen lassen.

(4) Wird die Maßregel ganz oder zum Teil vor der Strafe vollzogen, so wird die Zeit des Vollzugs der Maßregel auf die Strafe angerechnet, bis zwei Drittel der Strafe erledigt sind. ...

(5) Wird die Maßregel vor der Strafe vollzogen, so kann das Gericht die Vollstreckung des Strafrestes unter den Voraussetzungen des § 57 Abs. 1 Satz 1 Nr. 2 und 3 zur Bewährung aussetzen, wenn die Hälfte der Strafe erledigt ist. Wird der Strafrest nicht ausgesetzt, so wird der Vollzug der Maßregel fortgesetzt; das Gericht kann jedoch den Vollzug der Strafe anordnen, wenn Umstände in der Person des Verurteilten es angezeigt erscheinen lassen.

§ 67b

(1) Ordnet das Gericht die Unterbringung in einem psychiatrischen Krankenhaus ... an, so setzt es zugleich deren Vollstreckung zur Bewährung aus, wenn besondere Umstände die Erwartung rechtfertigen, daß der Zweck der Maßregel auch dadurch erreicht werden kann. Die Aussetzung unterbleibt, wenn der Täter noch Freiheits-

strafe zu verbüßen hat, die gleichzeitig mit der Maßregel verhängt und nicht zur Bewährung ausgesetzt wird.

(2) Mit der Aussetzung tritt Führungsaufsicht ein.

§ 67d

(1) ...

(2) Ist keine Höchstfrist vorgesehen oder ist die Frist noch nicht abgelaufen, so setzt das Gericht die weitere Vollstreckung der Unterbringung zur Bewährung aus, sobald verantwortet werden kann zu erproben, ob der Untergebrachte außerhalb des Maßregelvollzugs keine rechtswidrigen Taten mehr begehen wird. Mit der Aussetzung tritt Führungsaufsicht ein.

(3) ...

(4) ...

(5) ...

§ 67e

(1) das Gericht kann jederzeit prüfen, ob die weitere Vollstreckung der Unterbringung zur Bewährung auszusetzen ist. Es muß dies vor Ablauf bestimmter Fristen prüfen.

(2) Die Fristen betragen bei der Unterbringung ... in einem psychiatrischen Krankenhaus ein Jahr ...

(3) ...

(4) ...

§ 71

(1) Die Unterbringung in einem psychiatrischen Krankenhaus ... kann das Gericht auch selbständig anordnen, wenn das Strafverfahren wegen Schuldunfähigkeit oder Verhandlungsunfähigkeit des Täters undurchführbar ist.

(2) ...

Literaturverzeichnis

Adler, Arthur, 1923, Über die Unschädlichmachung der sogenannten "geisteskranken" Verbrecher, PNW 24 (1922/23), 46-47

AK-StGB-*Bearbeiter* = Kommentar zum Strafgesetzbuch, hg. von Rudolf Wassermann, Neuwied 1990

AK-StVollzG-*Bearbeiter* = Kommentar zum Strafvollzugsgesetz, 3. neubearb. Auflage, Neuwied 1990

Akten der Reichskanzlei. Regierung Hitler 1933-1938, hg. von Repgen, Konrad und Hans Booms, Teil I: 1933/34, bearb. von Minuth, Karl-Heinz, 2 Bände, Boppard 1983

Albrecht, Peter-Alexis, 1978, Aspekte des Maßregelvollzugs im psychiatrischen Krankenhaus, MschrKrim 1978, 104-126

Alsberg, M., 1926, Die strafbare Handlung, in: Aschrott, P. F. und Eduard Kohlrausch (Hg.), Reform des Strafrechts. Kritische Besprechung des Amtlichen Entwurfs eines Allgemeinen Deutschen Strafgesetzbuchs, Berlin 1926, 51-76

Amtlicher Entwurf 1925 eines Allgemeinen Deutschen Strafgesetzbuchs nebst Begründung, hg. vom Reichsjustizministerium, 2. Teil: Begründung, Berlin 1925 = AE 1925-Begründung

Antilla, Inkeri, 1975, Incarceration for Crimes never Comitted, Helsinki 1975

Arndt, Adolf, 1947, Das Verbrechen der Euthanasie, 1947

Aschaffenburg, Gustav, 1900, Über gefährliche Geisteskranke, AZP 57 (1900), 138-143

Aschaffenburg, Gustav, 1905, Kriminalpsychologie und Strafrechtsreform, MschrKrim 1 (1904/05), 1-7

Aschaffenburg, Gustav, 1912, Die Sicherung der Gesellschaft gegen gemeingefährliche Geisteskranke, Berlin 1912

Aschaffenburg, Gustav, 1914, Die sogenannte verminderte Zurechnungsfähigkeit, AZP 71 (1914), 690-691

Aschaffenburg, Gustav, 1918, Eine Lücke in der Strafprozeßordnung, MschrKrim 11 (1914/18), 328-331

Aschaffenburg, Gustav, 1923, Das Verbrechen und seine Bekämpfung, 3. verbesserte Aufl., Heidelberg 1923

Aschaffenburg, Gustav, 1924, Die Geisteskranken im Vorentwurf des italienischen Strafgesetzbuches, ZStW 44 (1924), 15-21

Aschaffenburg, Gustav, 1925, Die Stellung des Psychiaters zur Strafrechtsreform unter Berücksichtigung des neuen Entwurfs, MschrKrim 16 (1925), 145-166

Aschaffenburg, Gustav, 1931, Einheitlichkeit der Sicherungsmaßnahmen, MschrKrim 22 (1931), 257-265

Aschrott/Kohlrausch, 1926, = Aschrott, P. F. und Eduard Kohlrausch (Hg.), Reform des Strafrechts. Kritische Besprechung des Amtlichen Entwurfs eines Allgemeinen Deutschen Strafgesetzbuchs, Berlin 1926

Aschrott/von Liszt, 1910, = Aschrott, P. F. und Franz von Liszt (Hg.), Die Reform des Reichsstrafgesetzbuches. Kritische Besprechung des Vorentwurfs zu einem Strafgesetzbuch für das Deutsche Reich, Band 1, Berlin 1910

Babatz, H., 1988, Zielkonflikt des Maßregelvollzugs aus der Sicht der Staatsanwaltschaft, in: Böcker, F. und W. Weig (Hg.), Aktuelle Kernfragen in der Psychiatrie, Berlin 1988, 455-458

Bae, Jong-Dae, 1985, Der Grundsatz der Verhältnismäßigkeit im Maßregelrecht des StGB, Frankfurt/M 1985

Bauer/Thoss, 1983, = Bauer, Manfred und Peter Thoss, Die Schuldunfähigkeit des Straftäters als interdisziplinäres Problem. Eine Orientierungshilfe für den Strafrechtspraktiker, NJW 1983, 305-311

Baumann, Jürgen, 1966, Unterbringungsrecht, Tübingen 1966

Baumann/Weber, 1985, = Baumann, Jürgen und Ulrich Weber, Strafrecht. Allgemeiner Teil, 9. Aufl., Bielefeld 1985

Baur, Fritz R., 1980, Der Maßregelvollzug für psychisch kranke und suchtkranke Täter (§§ 63,64 StGB), RuP 16 (1980), 161-163

Baur, Fritz R., 1982, Besserung und Sicherung - Zur Problematik des Vollzugs der Maßregeln der Besserung und Sicherung für psychisch kranke und suchtkranke Täter nach §§ 63,64 StGB, StV 1982, 33-40

Baur, Fritz R., 1984, Anmerkungen zum gegenwärtigen Zustand des Maßregelvollzuges. Größenordnungen, Zuständigkeiten, Organisation, Defizite, in: Blau, Günter und Heinz Kammeier (Hg.), Straftäter in der Psychiatrie. Situation und Tendenzen des Maßregelvollzuges, Stuttgart 1984, 17-43

Baur, Fritz R., 1988, Der Vollzug der Maßregeln der Besserung und Sicherung nach den §§ 63,64 StGB in einem psychiatrischen Krankenhaus und in einer Entziehungsanstalt, Diss. jur., Münster 1988

Baur, Fritz R., 1990, Probleme der unbefristeten Unterbringung und der Entlassungsprognose bei psychisch kranken Tätern (§ 63 StGB), MDR 1990, 473-485

Baur, Fritz R., 1995, Grundsätze, Ziele, Organisation, in: Kammeier, Heinz (Hg.), Maßregelvollzugsrecht. Kommentar, Berlin 1995, Rz. C 1 - C 48

Bericht der Bundesregierung über die Lage der Psychiatrie in der Bundesrepublik Deutschland. - Zur psychiatrischen und psychotherapeutisch/psychosomatischen Versorgung der Bevölkerung vom 25.11.1975, BT-Drs. 7/4200

Bernardi, Othmar, 1994, Freiheitsentziehende Unterbringung - auf einer offenen Station? R & P 12 (1994), 11-14

Bernsmann, Klaus, 1978, Probleme des strafrechtlichen Krankheitsbegriffs. Eine Untersuchung zu dem interdisziplinären Spannungsfeld der §§ 20,21 StGB, Diss. jur., Bochum 1978

Bernsmann, Klaus, 1984, Maßregelvollzug und Grundgesetz. Einige Anmerkungen zum Verhältnis von Verfassung und strafrechtlicher Unterbringung in einem psychiatrischen Krankenhaus, in: Blau, Günter und Heinz Kammeier (Hg.), Straftäter in der Psychiatrie. Situation und Tendenzen des Maßregelvollzuges, Stuttgart 1984, 142-161

Bernsmann, Klaus, 1989, Affekt und Opferverhalten, NStZ 9 (1989), 160-166

Bernsmann/Kisker, 1975, = Bernsmann, Klaus und K. P. Kisker, § 20 StGB und die Entschuldbarkeit von Delinquenz diesseits biologisch-psycho(patho)logischer Exkulpationsmerkmale, MschrKrim 58 (1975), 325-339

Binding/Hoche, 1922, = Binding, Karl und Alfred Hoche, Die Freigabe der Vernichtung lebensunwerten Lebens. Ihr Maß und ihre Form, (1. Aufl. 1920), 2. Aufl., Leipzig 1922

Birkmeyer, Karl, 1906, Strafe und sichernde Maßnahmen, München 1906

Birkmeyer, Karl von, 1907, Was läßt von Liszt vom Strafrecht übrig? Eine Warnung vor der modernen Richtung im Strafrecht, München 1907

Birkmeyer, Karl von, 1909, Studien zu dem Hauptgrundsatz der modernen Richtung im Strafrecht "Nicht die Tat, sondern der Täter ist zu bestrafen", Leipzig 1909

Birkmeyer, Karl von, 1914, Schuld und Gefährlichkeit in ihrer Bedeutung für die Strafbemessung, Leipzig 1914

Bischof, Hans Ludwig, 1985, Exkulpation und Dekulpation im Unterbringungsverfahren (§ 63 StGB) unter besonderer Berücksichtigung der Provenienz der Gutachter, MschrKrim 1985, 148-156

Blasius, Dirk, 1980, Der verwaltete Wahnsinn. Eine Sozialgeschichte des Irrenhauses, Frankfurt/M 1980

Blasius, Dirk, 1986, Umgang mit Unheilbarem. Studien zur Sozialgeschichte der Psychiatrie, Bonn 1986

Blasius, Dirk, 1986a, Reformpsychiatrie im frühen 19. Jahrhundert, in: ders., Umgang mit Unheilbarem. Studien zur Sozialgeschichte der Psychiatrie, Bonn 1986, 39-56

Blasius, Dirk, 1986b, Irrwege der Reform. Zum Mythos psychiatrischen Fortschritts, in: ders., Umgang mit Unheilbarem. Studien zur Sozialgeschichte der Psychiatrie, Bonn 1986, 91-102

Blasius, Dirk, 1986c, Psychiatrischer Alltag im Nationalsozialismus, in: ders., Umgang mit Unheilbarem. Studien zur Sozialgeschichte der Psychiatrie, Bonn 1986, 109-125

Blasius, Dirk, 1986d, Rechtsstaat und Menschenwürde in der jüngeren deutschen Geschichte, in: ders., Umgang mit Unheilbarem. Studien zur Sozialgeschichte der Psychiatrie, Bonn 1986, 127-148

Blasius, Dirk, 1986e, Bürgerliche Kultur und NS-Psychiatrie, in: ders., Umgang mit Unheilbarem. Studien zur Sozialgeschichte der Psychiatrie, Bonn 1986, 149-162

Blasius, Dirk, 1991, Ambivalenzen des Fortschritts. Psychiatrie und psychisch Kranke in der Geschichte der Moderne, in: Bajohr, Frank et al. (Hg.), Zivilisation und Barbarei. Die widersprüchlichen Potentiale der Moderne, Hamburg 1991, 253-268

Blau, Günter, 1959, Recht und Unrecht beim Straf- und Maßregelvollzug, GA 1959, 141-148

Blau, Günter, 1984, Schuld und Gefährlichkeit des psychisch abnormen Täters. Strafrechtsgeschichtliche, kriminologische und rechtsvergleichende Aspekte, in: Blau, Günter und Heinz Kammeier (Hg.), Straftäter in der Psychiatrie. Situation und Tendenzen des Maßregelvollzuges, Stuttgart 1984, 1-16

Blau, Günter, 1985, Regelungsmängel beim Vollzug der Unterbringung gemäß § 63 StGB, in: FS Jescheck, Berlin 1985, 1015-1032

Blau/Franke, 1982, = Blau, Günter und Einhard Franke, Prolegomena zur strafrechtlichen Schuldfähigkeit, Jura 1982, 393-404

Blau/Kammeier, 1984, = Blau, Günter und Heinz Kammeier (Hg.), Straftäter in der Psychiatrie. Situation und Tendenzen des Maßregelvollzuges, Stuttgart 1984

Bleuler, E., 1905, Zur Behandlung Gemeingefährlicher, MschrKrim 1 (1904/05), 92-99

Bock, Gisela, 1991, Krankenmord, Judenmord und nationalsozialistische Rassenpolitik: Überlegungen zu einigen neueren Forschungshypothesen, in: Bajohr, Frank et al. (Hg.), Zivilisation und Barbarei. Die widersprüchlichen Potentiale der Moderne, Hamburg 1991, 285-306

Bock, Michael, 1990, Zur dogmatischen Bedeutung unterschiedlicher Arten empirischen Wissens bei prognostischen Entscheidungen im Strafrecht, NStZ 10 (1990), 457-463

Bockelmann, Paul, 1940, Studien zum Täterstrafrecht, 2. Teil, Berlin 1940

Böcker/Weig, 1988, = Böcker, F. und W. Weig (Hg.), Aktuelle Kernfragen in der Psychiatrie, Berlin 1988

Böker/Häfner, 1973, = Böker, W. und H. Häfner, Gewalttaten Geistesgestörter. Eine psychiatrisch-epidemiologische Untersuchung in der Bundesrepublik Deutschland, Berlin 1973

Braa/Cremer, 1986, = Braa, L. und U. Cremer, Die Wohngemeinschaft für forensische Patienten in Bremen, in: Brill, Karl-Ernst (Hg.), Psychiatrie-Jahrbuch II. Neue Wege in der psychiatrischen Versorgung - Therapeutische Wohngemeinschaften, München 1986, 158-162

Bratz, E., 1932, Kann die Versorgung der Geisteskranken billiger gestaltet werden und wie?, Preisarbeit des Deutschen Vereins für Psychiatrie, AZP 98 (1932), 1-40

Bresser, Paul H., 1978, Probleme bei der Schuldfähigkeits- und Schuldbeurteilung, NJW 1978, 1188-1192

Bresser, Paul H., 1979, Forensische Psychiatrie und die Zweispurigkeit unseres Kriminalrechts, NJW 1979, 1922-1923

Brockhaus', 1898, Konversationslexikon, Bd. 15, 14. Aufl., Leipzig 1898

Bruhn, Peter, 1987, Betreuung psychotisch kranker Rechtsbrecher in Tagesstätten, Clubs und Wohngemeinschaften, in: Kammeier, Heinz und Vera Schumann (Hg.), Wiedereingliederung psychisch kranker Rechtsbrecher. Tagungsbericht, Lippstadt 1987, 47-52

Bruns, Hans-Jürgen, 1959, Die Maßregeln der Besserung und Sicherung im StGB-Entwurf 1956, ZStW 71 (1959), 210-251

Buchholz, 1912, Über den Vorentwurf zum Reichsstrafgesetzbuch, MschrKrim 8 (1911/12), 679-693

Bundesministerium für Jugend, Familie, Frauen und Gesundheit (Hg.), Empfehlungen der Expertenkommission der Bundesregierung zur Reform der Versorgung im psychiatrischen und psychotherapeutisch/psychosomatischen Bereich auf der Grundlage des Modellprogramms Psychiatrie der Bundesregierung, vom 11.11.1988, Bonn 1988

Burghardt, Angelika, 1985, Der diagnostische Prozeß im strafrechtlichen Unterbringungsverfahren. Eine Studie an Entlassenen aus dem Berliner Maßregelvollzug (1975-1980), Diss. phil., Berlin 1985

Callies, Rolf-Peter, 1985, Der strafrechtliche Nötigungstatbestand und das verfassungsrechtliche Gebot der Tatbestandsbestimmtheit, NJW 1985, 1506-1513

Christie, Nils, 1986, Grenzen des Leids, Bielefeld 1986

Creutz, Walter, 1931, Der Einfluß der "erblichen Belastung" und der "Umwelt" bei Kriminellen, AZP 95 (1931), 73-106

Creutz, Walter, 1932, Gemeingefährlichkeit und polizeiliche Mitwirkung bei der Anstaltsunterbringung Geisteskranker aufgrund der bisherigen und der neuerdings veränderten verwaltungsrechtlichen Lage, PNW 34 (1932), 141-155

Creutz, Walter, 1939, Psychiatrische Erfahrungen mit §§ 42b und 42c des Gesetzes gegen gefährliche Gewohnheitsverbrecher und über Maßregeln der Sicherung und Besserung vom 24. November 1933, AZP 11 (1939), 137-168

Delbrück, Fritz, 1905, Schutz der Gesellschaft gegen gemeingefährliche Geisteskranke und vermindert Zurechnungsfähige, MschrKrim 1 (1904/05), 121-123

Denkschrift 1933, = Nationalsozialistisches Strafrecht. Denkschrift des Preußischen Justizministers, Berlin 1933

Dittmann, Volker, 1992, Zwangsmassnahmen und Ethik, in: Schumann, Vera und Bernd Dimmek (Hg.), "Die Würde des Menschen ist unantastbar". Ethische Fragen im Maßregelvollzug, Lippstadt 1992, 125-139

Dohna, Alexander Graf zu, 1909, Der Kampf gegen den Modernismus im Strafrecht, MschrKrim 5 (1908/09), 65-71

Dohna, Alexander Graf zu, 1935, Konkurrenz von Rechtsfolgen strafbaren Unrechts, ZStW 54 (1935), 410-418

Dörner, Klaus, 1975, Bürger und Irre. Zur Sozialgeschichte und Wissenschaftssoziologie der Psychiatrie, Frankfurt/M 1975

Dörner, Klaus, 1983, Psychiatrisches Handeln im "Dritten Reich" und heute, in: SozialpsychInfo 1983, H. 4, 102-108

Dörner, Klaus, 1988, Tödliches Mitleid. Zur Frage der Unerträglichkeit des Lebens oder: die Soziale Frage: Entstehung, Medizinisierung, NS-Lösung, heute, morgen, Gütersloh 1988

Dörner, Klaus, 1989, Nationalsozialismus und Lebensvernichtung, in: ders. et al. (Hg.), Der Krieg gegen die psychisch Kranken. Nach "Holocaust": Erkennen - Trauern - Begegnen, 2. Aufl., Frankfurt/Bonn 1989, 74-111

Dörner, Klaus, 1990, Der Beitrag ökologischen Denkens zum Verständnis psychischer Erkrankungen und psychosozialen Handelns, in: Thom, Achim und Erich Wulff (Hg.), Psychiatrie im Wandel. Erfahrungen und Perspektiven in Ost und West, Bonn 1990, 34-43

Dörner/Plog, 1989, = Dörner, Klaus und Ursula Plog, Irren ist menschlich. Lehrbuch der Psychiatrie/Psychotherapie. 5. Aufl., Bonn 1989

Drews, Bill, 1931, Preußisches Polizeirecht. Erster Band. Allgemeiner Teil, 3. Aufl., Berlin 1931

Dreyer, Wilhelm, 1911, Der Schutz der Gesellschaft vor den gemeingefährlichen Irren, MschrKrim 7 (1910/11), 26-39, 71-83

Duncker, Heinfried, 1988, Zur Bedeutung der Psychoanalyse für die Schuldbegutachtung, die Behandlung Straffälliger und für die Kriminologie, MschrKrim 1988, 381-390

Ebermayer, 1921, Die Entwürfe zu einem Deutschen Strafgesetzbuch, ZStW 42 (1921), 315-347

Eickhoff, Rudolf, 1987, Die Benachteiligung des psychisch kranken Rechtsbrechers im Strafrecht, NStZ 7 (1987), 65-67

Eisenberg, Ulrich, 1983, Strafen und Maßregeln, in: Sieverts, Rudolf und Hans Joachim Schneider (Hg.), Handwörterbuch der Kriminologie, Band 5/1, 2. Aufl., Berlin 1983, 15-40

Elias, Norbert, 1976, Über den Prozeß der Zivilisation. Soziogenetische und psychogenetische Untersuchungen, 2 Bände, Frankfurt/M 1976

Enge, 1919, Soziale Psychiatrie, Berlin 1919

Engelhardt, Dietrich von, 1989, Entwicklung der ärztlichen Ethik im 19. Jahrhundert - medizinische Motivation und gesellschaftliche Legitimation, in: Labisch, Alfons und Reinhard Spree (Hg.), Medizinische Deutungsmacht im sozialen Wandel des 19. und frühen 20. Jahrhunderts, Bonn 1989, 75-88

Entwurf 1913 = Entwürfe zu einem Deutschen Strafgesetzbuch, 1. Teil: Entwurf der Strafrechtskommission, hg. vom Reichs-Justizministerium, Berlin 1921 = KE 1913

Entwurf 1919 = Entwürfe zu einem Deutschen Strafgesetzbuch, 2. Teil: Entwurf von 1919, hg. vom Reichsjustizministerium, Berlin 1921 = E 1919

E 1919-Denkschrift = Entwürfe zu einem Deutschen Strafgesetzbuch, 3. Teil: Denkschrift zu dem Entwurf von 1919, hg. vom Reichsjustizministerium, Berlin 1921

Entwurf 1927 eines Allgemeinen Deutschen Strafgesetzbuches, RT-Drs. III/3390 = E 1927

Entwurf 1930 eines Allgemeinen Deutschen Strafgesetzbuchs nach den Beschlüssen des Deutschen Reichstagsausschusses. Ergänzungsband zu Kohlrausch, Strafgesetzbuch, 29. Aufl., Zweite Ausgabe, Berlin 1930 = E 1930

Entwurf 1936 eines Deutschen Strafgesetzbuchs, in: Quellen zur Reform des Straf- und Strafprozeßrechts, Band 1, Teil 1.: Entwürfe eines Strafgesetzbuches, hg. von Regge, Jürgen und Werner Schubert, Berlin 1988, 409 = E 1936

Exner, Franz, 1914, Die Theorie der Sicherungsmittel, Berlin 1914

Exner, Franz, 1921, Die bessernden und sichernden Maßregeln im deutschen Entwurf von 1919 unter Mitberücksichtigung des schweizerischen Entwurfs von 1918, (schw)ZStrR 34 (1921), 183-198

Exner, Franz, 1934, Das System der sichernden und bessernden Maßregeln nach dem Gesetz v. 24. November 1933, ZStW 53 (1934), 629-655

Exner, Franz, 1939, Erfahrungen mit den Maßregeln der Sicherung und Besserung, die eine Freiheitsentziehung beinhalten, in: Gesellschaft für Deutsches Strafrecht, Arbeitsbericht über die Sitzungen am 28. und 29. Oktober 1938 in der Universität in München, Berlin 1939, 91-105

Fabricius, Dirk, 1984, Quantifizierung von Schuldfähigkeit. Anmerkungen zu einem Symposion, R & P 2 (1984), 181-184

Fabricius/Pfefferer-Wolf, 1988, = Fabricius, Dirk und Hans Pfefferer-Wolf, Natur, Gesellschaft, Psyche, Zeit: Ausblendungen herrschender Gutachtenpraxis, R & P 6 (1988), H. 3, 2-10

Fabricius/Wulff, 1984, = Fabricius, Dirk und Erich Wulff, Der Fall Paul L. Stein. Psychiatrisches Lebenslänglich nach einem Pelzdiebstahl, R & P 2 (1984), 15-23

Fischer, Thomas, 1991, Vorwegvollzug der Strafe (§ 67 II StGB) mit unbestimmter Dauer? NStZ 11 (1991), 324-325

Flandrak, Fritz, 1932, Die persönlichen Sicherungsmittel im Strafrecht und im Strafverfahren, Wien 1932

Foerster, Klaus, 1988, Kann die Anwendung einer klinischen Beeinträchtigungsschwere-Skala hilfreich sein bei der Feststellung einer "schweren seelischen Abartigkeit"? NStZ 8 (1988), 444-446

Forel, August, 1913, Die sexuelle Frage, München 1913

Frank, Reinhart, 1910, Strafausschließungs- und Milderungsgründe, in: Aschrott, P. F. und Franz von Liszt (Hg.), Die Reform des Reichsstrafgesetzbuches. Kritische Besprechung des Vorentwurfs zu einem Strafgesetzbuch für das Deutsche Reich, Bd. 1, Berlin 1910, 225-278

Frei, Norbert, 1989, Der Führerstaat. Nationalsozialistische Herrschaft 1933 bis 1945, 2. Aufl., München 1989

Freisler, Roland, 1933, Gedanken zur Strafrechtserneuerung, in: Nationalsozialistisches Strafrecht. Denkschrift des Preußischen Justizministers, Berlin 1933, 6-9

Freisler, Roland, 1935, Der Wandel der politischen Grundanschauungen in Deutschland und sein Einfluß auf die Erneuerung von Strafrecht, Strafprozeß und Strafvollzug, DJ 97 (1935), 1247-1254

Freisler, Roland, 1939, Gedanken zum rechten Strafmaß, DStR N.F. 6 (1939), 329-342

Freudenthal, B., 1926, Maßregeln der Besserung und Sicherung. §§ 42 - 50 AE, in: Aschrott, P. F. und Eduard Kohlrausch (Hg.), Reform des Strafrechts. Kritische Besprechung des Amtlichen Entwurfs eines Allgemeinen Deutschen Strafgesetzbuches, Berlin 1926, 153-172

Frisch, Wolfgang, 1982, Das Marburger Programm und die Maßregeln der Besserung und Sicherung, ZStW 94 (1982), 565-598

Frisch, Wolfgang, 1989, Maßregeln der Besserung und Sicherung, in: Ulsamer, G. (Hg.), Lexikon des Rechts. Strafrecht. Strafverfahrensrecht, Neuwied 1989, 512-523

Frisch, Wolfgang, 1990a, Die Maßregeln der Besserung und Sicherung im strafrechtlichen Rechtsfolgensystem. Straftheoretische Einordnung, inhaltliche Ausgestaltung und rechtsstaatliche Anforderungen, ZStW 102 (1990), 343-393

Frisch, Wolfgang, 1990b, Dogmatische Grundfragen der bedingten Entlassung und der Lockerungen des Vollzugs von Strafen und Maßregeln, ZStW 102 (1990), 707-792

Frisch, Wolfgang, 1990c, Die rechtliche Problematik von Vollzugslockerungen und bedingter Entlassung bei Aggressionstätern, in: de Boor, Wolfgang et al., Zur Problematik von Vollzugslockerungen und bedingten Entlassungen bei Aggressionstätern, Köln 1990, 1-26

Frisch, Wolfgang, 1992, Prognostisch fundierte Entscheidungen im Strafrecht, R & P 10 (1992), 110-123

Funck, 1990, Anmerkung zu BGH, Urt. v. 19.12.1989 - 1 StR 624/89, NStZ 10 (1990), 509

Gaupp, 1920, Die Freigabe der Vernichtung lebensunwerten Lebens, DStZ 7 (1920), 332-337

Gegenentwurf 1911, = Kahl, Wilhelm et al. (Hg.), Gegenentwurf zum Vorentwurf eines deutschen Strafgesetzbuches. Begründung, Band 1, Berlin 1911 = GE 1911

GG-Komm-*Bearbeiter*, = von Münch, Ingo und Philip Kunig (Hg.), Grundgesetzkommentar I, 4. Aufl., München 1992

Göckenjahn, Gerd, 1989, Wandlungen im Selbstbild des Arztes seit dem 19. Jahrhundert, in: Labisch, Alfons und Reinhard Spree (Hg.), Medizinische Deutungsmacht im sozialen Wandel des 19. und frühen 20. Jahrhunderts, Bonn 1989, 89-102

Goffman, Erving, 1981, Asyle. Über die soziale Situation psychiatrischer Patienten und anderer Insassen, Frankfurt/M 1981

Gohde/Wolff, 1991, = Gohde, Hellmut und Stephan Wolff, Die Transparenz der Untersuchungssituation in psychiatrischen Gerichtsgutachten, R & P 9 (1991), 169-180

Gohde/Wolff, 1992, = Gohde, Hellmut und Stephan Wolff, "Gefährlichkeit" vor Gericht, KrimJ 24 (1992), 162-180

Göppinger/Witter, 1972, = Göppinger, Hans und Hermann Witter (Hg.), Handbuch der forensischen Psychiatrie I, Berlin 1972

Gribbohm, Günter, 1967, Der Grundsatz der Verhältnismäßigkeit bei den mit Freiheitsentzug verbundenen Maßregeln der Sicherung und Besserung - BGHSt 20, 232, JuS 1967, 349-354

Gruchmann, Lothar, 1988, Justiz im Dritten Reich 1933 - 1940. Anpassung und Unterwerfung in der Ära Gürtner, München 1988

Gruhle, Hans W., 1932, Vererbungsgesetze und Verbrechensbekämpfung, Mschr Krim 23 (1932), 559-568

Gruhle, Hans W., 1942, Forensische Psychiatrie und Kriminalbiologie der Jahre 1938 und 1939, AZP 119 (1942), 298-336

Güse/Schmacke, 1976, = Güse, Hans-Georg und Norbert Schmacke, Psychiatrie zwischen bürgerlicher Revolution und Faschismus, 2 Bände, Kronberg 1976

Gütt et al., 1936, = Gütt, Arthur / Ernst Rüdin / Falk Ruttke, Gesetz zur Verhütung erbkranken Nachwuchses, 2._neubearb. Aufl., München 1936

Haddenbrock, Siegfried, 1979, Forensische Psychiatrie und die Zweispurigkeit unseres Kriminalrechts, NJW 1979, 1235-1239

Haffke, Bernhard, 1975, Gibt es ein verfassungsrechtliches Besserungsverbot? Zur rechtsschöpferischen Funktion von Angst, MschrKrim 1975, 246-261

Haffke, Bernhard, 1991, Zur Ambivalenz des §_21_StGB, R & P 9_(1991), 94-108

Hagemann, Max, 1931, Der Berufsverbrecher und seine Bekämpfung, in: Mitteilungen der Kriminalistischen Vereinigung, N. F._5 (1931), 2-33

Hammer, W., 1922, Über Notwehr gegenüber Geisteskranken und Geistesschwachen innerhalb und außerhalb der Anstalten vom ärztlichen und rechtswissenschaftlichen Standpunkte aus, PNW_23 (1921/22), 127-132

Hanauske-Abel, Hartmut, 1988, Schicksal der Medizin im Faschismus. Auftrag und Verpflichtung zur Bewahrung von Humanismus und Frieden heute, Teil_I, Frankfurter Rundschau, Nr._287, 09.12.1988

Hattenhauer, Hans, 1982, "Person" - Zur Geschichte eines Begriffs, JuS_22 (1982), 405-411

Heimann/Oberberg, 1986, = Heimann, Marlies und Max Oberberg, Anmerkung zu dem Beschluß des Amtsgerichts Kiel vom 07.02.1986 - 4 XIII 1/85, R & P 4 (1986), 74-77

Heindl, Robert, 1927, Der Berufsverbrecher. Ein Beitrag zur Strafrechtsreform, 5. Aufl., Berlin 1927

Heinz, Gunter, 1982, Fehlerquellen forensisch-psychiatrischer Gutachten, Heidelberg 1982

Heinz, Gunter, 1988, Maßregelvollzug aus der Sicht des praktisch tätigen Psychiaters, in: Böcker, F. und W. Weig (Hg.), Aktuelle Kernfragen in der Psychiatrie, Berlin 1988, 421-426

Henkel, Heinrich, 1938/1939, Das Sicherungsverfahren gegen Gemeingefährliche, I: ZStW 57 (1938), 702-770, II: ZStW 58 (1939), 167-237

Herzog, Gunter, 1981, Krankheits-Urteile. Logik und Geschichte im Konzept der endogenen Psychosen, Diss. philos., Berlin 1981

Hessert, von, 1913, Schutz der Gesellschaft vor gefährlichen Geisteskranken, MschrKrim 9 (1912/13), 65-72

Hinz, Stefan, 1986, Gefährlichkeitsprognose im Maßregelvollzug, R & P 4 (1986), 122-127

Hinz, Stefan, 1987, Gutachterliche Vorhersage von Gefährlichkeit. Vom Scheitern im Ausland und der Kritik im Inland, R & P 5 (1987), 50-58

Hippel, R. von, 1910, Vorentwurf, Schulenstreit und Strafzwecke, ZStW 30 (1910), 871-918

Hippel, Reinhard von, 1976, Reform der Strafrechtsreform. Maßregeln der Besserung und Sicherung, Berlin 1976

Hippel, Reinhard von, 1978, Anmerkung zu BGH, Urt. v. 17.08.1977 (BGHSt 27,246 = JR 1978,385), JR 1978,387-388

Hirsch et al., 1984, = Hirsch, Martin / D. Majer / J. Meinck (Hg.), Recht, Verwaltung und Justiz im Nationalsozialismus, Köln 1984

Hoberg, J., 1918, Strafen und sichernde Maßnahmen unter besonderer Berücksichtigung des deutschen Vor- und Gegenentwurfs und der Beschlüsse der deutschen Strafrechtskommission, MschrKrim 11 (1914/18), 200-231

Hoffmann/Feest, 1986, = Hoffmann, Holger und Johannes Feest, Die 'Wende' im Maßregelrecht? Anmerkungen zur Neuregelung der §§ 67 ff. StGB, R & P 4 (1986), 62-65

Hohlfeld et al., 1985, = Hohlfeld, Wolfgang / Gudrun Haberkern / Eva Heine-Bergmeyer, Zur faktischen Lage des Rechtsschutzes im Maßregelvollzug, KrimJ 17 (1985), 83-96

Holtus, Armin, 1991, Aspekte der Verhältnismäßigkeit der Behandlung in der forensischen Psychiatrie dargestellt am Beispiel der Lockerungspraxis im LKH Moringen, München 1991

Horkheimer/Adorno, 1971, = Horkheimer, Max und Theodor W. Adorno, Dialektik der Aufklärung. Philosophische Fragmente, Frankfurt 1971

Horstkotte, Hartmuth, 1986, Strafrechtliche Fragen zur Entlassungspraxis nach § 67d Abs. 2 StGB, MschrKrim 1986, 332-341

Huerkamp, Claudia, 1989, Ärzte und Patienten. Zum strukturellen Wandel der Arzt-Patient-Beziehung vom ausgehenden 18. bis zum frühen 20. Jahrhundert, in: Labisch, Alfons und Reinhard Spree (Hg.), Medizinische Deutungsmacht im sozialen Wandel des 19. und frühen 20. Jahrhunderts, Bonn 1989, 57-73

Hügel/Hupe, 1984, = Hügel, Claus-Michael und Martin Hupe, Probleme und Perspektiven der Sozialarbeit in der forensischen Psychiatrie, in: Blau, Günter und Heinz Kammeier (Hg.), Straftäter in der Psychiatrie. Situation und Tendenzen des Maßregelvollzuges, Stuttgart 1984, 77-95

Hürten, Ferdinand, 1932, Anschauungen, Beobachtungen und Erfahrungen über die Unterbringung gemeingefährlicher Geisteskranker in dem festen Bewahrhause der Provinzialheilanstalt zu Eickelborn in Westfalen, AZP 98 (1932), 122-139

Hürten, Ferdinand, 1937, Die ersten Hundert auf Grund des Gesetzes vom 24. Nov. 1933 in der westfälischen Prov.-Heilanstalt Eickelborn untergebrachten geistig abnormen Rechtsbrecher, AZP 106 (1937), 255-338

Jäger, Burkhard, 1988, Nicht nur wegen des Wortes "wegen"! Gedanken zu Quantifizierungsbemühungen der Schuldfähigkeit nach §§ 20,21 StGB, deren Hintergründen und Alternativen, R & P 6 (1988), H. 4, 2-8

Jäger/Jacobsen, 1990, = Jäger, Burkhard und H.-Folke Jacobsen, "Rechtswohltat" oder unkalkulierbare Einzelfallentscheidung? Vollzugsentscheidungen bei Sexualstraftätern in der forensischen Psychiatrie im Vergleich zur rechtlichen Vorgabe und zum Strafvollzug, MschrKrim 73 (1990), 305-320

Jakobs, Günther, 1993, Strafrecht. Allgemeiner Teil, 2. neubearb. Aufl., Berlin 1993

Janzarik, Werner, 1959, Die Beurteilung der Gefährlichkeit psychisch Kranker im Unterbringungsverfahren, NJW 1959, 2287-2290

Jaspers, Karl, 1946, Die Schuldfrage, Heidelberg 1946

Jervis, Giovanni, 1978, Kritisches Handbuch der Psychiatrie, 2. Aufl., Frankfurt/M 1978

Jescheck, Hans-Heinrich, 1978, Lehrbuch des Strafrechts. Allgemeiner Teil, 3. Aufl., Berlin 1978

Jung, Heike, 1985, Rückwirkungsverbot und Maßregel, in: FS R. Wassermann, Neuwied 1985, 875-887

Jung, Heike, 1986, Fortentwicklung des strafrechtlichen Sanktionensystems, JuS 1986, 741-745

Kaenel, Peter, 1984, Carl Stooss und das zweispurige System der Strafrechtsfolgen, (schw)ZStrR 1984, 3-18

Kahl, Wilhelm, 1904, Die strafrechtliche Behandlung der geistig Minderwertigen, in: Verhandlungen des 27. Deutschen Juristentages, Band 1, Berlin 1904, 137-248

Kahl, Wilhelm et al., (Hg.), 1911, Gegenentwurf zum Vorentwurf eines deutschen Strafgesetzbuches. Begründung, Band 1, Berlin 1911 = GE 1911

Kaiser, Günther, 1990, Befinden sich die kriminalrechtlichen Maßregeln in der Krise?, Heidelberg 1990

Kaiser, Günther, 1992, Menschenrechte im Straf- und Maßregelvollzug, in: FS Rudolf Schmitt, Tübingen 1992, 359-386

Kammeier, Heinz, 1984, Zur Weiterentwicklung des Maßregelvollzugs. Aspekte sozialethischer und rechtspolitischer Überlegungen, in: Blau, Günter und Heinz Kammeier (Hg.), Straftäter in der Psychiatrie. Situation und Tendenzen des Maßregelvollzuges, Stuttgart 1984, 192-216

Kammeier, Heinz, 1985, Auftrag: Sicherung und Besserung. Forensische Psychiatrie - ein ungeliebter Versorgungsbereich im gesellschaftlichen Abseits, Bl. d. Wohlfahrtspflege 4/1985, 97-98

Kammeier, Heinz, 1987, Wohin entwickelt sich der Maßregelvollzug? in: ders. und Vera Schumann (Hg.), Wiedereingliederung psychisch kranker Rechtsbrecher. Tagungsbericht, Lippstadt 1987, 103-119

Kammeier, Heinz, 1988a, Der Vollzug der freiheitsentziehenden Maßregeln der Besserung und Sicherung gemäß §§ 63,64 StGB in einem Psychiatrischen Krankenhaus und in einer Entziehungsanstalt, in: Hamm, Rainer und Ingram Lohberger (Hg.), Beck'sches Formularbuch für den Strafverteidiger, 1. Aufl., München 1988, 536-561 (2. neubearb. Aufl., München 1992, 619-650)

Kammeier, Heinz, 1988b, Psychiatrisches Krankenhaus und Entziehungsanstalt, in: Schwind, Hans-Dieter und Günter Blau, Strafvollzug in der Praxis, 2. völlig neu bearb. Aufl., Berlin 1988, 103-114

Kammeier, Heinz, 1990, Schöner Sichern = sicherer Bessern? Einige Anmerkungen zum Maßregelvollzug anläßlich der Neubauten in Düren, Berlin und Hamburg, R & P 8 (1990), 2-14

Kammeier, Heinz, 1993, Hessen will seinen Maßregelvollzug wieder voranbringen, R & P 11 (1993), 196-199

Kammeier, Heinz, 1995, Einleitung: Entwicklung und Systematik von Maßregelrecht und Maßregelvollzug, in: ders. (Hg.), Maßregelvollzugsrecht. Kommentar, Berlin 1995, Rz. A 1 - A 136

Kammeier/Schumann, 1987, = Kammeier, Heinz und Vera Schumann (Hg.), Wiedereingliederung psychisch kranker Rechtsbrecher. Tagungsbericht, Lippstadt 1987

Kammeier/Tondorf, 1981a, = Kammeier, Heinz und Günter Tondorf, Der Maßregelvollzug im psychiatrischen Krankenhaus für psychisch kranke und suchtkranke Täter (§§ 63,64 StGB), RuP 17 (1981), 137-138

Kammeier/Tondorf, 1981b, = Kammeier, Heinz und Günter Tondorf, Vorgeschlagene Wege aus der absoluten Schlußlichtposition. Musterentwurf eines Maßregelvollzugsgesetzes, Frankfurter Rundschau Nr. 59/60, 11./12.03.1981

Kargl, Walter, 1975, Krankheit, Charakter und Schuld. Beitrag zu einem kritischen Dialog zwischen Strafrecht und Kriminalpsychiatrie, NJW 1975, 558-563

Kargl, Walter, 1982, Kritik des Schuldprinzips. Eine rechtssoziologische Studie zum Strafrecht, Frankfurt/M 1982

Kerrl, Hanns, 1933, Nationalsozialistische Staatskunst und Strafrechtserneuerung, in: Nationalsozialistisches Strafrecht. Denkschrift des Preußischen Justizministers, Berlin 1933, 3-5

Keupp, Heiner, 1990, Psychosoziale Probleme aus sozialwissenschaftlicher Perspektive, in: Thom, Achim und Erich Wulff (Hg.), Psychiatrie im Wandel. Erfahrungen und Perspektiven in Ost und West, Bonn 1990, 76-95

Kihn, B., 1932, Die Ausschaltung der Minderwertigen aus der Gesellschaft, AZP 98 (1932), 387-404

Klee, Ernst, 1989, "Euthanasie" im NS-Staat. Die "Vernichtung lebensunwerten Lebens", Frankfurt/M 1989

Kögler, Matthias, 1988, Die zeitliche Unbestimmtheit freiheitsentziehender Sanktionen des Strafrechts, Frankfurt/M 1988

Kohlrausch, Eduard, 1924, Sicherungshaft. Eine Besinnung auf den Streitstand, ZStW 44 (1924), 21-34

Kohlrausch, Eduard, 1927, Kriminalpolitische Rückschritte im Strafgesetzentwurf, DJZ 32 (1927), 1365-1369

Kommissionsentwurf 1913, = Entwürfe zu einem Deutschen Strafgesetzbuch, 1. Teil: Entwurf der Strafrechtskommission, hg. vom Reichs-Justizministerium, Berlin 1921 = KE 1913

Konrad, Norbert, 1991a, Gleichzeitige Anordnung und Aussetzung einer Maßregel, R & P 9 (1991), 2-7

Konrad, Norbert, 1991b, Fehleinweisung in den psychiatrischen Maßregelvollzug, NStZ 11 (1991), 315-321

Kraepelin, Emil, 1880, Die Abschaffung des Strafmaßes, Stuttgart 1880

Kraepelin, Emil, 1900, Die psychiatrischen Aufgaben des Staates, Jena 1900

Kraepelin, Emil, 1905, Zur Frage der geminderten Zurechnungsfähigkeit, Mschr Krim 1 (1904/05), 477-493

Kraepelin, Emil, 1907, Das Verbrechen als soziale Krankheit, MschrKrim 3 (1906/07), 257-279

Krainz, Klaus, 1984, Die Problematik der Prognose zukünftigen menschlichen Verhaltens aus kriminologischer und rechtsstaatlicher Sicht, MschrKrim 1984, 297-309

Kriegsmann, Hermann, 1910, Die Strafen und Sicherungsmaßregeln des österreichischen Strafgesetzentwurfs, MschrKrim 6 (1909/10), 547-572

Krümpelmann, Justus, 1990, Die strafrechtliche Schuldfähigkeit bei Affekttaten, R & P 8 (1990), 150-157

Kühl/Schumann, 1989, = Kühl, Jörn und Karl F. Schumann, Prognosen im Strafrecht. Probleme der Methodologie und Legitimation, R & P 7 (1989), 126-148

Kühn, Ernst, 1942, Kriminalpsychiatrische Untersuchungen an geistig abnormen politischen Rechtsbrechern, AZP 120 (1942), 158-185

Labisch, Alfons, 1989, Gesundheitskonzepte und Medizin im Prozeß der Zivilisation, in: ders. und Reinhard Spree (Hg.), Medizinische Deutungsmacht im sozialen Wandel des 19. und frühen 20. Jahrhunderts, Bonn 1989, 15-36

Labisch/Spree, 1989, = Labisch, Alfons und Reinhard Spree (Hg.), Medizinische Deutungsmacht im sozialen Wandel des 19. und frühen 20. Jahrhunderts, Bonn 1989

Lackner, Karl, 1993, Strafgesetzbuch, 20. Aufl., München 1993

Langelüddeke, Albrecht, 1944, Das deutsche Strafrecht seit 1933, AZP 123 (1944), 122-165

Laubenthal, Klaus, 1990, Wege aus dem Maßregelvollzug im psychiatrischen Krankenhaus, in: FS F.-W. Krause, Köln 1990, 357-374

Leferenz, Heinz, 1976, Die Neugestaltung der Vorschriften über die Schuldfähigkeit durch das Zweite Strafrechtsreformgesetz vom 4. Juli 1969, ZStW 88 (1976), 40-45

Lenckner, Theodor, 1972, Strafe, Schuld und Schulfähigkeit, in: Göppinger, Hans und Hermann Witter (Hg.), Handbuch der forensischen Psychiatrie I, Berlin 1972, 1-286

Lenert, Edwin M., 1975, Der Begriff der sekundären Devianz, in: Lüderssen, Klaus und Fritz Sack (Hg.), Seminar Abweichendes Verhalten, Band 1, Frankfurt/M 1975, 444-476

Leppmann, Friedrich, 1934, Die praktische Bedeutung und die Ausbaufähigkeit der Sicherungsmaßregeln bei Zurechnungsunfähigkeit im Sinne des Reichsgesetzes vom 24. November 1933, MschrKrim 25 (1934), 382-403

Leygraf, Norbert, 1988a, Psychisch kranke Straftäter. Epidemiologie und aktuelle Praxis des psychiatrischen Maßregelvollzugs, Berlin 1988

Leygraf, Norbert, 1988b, Psychiatrischer Maßregelvollzug: Epidemiologie und aktuelle Praxis, in: Böcker, F. und W. Weig (Hg.), Aktuelle Kernfragen in der Psychiatrie, Berlin 1988, 447-454

Lifton, Robert J., 1986, The Nazi Doctors. Medical Killing and the Psychology of Genocide, New York 1986

Lilienthal, Karl von, 1909, Über Zurechnungsfähigkeit, MschrKrim 5 (1908/09), 257-277

Lilienthal, Karl von, 1910a, Der Vorentwurf zu einem deutschen Strafgesetzbuch, MschrKrim 6 (1909/10), 529-546

Lilienthal, Karl von, 1910b, Der Vorentwurf zu einem deutschen Strafgesetzbuch, ZStW 1910, 224-249

Lilienthal, Karl von, 1928, Strafen und sichernde Maßnahmen in der Reichstagsvorlage, ZStW 48 (1928), 300-305

Liszt, Franz von, 1883, Der Zweckgedanke im Strafrecht, ZStW 3 (1883), 1-47 (= Marburger Vortrag von 1882)

Liszt, Franz von, 1905a, Die strafrechtliche Zurechnungsfähigkeit, in: ders., Strafrechtliche Aufsätze und Vorträge, 2. Band, Berlin 1905, 214-229 (= Vortrag von 1896)

Liszt, Franz von, 1905b, Entwurf eines Gesetzes betreffend die Verwahrung gemeingefährlicher Geisteskranker und vermindert Zurechnungsfähiger, in: ders., Strafrechtliche Aufsätze und Vorträge, 2. Band, Berlin 1905, 499-519 (= Erstveröffentlichung 1904)

Liszt, Franz von, 1905c, Die Forderungen der Kriminalpolitik und der Vorentwurf eines schweizerischen Strafgesetzbuches, in: ders., Strafrechtliche Aufsätze und Vorträge, 2. Band, Berlin 1905, 94-132 (= Erstveröffentlichung 1893)

Liszt, Franz von, 1905d, Schutz der Gesellschaft gegen gemeingefährliche Geisteskranke und vermindert Zurechnungsfähige, MschrKrim 1 (1904/05), 8-15

Liszt, Franz von, 1910, Strafbemessung, in: Aschrott, P. F. und Franz von Liszt (Hg.), Die Reform des Reichsstrafgesetzbuches. Kritische Besprechung des

Vorentwurfs zu einem Strafgesetzbuch für das Deutsche Reich, Band 1, Berlin 1910, 373-400

LK-*Hanack*, = Hanack, Ernst-Walter, StGB. Leipziger Kommentar, hg. von Jähnke, Burkhard et al., 11. neubearb. Aufl., Berlin 1992

LK-*Horstkotte*, = Horstkotte, Hartmuth, StGB. Leipziger Kommentar, hg. von Jescheck, Hans-Heinrich et al., 10. völlig neu bearb. Aufl., Berlin 1983

Lohalm, *Uwe*, 1991, Die Wohlfahrtskrise 1930 - 1933. Vom ökonomischen Notprogramm zur rassenhygienischen Neubestimmung, in: Bajohr, Frank et al. (Hg.), Zivilisation und Barbarei. Die widersprüchlichen Potentiale der Moderne, Hamburg 1991, 193-225

Longard, *Johannes*, 1907, Die geminderte Zurechnungsfähigkeit, MschrKrim 3 (1906/07), 87-106

Loos, *Fritz*, 1993, Anmerkung zu OLG Frankfurt, Beschl. v. 21.09.1992 - 3 Ws 589/92, NStZ 13 (1993), 254-255

Lustig, *Walter*, 1930, Gesetz und Recht im Krankenhaus, Berlin 1930

Lutz, *Hermann*, 1930, Die Maßregeln der Besserung und Sicherung im Deutschen Strafgesetzentwurf von 1927, Tübingen 1930

Maisch, *Herbert*, 1984, Disziplinen und Methodologie psychologisch-psychiatrischer Sachverständiger, R & P 2 (1984), 162-170

Maisch, *Herbert*, 1985, Fehlerquellen psychologisch-psychiatrischer Begutachtung im Strafprozeß, StV 1985, 517-522

Maisch/Schorsch, 1983, = Maisch, Herbert und Eberhard Schorsch, Zur Problematik der Kompetenz-Abgrenzung von psychologischen und psychiatrischen Sachverständigen bei Schuldfähigkeitsfragen, StV 1983, 32-38

Marquardt, *Helmut*, 1972, Dogmatische und kriminologische Aspekte des Vikariierens von Strafe und Maßregel, Berlin 1972

Marschner, *Rolf*, 1985, Psychische Krankheit und Freiheitsentziehung, München 1985

Martens, *Wolfgang*, 1982, Wandlungen im Recht der Gefahrenabwehr, DÖV 35 (1982), 89-98

Maul/Lauven, 1986, = Maul, Heinrich und Dieter Lauven, Die Vollstreckungsreihenfolge von Strafe und Maßregel gemäß § 67 II StGB nach der neueren Rechtsprechung des BGH, NStZ 6 (1986), 397-400

Maurach/Zipf, 1978, = Maurach, Reinhart und Heinz Zipf (Hg.), Strafrecht, Allgemeiner Teil II, 5. völlig neubearb. Aufl., Heidelberg 1978

Maurach/Zipf, 1983, = Maurach, Reinhart und Heinz Zipf, Strafrecht. Allgemeiner Teil, Band 1, 6. Aufl., Heidelberg 1983

Mayer, *Hellmuth*, 1936, Das Strafrecht des Deutschen Volkes, Stuttgart 1936

Mayer, *Hellmuth*, 1962, Strafrechtsreform für heute und morgen, Berlin 1962

Mendel, 1897, Die Geisteskranken im bürgerlichen Gesetzbuche nach den Beschlüssen des deutschen Reichstages, AZP 53 (1897), 830-834

Metzdorf, *Theodor*, 1930, Der gemeingefährliche Geisteskranke im heutigen Verwaltungs- und künftigen Strafrecht, Berlin 1930

Meyer von Schauensee, *Plazid*, 1913, Strafe und Sicherung, speziell mit Rücksicht auf den Vorentwurf zu einem schweizerischen Strafgesetzbuch vom April 1908, MschrKrim 9 (1912/13), 72-91

Mezger, *Edmund*, 1923a, Strafgesetzentwürfe, in: Kritische Vierteljahresschrift für Gesetzgebung und Rechtswissenschaft, 3. Folge, Band 20, München 1923, 156-306

Mezger, *Edmund*, 1923b, Die Behandlung der gefährlichen Gewohnheitsverbrecher, MschrKrim 14 (1923), 135-175

Mezger, *Edmund*, 1934, Täterstrafrecht, DStR 1 (1934), 125-135, 145-161

Mezger et al., 1955, = Mezger, Edmund / A. Schöne / H.-H. Jescheck (Hg.), Das ausländische Strafrecht der Gegenwart, 6 Bände, Berlin 1955ff.

Mitscherlich/Mielke, 1991, = Mitscherlich, Alexander und Fred Mielke (Hg.), Medizin ohne Menschlichkeit. Dokumente des Nürnberger Ärzteprozesses, Frankfurt/M 1991

Moeli, *1908*, Die Fürsorge für psychisch Kranke, in: Rapmund (Hg.), Das preußische Medizinal- und Gesundheitswesen, Berlin 1908, 265

Moser, *Tilmann*, 1971, Repressive Kriminalpsychiatrie. Vom Elend einer Wissenschaft, Frankfurt/M 1971

Mrozynski, *Peter*, 1983, Strafrechtliche Maßregeln und private Vormundschaft im Gesamtzusammenhang des Unterbringungsrechts, in: Crefeld, Wolf (Hg.), Recht und Psychiatrie, Rehburg-Loccum 1983, 58-85

Müller, *Bernd*, 1981, Anordnung und Aussetzung freiheitsentziehender Maßregeln der Besserung und Sicherung, Berlin 1981

Müller, *Franz*, 1984, Der Maßregelvollzug aus der Innensicht eines Betroffenen, in: Blau, Günter und Heinz Kammeier (Hg.), Straftäter in der Psychiatrie. Situation und Tendenzen des Maßregelvollzuges, Stuttgart 1984, 107-120

Müller-Dietz, *Heinz*, 1979, Grundfragen des strafrechtlichen Sanktionensystems, Heidelberg 1979

Müller-Dietz, *Heinz*, 1980, Die Reihenfolge der Vollstreckung von Strafen und Maßregeln aus verschiedenen Urteilen, NJW 1980, 2789-2792

Müller-Dietz, Heinz, 1983, Rechtsfragen der Unterbringung nach § 63 StGB, NStZ 3 (1983), 145-152, 203-207

Müller-Dietz, Heinz, 1987, Unterbringung im psychiatrischen Krankenhaus und Verfassung, JR 1987, 45-53

Naucke, Wolfgang, 1982, Die Mißachtung des strafrechtlichen Rückwirkungsverbotes 1933 - 1945. Zum Problem der Bewertung strafrechtlicher Entwicklungen als "unhaltbar", in: FS Coing, München 1982, 225-247

Naucke, Wolfgang, 1991, Strafrecht. Eine Einführung, 6. Aufl., Neuwied 1991

Niederschriften I, = Niederschriften über die Sitzungen der Großen Strafrechtsreformkommission, 1. Band, Bonn 1956

Nowakowski, Friedrich, 1963, Zur Rechtsstaatlichkeit der vorbeugenden Maßnahmen, in: FS von Weber, Bonn 1963, 98-120

Nowakowski, Friedrich, 1972, Vom Schuld- zum Maßnahmenrecht? in: Kriminologische Gegenwartsfragen, Heft 10, Stuttgart 1972, 1-17

Nowara, Sabine, 1992, Bemerkungen zum ambulanten Behandlungskonzept im Maßregelvollzug, R & P 10 (1992), 26-31

Oetker, Friedrich, 1910, Strafen und sichernde Maßnahmen nach dem Vorentwurf zu einem deutschen Strafgesetzbuch, Stuttgart 1910

Österreichische Regierungsvorlage, 1912, an das Herrenhaus. Beilagen zu den Stenographischen Protokollen des österreichischen Herrenhauses, 21. Session, 1912, Nr. 90

Pelman, Carl, 1912, Erinnerungen eines alten Irrenarztes, Bonn 1912

Peters, Karl, 1965, Die Umgestaltung des Strafgesetzes 1933 - 1945, in: Flitner, Andreas (Hg.), Deutsches Geistesleben und Nationalsozialismus, Tübingen 1965, 160-177

Pfäfflin, Friedemann, 1978, Vorurteilsstruktur und Ideologie psychiatrischer Gutachten über Sexualstraftäter, Stuttgart 1978

Pfäfflin, Friedemann, 1987, Bemerkungen zur forensischen Psychiatrie, R & P 5 (1987), 134-140

Pfundtner/Neubert, [1938], Das neue Deutsche Reichsrecht. Loseblattsammlung, o. O., o. J. [1938ff.]

Platen-Hallermund, Alice, 1993, Die Tötung Geisteskranker in Deutschland, 2. Aufl., Reprint der Ausgabe von 1948, Bonn 1993

Pollähne, Helmut, 1988, Anmerkung zu OLG Hamm, Beschl. v. 15.04.1987, StV 1988, 116

Pollähne, Helmut, 1994, Lockerungen im Maßregelvollzug. Eine Untersuchung am Beispiel der Anwendung des nordrhein-westfälischen Maßregelvollzugsgesetzes im Westfälischen Zentrum für Forensische Psychiatrie (Lippstadt), Frankfurt/M 1994

Pollähne, Helmut, 1995, Das Maß des Freiheitsentzugs (Vollzugslockerungen), in: Kammeier, Heinz (Hg.), Maßregelvollzugsrecht. Kommentar, Berlin 1995, Rz. F 1 - F 148

Preußischer Justizminister, 1933, = Nationalsozialistisches Strafrecht. Denkschrift des Preußischen Justizministers, Berlin 1933

Quensel, Stephan, 1990, Gefängnisse abschaffen - eine abolitionistische Perspektive? MschrKrim 1990, 336-343

Radbruch, Gustav, 1922, Entwurf eines Allgemeinen Deutschen Strafgesetzbuches, hg. von Dehler, Thomas und Eberhard Schmidt, Tübingen 1952 = E 1922

Rasch, Wilfried, 1980, Die psychologisch-psychiatrische Beurteilung von Affektdelikten, NJW 33 (1980), 1309-1315

Rasch, Wilfried, 1982, Angst vor der Abartigkeit. Über einen schwierigen Begriff der §§ 20,21 StGB, NStZ 2 (1982), 177-183

Rasch, Wilfried, 1983, Die Zuordnung der psychiatrisch-psychologischen Diagnosen zu den vier psychischen Merkmalen der §§ 20,21 StGB, PsychiatPrax 1983, 170-176

Rasch, Wilfried, [1984], Gutachten, in: Der Direktor des Landschaftsverbandes Westfalen-Lippe (Hg.), Krank und/oder kriminell? Maßregelvollzug in Westfalen-Lippe, o. O. [Münster], o. J. [1984], 7-74

Rasch, Wilfried, 1985, Die Prognose im Maßregelvollzug als kalkuliertes Risiko, in: FS Günter Blau, Berlin 1985, 309-325

Rasch, Wilfried, 1986, Forensische Psychiatrie, Stuttgart 1986

Rasch, Wilfried, 1988, Probleme des Maßregelvollzugs - Gefährlichkeit, Risikobereitschaft, Verhältnismäßigkeit, in: Böcker, F. und W. Weig (Hg.), Aktuelle Kernfragen in der Psychiatrie, Berlin 1988, 413-420

Rasch, Wilfried, 1991, Die psychiatrisch-psychologische Beurteilung der sogenannten schweren anderen seelischen Abartigkeit, StV 1991, 126-131

Rasch, Wilfried, 1992, Die Auswahl des richtigen Psycho-Sachverständigen im Strafverfahren, NStZ 12 (1992), 257-265

Rasch/Volbert, 1985, = Rasch, Wilfried und Renate Volbert, Ist der Damm gebrochen? Zur Entwicklung der Anwendung der §§ 20,21 StGB seit dem 1.1.1975, MschrKrim 1985, 137-148

Rebmann, Kurt, 1988, Die Registrierung von Schuldfähigkeit im Spannungsverhältnis zur Rehabilitation, R & P 6 (1988), H. 3, 27-36

Reichs-Justizamt (Hg.), 1909, Vorentwurf zu einem Deutschen Strafgesetzbuch, Berlin 1909 = VE 1909

Reichs-Justizamt (Hg.), 1909, Vorentwurf zu einem Deutschen Strafgesetzbuch. Begründung, Berlin 1909 = VE 1909-Begründung

Reichsjustizamt (Hg.), 1911, Zusammenstellung der Äußerungen der Bundesregierungen über den Vorentwurf zu einem Deutschen Strafgesetzbuch, Berlin 1911

Reichs-Justizministerium (Hg.), 1921, Entwürfe zu einem Deutschen Strafgesetzbuch, 1. Teil: Entwurf der Strafrechtskommission; 2. Teil: Entwurf von 1919; 3. Teil: Denkschrift zu dem Entwurf von 1919, Berlin 1921

Reichsjustizministerium (Hg.), 1925, Amtlicher Entwurf eines Allgemeinen Deutschen Strafgesetzbuchs nebst Begründung, 2. Teil: Begründung, Berlin 1925 = AE 1925-Begründung

Renzikowski, Joachim, 1990, Forensische Psychiatrie und Strafrechtswissenschaft, NJW 1990, 2905-2910

Riese/Rothbarth, 1931, = Riese, Walther und Otto Rothbarth, Zur Rechtsprechung des Reichsgerichts in der Frage der Zurechnungsfähigkeit, MschrKrim 22 (1931), 730-734

Rietzsch, 1933, Das Gesetz gegen gefährliche Gewohnheitsverbrecher und über Maßregeln der Sicherung und Besserung vom 24.11.1933, DJ 95 (1933), 741-749

Rietzsch, 1935, Die Strafen und Maßregeln der Sicherung, Besserung und Heilung, in: Gürtner, Franz (Hg.), Das kommende deutsche Strafrecht. Allgemeiner Teil, 2. Aufl., Berlin 1935, 118-162

Rietzsch, [1938a], Gesetz gegen gefährliche Gewohnheitsverbrecher und über Maßregeln der Sicherung und Besserung, in: Pfundtner/Neubert, Das neue Deutsche Reichsrecht, o. O., o. J. [1938ff.], II.c), 1-82

Rietzsch, [1938b], Strafsachen gegen gefährliche Gewohnheitsverbrecher. Allgemeine Verfügung des Reichsministers der Justiz vom 3.3.1938, in: Pfundtner/Neubert, Das neue Deutsche Reichsrecht, o. O., o. J. [1938ff.], II.c), 83-92

Ritzel, Günther, 1988, Zu Aspekten der Rechtsgleichheit nach den Maßregelvollzugsgesetzen der Länder, in: Böcker, F. und W. Weig (Hg.), Aktuelle Kernfragen in der Psychiatrie, Berlin 1988, 441-446

Rixen, Peter, 1921, Die gemeingefährlichen Geisteskranken im Strafrecht, im Strafvollzug und in der Irrenpflege. Ein Beitrag zur Reform der Strafgesetzgebung, des Strafvollzugs und der Irrenfürsorge, Berlin 1921

Röling, B. V. A., 1934, Grundsätzliches zur Bekämpfung des Gewohnheitsverbrechertums, MschrKrim 25 (1934), 15-24

Rotthaus, Karl Peter, 1988, Die sozialtherapeutische Anstalt, in: Schwind, Hans-Dieter und Günter Blau (Hg.), Strafvollzug in der Praxis, 2. völlig neu bearb. Aufl., Berlin 1988, 87-95

Rüping, Hinrich, 1988, Grundfragen des Maßregelvollzugs aus juristischer Sicht, in: Böcker, F. und W. Weig (Hg.), Aktuelle Kernfragen in der Psychiatrie, Berlin 1988, 403-412

Saage/Göppinger, 1975, = Saage, Erwin und Horst Göppinger, Freiheitsentziehung und Unterbringung, 2. völlig neu bearb. Aufl., München 1975 (3. neubearb. Aufl. 1994)

Saß, Henning, 1988, Zur Diagnostik der Persönlichkeitsstörungen in der forensischen Psychiatrie, Forensia 1988, 149-154

Schäfer, Ernst, 1935a, Das Gesetz gegen gefährliche Gewohnheitsverbrecher und über Maßregeln der Sicherung und Besserung, in: Frank, Hans (Hg.), Nationalsozialistisches Handbuch für Recht und Gesetzgebung, München 1935, 1362-1376

Schäfer, Ernst, 1935b, Der "Allgemeine Teil" des kommenden Deutschen Strafrechts nach den Ergebnissen der zweiten Lesung der amtlichen Strafrechtskommission, DJ 97 (1935), 1515-1519

Schäfer, Ernst, 1937, Maßregeln der Sicherung und Besserung, in: Volkmar, Erich et al. (Hg.), Die Rechtsentwicklung der Jahre 1933 bis 1935/36, Berlin 1937, 369-374

E. Schäfer/von Dohnanyi, 1936, = Schäfer, Ernst und Hans von Dohnanyi, Gesetz gegen gefährliche Gewonheitsverbrecher und über Maßregeln der Sicherung und Besserung, in: dies. (Hg.), Die Strafgesetzgebung der Jahre 1931 bis 1935, Nachtrag zur 18. Aufl. von Frank, Reinhard, Das Strafgesetzbuch für das Deutsche Reich, Tübingen 1936, 66-128

Schäfer, Karl, 1935, Strafgesetzbuch, Berlin 1935

Schäfer, Leopold, 1927, Deutsche Strafgesetzentwürfe von 1909 bis 1927. Synoptische Gegenüberstellung der deutschen und österreichischen Strafgesetzentwürfe und des geltenden deutschen Strafrechts, Mannheim 1927

L. Schäfer et al., 1934, = Schäfer, Leopold / Otto Wagner / Josef Schafheutle, Gesetz gegen gefährliche Gewohnheitsverbrecher und über Maßregeln der Sicherung und Besserung mit dem dazugehörigen Ausführungsgesetz, Berlin 1934

Scherer, Klaus, 1990, Auch eine vergewaltigte Frau galt schnell als "Entartete". Wen das Hitler-Regime "asozial, arbeitsscheu oder gesellschaftsfeindlich" nannte, wurde sterilisiert, Frankfurter Rundschau, Nr. 131, 08.06.1990

Schmidt, Eberhard, 1931, Strafrechtsreform und Kulturkrise, Tübingen 1931

Schmidt, Eberhard, 1965, Einführung in die Geschichte der deutschen Strafrechtspflege, 3. Aufl., Göttingen 1965

Schmuhl, Hans-Walter, 1987, Rassenhygiene, Nationalsozialismus, Euthanasie. Von der Verhütung zur Vernichtung 'lebensunwerten Lebens' 1890 - 1945, Göttingen 1987

Schorsch, Eberhard, 1985, Phantasie, Irrtum, Lüge und die Wahrheitsfindung, StV 1985, 522-525

Schorsch, Eberhard, 1988, Affekttaten und sexuelle Perversionstaten im strukturellen und psychodynamischen Vergleich, R & P 6 (1988), H. 3, 10-19

Schorsch/Pfäfflin, 1981, = Schorsch, Eberhard und Friedemann Pfäfflin, Wider den Schulenstreit in der forensischen Psychiatrie. Entgegnung auf den Artikel von Täschner: Welcher Sachverständige ist für die Beurteilung des Geisteszustandes von Sexualdelinquenten zuständig? MschrKrim 1981, 234-236

Schreiber, Hans-Ludwig, 1978, Das Schuldstrafrecht nach der Reform, in: Lauter, Hans und Hans-Ludwig Schreiber (Hg.), Rechtsprobleme in der Psychiatrie, Köln 1978, 29-37

Schreiber, Hans-Ludwig, 1981, Bedeutung und Auswirkungen der neugefaßten Bestimmungen über die Schuldfähigkeit, NStZ 1 (1981), 46-51

Schröter, Sonja, 1994, Psychiatrie in Waldheim/Sachsen (1716-1946), Frankfurt/M 1994

Schüler-Springorum, Horst, 1986a, "Benzin nach Metern?" Schuldminderung, Schuldausschluß und das Problem der Quantifizierung, in: Pohlmeier et al. (Hg.), Forensische Psychiatrie heute, FS Venzlaff, Berlin 1986, 52-63

Schüler-Springorum, Horst, 1986b, Anmerkung zu BGH, Urt. v. 25.07.1985 - 1 StR 241/85, StV 1986, 479-480

Schumann, Vera, 1987, Psychisch kranke Rechtsbrecher. Eine Querschnittuntersuchung im Maßregelvollzug, Stuttgart 1987

Schumann, Vera, 1993, Maßstäbe und Grundsätze für die Personalausstattung von Forensisch-Psychiatrischen Einrichtungen für Erwachsene - Ein Entwurf, R & P 11 (1993), 11-17

Seelmann, Kurt, 1979, Hegels Straftheorie in seinen "Grundlinien der Philosophie des Rechts", JuS 19 (1979), 687-691

Sichart, von, 1905, Gedanken eines Verteidigers der Zweckstrafe über Zurechnungsfähigkeit, MschrKrim 1 (1904/05), 669-681

Siebenhaar, Hugo, 1884, Der Begriff der Gemeingefährlichkeit und die gemeingefährlichen Delikte nach dem Reichsstrafgesetzbuche, ZStW 4 (1884), 245-291

Siemen, Hans Ludwig, 1987, Menschen blieben auf der Strecke. Psychiatrie zwischen Reform und Nationalsozialismus, Gütersloh 1987

SK-*Bearbeiter*, = Rudolphi / Horn / Samson (Hg.), Systematischer Kommentar zum Strafgesetzbuch, 2 Bände, 5. neubearb. Aufl. Neuwied [1985-1989]

S/S-*Bearbeiter*, = Schönke / Schröder, Strafgesetzbuch, 24. neubearb. Aufl., München 1991

Stangl, Wolfgang, 1984, Maßnahmerecht und Rechtsstaatlichkeit, in: Eisenbach-Stangl, I. und Wolfgang Stangl (Hg.), Grenzen der Behandlung. Soziale Kontrolle und Psychiatrie, Opladen 1984, 139-151

Stemmler, 1925, Die Unfruchtbarmachung Geisteskranker, Schwachsinniger und Verbrecher aus Anlage unter Erhaltung der Keimdrüsen (Vasektomie und Salpingektomie), AZP 80 (1925), 437-468

Stojevic et al., 1989, = Stojevic, Ivan / Christoph Bojdecki / Angelika Stapelfeldt / Birgit Skiba-Geisselbrecht, Wohngemeinschaften als neue Wege in der Rehabilitation psychisch kranker Straftäter. Ein Bericht aus der Forensischen Abteilung der Rheinischen Landesklinik Bedburg-Hau, R & P 7 (1989), 67-70

Stolleis, Michael, 1974, Gemeinwohlformeln im nationalsozialistischen Recht, Berlin 1974

Stolz, Peter, 1983, Die Rolle der Irrenanstalten im Faschisierungsprozeß der deutschen Psychiatrie, R & P 1 (1983), 65-70

Stooß, Carl, 1893a, Vorentwurf zu einem Schweizerischen Strafgesetzbuch. Allgemeiner Teil, Basel 1893

Stooß, Carl, 1893b, Motive zu dem Vorentwurf eines Schweizerischen Strafgesetzbuches. Allgemeiner Teil, Basel 1893

Stooß, Carl, 1896, Die ethischen und socialen Grundlagen des Strafrechts, (schw) ZStrR 7 (1896), 269-273

Stooß, Carl, 1901, Verbrechen und Strafe kriminalpolitisch untersucht, (schw) ZStrR 14 (1901), 385-395

Stooß, Carl, 1905, Strafe und sichernde Maßnahme, (schw)ZStrR 18 (1905), 1-12

Stooß, Carl, 1912, Zur Natur der sichernden Maßnahme, MschrKrim 8 (1911/12), 368-374

Stooß, Carl, 1924, Aschaffenburgs Kriminalpolitik, (schw)ZStrR 37 (1924), 23-34

Stooß, Carl, 1925, Sichernde Maßnahmen in früherer Zeit, (schw)ZStrR 38 (1925), 147-152

Stooß, Carl, 1928a, Der "Dualismus" im Strafrecht, (schw)ZStrR 41 (1928), 54-55

Stooß, Carl, 1928b, Freie Schutzmaßregeln gegen Verbrechen, (schw)ZStrR 41 (1928), 192-195

Stooß, Carl, 1930a, Strafrechtliche Systematik, (schw)ZStrR 44 (1930), 156-159

Stooß, Carl, 1930b, Zur Natur der sichernden Maßnahmen, (schw)ZStrR 44 (1930), 261-268

Stransky, Erwin, 1918a, Angewandte Psychiatrie. Motive und Elemente zu einem Programmentwurf, AZP 74 (1918), 22-53

Stransky, Erwin, 1918b, Hysterie und Hysteriefähigkeit. Streiflichter zu dem Fragenkomplex, PNW 20 (1918/19), 134-137, 175-179

Strasser, Peter, 1978a, Unschädlichmachen. Ein Beitrag zur therapeutischen Kriminologie, KrimSozBibl 5 (1978), Heft 18, 33-57

Strasser, Peter, 1978b, Krankheit und Verbrechen. Ein Beitrag zur Pathologisierungspolitik der Gerichtspsychiatrie, KJ 1978, 1-19

Strasser, Peter, 1984, Verbrechermenschen. Zur kriminalwissenschaftlichen Erzeugung des Bösen, Frankfurt/M 1984

Strasser, Peter, 1992, Die Ethik des Asozialen, in: Schumann, Vera und Bernd Dimmek (Hg.), "Die Würde des Menschen ist unantastbar". Ethische Fragen im Maßregelvollzug, Lippstadt 1992, 19-30

Stratenwerth, Günter, 1981, Strafrecht, Allg. Teil I, 3. Aufl., Köln 1981

Stratenwerth, Günter, 1988, Zur Rechtfertigung freiheitsbeschränkender sichernder Massnahmen, (schw)ZfStrR 1988, 105-124

Stree, Walter, 1960, Deliktsfolgen und Grundgesetz. Zur Verfassungsmäßigkeit der Strafen und sonstigen strafrechtlichen Maßnahmen, Tübingen 1960

Streng, Franz, 1987, Vikariierens-Prinzip und Leidensdruck. Überlegungen zum Verhältnis von Therapie und Strafe im Rahmen von § 67 StGB, StV 1987, 41-42

Streng, Franz, 1991, Strafrechtliche Sanktionen. Grundlagen und Anwendung, Stuttgart 1991

Täschner, Karl-Ludwig, 1980, Welcher Sachverständige ist für die Beurteilung des Geisteszustandes von Sexualdelinquenten zuständig? Die Spezialisierung der Medizin als richterliches Orientierungsproblem, MschrKrim 1980, 108-115

Teppe, Karl, 1989, Massenmord auf dem Dienstweg. Hitlers 'Euthanasie'-Erlaß und seine Durchführung in den Westfälischen Provinzialheilanstalten, hg. vom Direktor des Landschaftsverbandes Westfalen-Lippe, Münster 1989

Teyssen, Hans, 1989, Die Entscheidung über die Aussetzung der Unterbringung in einem psychiatrischen Krankenhaus (§ 67d Abs. 2 StGB) im Lichte der Verfassung. Überlegungen zu BVerfGE 70,297, in: FS Tröndle, Berlin 1989, 407-422

Thom/Wulff, 1990, = Thom, Achim und Erich Wulff (Hg.), Psychiatrie im Wandel. Erfahrungen und Perspektiven in Ost und West, Bonn 1990

Trenckmann, Ulrich, 1988, Mit Leib und Seele. Ein Wegweiser durch die Konzepte der Psychiatrie, Bonn 1988

Ukena, Gert, 1991, Die Unterbringung in einem psychiatrischen Krankenhaus: eine Untersuchung zur Dauer der Unterbringung und zu ihrer Rechtfertigung, Frankfurt/M 1991

Viernstein, Th., 1932, Über Kriminalbiologie, AZP 98 (1932), 277-299

Viernstein, Th., 1939, Behandlung Krimineller, AZP 113 (1939), 1-14

Volbert, Renate, 1986, Zwischenfälle im Maßregelvollzug. Wie kalkulierbar ist das Risiko? MschrKrim 1986, 341-347

Volckart, Bernd, 1984a, Rechtsanspruch auf Vollzugslockerungen und Urlaub im Maßregelvollzug, R & P 2 (1984), 3-6

Volckart, Bernd, 1984b, Rechtsbehelfe zwangsweise Untergebrachter gegen Maßnahmen des Krankenhauses, R & P 2 (1984), 60-68

Volckart, Bernd, 1984c, Maßregelvollzug, 1. Aufl., Neuwied 1984

Volckart, Bernd, 1985, Kost und Logis im psychiatrischen Krankenhaus. Muß der Patient die Kosten der Zwangsunterbringung tragen? R & P 3 (1985), 50-54

Volckart, Bernd, 1986, Maßregelvollzug. Das Recht des Vollzuges der Unterbringung nach §§ 63,64 StGB in einem psychiatrischen Krankenhaus und in einer Entziehungsanstalt, 2. überarb. Aufl., Neuwied 1986

Volckart, Bernd, 1991, Maßregelvollzug. Das Recht des Vollzuges der Unterbringung nach §§ 63,64 StGB in einem psychiatrischen Krankenhaus und in einer Entziehungsanstalt, 3. Aufl., Neuwied 1991

Vorentwurf 1909, zu einem Deutschen Strafgesetzbuch, hg. vom Reichs-Justizamt, Berlin 1909 = VE 1909

Vorentwurf 1909, zu einem Deutschen Strafgesetzbuch. Begründung, hg. vom Reichs-Justizamt, Berlin 1909 = VE 1909-Begründung

Vorkastner, Willi, 1929, Forensische Beurteilung, in: Bumke, Oswald (Hg.), Handwörterbuch der Geisteskrankheiten, Band IV, Berlin 1929, 132-389

Wachsmuth, 1921, Zur Definition der Gemeingefährlichkeit. (Anstaltspflegebedürftigkeit.), PNW 23 (1921/22), 132-133

Wadle, Elmar, 1983, Das Ermächtigungsgesetz. Eine Erinnerung, JuS 1983, 170-176

Wagner, Bernd, 1988, Effektiver Rechtsschutz im Maßregelvollzug - § 63 StGB - Unterbringung im psychiatrischen Krankenhaus, Bonn 1988

Wagner, Bernd, 1992a, Effektiver Rechtsschutz im Maßregelvollzug. Hintergründe, Hemmnisse und Möglichkeiten zur Überprüfung des Vollzuges der Unterbringung nach § 63 StGB, 2. neubearb. u. ergänzte Aufl., Bonn 1992

Wagner, Bernd, 1992b, Die neue Entscheidung des BVerfG zur lebenslangen Freiheitsstrafe und ihre Folgen für die Maßregel nach § 63 StGB, R & P 10 (1992), 131-134

Wagner, Bernd, 1995, Rechtsschutz, in: Kammeier, Heinz (Hg.), Maßregelvollzugsrecht. Kommentar, Berlin 1995, Rz. K 1 - K 80

Wagner, Heinz, 1980, Kontinuitäten in der juristischen Methodenlehre am Beispiel von Karl Larenz, DuR 8 (1980), 243-261

Wagner, Patrick, 1991, Feindbild "Berufsverbrecher". Die Kriminalpolizei im Übergang von der Weimarer Republik zum Nationalsozialismus, in: Bajohr, Frank et al. (Hg.), Zivilisation und Barbarei. Die widersprüchlichen Potentiale der Moderne, Hamburg 1991, 226-252

Weber, Hellmuth von, 1934, Der Psychopath vor dem Strafrichter, ZStW 53 (1934), 656-675

Wedewer, Paul, 1948, Gerichtskostengesetz mit Erläuterungen und Gebühren (Stand vom 1.1.1948), Münster 1948

Wehner, Herbert, 1994, Selbstbesinnung und Selbstkritik. Gedanken und Erfahrungen eines Deutschen, Köln 1994; Vorabdruck in: DIE ZEIT, Nr. 9, 25.02.1994, 78

Weindling, Paul, 1989, Hygienepolitik als soziale Strategie im späten Deutschen Kaiserreich, in: Labisch, Alfons und Reinhard Spree (Hg.), Medizinische Deutungsmacht im sozialen Wandel des 19. und frühen 20. Jahrhunderts, Bonn 1989, 37-55

Welzel, Hans, 1969, Das Deutsche Strafrecht, 11. Aufl., Berlin 1969

Werle, Gerhard, 1988, Zur Reform des Strafrechts in der NS-Zeit: Der Entwurf eines Deutschen Strafgesetzbuches 1936, NJW 1988, 2865-2867

Werle, Gerhard, 1989, Justiz-Strafrecht und polizeiliche Verbrechensbekämpfung im Dritten Reich, Berlin 1989

Westfälischer Arbeitskreis "Maßregelvollzug", 1991, Lockerungen im Maßregelvollzug (§ 63 StGB) - ein 'kalkuliertes Risiko'? NStZ 11 (1991), 64-70

Wilmanns, Karl, 1912, Die praktische Durchführbarkeit der Bestimmungen über die verminderte Zurechnungsfähigkeit im Vorentwurfe, MschrKrim 8 (1911/12), 136-142

Wilmanns, Karl, 1914, Die verminderte Zurechnungsfähigkeit im Vorentwurf, AZP 71 (1914), 691-709

Wilmanns, Karl, 1924, Zustände verminderter Zurechnungsfähigkeit einst und jetzt, ZStW 44 (1924), 89-96

Wilmanns, Karl, 1927, Die sogenannte verminderte Zurechnungsfähigkeit als zentrales Problem der Entwürfe zu einem Deutschen Strafgesetzbuch, Berlin 1927

Wolff, Gabriele, 1983, Gutachterliche Kompetenz bei der Klärung der Schuldunfähigkeit oder: der Streit zwischen Psychiatrie und Psychologie, NStZ 3 (1983), 537-540

Wolff, Stephan, 1989, Sozialwissenschaftliche Aspekte der "Methodik" psychiatrischer Gerichtsgutachten, KrimJ 1989, 209-226

Sachregister

Bei Fragen zur Produktsicherheit wenden Sie sich bitte an:
If you have any questions regarding product safety,
please contact:

Walter de Gruyter GmbH
Genthiner Straße 13
10785 Berlin
productsafety@degruyterbrill.com